JN410754

十三經注疏

注 鄭玄 疏 賈公彦
譯註 金容天 朴禮慶
현토감수 吳圭根

譯註 周禮注疏 4

주례주소

전통문화연구회

東洋古典現代化와 十三經注疏 譯註

본회가 東洋古典의 飜譯과 教育, 情報化 등 古典現代化 사업을 시작한 지 어느덧 25년이 되었다. 그간 우리나라의 고전국역 상황을 보면, 東洋古典에 대한 번역문제는 1960년 중반에 한국고전번역을 정부에서 추진하면서 우선 四書五經 등 기본고전을 모범 번역하자는 논의가 있었지만 우리 고전이 아니라고 무산되었다.

1980년대에 韓國學 연구와 한국고전번역의 先決課題는 물론, 國際政治 관계나 經濟상의 이유로도 필요하다는 논의가 제기되었다. 그 후 1988년 본회가 발족하면서 東洋古典 번역을 착수하여, 1990년대 말경 본회에서 소위 '新注'의 四書三經을 註까지 懸吐完譯함으로써 東洋學과 韓國學徒들의 袖珍本이 되고 教育界와 文化界까지 파급되었다.

그 후 본회 창립 20주년이 되면서 다시 동양고전현대화의 과제와 목표를 논의하면서, 단순한 韓國學의 선결과제를 넘어 東洋文化에 대한 源泉的이며 體系的인 檢討의 필요성이 대두되었으니, 이제 우리는 東洋文化의 先導的 역할을 담당할 준비를 갖추고 21세기에 先進文化强國 건설로 새 歷史를 이루자는 것이었다.

일반적으로 十三經은 核心的 儒家經典의 總稱이지만, 이는 東洋文化의 뿌리라 하겠다. 우리 역사상으로 十三經은 저 멀리 삼국시대에 이미 高句麗의 太學에서 기본 교과로 채택하였고, 百濟에서는 五經博士 制度를 두었고, 新羅 薛聰은 九經을 方言으로 읽었고, 高麗에서는 國子監이나 九齋學堂에서 교육하였으며, 朝鮮朝 成均館과 鄕校, 書堂과 書院에서는 四書五經 등을 교육하여 人材 등용과 국가정책에 절대적 영향을 끼쳤다.

이 十三經의 代表的 註釋書는 漢 · 唐時期의 '古注'라 일컬어지는 十三經注疏와, 그 후 宋代의 朱子的 世界觀이 반영된 '集註'와 '集傳' 등의 '新注'가 두 개의 軸이라 할 수 있다.

그런데 우리는 조선조에서부터 朱子學 일변도의 學風으로 경도되어, 그 偏向性이 오늘에까지 이르렀음은 심히 不幸이라 하겠다. 中國에서는 明 · 淸 시기에 訓詁學, 考證學이라는 學風이 일어 十三經注疏가 經學硏究의 標準이 되었고, 日本에서는 反朱子的 見解와 陽明學의 영향을 받아 明治維新 때 이미 漢文大系 등의 古典整理 사업으로 '古注' 연구가 一般

化된 사실을 간과해서는 안 되겠다.

이에 東洋文化의 核心이라 할 수 있는 十三經注疏를 譯註하고, 이를 통해 우리 文化의 傳統에 대해 體系的으로 이해하고 復元함으로써, 그간 편협했던 학술 風土를 넘어 多樣性과 客觀性을 모색하고, 아울러 古典現代化의 水準을 높이고 融合的이고 自生的인 韓國學을 진작시켜야 할 것이다.

오늘날 중국과 일본에서 번역하지 못한 십삼경주소를 본회에서 130여 책으로 10년 안에 完譯하고, 이와 이울러 韓中日 三國의 東洋古典語彙 情報網을 구축함으로써, 우리의 東洋學과 韓國學 연구에 礎石과 架橋가 되어 우리나라가 先進文化强國으로 昇華되고 世界文化 발전에까지 기여하기를 기대한다.

이 十三經注疏의 번역은 三經과 三禮와 春秋三傳과 ≪論語≫, ≪孟子≫, ≪孝經≫, ≪爾雅≫ 등의 十三經을 經은 물론이요 注와 疏까지 譯註하는 것으로, 原典의 傳統性과 번역의 現代性을 기본으로 하여 漢學元老와 新進學者의 協同研究飜譯으로 추진하고자 한다.

또한 註釋은 宋代의 소위 '新注'와 비교하고, 明淸代의 注와 韓國 先賢의 注와 見解, 그리고 日本의 注를 가급적 반영하며, 深度 있는 研究解題를 하기로 하였다. 한편 古典의 우리식 讀解文法인 懸吐를 經과 注에 달고 방대한 疏에는 편의상 構文을 이해할 수 있는 標點을 달며, 經·注·疏 전체에 대한 內容索引을 할 계획이다.

끝으로 오랫동안 飜譯과 校閱에 종사하여 오신 元老漢學者와 10여 년 이상 漢學을 연수한 新進學者로서, 이 십삼경주소의 연구번역에 참여하여 難解한 注疏의 譯註에 헌신하시는 모든 분들께 무한한 감사를 드린다.

또한 고전현대화에 대한 政府의 지대한 關心과 支援에 감사를 드리며, 그간 직간접으로 지도편달하여 주신 학계와 교육계 및 문화계 인사 여러분께 심심한 謝意를 표하며, 앞으로도 따뜻한 관심과 엄정한 叱正을 부탁드리며 내내 평강과 행복을 기원한다.

社團法人 傳統文化研究會 理事長 李啓晃

凡 例

1. 본서는 十三經注疏 중 ≪譯註 周禮注疏≫의 제4책이다.
2. 본서의 底本은 阮元 校刻本 ≪周禮注疏≫(淸 嘉慶 21년(1816) 阮元 校刻 十三經注疏, 中華書局, 2009, 이하 '阮刻本'으로 약칭)로 하되, 北京大 整理本 ≪周禮注疏≫(十三經注疏整理委員會 整理, 北京大學出版社, 2000)와 上海古籍 整理本 ≪周禮注疏≫(十三經注疏整理本 編纂委員會, 上海古籍出版社, 2010)를 참고하였다. 저본의 阮元 〈校勘序〉와 校勘記는 본서의 校勘에만 활용하였다.
3. 본서는 원전의 傳統性과 번역의 現代性을 구현하기 위해 노력하였다.
4. 原文의 經과 鄭玄의 注는 우리나라 전통 방식으로 懸吐하고, 疏는 經에 대한 字句 해석이 중심이므로, 본서에서도 간략하게 標點만 하였다.
5. 原文은 저본의 체제에 따라 經, 注, 疏를 구분하되, 經은 大字로 표기하고, 注와 疏는 【注】, 【疏】로 표시하여 구분하였다.
6. 原文의 分節은, 經과 注는 저본의 분절을 따르고 疏는 단락이 길 경우에 의미의 단락에 따라 역자 재량으로 분절하였다.
7. 底本에는 목차, 각 권의 제목, 관직별 소제목이 없으나, 독자의 편의를 위해 넣었다.
8. 經文의 단락마다 일련번호를 넣었는데, '六官(天官・地官・春官・夏官・秋官・冬官) 중 某官 - 몇 번째 屬官 - 몇 번째 經文'의 형식으로 표기하였다. 六官은 天・地・春・夏・秋・冬으로 약칭하여 표기하였다. 속관을 표기한 숫자는 序官은 '0'으로 하고, 그 외는 해당 차례에 따라 1, 2, 3 등으로 하였다.

   예 天-0-2 : ≪周禮注疏≫ 天官 序官의 두 번째 經文

   天-4-2 : ≪周禮注疏≫ 天官 네 번째 屬官인 宮正의 두 번째 經文

   地-3-2 : ≪周禮注疏≫ 地官 세 번째 屬官인 鄕師의 두 번째 經文
9. 글자의 음에 대한 저본의 反切 注는 생략하되, 문맥의 이해를 위해 필요한 경우는 譯註

에서 설명하였다. 讀音이 특수하거나 僻字인 경우에는 원문의 해당 글자 뒤의 ( ) 속에 한글로 音을 달았다.

10. 疏에서 설명 대상으로 인용한 經, 注의 구절은 번역하지 않고 번역문에서 원문 그대로 〔 〕 속에 넣어주었다.

예 〔春多酸〕 東方 木의 맛은 신맛이니, 봄에 속한다.

11. 飜譯은 原義에 충실하게 하되, 이해가 어려운 부분은 意譯 또는 補充譯을 하였다.

12. 經文의 번역은 鄭玄의 注를 위주로 하되 소략한 경우는 賈公彦의 疏를 따랐다.

13. 飜譯文은 한글과 漢字를 혼용하였으며, 맞춤법과 띄어쓰기는 한글 맞춤법과 표준어규정을 따르는 것을 원칙으로 하였다.

14. 譯註는 校勘, 異說, 인용문의 出典, 故事, 역사적 사건, 전문용어, 難解語, 人物, 制度, 官職 등에 관한 사항을 밝혔다.

15. 원문의 誤字, 脫字, 衍字, 倒文은 저본의 교감기를 반영하여 번역하고, "교감기에 따라 '○○(바로잡은 글자)'로 번역하였다."로 간략히 譯註하였다. 그 외에도 北京大 整理本 및 上海古籍 整理本을 비롯한 여러 原典 자료를 참고하였으며 이를 譯註에 밝혔다.

16. 본서의 校勘에 사용된 符號는 다음과 같다.

( )〔 〕: (저본의 誤字)〔교감한 正字〕

〔 〕: 저본의 脫字 보충

( ): 저본의 衍字 표시

17. 본서에 사용된 주요 부호는 다음과 같다.

" ": 對話, 각종 引用

' ': " " 안의 再引用, 强調

〈 〉: ' ' 안의 再引用, 强調

( ): 原文에서의 讀音이 특수한 글자나 벽자의 音
번역문에서의 간단한 역주

〔 〕: 번역문과 뜻은 같으나 音이 다른 漢字나 句節
疏에서 설명 대상으로 제시한 經이나 注의 단어나 구절
역주에서 인용한 原文

≪ ≫: 書名, 典據

〈 〉: 篇章名, 作品名 표기, 補充譯

【 】: 注, 疏의 표시

○ : 저본에 사용된 단락 구분 표시 準用

18. 본서에서 사용된 標點符號는 다음과 같다.

. : 문장의 종결

, : 한 문장 안에서 句나 節의 구분이 필요한 곳

· : 대등한 명사나 구절의 병렬

“ ” : 인용

‘ ’ : “ ” 안의 재인용, 疏에서 설명 대상으로 제시한 經과 注의 단어나 구절

「 」: ‘ ’ 안의 재인용

: : 【疏】의 ‘釋曰’ 뒤에서 사용

目 次

≪周禮注疏 4≫ 解 說

≪周禮注疏≫는 周나라 왕실과 戰國時代 각국의 관직 제도를 토대로 제작한 ≪周禮≫에, 後漢 鄭玄이 注를 단 ≪周禮注≫와 唐나라 賈公彦 이 疏를 낸 ≪周禮義疏≫를 합쳐서 南宋 紹興 연간(1131~1161)부터 經·注·疏 合刻本 형태로 제작된 것이다. 작자 미상의 ≪주례≫는 제작 시기에 관해서도 西周에서 漢나라 초기까지 추정이 분분하다, ≪주례≫가 발견된 前漢 당시의 원래 명칭은 ≪周官≫ 또는 ≪周官經≫인데, 周公의 태평성대의 자취가 담긴 책으로 추숭되면서 '周禮'라는 명칭을 얻게 되었고, 정현에 의해 '禮經'으로 불리며 ≪禮記≫·≪儀禮≫와 함께 三禮로 일컬어지게 되었다. 唐代 이후 유교의 十三經 중 하나로 포함되었다.

≪주례≫의 체재는 天·地·春·夏·秋·冬의 자연현상을 따라 직제를 六官으로 나누고 그 아래에 관직과 직무를 서술한 것으로, 〈天官 冢宰〉, 〈地官 司徒〉, 〈春官 司馬〉, 〈夏官 司馬〉, 〈秋官 司寇〉, 〈冬官 考工記〉의 6편으로 구성되었다. 이 가운데 〈동관 고공기〉는 망실된 〈冬官 司空〉을 대신하여 前漢 시기에 〈考工記〉라는 별도의 자료를 보충해 넣은 것이다. 〈동관 고공기〉를 제외한 각 편 서두의 '序官'에서는 해당 官長의 주요 직무와 屬官의 조직 및 인원수를 기록하고, 이어 '職文'에서는 해당 속관의 구체적인 직무들을 차례대로 서술하였다. 鄭玄은 六官 아래 각 60개씩 총 360개의 관직을 둔 것은 天地四時와 日月星辰의 度數를 본뜬 것이라고 하였지만, 실제로 현존 ≪주례≫의 직관은 총 377개이다. 구체적으로 天官은 大宰 이하 63개의 관직, 地官은 大司徒 이하 78개의 관직, 春官은 大宗伯 이하 70개의 관직, 夏官은 大司馬 이하 70개의 관직, 秋官은 大司寇 이하 66개의 관직, 冬官은 輪人 이하 30개의 관직으로 구성되었다.

≪周禮註疏 4≫는 이 가운데에서 〈天官 大宰〉 휘하의 世婦, 女御, 女祝, 女史, 典婦功, 典絲, 典枲, 內司服, 縫人, 染人, 追師, 屨人, 夏采의 25개 관직의 주요 직무에 관해 서술하고, 이어서 〈地官 序官〉 부분으로 大司徒에서 稾人에 이르는 62개 관직의 인원수를 서술하였다. 世婦는 왕후가 거행하는 賓客 접대·祭祀·喪紀에 女宮들을 이끌고 가서 禮器를 씻고 닦으며 제사에 바칠 곡물을 세밀히 가려내는 일을 관장하고, 女御는 后妃들이 燕寢에서 순서에 따라 모시는 일을 관장한다. 女祝은 왕후가 거행하는 內祭祀 및 복을 빌거나 복에 보답하는 제사와 관련한 일을 관장한다. 女史는 왕후의 禮에 관한 직무를 관장하며, 典婦功은 부인들이 종사해야 할 일의 법식을 관장한다. 典絲는 嬪婦가 공납한 비단을 관장하며, 典枲는 삼베·시마·삼실·저마 등의 재료가 되는 麻(삼)·葛(칡)·蕡(마의 일종) 등을 관장한다. 內司服은 褘衣·揄狄·闕狄·鞠衣·展衣·褖衣 등 이른바 王后의 '六服'을 관장하며, 縫人은 王宮에서 바느질하는 일을 관장한다. 染人은 실과 비단에 물들이는 일을 관장하며, 追師는 왕후의 머리 장식을 관장한다. 屨人은 왕과 왕후의 각종 의복에 따른 신발을 관장하며, 夏采는 왕이 죽었을 때 招魂의 예를 관장한다.

≪주례≫의 六官 체제와 五禮 제도는 유교 국가의 강력한 王權과 질서 정연한 禮法 체계를 유지하는 근간으로서, 중국과 조선에서 역대 국가 조직과 관직 제도를 구성하고 정비하는 데에 큰 영향을 미쳤으며, 국가 法典과 禮典 편찬의 기본 체제가 되었다. 중국에서는 隋唐 이후로는 중앙정부와 지방정부가 모두 六府 내지 六曹 형태로 구성되었고, ≪唐六典≫과 ≪大唐開元禮≫ 등을 편찬하는데 전거로 활용되었다. 우리나라에서도 백제의 六佐平 제도를 비롯하여 고려의 三省六部制, 조선의 ≪經濟六典≫과 ≪國朝五禮儀≫ 편찬 등에 영향을 받았다.

周禮注疏 제8권

鄭氏 注 賈公彦 疏

天官

51. 世婦(세부)

天-51-1*

世婦는 掌祭祀·賓客·喪紀之事에 帥(솔)女宮而濯摡하고 爲齍盛하며

世婦는 祭祀를 지내고 賓客을 맞이하고 喪事를 치를 때 女宮(宮中의 女奴)들을 이끌고 가서 禮器를 씻고 닦으며 제사에 바칠 곡물을 세밀히 가려내는 일을 관장한다.

【注】摡는 拭也요 爲는 猶差擇라

'摡'는 닦는다는 뜻이다. '爲'는 〈제사에 바칠 곡물을〉 골라낸다는 뜻과 같다.

【疏】'世婦'至'齍盛' ○釋曰：此婦人所掌, 祭祀謂祭宗廟, 賓客謂饗食(사)諸侯在廟, 喪紀謂大喪朝廟設祖奠與大遣奠[1]時. 爲此三事, 則帥女宮而濯摡. 案少牢饔人摡鼎俎, 廩人摡甑甗[2], 司宮摡豆籩[3], 皆使男子官不使婦人者, 彼以大夫家[4]無婦官及無刑女, 故幷使男子官. 此天子禮, 有刑女及婦官, 故與彼異也.

1) 朝廟設祖奠與大遣奠：喪葬禮에서 '朝廟'는 발인하기 전에 상여가 祖廟를 알현하는 의식이다. '祖奠'은 柩車가 葬地로 향해 출발할 때 올리는 奠을 말한다. 祖廟의 뜰에서 행한다. '遣奠'은 祖奠을 올린 이튿날 아침에 祖奠을 치우고 진설하는 奠을 말한다. 장례를 거행하는 날에 진설하므로 '葬奠'이라고도 한다.

2) 甑甗：'甑(증)'과 '甗(언)'은 모두 시루의 일종으로, 밥을 짓거나 음식을 찌는 食器이다. '甗'은 2층으로 나뉘는데, 아래쪽이 세발솥(鼎) 모양의 솥(鬲)으로, 이 안에 물을 담아서 음식을 찐다.

* 일련번호의 '天'은 天官을 의미하며, 가운데 번호 '51'은 천관의 51번째 屬官인 世婦를 의미하고, 마지막 번호 '1'은 世婦의 첫 번째 經文을 의미한다.

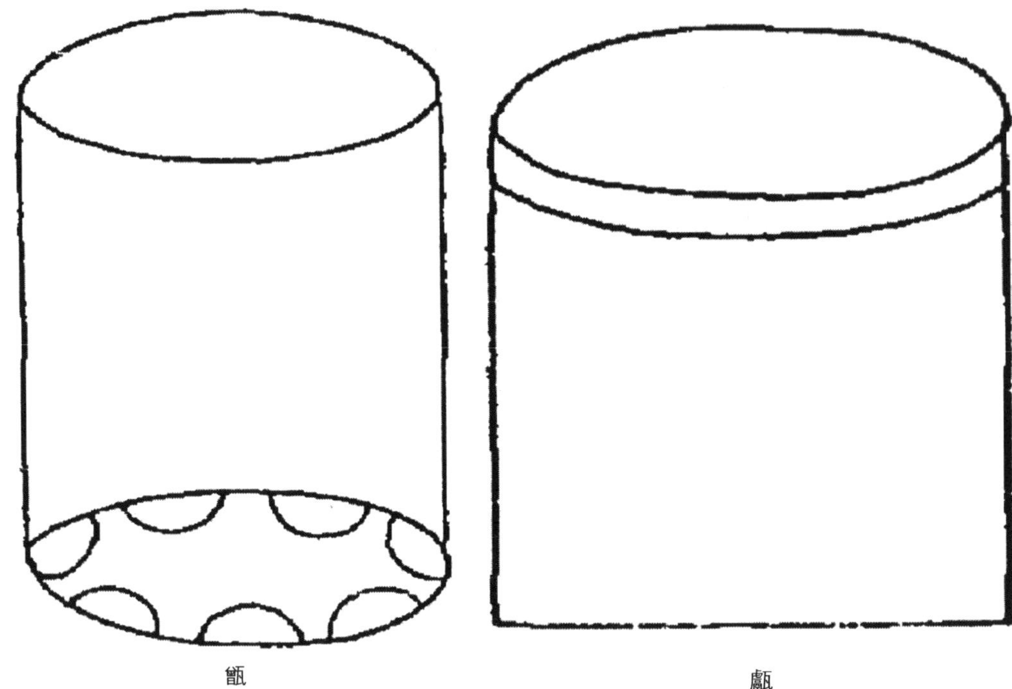
甑　甗

3) 饔人……摡豆籩：≪儀禮≫ 〈少牢饋食禮〉에서 "雍人은 세발솥〔鼎〕·숟가락〔匕〕·희생제기〔俎〕를 고기를 삶는 부뚜막 위에 깨끗하게 씻어놓는다. 고기를 삶는 부뚜막들은 묘문의 동남쪽에 진설하는데, 북쪽을 윗자리로 삼는다. 廩人은 2층 시루〔甑〕·3층 시루〔甗〕·숟가락〔匕〕·밥그릇〔敦〕을 밥을 짓는 부뚜막 위에 깨끗하게 씻어놓는다. 밥을 짓는 부뚜막은 고기를 삶는 부뚜막의 북쪽에 있다. 司宮은 나무제기〔豆〕·대나무제기〔籩〕·술 국자〔勺〕·1승 용량의 술잔〔爵〕·2승 용량의 술잔〔觚〕·3승 용량의 술잔〔觶〕·안석〔几〕·물받이 항아리〔洗〕·대광주리〔篚〕를 東堂 아래에 깨끗하게 씻어놓는데, 씻은 술 국자·1승 용량의 술잔·2승 용량의 술잔·3승 용량의 술잔 등은 대광주리 안에 넣어둔다.〔雍人摡鼎匕俎于雍爨 雍爨在門東南 北上 廩人摡甑甗匕與敦于廩爨 廩爨在雍爨之北 司宮摡豆籩勺爵觚觶几洗篚 于東堂下 勺爵觚觶 實于篚〕"라고 하였다.

4) 彼以大夫家：少牢饋食禮는 대부의 제사 의례이다. 鄭玄의 ≪三禮目錄≫에서 "諸侯의 卿·大夫가 그 할아버지와 아버지를 廟에서 제사 지내는 예이다. 양과 돼지를 희생으로 사용하는 것을 '少牢'라고 한다. 소뢰궤사례는 五禮 가운데 吉禮에 속한다.〔鄭目錄云 諸侯之卿大夫祭其祖禰於廟之禮 羊豕曰少牢 少牢於五禮屬吉禮〕"라고 하였다.(≪儀禮≫ 〈少牢饋食禮〉 賈公彦의 疏)

經의 〔世婦〕에서 〔齋盛〕까지

○ 釋曰：이것은 婦人이 관장하는 일이니, '祭祀'는 종묘에서 제사 지내는 것을 말하고,

'賓客'은 종묘에서 제후에게 饗禮와 食禮(사례)를 베풀어주는 것을 말하고, '喪紀'는 大喪에서 朝廟(상여가 祖廟를 알현하는 의식)를 거행할 때 祖奠과 大遣奠을 진설할 때를 말한다. 이 세 가지 일을 거행할 때는 〈世婦가〉 女宮(宮中의 女奴)을 이끌고 가서 〈禮器를〉 씻는다. 살펴보건대, ≪儀禮≫ 〈少牢饋食禮〉에서 饔人은 세발솥〔鼎〕과 희생제기〔俎〕를 씻어놓고, 廩人은 2층 시루〔甑〕와 3층 시루〔甗〕를 씻어놓고, 司宮은 나무제기〔豆〕와 대나무제기〔籩〕를 씻어놓으니, 모두 男子官을 시키고 婦人을 시키지 않는 것은, 저 〈소뢰궤사례〉는 大夫家에서 婦官과 刑女가 없으므로 모두 男子官을 시키기 때문이다. 이곳은 天子禮로서 刑女와 婦官이 있기 때문에 저 〈소뢰궤사례〉와 다른 것이다.

○ 注'爲猶差擇' ○ 釋曰：祭祀黍稷, 舂人舂之, (饌)〔饎(치)〕[1]人炊之, 皆不使世婦, 故此爲非舂非炊, 是差擇可知也.

1) (饌)〔饎(치)〕: 저본에는 '饌'으로 되어 있으나, 孫詒讓의 교감에 의거하여 '饎'로 바로잡았다.(北京大 整理本의 〈校勘記〉 참조)

○ 注의 〔爲猶差擇〕

○ 釋曰 : 제사에 바치는 黍稷은 舂人이 찧고 饎人이 익히는데, 모두 世婦를 시키지 않는다. 그러므로 이곳의 '爲'가 찧는 것이나 익히는 것이 아니라 〈제사에 바칠 곡물을〉 골라내는 것임을 알 수 있다.

天-51-2

及祭之日하여 涖陳女宮之具와 凡內羞之物하며

제사 지내는 날이 되면 〈世婦는〉 女宮(宮中의 女奴)들이 祭器 및 모든 內羞의 음식물을 진열하는 일에 임하여 살펴보며,

【注】涖(者)[1]는 臨也요 內羞는 (謂)[2]房中之羞라

1) (者) : 저본에는 '者'가 있으나, 宋本・余本・嘉靖本에 의거하여 衍文으로 처리하였다. (北京大 整理本의 〈校勘記〉 및 阮元의 〈校勘記〉 참조)

2) (謂) : 저본에는 '謂'가 있으나, 宋本・余本・嘉靖本에 의거하여 衍文으로 처리하였다. (北京大 整理本의 〈校勘記〉 및 阮元의 〈校勘記〉 참조)

'涖'는 임한다는 뜻이다. '內羞'는 房 안에 진설하는 음식이다.

【疏】'及祭'至'之物' ○ 釋曰：案春官世婦(官)〔宮〕[1]卿[2]云 "掌女宮之宿戒[3]，及祭祀，比其具." 此官直臨之而已. 云'凡內羞之物'者，謂(糗)〔糗〕[4]餌粉餈. 案少牢，皆從房中而來，故名爲內羞. 是以鄭云 "內羞，房中之羞也."

1) (官)〔宮〕：저본에는 '官'으로 되어 있으나, 盧文弨의 교감에 의거하여 '宮'으로 바로잡았다.(北京大 整理本의 〈校勘記〉 참조)
2) 世婦(官)〔宮〕卿：世婦는 天官의 세부와 春官의 세부가 있다. 춘관의 세부는 宮卿의 관직이다. 〈天官 酒人(天-22-1)〉 鄭玄의 注에 "世婦는 宮卿의 官을 가리킨다.〔世婦 謂宮卿之官〕"라고 하였다. '宮卿'은 漢나라 때의 大長秋로, 황후의 뜻을 전하고 궁중의 일을 관리하는 일을 담당하였다.(〈春官 序官(春-0-14)〉 鄭玄의 注 및 ≪漢書≫ 〈百官公卿表 上〉 참조)
3) 宿戒：王禮나 大祭祀에서 제사 거행 10일 전에 백관들에게 처음 고하는 것을 '戒'라고 하고, 제사 거행 3일 전에 백관들에게 다시 한 번 거듭 고하는 것을 '宿'이라고 한다. 〈春官 世婦(春-15-1)〉 賈公彦의 疏에 "이는 또한 제사를 거행하기 10일 전에 재계를 하도록 고하여 경계시키고, 제사 3일 전에 다시 거듭 고하여 경계시키는 것이다. 그러므로 宿과 戒를 함께 말한 것이다.〔此亦祭前十日戒之使齊 祭前三日又宿之 故宿戒竝言〕"라고 하였다.
4) (糗)〔糗〕：저본에는 '糗'로 되어 있으나, 閩本·監本에 의거하여 '糗'로 바로잡았다.(北京大 整理本의 〈校勘記〉 및 阮元의 〈校勘記〉 참조)

經의 〔及祭〕에서 〔之物〕까지

○ 釋曰：살펴보건대 〈春官 世婦(春-15-1)〉에서 "〈宮卿인 世婦는〉 女宮에게 제사를 거행하기 전에 재계할 것을 거듭 알리고, 제삿날이 되면 제사에 쓸 기물들을 차례대로 갖추어 놓는 일을 관장한다."고 하였는데, 이곳 天官의 관직(世婦)은 단지 임하여 살펴볼 뿐이다.

〔凡內羞之物〕 미숫가루 경단〔糗餌〕과 인절미〔粉餈〕를 말한다. 살펴보건대 ≪儀禮≫ 〈少牢饋食禮〉에서는 〈음식이〉 모두 방 안에서 나온다. 그러므로 '內羞'라고 칭했다. 그러므로 鄭玄이 "'內羞'는 房 안에 진설하는 음식이다."라고 한 것이다.

天-51-3

掌弔臨[1]于卿大夫之喪이니라

1) 弔臨：孫詒讓은 "臨은 哭하는 것을 말한다.〔臨謂哭也〕"라고 하였다.(≪周禮正義≫ 권14, 559쪽)

〈世婦는〉 卿·大夫의 喪에 조문하는 일을 관장한다.

【注】王使往弔라

王이 가서 조문을 하도록 하는 것이다.

【疏】注'王使往弔' ○釋曰：案內宗云"凡卿大夫之喪, 掌其弔臨", 注云"王后弔臨諸侯而已. 是以言掌卿大夫云." 文同而注異者, 彼上文云"王后有事則從, 大喪序哭者. 哭諸侯亦如之." 彼文與后事相連, 彼主於后. 此上文無后, 故知此王使往(可知)[1]也. 若然, 后無外事[2], 彼弔諸侯, 謂三公·王子母弟, 若畿外諸侯, 則后不弔. 以其王爲三公六卿錫衰(최)[3], 諸侯緦衰, 后不弔. 畿外諸侯旣輕於王之卿, 卿旣后不親弔, 畿外諸侯不親弔可知. 若然, 喪大記諸侯夫人弔卿大夫士之喪[4]者, 以其諸侯臣少, 故不分別尊卑, 夫人皆弔之也. 案司服, 公卿大夫, 皆王親弔之, 此文使世婦往弔者, 此蓋使世婦致禮物, 但弔是大名, 雖致禮亦名爲弔, 是以大僕云"掌三公六卿[5]之弔勞", 注云"王使往." 小臣云"掌士大夫之弔勞", 注云"致禮[6]同名爲弔", 是其事也. 此所弔不言三公與孤者, 文不具也.

1) (可知)：저본에는 '可知'가 있으나, 浦鏜의 교감에 의거하여 衍文으로 처리하였다.(北京大 整理本의 〈校勘記〉 참조)

2) 后無外事：≪禮記≫ 〈曲禮 上〉에서 "바깥의 일은 陽의 날짜에 한다.〔外事以剛日〕"고 하였는데, 鄭玄의 注에서 "밖으로 나가는 것이 양이 됨을 따른 것이다. 교외로 나가는 것은 바깥의 일이다.〔順其出爲陽也 出郊爲外事〕"라고 하였다. ≪禮記≫ 〈檀弓 下〉에서는 "〈대부의〉 부인은 국경을 넘어서 조문하지 않는다.〔婦人不越疆而弔人〕"라고 하였는데, 陳澔는 "부인에게는 바깥일이 없다. 그러므로 국경을 넘어 조문하지 않는다.〔婦人無外事 故不越疆而弔〕"라고 하였다.(≪禮記集說≫ 〈檀弓 下〉) '陽의 날짜〔剛日〕'는 甲·丙·戊·庚·壬에 해당하는 날을 가리킨다.

3) 王爲三公六卿錫衰(최)：〈春官 司服(春-12-9)〉에서 "왕은 三公과 六卿을 위해 錫衰(석최)를 착용하고, 제후를 위해 緦衰(시최)를 착용하고, 대부와 사를 위해 疑衰(의최)를 착용한다. 그 머리의 복장은 弁을 쓰고 絰을 두른다.〔王爲三公六卿錫衰 爲諸侯緦衰 爲大夫士疑衰 其首服 皆弁絰〕"고 하였다. '석최'는 7升半의 麻를 매끄럽게 가공하여 만든 옷으로 天子가 三公과 六卿을 조문할 때 착용하는 옷이다.(≪三禮辭典≫, 1142쪽 참조) '시최'는 緦麻의 상복이다. '의최'는 15升의 베로 만드는 吉服보다 1升이 적어 거의 길복에 비견된다.〔擬〕 그래서 '의최'라고 칭하는 것이다.(≪三禮辭典≫, 998쪽 참조)

4) 喪大記諸侯夫人弔卿大夫士之喪者：≪禮記≫ 〈喪大記〉에 "夫人이 大夫와 士의 喪에 조문을 가면, 主人은 문 밖에 나와서 맞이한다. 수레의 말머리를 보면 먼저 문의 동쪽으로 들어간다.〔夫人弔於大夫士 主人出迎于門外 見馬首 先入門右〕"고 하였다.

5) 六卿：저본에는 六卿으로 되어 있는데, 浦鏜은 〈夏官 大僕(夏-30-12)〉의 經文에는 '孤

卿'으로 되어 있음을 지적하였다. 그러나 賈公彦은 아래에서 '孤'를 말하지 않은 것은 문장을 생략한 것이라고 해명하였다.

6) 致禮 : 盧文弨는 이곳의 賈公彦 疏에 의거하여 〈夏官 小臣(夏-31-06)〉의 鄭玄 注에 '致禮' 2字를 보완해야 한다고 하였다.(北京大 整理本의 〈校勘記〉 '世婦' 條 참조) 그러나 〈夏官 小臣(夏-31-06)〉에는 鄭玄 注 전체가 脫誤되어 있다. 그러므로 阮元은 浦鏜의 설을 따라서 이곳의 가공언 소에 언급된 '致禮同名爲弔' 6자를 보충해야 한다고 하였다.(北京大 整理本의 〈校勘記〉 '小臣' 條 참조)

○ 注의 〔王使往弔〕

○ 釋曰 : 살펴보건대 〈春官 內宗(春-16-4)〉에서 "무릇 卿·大夫의 喪이 있을 때, 〈內宗은〉 그 조문하는 일을 관장한다."라고 하였는데, 鄭玄의 注에서는 "王后는 諸侯를 조문할 뿐이다. 이 때문에 〈내종은〉 경·대부〈의 상〉을 관장한다고 말한 것이다."라고 하였다. 經文은 같은데 注가 다른 것은, 저곳의 위 문장(〈춘관 내종(春-16-3)〉)에서는 "왕후에게 일이 있으면 〈내종은〉 수종을 하여 앞에서 간다. 大喪이 있으면 존비의 차서에 따라 부인들의 哭位를 배열한다. 제후에게 곡을 할 때도 이와 마찬가지로 한다."라고 하였기 때문이다. 저곳 〈춘관 내종〉의 문장은 왕후의 일과 서로 연결되어 있으므로 저곳에서는 왕후가 주가 된다. 이곳은 위 문장에 '왕후'라는 말이 없으므로 이곳에서는 왕이 가서 조문하도록 한 것임을 알 수 있다. 그렇다면 왕후에게는 바깥의 일(국경을 넘어 조문하는 일)이 없으므로, 저곳 〈춘관 내종〉에서 '제후를 조문한다.'는 것은 三公 및 王의 親子와 同母弟를 조문하는 것을 가리키니, 畿外의 제후라면 왕후는 조문하지 않는다. 왕은 三公과 六卿을 위해서 錫衰를 착용하고 제후를 위해서 緦衰를 착용하기 때문에 왕후는 조문하지 않는 것이다. 畿外의 제후는 왕의 卿보다 〈服이〉 가벼운데다 卿에 대해서는 또한 왕후가 몸소 조문하지 않으니, 畿外의 제후에 대해 〈왕후가〉 몸소 조문하지 않음을 알 수 있다. 그렇다면 ≪禮記≫ 〈喪大記〉에서 '제후의 부인이 경·대부의 상에 조문을 한다.'고 한 것은 제후는 신하가 적기 때문이다. 그러므로 존귀함과 비천함을 분별하지 않고 부인이 모두 그들을 조문하는 것이다.

살펴보건대, 〈春官 司服(春-12-9)〉에서는 공·경·대부를 위해 모두 왕이 몸소 조문을 한다고 하였는데, 이곳의 경문에서 世婦에게 가서 조문을 하게 한다고 한 것은, 이는 아마도 세부로 하여금 예물을 바치게 하는 것인 듯하다. 다만 '조문〔弔〕'은 大名(總名)으로서, 비록 예물을 바치는 경우라도 또한 '조문'이라고 칭한다. 이 때문에 〈夏官 大僕(夏-30-12)〉에서 "〈왕명을 받들어〉 三公과 六卿을 조문하고 위로하는 일을 관장한다."고 하였는데, 鄭玄의 注에서 "왕이 〈大僕으로 하여금〉 가서 〈조문하고 위로〉 하게 하는 것이다."라고 하였고, 〈夏官 小臣(夏-31-6)〉에서 "〈小臣은〉 士·大夫를 조문하고 위로하는 일을 관장한다."고 하였는데, 정현의 주에서 "예물을 바치는 경우도 똑같이 '조문〔弔〕'이라고 칭한다."라고 한 것이 그러한 일이다. 이곳에서 조문하는 대상에 三公과 孤를 말하지 않은 것은 문장을 다 갖추어 쓰지 않은 것이다.

52. 女御(여어)

天-52-1

女御는 掌御敍[1)]于王之燕寢하고

1) 御敍 : 楊天宇에 의하면, '御敍'는 '敍御'의 도치문으로 '敍'는 次(순서)의 뜻이다.(≪周禮譯注≫, 155쪽)

女御는 〈后妃들이〉 왕의 燕寢에서 순서에 따라 모시는 일을 관장한다.

【注】 言掌御敍는 防上之專妬者라 于王之燕寢이면 則王不就后宮息이라

'순서에 따라 모시는 일을 관장한다.'라고 말한 것은 윗사람이 독점하고 질투함을 방지하는 것이다. '왕의 연침에서'라고 하였다면 왕은 后宮으로 나아가서 쉬는 것이 아니다.

【疏】 注'言掌'至'宮息' ○ 釋曰 : 鄭云 '掌御敍, 防上之專妬者', 鄭解不使九嬪·世婦掌房之意. 若使在上掌之, 則有妬(疾)〔嫉〕[1)]自專之事. 今使女御掌之, 官卑, 不敢專妬故也. 云'于王之燕寢, 則王不就后宮息'者, 破舊說云 "王就后宮"者, 故鄭云此也.[2)]

1) (疾)〔嫉〕 : 저본에는 '疾'로 되어 있으나 '嫉'의 誤字라는 阮元의 설에 의거하여 바로잡았다.(北京大 整理本의 〈校勘記〉 참조)

2) 破舊說云……故鄭云此也 : 胡培翬와 孫詒讓도 王后와 夫人 등이 王의 燕寢으로 나아가서 왕을 모시는 것으로 해석하였다. 호배휘는 "王은 六寢이다. 그 첫째는 正寢이니, 정사를 다스리는 곳이며, 거처하는 곳은 항상 연침에 있다. 后·夫人 이하는 나누어서 六宮에 거처한다. 마땅히 〈왕을〉 모셔야 할 일이 있을 경우, 왕의 연침으로 나아간다. 이것이 옛날 왕후가 寢에 거처하는 제도이다.〔王六寢 其一爲正寢 治事之處 而所居恒在於燕寢 后夫人以下分居六宮 其有當御者 則就於王之燕寢 此古者王后居寢之制也〕"라고 하였다. 손이양은 "살펴보건대, ≪毛詩正義≫ 〈召南 小星〉 孔穎達의 疏에서 ≪尙書大傳≫을 인용하

여 '옛날에 后夫人이 군주를 모시려 할 때는 앞쪽은 등불을 끄고 뒤쪽은 등불을 들고서 방안에 이르러 朝服을 벗고 燕服을 덧입은 후에 들어가서 군주를 모셨다. 닭이 울고 大師가 계단 아래서 〈齊風 雞鳴〉을 연주한 후에 夫人이 방안에서 패옥을 울려 나갈 것을 고한다.'고 하였다. ≪後漢書≫ 〈明帝紀〉 李賢의 注에서는 ≪韓詩章句≫를 인용하여 또한 '人君이 조정에서 물러나 私宮으로 들어가면, 后妃가 〈군주를〉 알현하니, 나가고 머무르는 데에 법도가 있는 것이다. 應門에서 딱따기를 치고, 鼓人이 당 위로 올라가면, 물러나 한가로운 곳으로 돌아오니, 몸이 편안하고 뜻이 밝아진다.'고 하였다. 모두 后妃가 군주를 알현할 때는 왕의 燕寢으로 나아간다는 증거이다.〔后夫人 將侍君 前息燭 後舉燭 至於房中 釋朝服 襲燕服 然後入御於君 雞鳴 大師奏雞鳴於階下 然後夫人鳴佩玉於房中 告去 後漢書明帝紀李注引韓詩章句亦云 人君退朝 入於私宮 后妃御見 去留有度 應門擊柝 鼓人上堂 退反宴處 體安志明 竝后妃御見就王燕寢之證〕"라고 하였다.(≪周禮正義≫ 권14, 560쪽)

○ 注의 〔言掌〕에서 〔宮息〕까지

○ 釋曰：鄭玄이 "순서에 따라 모시는 일을 관장함은 윗사람이 독점하고 질투함을 방지하는 것이다."고 말한 것은 정현이 九嬪과 世婦로 하여금 방(燕寢에서 순서에 따라 모시는 일)을 관장하지 못하게 하려는 뜻으로 해석한 것이다. 만약 윗자리에 있는 사람으로 하여금 관장하게 하면 질투하고 독점하는 일이 있게 된다. 이제 女御로 하여금 관장하게 하는 것은 〈여어는〉 관직이 비천하여 감히 독점하고 질투하지 못하기 때문이다.

〔于王之燕寢 則王不就后宮息〕 舊說에서 "왕이 后宮으로 나아가는 것이다."라고 한 것을 부정하였다. 그러므로 정현이 이렇게 말한 것이다.

天-52-2

以歲時獻功事하고

〈女御는〉 해마다 일정한 시기에 맞춰 일한 실적물을 바친다.

【注】絲枲成功之事라

명주와 삼베를 짜서 布帛을 완성하는 일이다.

【疏】注'絲枲成功之事' ○ 釋曰：上內宰云 "敎九御, 使各有屬以作二事", 卽此獻功之事, 故知此經獻功事, 是絲枲爲布帛成而獻之也.

○ 注의 〔絲枲成功之事〕

○ 釋曰 : 위의 〈天官 內宰(天-45-4)〉에서 "〈內宰는 婦職의 法에 의거하여〉 九御를 가르치고, 〈9인씩 짝을 이루어〉 각각 九嬪에 분속시켜 명주와 삼베를 짜는 일에 종사하게 한다."고 하였으니, 곧 이곳의 '일한 실적물을 바친다.'는 것이다. 그러므로 이 경문의 '일한 실적물을 바친다.'고 한 것이 명주와 삼베를 짜서 布帛을 완성하여 그것을 바치는 것임을 알 수 있다.

天-52-3

凡祭祀에 贊世婦하고

무릇 제사를 지낼 때 〈女御는〉 世婦의 일을 돕는다.

【注】 助其帥涖女宮이라

〈女御는〉 世婦가 女宮들을 이끌고 가서 〈祭器 등을 진열하는 일에〉 임하여 살펴보는 것을 돕는다.

【疏】 注'助其帥涖女宮' ○ 釋曰 : 上世婦職云 "掌祭祀賓客喪紀帥女宮, 及祭之日, 涖〔陳〕[1]女宮之具", 故知此贊者, 助其涖女宮也.

1) 〔陳〕 : 저본에는 '陳'이 없으나, '陳'이 脫誤되었다는 浦鏜의 설과 〈天官 世婦(天-51-2)〉의 經文에 의거하여 보충하였다.(北京大 整理本의 〈校勘記〉 참조)

○ 注의 〔助其帥涖女宮〕

○ 釋曰 : 위의 〈天官 世婦(天-51-1·2)〉에서 "〈世婦는〉 祭祀를 지내고 賓客을 맞이하고 喪事를 치를 때 女宮들을 이끌고 가서 〈禮器를 깨끗이 씻고 제사에 바칠 곡물을 세밀히 가려내는 일을〉 관장하며, 제사 지내는 날이 되면 女宮들이 祭器 〈및 內羞의 음식물을〉 진열하는 일에 임하여 살펴본다."고 하였다. 그러므로 이곳에서 〈세부의 일을〉 돕는다는 것은 세부가 女宮들이 진열하는 일에 임하여 살펴보는 것임을 알 수 있다.

天-52-4

大喪에 掌沐浴하고

大喪이 있으면 〈女御는 왕과 왕후의〉 머리를 감기고 시신을 씻기는 일을 관장한다.

【注】王及后之喪이라

왕과 왕후의 喪을 가리킨다.

【疏】注'王及后之喪' ○釋曰：王及后喪，沐用潘，浴用湯，始死，爲之於南牖下[1)]．但男子不死於婦人之手[2)]，今王喪亦使女御浴者，案士喪禮，浴時男子抗衾[3)]，則不使婦人．今王喪，沐或使婦人，而浴未必婦人．或亦供給湯物而已，亦得謂之掌也．

1) 始死 爲之於南牖下：≪儀禮≫ 〈士喪禮〉에서 "適室에서 운명을 하면, 大斂 때 쓸 이불로 시신을 덮는다.〔死于適室 幠用斂衾〕"고 하였는데, 鄭玄의 注에 "'적실'은 正寢의 室이다. 병자는 정침에서 齋戒를 하므로 정침에서 운명을 하는 것이다. 병이 들었을 때는 북쪽 벽 밑에 있다가, 숨을 거두면 실의 남쪽 창 밑으로 옮기는데, 침상과 잠자리에 까는 자리를 마련한다.〔適室 正寢之室也 疾者齊 故於正寢焉 疾時處北墉下 死而遷之當牖下 有牀衽〕"라고 하였다.
2) 男子不死於婦人之手：≪禮記≫ 〈喪大記〉에서 "남자는 부인의 손에서 숨을 거두지 않고, 부인은 남자의 손에서 숨을 거두지 않는다.〔男子不死於婦人之手 婦人不死於男子之手〕"라고 하였다. 鄭玄의 注에서는 "군자는 죽음을 신중히 하니, 〈남자가 부인의 손에서 숨을 거두거나 부인이 남자의 손에서 숨을 거두는 것은〉 서로 설만함이 되기 때문이다.〔君子重終 爲其相褻〕"라고 하였고, 陳澔는 "그 설만함을 싫어해서이다.〔惡其褻也〕"라고 하였다.(≪禮記集說≫ 〈喪大記〉)
3) 士喪禮 浴時男子抗衾：≪儀禮≫ 〈旣夕禮〉에 "禦者 4인이 이불을 들어 시신을 가린 다음 시신을 씻기는데, 尸牀 위의 대자리를 거두어 물을 닦기 편하게 한다.〔禦者四人 抗衾而浴 襢笫〕"라고 하였다. 鄭玄의 注에서는 "'이불을 드는 것〔抗衾〕'은 시신의 알몸을 가리기 위해서이다.〔抗衾 爲其倮裎蔽之也〕"라고 하였다. 賈公彦이 '男子'라고 한 것은 바로 이 禦者를 가리킨다.

○ 注의 〔王及后之喪〕

○ 釋曰：王 및 王后의 喪에서 머리를 감길 때는 쌀뜨물을 사용하고, 시신을 씻길 때는 끓인 물을 사용하며, 막 숨을 거두면 〈室의〉 남쪽 창〔牖〕 밑으로 옮긴다. 다만 남자는 부인의 손에서 숨을 거두지 않는 것인데, 이제 왕의 喪에서는 또한 女御에게 시신을 씻기게 한다. 살펴보건대, ≪儀禮≫ 〈士喪禮〉에서는 시신을 씻길 때 남자가 이불을 들어 〈시신의 알몸을 가린 후 시신을 씻긴다고〉 하였으니, 그렇다면 부인에게 〈시신을 씻기도록〉 시키지 않는 것이다. 이제 왕의 喪에서 머리를 감기는 것은 婦人에게 시키기도 하지만, 시신

을 씻기는 것은 반드시 부인에게 시키는 것은 아니다. 혹 〈부인이〉 끓인 물을 공급할 뿐이라도 또한 그것을 '관장한다〔掌〕'라고 말할 수 있는 것이다.

天-52-5

后之喪에 **持翣**(삽)하고

〈女御는〉 王后의 喪에서 翣을 들고서 〈널을 실은 상여〔柩車〕를 따라간다.〉

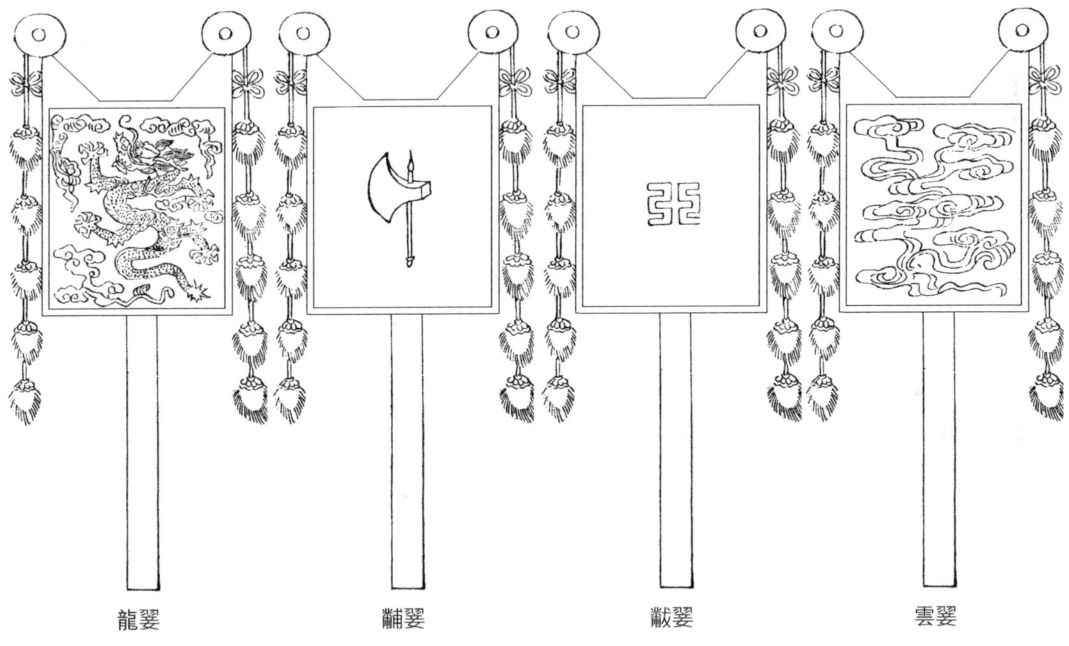

龍翣 黼翣 黻翣 雲翣

【注】 翣은 **棺飾也**니 **持而從柩車**라

'翣'은 棺의 장식이다. 〈삽을〉 들고서 널을 실은 상여〔柩車〕를 따라간다.

【疏】 '后之喪持翣' ○ 釋曰：案禮器云 "天子八翣." 又漢制度皆戴(辟)〔璧〕[1), 后喪亦同, 將葬向壙之時, 使此女御持之[2), 左右各四人, 故鄭云 "持而從柩車"也.

1) (辟)〔璧〕：저본에는 '辟'으로 되어 있으나, 〈天官 縫人(天-59-2)〉 鄭玄의 注에 따라서 '璧'이 되어야 한다는 阮元의 說에 의거하여 바로잡았다.(北京大 整理本의 〈校勘記〉 참조)

2) 漢制度皆戴(辟)〔璧〕……使此女御持之：'翣(삽)'은 발인할 때 널을 실은 수레와 매장할 때 널을 가리기 위해 사용하는 부채 모양의 儀仗이다. 도끼 문양을 그려 넣은 '黼翣', 2개의 己 글자가 서로 등지고 있는 문양을 그려 넣은 '黻翣', 구름 문양을 그려 넣은

'畫翣'으로 나뉜다. '화삽'에는 구름 문양이 그려져 있기 때문에 '雲翣'이라고도 칭한다. ≪禮記≫ 〈喪大記〉에 "〈제후는〉 보삽 2개, 불삽 2개, 화삽 2개로 관을 장식하는데, 〈양 모서리에〉 모두 홀 모양의 옥〔圭〕을 단다.〔黼翣二 黻翣二 畫翣二 皆戴圭〕"고 하였다. 또 ≪예기≫ 〈禮器〉에 따르면, 천자는 8개의 삽을 장식하고, 제후는 6개의 삽을 장식하고, 대부는 4개의 삽을 장식한다.〔天子崩 七月而葬 五重 八翣 諸侯五月而葬 三重 六翣 大夫三月而葬 再重 四翣〕 北宋시대 聶崇義에 의하면, 翣의 자루 길이는 5척이다.(≪三禮圖≫ 〈喪器圖 下〉 참조)

經의 〔后之喪持翣〕

○ 釋曰 : 살펴보건대, ≪禮記≫ 〈禮器〉에서 "천자는 8개의 翣을 장식한다."고 하였다. 또 漢나라의 제도에서는 〈천자의 삽 위쪽 양 모서리에〉 모두 벽옥〔璧〕을 다는데, 왕후의 喪에서도 또한 마찬가지로 하였으며, 장례를 거행하기 위해 무덤〔壙〕으로 향할 때 이 女御들에게 삽을 들고 가게 하는데, 〈수레의〉 좌우에 각각 4인씩이었다. 그러므로 鄭玄이 "〈삽을〉 들고서 널을 실은 상여를 따라간다."고 한 것이다.

天-52-6

從世婦而弔于卿大夫之喪이니라

〈女御는〉 世婦를 수종하여 卿・大夫의 喪에 조문을 한다.

【注】 從之數는 蓋如使者之介[1)]云이라

1) 使者之介 : '介'는 使者를 수종하는 보좌관으로서, 使者가 正賓이 되고, 介는 副賓이 된다. '介'에는 上介・次介・衆介가 있는데, 賓과 主人 사이의 말을 전달한다. '介'의 인원수와 담당자의 신분은 상황에 따라 달라진다. 〈秋官 大行人(秋-52-6)〉에서 5등급의 제후가 천자를 조회하러 왔을 때 천자가 禮로 이들을 예우하는 법을 총괄하면서, 上公의 介는 9인, 諸侯의 介는 7인, 諸子의 介는 5인이라고 하였다. 孫詒讓은 "上介는 卿 1인이 맡고, 次介는 大夫 1인이 맡고, 나머지 7인은 모두 士가 맡는다. 무릇 5등급의 제후는 介의 인원수에 차이가 있지만, 그 상개는 모두 卿이 맡는다.〔介九人者 上介 卿一人 次介 大夫一人 餘七人 皆士 凡五等諸侯 介數有多少 其上介皆以卿爲之〕"고 하였다.(≪周禮正義≫ 권71, 2954쪽) 또 제후의 신하들은 그 군주보다 禮數를 2등급 낮춘다. 〈秋官 大行人(秋-52-8)〉에서 "무릇 諸侯의 卿〈이 군주의 명으로 王에게 빙례를 행하러 왔을 때〉 그 禮數는 각각 그들의 군주보다 2등급을 낮춘다. 卿 이하에서 大夫・士에 이르기까지 모두 이와 마찬가지로 한다.〔凡諸侯之卿 其禮各下其君二等 以下及其大

夫士皆如之〕"고 하였는데, 鄭玄의 注에 "이는 또한 군주의 명으로 와서 빙례를 행하는 경우이다. 그 군주보다 낮춘다는 것은 介의 인원수와 朝位에서 빈과 주인의 사이의 거리를 말한다. 그 나머지는 스스로 그 작위에 따라서 한다. ≪禮記≫ 〈聘義〉에 '〈빙례를 행할 때〉 上公의 나라는 7인의 介를 보내고, 侯・伯의 나라는 5인의 介를 보내고, 子・男의 나라는 3인의 介를 보낸다.'고 하였으니, 이는 卿을 보내어 빙례를 행할 때의 介의 인원수이다.〔此亦以君命來聘者也 所下其君者 介與朝禮賓主之間也 其餘則自以其爵 聘義曰 上公七介 侯伯五介 子男三介 是謂使卿之聘之數也〕"라고 하였다.

〈世婦를〉 수종하는 〈女御의〉 인원수는 대체로 使者의 介의 수와 같다고 한다.

【疏】注'從之'至'介云' ○釋曰：王之妃妾, 三夫人象三公, 九嬪象孤卿, 二十七世婦象大夫, 女御象元士. 但介數依命數爲差, 則王之大夫四命, 世婦之從亦四人, 以無正文, 故言'蓋'言'云'以疑之也.

○ 注의 〔從之〕에서 〔介云〕까지

○ 釋曰 : 王의 妃妾 가운데 三夫人〈의 수는〉 三公을 본뜬 것이고, 九嬪은 孤・卿을 본뜬 것이고, 二十七世婦는 大夫를 본뜬 것이고, 女御는 元士를 본뜬 것이다. 다만 介의 數는 命數를 따라서 차등을 삼는다. 그렇다면 王의 大夫는 四命이므로 世婦를 수종하는 사람 또한 4인일 터인데, 正文(經文)이 없다. 그러므로 '蓋(대체로)'라고 말하고 '云(~라고 한다)'이라고 말하여 의문을 둔 것이다.

53. 女祝(여축)

天-53-1

女祝은 **掌王后之內祭祀**와 **凡內禱祠之事**하고

女祝은 왕후가 거행하는 六宮 안의 작은 제사 및 복을 빌거나 복에 보답하는 제사와 관련한 일을 관장한다.

【注】內祭祀는 六宮之中竈門戶라 禱는 疾病求瘳也요 祠는 報福이라

'內祭祀'는 六宮 안의 竈(부엌의 신)・門(대문의 신)・戶(문의 신)에 지내는 제사이다. '禱'는 질병이 생기면 낫기를 구하는 것이요, '祠'는 복을 내려준 것에 보답하는 것이다.

【疏】 注'內祭'至'報福' ○釋曰：依祭法, 王立七祀, 有戶・竈・中霤・門・行・泰厲・司命,[1] 后亦與王同. 今鄭直云內祭祀竈門戶者, 以其婦人無外事, 無行與中霤之等, 其竈與門戶, 人所出入, 動作有由, 后亦當祀之, 故言竈與門戶也. 案月令, 春祀戶, 夏祀竈, 秋祀門. 后祀之時, 亦當依此也. 云'禱, 疾病求瘳也. 祠, 報福'者, 以其后無外事, 禱祠[2]又是非常之祭, 故知唯有求瘳報福之事也.

1) 王立七祀……司命：'祀'는 여러 작은 신들에게 지내는 제사를 가리키는 것으로, 그 신과 제사 장소를 함께 의미한다. '祀'는 사람들에게 해를 끼칠 수 있는 신들을 안정시켜 해를 끼치지 않게 하기 위한 것이다. 신분에 따라 제사 지내는 대상의 범위를 차등적으로 규정하는데, 왕과 제후는 백성과 나라를 위한 祀와 자신을 위한 祀를 별도로 세운다. ≪禮記≫ 〈祭法〉에 "왕은 群姓을 위하여 일곱 祀를 세우는데, 司命(궁중의 小神)・中霤・國門・國行・泰厲・戶・竈이다. 왕은 자신을 위하여 일곱 祀를 세운다. 제후는 나라를 위하여 다섯 祀를 세우는데, 司命・中霤・國門・國行・公厲이다. 제후는 자신을 위하여 다섯 祀를 세운다. 대부는 세 祀를 세우는데, 族厲・門・行이다. 適士는 두 祀를 세우는데, 門・行이다. 庶士와 庶人은 하나의 祀를 세우는데, 戶를 세우기도 하고 竈를 세우기도 한다.〔王爲群姓立七祀 曰司命 曰中霤 曰國門 曰國行 曰泰厲 曰戶 曰竈 王自爲立七祀 諸侯爲國立五祀 曰司命 曰中霤 曰國門 曰國行 曰公厲 諸侯自爲立五祀 大夫立三祀 曰族厲 曰門 曰行 適士立二祀 曰門 曰行 庶士庶人立一祀 或立戶 或立竈〕"라고 하였다. 鄭玄의 注에서는 "이것은 大神에게 기도하고 보답하는 큰 제사가 아니다. 小神으로서 사람들 사이에 머물며 작은 허물들을 살펴서 견책하여 알리는 것이다.……司命은 三命(受命・遭命・隨命)을 감찰하는 것을 주관한다. 中霤는 堂과 室에서 거처하는 것을 주관한다. 門・戶는 드나드는 것을 주관한다. 行은 도로에서 다니는 것을 주관한다. 厲는 주살하고 벌주는 것을 주관한다. 竈는 먹고 마시는 일을 주관한다.……≪春秋左氏傳≫에 '鬼는 돌아갈 곳이 있으면 厲가 되지 않는다.'고 하였다.〔此非大神所祈報大事者也 小神居人之間 司察小過 作譴告者爾……司命主督察三命 中霤主堂室居處 門戶主出入 行主道路行作 厲主殺罰 竈主飮食之事……春秋傳曰鬼有所歸 乃不爲厲〕"라고 하였다.

2) 禱祠：≪禮記≫ 〈曲禮 上〉에서 "禱・祠・祭・祀의 제사를 지낼 때, 귀신에게 바치는 제물이 예에 맞지 않으면 정성스럽지 못하고 장엄하지 않게 된다.〔禱祠祭祀 供給鬼神 非禮 不誠不莊〕"라고 하였는데, 陳澔는 "'禱'는 구하는 것으로 뜻을 삼고, '祠'는 문식하는 것으로 주안점을 삼고, '祭'는 봉양하는 것으로 일을 삼고, '祀'는 안정시키는 것으로 도리를 삼는다.〔禱以求爲意 祠以文爲主 祭以養爲事 祀以安爲道〕"고 하였다.(≪禮記集說≫ 〈曲禮 上〉)

○ 注의 〔內祭〕에서 〔報福〕까지

○ 釋曰 : ≪禮記≫ 〈祭法〉에 따르면 왕은 七祀를 세워서 戶(문의 신)·竈(부엌의 신)·中霤(방 중앙의 후토신)·門(대문의 신)·行(길의 신)·泰厲(후사 없이 죽은 제왕의 혼령)·司命(궁중의 小神)에 제사를 지내니, 왕후도 왕과 동일하게 한다. 이제 鄭玄이 '內祭祀는 竈·門·戶에 지내는 제사'라고만 말한 것은 婦人에게는 바깥의 일이 없으므로 行과 中霤 등에 지내는 제사가 없고, 竈·門·戶는 사람들이 드나드는 곳이고 움직일 때 경유하는 곳이므로 왕후도 마땅히 제사 지내야 하기 때문이다. 그러므로 竈와 門·戶를 언급한 것이다. 살펴보건대 ≪예기≫ 〈月令〉에서 봄에는 戶에 제사를 지내고, 여름에는 竈에 제사를 지내며, 가을에는 門에 제사를 지낸다고 하였는데, 왕후가 제사를 지내는 시기도 마땅히 이에 의거해야 한다.

'禱는 질병이 생기면 낫기를 구하는 것이요, 祠는 복을 내려준 것에 보답하는 것'이라고만 말한 것은 왕후에게는 바깥의 일이 없고, 禱와 祠는 또한 정기적인 제사가 아니기 때문이다. 그러므로 질병이 낫기를 구하고 내려준 복에 보답하는 일이 있을 뿐임을 알 수 있다.

天-53-2

掌以時招·梗·禬·禳之事하여 **以除疾殃**이니라

〈女祝은〉 일이 있을 때 거행하는 招·梗·禬·禳의 제사를 관장하여 질병과 재앙을 제거한다.

【注】鄭大夫讀梗爲亢하니 **謂招善而亢惡去之**요 **杜子春讀梗爲更**[1)]이라 **玄謂梗**은 **禦未至也**라 **除災害曰禬**니 **禬猶刮去也**라 **卻變異曰禳**이니 **禳**은 **攘也**라 **四禮唯禳**이 **其遺象今存**이라

1) 杜子春讀梗爲更 : 이곳의 '更'은 '다시', '다시 시작하다'의 뜻이다. 孫詒讓은 "'梗'과 '更'은 聲類가 동일하다. 杜子春은 이 '梗'을 옛것을 제거하고 다시 시작하는 제사의 뜻으로 생각하였다. 그러므로 破字하여 '更'이라 한 것이다. ≪風俗通≫ 〈祀典〉에서도 '梗은 更의 뜻이니, 한 해가 끝나고 〈새해가〉 다시 시작되어 큰 복을 받는다는 의미이다.'라고 하였다.〔梗更聲類同 杜以此梗爲除舊更始之祭 故破字爲更也 風俗通祀典亦曰 梗者更也 歲終更始受介祉也〕"고 하였다.(≪周禮正義≫ 권14, 563쪽)

鄭大夫(鄭興)는 '梗'은 '亢'의 뜻으로 읽으니, 善을 불러들여 惡에 대항하여 물리치는 것

을 말한다. 杜子春은 '梗'을 '更(다시, 다시 시작하다)'의 뜻으로 읽었다. 나(鄭玄)는 생각건대, '梗'은 아직 이르지 않은 일을 막는 것을 말한다. 재해를 제거하는 것을 '禬'라고 하니, 禬는 제거해버린다는 뜻과 같다. 괴이한 현상〔變異〕을 물리치는 것을 '禳'이라고 하니, 禳은 물리친다는 뜻이다. 네 가지 禮 가운데 오직 禳만이 그 전해지는 모습이 오늘날까지 남아 있다.

【疏】 '掌以'至'疾殃' ○釋曰：云'掌以時招・梗・禬・禳'者, 此四事竝非常求福去殃之事. 云'以時'者, 謂隨其事時, 不必要在四時也. 云'招'者, 招取善祥. 梗者, 禦捍惡之未至. 禬者, 除去見(현)在之災. 禳者, 推卻見在之變異. 此四者皆與人爲疾殃, 故云"以除疾殃"也.

經의 〔掌以〕에서 〔疾殃〕까지

○ 釋曰：〔掌以時招梗禬禳〕 이 네 가지 일은 모두 비상시에 복을 구하고 재앙을 제거하는 일이다. '以時'라고 한 것은 일이 생길 때에 따라서 거행함을 말하니, 반드시 네 계절에 할 필요는 없는 것이다. '招'라고 한 것은 좋고 상서로운 일을 불러들여 취한다는 뜻이다. '梗'이란 아직 이르지 않은 궂은일을 막는 것이다. '禬'란 나타나 있는 재앙을 제거하는 것이다. '禳'이란 나타나 있는 괴이한 현상을 물리치는 것이다. 이 네 가지는 모두 사람에게는 재앙이 되는 것이다. 그러므로 "〈네 가지 예를 거행하여〉 질병과 재앙을 제거한다."고 한 것이다.

○注'鄭大'至'今存' ○釋曰：鄭大夫以梗爲亢惡去之. 玄不從, 以爲禦未至者, 以禬・禳二者, 已是去惡, 復以梗爲亢惡去之, 文煩而無禦未至之事, 故不從鄭大夫爲亢惡也. 鄭大夫云招善者, 玄從之也. 杜子春云"讀梗爲更", 義無所取, 玄亦不從之也. 云'四禮唯禳其遺象今存'者, 此四禮至漢時, 招梗及禬不行, 唯禳一禮漢日猶存其遺象, 故云"遺象今存也."

○ 注의 〔鄭大〕에서 〔今存〕까지

○ 釋曰：鄭大夫(鄭興)는 '梗'을 惡에 대항하여 제거한다는 뜻으로 해석했다. 鄭玄이 이에 따르지 않고 아직 이르지 않은 일을 막는다는 뜻으로 해석한 것은, 禬와 禳 두 가지가 이미 악을 제거하는 일이니, 다시 '梗'을 惡에 대항하여 제거한다는 뜻으로 해석한다면 문장이 번거롭고 아직 이르지 않은 것을 막는 일이 없게 되기 때문이다. 그러므로 〈정현은〉 정대부가 악에 대항한다는 뜻으로 해석한 것을 따르지 않았다. 정대부가 善을 불러들인

다고 한 것은 정현이 따랐다. 杜子春이 '梗'을 '更'의 뜻으로 읽었다 한 것은 취할 만한 의미가 없으므로 정현이 또한 따르지 않았다.

〔四禮 唯禳其遺象今存〕 이 네 가지의 禮는 漢나라 때 이르러 招·梗 및 禬는 거행되지 않았고, 오직 禳의 한 가지 예만 한나라 시기에도 여전히 그 남은 모습이 존재하였다. 그러므로 "그 전해지는 모습이 오늘날까지 남아 있다."고 한 것이다.

54. 女史(여사)

天-54-1

女史는 **掌王后之禮職**하며 **掌內治之貳**하여 **以詔后治內政**하며

女史는 왕후의 禮에 관한 직무를 관장하며, 王內를 다스리는 政令의 副本을 관장하여 그에 따라 왕후에게 內政을 다스릴 것을 아뢰며,

【注】內治之法은 本在內宰니 書而貳之라

王內를 다스리는 법은 본래 內宰에 있는데, 〈女史가〉 이를 받아서 기록하여 副本으로 작성한다.

【疏】'女史'至'內政' ○ 釋曰 : 案上敍官鄭注云"女史, 女奴曉書者." 是以掌王后禮之職事.

經의 〔女史〕에서 〔內政〕까지

○ 釋曰 : 살펴보건대, 위의 〈天官 序官(天-0-6)〉 鄭玄의 注에서 "女史는 여자 노비로서, 글에 밝은 자이다."라고 하였다. 이 때문에 왕후의 예에 관한 직무를 관장하는 것이다.

○ 注'內治'至'貳之' ○ 釋曰 : 云'內治之法, 本在內宰'者, 案內宰職云 "掌書版圖之法, 以治王內[1]之政令." 今此云"掌內治之貳", 故知內治之灋, 本在內宰掌, 此女史書而貳之也.

1) 王內 : 王宮의 五門 가운데 가장 북쪽에 있는 路門에서 北宮에 이르는 곳으로, 이곳에 王·王后·夫人이 거주한다. 孫詒讓에 의하면, 五門 가운데 가장 남쪽에 있는 皐門 안쪽을 통틀어 王宮이라 하고 路門 안쪽을 통틀어 王內라고 하는데, 內宰는 王內의 政令을 다스리고, 小宰는 王宮의 政令을 다스려서 내외가 서로 갖추어진다.(≪周禮正

義≫ 권13, 512쪽 참조) 鄭玄에 의하면 五門은 남쪽에서 북쪽으로 皐門, 庫門, 雉門, 應門, 路門의 순이다.

○ 注의 〔內治〕에서 〔貳之〕까지

○ 釋曰 : 〔內治之法 本在內宰〕 살펴보건대, 〈天官 內宰(天-45-1)〉에서 "궁중 관리와 그들의 자제의 명부를 기록한 名籍 및 궁중 관부의 형상을 그린 地圖의 법을 관장하여 王內(內宮)와 관련한 政令을 시행한다."라고 하였다. 이제 이곳에서 "王內를 다스리는 政令의 副本을 관장한다."고 하였다. 그러므로 王內를 다스리는 법은 본래 內宰에서 관장하는데, 이곳의 女史가 이를 받아서 기록하여 副本으로 작성한다는 것을 알 수 있다.

天-54-2

逆內宮[1)]하며

1) 內宮 : 六宮으로서, 后・夫人・九嬪・世婦・女御 등을 가리킨다.(≪三禮文化辭典≫, 93쪽)

〈女史는〉 內宮(六宮)의 회계를 심사하며,

【注】 鉤考六宮之計라

六宮의 회계를 심사하는 것이다.

【疏】 '逆內宮' ○ 釋曰 : 逆謂逆而鉤考之. 言'內宮', 亦對王之六寢爲內宮. 謂六宮所有費用財物及米粟, 皆當鉤考之也.

經의 〔逆內宮〕

○ 釋曰 : '逆'은 〈문서를〉 접수하여 심사하는 것을 말한다. '內宮'이라고 말한 것은 또한 왕의 六寢에 대해서 內宮이 되기 때문이다. 六宮의 모든 비용과 재물 및 양식은 모두 심사를 해야 함을 말한다.

天-54-3

書內令하며

왕후의 명령을 기록하며,

【注】后之令이라

왕후의 명령이다.

【疏】注'后之令' ○釋曰：內令, 亦對王令爲內, 故鄭云"后之令", 謂書而宣布於六宮之中也.

○ 注의 〔后之令〕

○ 釋曰 : '內令'은 또한 왕의 명령에 상대하여 '內'가 된다. 그러므로 鄭玄이 "왕후의 명령이다."라고 하였으니, 〈女史가〉 기록해서 六宮 안에 宣布함을 말한다.

天-54-4

凡后之事를 以禮從이니라

〈女史는〉 왕후가 禮를 거행하는 모든 일에 禮書를 가지고 수종을 한다.

【注】亦如大史之從於王이라

또한 大史(태사)가 〈예서를 가지고〉 왕을 수종하는 것과 같다.

【疏】注'亦如'至'於王' ○釋曰：案大史職云"大會同朝覲[1), 以書協禮事. 及將幣之日[2), 執書以詔王." 鄭注云"告王以禮事." 此女史亦執禮書以從后, 故云"如大史之於王."

1) 大會同朝覲 : 제후들이 때때로 천자를 뵙는 것을 '會', 여럿이 함께 천자를 뵙는 것을 '同'이라 한다. 大會同은 會同을 기회로 朝覲의 禮를 행하는 것이다. 大會同은 봄에 천자를 朝見할 때 행하기도 하고 가을에 천자를 覲見할 때 행하기도 한다. 〈天官 大宰(天-1-23)〉에서는 '大朝覲會同'이라고 하였는데 大朝覲 역시 會同을 말하는 것으로 같은 의미이다.(〈天官 大宰(天-1-23)〉 경문의 역주 1) 및 鄭玄의 注 참조)

2) 將幣之日 : 大會同을 기회로 朝覲의 예를 행할 때, 제후들은 왕에게 玉幣와 玉獻의 예를 올린다. '玉幣'는 諸侯들이 享禮를 행할 때 올리는 예물로, 제후들이 玉을 바칠 때는 幣(束帛) 위에 올려놓고서 진헌하므로 '玉幣'라고 한다. '玉獻'은 제후국의 진귀하고 기이한 예물을 올리는 것인데 또한 玉을 잡고서 바친다.(〈天官 大宰(天-1-23)〉 鄭玄의 注 참조)

○ 注의 〔亦如〕에서 〔於王〕까지

○ 釋曰 : 살펴보건대, 〈春官 大史(春-57-12・13)〉에서 "제후들이 大會同을 하여 朝覲

의 예를 행할 때, 〈大史는 미리〉 禮書에 의거하여 〈행해야 할〉 禮事를 예습하고 기록한다. 제후가 왕에게 玉幣를 바치는 날이 되면 예서를 잡고 왕에게 〈거행할 예를〉 아뢴다." 라고 하였는데, 鄭玄의 注에서는 "왕에게 禮事로써 아뢴다."고 하였다. 이곳의 女史도 예서를 잡고 왕후를 수종한다. 그러므로 "태사가 왕에게 하는 것과 같다."고 한 것이다.

55. 典婦功(전부공)

天-55-1

典婦功은 **掌婦式之灋**하여 **以授嬪婦及內人女功之事齎**[1]하고

1) 女功之事齎 : '女功'은 부인들이 종사하는 紡織·刺繡·縫紉(바느질) 등의 일을 말한다. 〈地官 酇長(地-45-3)〉의 鄭玄 注에 "女功은 길쌈의 일을 가리킨다.〔女功 絲枲之事〕"고 하였다. '事齎'는 女功 즉 길쌈할 때 필요한 명주나 삼베 등의 원재료를 가리킨다. '齎'는 資와 같은 것으로, ≪廣雅≫ 〈釋詁〉에 "資는 취한다는 뜻이다.〔資 取也〕"라고 하였다.

典婦功은 부인들이 종사해야 할 일의 법식을 관장하여 九嬪·世婦 및 內人(女御)들이 길쌈할 때 필요한 재료(명주·삼베 등)를 공급해준다.

【注】婦式은 婦人事之模範이요 灋은 其用財舊數라 嬪婦는 九嬪世婦니 言及以殊之者는 容國中婦人賢善工於事者라 事齎는 謂以女功之事來取絲枲라 故書齎爲資니 杜子春讀爲資라 鄭司農云 內人은 謂女御요 女功事資는 謂女功絲枲之事라

'婦式'은 부인이 하는 일의 模範이다. '灋'은 그 재물을 사용하는 舊數(옛 법식의 수량)이다. '嬪婦'는 九嬪과 世婦이다. '及(및)'이라고 말하여 그들을 구분한 것은 國中의 부인으로서 현명하고 선량하면서 일에 정교한 자를 포함하기 때문이다. '事齎'는 女功의 일로 와서 명주나 삼베를 취하는 것을 말한다. 古書(故書)에는 '齎'가 '資'로 되어 있다. 杜子春은 '資'의 뜻으로 읽었다. 鄭衆은 "'內人'은 女御를 말한다. '女功事資'는 女功(부인들이 종사하는 일)인 명주와 삼베를 짜는 일을 말한다."라고 하였다.

【疏】注'婦式'至'之事' ○釋曰 : 云'法, 其用財舊數'者, 此卽典絲·典枲所授絲枲多少, 竝有舊數, 依而授之. 云'嬪婦, 九嬪世婦'者, 案內宰 "以作二事及婦功", 唯據九御而言[1], 不見九嬪世婦有絲枲之事. 此言'嬪婦'者, 但三夫人無職, 九嬪已下皆有之. 但女御四德[2]不備, 須教之, 九嬪世婦素解, 不須教之, 其實有婦職也. 是以魯語[3]云 "王后織玄紞, 公侯夫人紘綖, 卿之內子大帶"[3], 則貴賤皆職事也. 云'言及以殊之者, 容國中婦人賢善工於事'者, 案下內司服注 "言及言凡[4], 殊貴賤也", 此云"言及, 容國中婦人者", 此云'及', 非直(破)〔殊〕[5]貴賤, 亦含國中婦人, 故云"容"也. 必知有國中婦人者, 以下典絲云 "頒絲于外內工", 注云 "外工, 外嬪婦也." 故大宰九職[6]云 "嬪婦化治絲枲." 是其國中婦人有嬪婦之稱也. 云'事齎, 謂以女功之事來取絲枲'者, 以其行道曰齎[7], 經云"女功事齎", 故知以女功之事來取絲枲也. '故書齎爲資, 杜子春讀爲資', 案上玄注以齊次爲聲, 從貝變易, 則兩字俱得. 今不破子春者, 從上注義可知, 不復重言也.

1) 內宰以作二事及婦功 唯據九御而言 : 〈天官 內宰(天-45-4)〉에서 "〈內宰는〉 婦職의 法에 의거하여 九御를 가르치고, 〈9인씩 짝을 이루어〉 각각 九嬪에 분속시켜 명주와 삼베 짜는 일에 종사하게 한다.〔以婦職之灋 教九御 使各有屬 以作二事〕"고 한 것을 가리킨다. 鄭玄은 '婦職'에 대해서 "비단을 짜고〔織紝〕・끈을 짜고〔組紃〕・바느질〔縫線〕을 하는 일이다.〔婦職 謂織紝組紃縫線之事〕"라고 하였다.(〈天官 內宰(天-45-4)〉 鄭玄의 注)
2) 四德 : 〈天官 九嬪(天-50-1)〉에서 "九嬪은 婦學(婦人의 학습)에 관한 法을 관장하니, 九御(女御)에게 婦德・婦言・婦容・婦功을 가르친다.〔九嬪 掌婦學之灋 以教九御婦德婦言婦容婦功〕"고 하였다. 鄭玄의 注에 따르면, '婦德'은 곧고 온순한 것〔貞順〕을 가리키고, '婦言'은 응대하는 언사〔辭令〕를 가리키고, '婦容'은 자태가 아름다운 것〔婉娩〕을 가리키고, '婦功'은 명주와 삼베 짜는 일〔絲枲〕을 가리킨다.
3) 魯語云……卿之內子大帶 : ≪國語≫ 〈魯語 下〉의 '公父文伯之母論勞逸'에 보인다. 文伯은 魯나라 大夫로 公父穆伯의 아들 公父歜인데, 어머니는 穆伯의 처 敬姜이다. 문백의 어머니가 아들에게 근면하고 나태하지 말 것을 논한 것이다. 원문에 "王后는 몸소 검은 면류관 끈을 짜고, 公과 侯의 부인은 갓끈과 면류관의 덮개를 더 짜고, 卿의 內子는 허리띠를 만들고, 命婦는 祭服을 완성하고, 元士의 처는 朝服을 더 만들고, 下士로부터 이하는 모두 자기 남편의 옷을 만든다.〔王后親織玄紞 公侯之夫人加之以紘綖 卿之內子爲大帶 命婦成祭服 列士之妻加之以朝服 自庶士以下 皆衣其夫〕"라고 하였다.
4) 內司服注 言及言凡 : 〈天官 內司服(天-58-3)〉에서 "凡祭祀賓客 共后之衣服 及九嬪世婦 凡命婦 共其衣服 共喪衰亦如之(무릇 제사를 지내고 빈객을 접대할 때, 〈內司服은〉 王后가 입어야 할 의복을 공급하고, 아울러 九嬪과 世婦 등 모든 命婦에게도 그들이 입어야 할 의복을 공급한다. 喪服을 공급할 때도 이와 마찬가지로 한다.)"라고 하였는데, 鄭玄의 注에서 "言及言凡 殊貴賤也('及'이라 말하고 '凡'이라 말한 것은 존귀함과 천함을 구분한 것이다.)"라고 한 것을 가리킨다.
5) (破)〔殊〕: 저본에는 '破'로 되어 있으나, 監本과 毛本을 따라 '殊'로 訂正해야 한다는 阮

元의 說에 의거하여 '殊'로 바로잡았다.(北京大 整理本의 〈校勘記〉 참조)

6) 九職 : 백성들이 종사하는 9가지 직업으로, 三農・園圃・虞衡・藪牧・百工・商賈・嬪婦・臣妾・閒民을 말한다. 이 9가지 직업에 종사하는 백성들에게 각각 九穀・草木・山澤의 材・鳥獸・器物・貨賄・布帛・疏材를 부세의 형태로 바치게 하고, 閒民은 다른 사람에게 고용되어 일을 한다.(〈天官 大宰(天-1-6)〉 참조)

7) 以其行道曰齎 : 〈天官 外府(天-37-2)〉 鄭玄의 注에 "'齎'는 길을 갈 때 필요한 재물이다.〔齎 行道之財用也〕"라고 하였다.

○ 注의 〔婦式〕에서 〔之事〕까지

○ 釋曰 : 〔法 其用財舊數〕 이것은 곧 典絲와 典枲가 공급해주는 명주와 삼베의 수량이니, 모두 舊數(옛 법식의 수량)가 있어서 그에 의거하여 공급해주는 것이다.

〔嬪婦 九嬪世婦〕 살펴보건대 〈天官 內宰(天-45-4)〉에서 "〈內宰는 九御에게〉 명주와 삼베 짜는 일 및 婦功에 종사하게 한다."고 한 것은 오직 九御에 의거해서 말한 것으로 九嬪과 世婦에게 비단과 삼베 짜는 일이 있음은 나타나지 않았다. 이곳에서 '嬪婦'라고 말한 것은 다만 三夫人만 직무가 없고 九嬪 이하는 모두 직무가 있기 때문이다. 다만 女御는 四德을 갖추지 못했으므로 그들을 가르쳐야 하고, 구빈과 세부는 평소 통달하고 있으므로 가르칠 필요가 없지만 실제로는 婦職이 있는 것이다. 이 때문에 ≪國語≫ 〈魯語〉에서 "王后는 검은 면류관 끈〔玄紞〕을 짜고, 公・侯의 夫人은 갓끈과 면류관의 덮개〔紘綖〕를 짜고, 卿의 內子는 허리띠〔大帶〕를 만든다."고 하였으니, 〈지위가〉 존귀하든 비천하든 모두 맡은 바 일이 있는 것이다.

〔言及以殊之者 容國中婦人賢善工於事〕 살펴보건대, 아래 〈天官 內司服(天-58-3)〉 鄭玄의 注에서 "'及'이라 말하고 '凡'이라 말한 것은 존귀함과 천함을 구분한 것이다."라고 하였는데, 이곳의 注에서는 "'及'이라고 말한 것은 國中의 부인을 포함하기 때문이다."라고 하였으니, 이곳에서 '及'이라고 한 것은 단지 지위의 존귀하고 천함을 구분할 뿐 아니라 國中의 부인들도 포함하는 것이다. 그러므로 "포함한다〔容〕"라고 한 것이다. 반드시 國中의 부인들이 있음을 알 수 있는 것은, 아래 〈天官 典絲(天-56-3)〉에서 "〈典絲는〉 外工과 內工에게 명주실을 나누어준다.〔頒絲于外內工〕"고 하였는데, 정현의 주에서는 "外工은 外嬪婦를 가리킨다.〔外工 外嬪婦〕"라고 하였기 때문이다. 그러므로 〈天官 大宰(天-1-6)〉의 '九職' 條에서 "〈일곱째는〉 嬪婦이니, 생사와 삼실을 뽑고 가공하여 명주와 삼베를 만든다."라고 하였으니, 그 國中의 婦人에게 '嬪婦'라는 칭호가 있는 것이다.

〔事齎 謂以女功之事來取絲枲〕 길을 갈 때 필요한 재물을 '齎'(路資)라고 하는데, 經文

에서 "女功事齎"라고 하였으므로, 女功의 일로 와서 명주와 삼베를 취하는 것임을 알 수 있다.

〔故書齎爲資 杜子春讀爲資〕 살펴보건대, 위의 〈天官 外府(天-37-2)〉 鄭玄 注에서 "〈齎는〉 齊·次(자)로 발음을 삼고 '貝'를 따라서 〈글자를〉 바꾼 것이다."라고 하였으니, 두 글자(齎와 資)가 모두 의미가 통한다. 이제 杜子春의 해석을 부정하지 않은 것은 위의 정현 주로부터 그 의미를 알 수 있으므로 다시 중복해서 말하지 않았다.

天-55-2

凡(授)〔受〕[1]嬪婦功하여 及秋獻功에 辨其苦良하고 比其小大而賈之하여 物書而楬之하여

1) (授)〔受〕: 저본에는 '授'로 되어 있으나, 아래 鄭玄의 注에 의거하여 '受'로 바로잡았다.

무릇 〈典婦功은〉 九嬪과 世婦에게 일의 실적물을 받아서 가을에 일의 실적물을 바칠 때가 되면 〈비단과 삼베의〉 조악함과 우량함을 판별하고 그 가늘고 굵음을 비교하여 가치를 산정하여 물품에 써 붙여서 표식을 해둔다.

【注】授는 當爲受니 聲之誤也라 國中嬪婦所作이 成卽送之하여 不須獻功時라 賈之者는 物不正齊하여 當以泉計通功이라 鄭司農〔云〕[1] 苦讀爲盬하니 謂分別其縑帛與布紵之麤細하고 皆比方其大小하여 書其賈數而著(착)其物이니 若今時題署物이라

1) 〔云〕: 저본에는 '云'이 없으나, 아래 賈公彦의 疏와 孫詒讓의 ≪周禮正義≫에 의거하여 보충하였다.

'授'는 '受'가 되어야 하니, 비슷한 성음으로 인한 잘못이다. 國中의 嬪婦(九嬪과 世婦)가 제작하는 것이 완성되면 곧바로 보내고 일의 실적물을 바칠 때까지 기다리지 않는다. '賈之'란 물건들이 바르고 가지런하지 않으므로 화폐로 계산해서 통틀어 실적물로 인정한다는 뜻이다. 鄭衆은 "'苦'는 '盬(조악함)'의 뜻으로 읽으니, 그 비단과 삼베의 거칠고 섬세함을 분별하고 모두 그 〈실의〉 굵기를 비교하여, 그 가격과 수치를 〈표지에〉 써서 그 물품에 부착하는 것을 말하니, 오늘날 물건에 서명하는 것과 같은 것이다."라고 하였다.

【疏】注'授當'至'署物' ○釋曰：鄭知授當爲受者, 以其上文已授女功, 故知此爲受. 云

'國中嬪婦所作成卽送之, 不須獻功時'者, 以其經受嬪婦功在秋獻功上, 故不待秋獻功也. 云'賈之者, 物不正齊, 當以泉計通功'者, 婦人雖等受絲枲, 作有麤細善惡, 故以泉計而通爲功. 布絹惡者盡其材猶不充功, 布絹善者, 少送以充功直, 故云"泉計通功也." 司農云"苦讀爲鹽"已下云云者, 司農之意, 以典婦功是都司摠掌, 故分別布帛. 其典絲卽唯主絲, 絲爲良者也. 典枲唯主布, 布爲苦者也. 若後鄭之義, 卽以典婦功主良, 典絲典枲主苦者. 又以絲枲之中各自有苦良. 若然, 經云'苦', 謂就良中苦者也. 云'皆比方其大小'者, 謂比方其細小者, 復比方其麤大也.

○ 注의 〔授當〕에서 〔署物〕까지

○ 釋曰 : 鄭玄이 '授(주다)'가 '受(받다)'가 되어야 함을 알았던 것은, 위의 經文(〈天官 典婦功(天-55-1)〉)에서 이미 〈九嬪·世婦 및 內人들이〉 길쌈할 때 필요한 재료를 공급해준다고 하였기 때문이다. 그러므로 이곳에서는 '受(받다)'가 됨을 알 수 있는 것이다.

〔國中嬪婦所作成卽送之 不須獻功時〕 經文에서 '嬪婦(九嬪과 世婦)의 실적물을 받는다.'는 문장이 '가을에 실적물을 바친다.'는 문장 위에(앞에) 있기 때문이다. 그러므로 가을에 일의 실적물을 바칠 때까지 기다리지 않는 것이다.

〔賈之者 物不正齊 當以泉計通功〕 부인들은 비록 비단과 삼베〈의 재료〉를 동등하게 공급받지만, 제작한 물건에는 거칠고 섬세함, 우량하고 조악함이 있다. 그러므로 화폐로 계산해서 통틀어 실적물로 인정한다. 삼베와 비단이 조악한 것은 그 재료를 다 공급해주었어도 공력을 충분히 들이지 않았기 때문이고, 삼베와 비단이 우량한 것은 재료를 적게 보냈어도 공력을 충분히 들여서 곧게 했기 때문이다. 그러므로 "화폐로 계산해서 통틀어 실적물로 인정한다."고 한 것이다.

鄭衆이 "'苦'는 '鹽(조악함)'의 뜻으로 읽는다.……"라고 말한 것은, 정중이 典婦功은 전체를 맡아서 총괄하여 관장한다고 생각했기 때문에 삼베와 비단을 나누어 구별한 것이다. 典絲는 비단을 주관할 뿐이니, 비단이 우량한 것이 된다. 典枲는 삼베를 주관할 뿐이니, 삼베가 조악한 것이 된다. 鄭玄의 해석대로라면, 전부공은 우량한 것들을 주관하고, 전사와 전시는 조악한 것들을 주관하는 것이라 한 것이고 또 비단과 삼베 가운데서 각각 저마다 조악한 것과 우량한 것이 있다고 한 것이다. 그렇다면 경문에서 '조악한 것〔苦〕'이라고 말한 것은 우량한 것 가운데서 조악한 것을 의미한다.

〔皆比方其大小〕 그 섬세하고 가는 것을 비교하고, 다시 그 거칠고 굵은 것을 비교하는 것을 말한다.

天-55-3

以共王及后之用호되 **頒之于內府**니라

〈典婦功은 우량한 비단과 삼베를〉 왕과 왕후가 필요로 할 때 공급하는데, 內府에 보내어 보관하게 한다.

【疏】'以共'至'內府' ○ 釋曰：此於典絲・典枲處受其良好者, 入此典婦功藏之, 以待王及后之用, 故藏之於內府也.

經의 〔以共〕에서 〔內府〕까지

○ 釋曰：이것은 典絲와 典枲의 부서에서 비단과 삼베 가운데 우량한 것들을 접수해서 이곳 典婦功에 납입하여 보관하게 해서 왕과 왕후가 필요로 할 때를 대비하는 것이다. 그러므로 內府에서 그것을 收藏하게 하는 것이다.

56. 典絲(전사)

天-56-1

典絲는 **掌絲入而辨其物**하여 **以其賈楬之**하고

典絲는 〈嬪婦가〉 공납한 비단을 관장하여 그 물품의 우량하고 조악함을 판별하고 그 가격과 수치를 표지에 써 붙인다.

【注】絲入은 謂九職之嬪婦所貢絲라

'絲入'은 九職 가운데 嬪婦(九嬪과 世婦)가 공납한 비단을 가리킨다.

【疏】'典絲'至'楬之' ○ 釋曰：云'辨其物'者, 典絲唯受絲入, 而云"辨其物", 謂絲有善惡麤細不同, 非謂別有餘物也.

經의 〔典絲〕에서 〔楬之〕까지

○ 釋曰：〔辨其物〕 典絲는 오직 공납한 비단만을 수납하는데 "그 물품을 판별한다.〔辨其物〕"라고 말한 것은, 비단에 우량한 것과 조악한 것・거친 것과 섬세한 것이 있어 같지

않음을 말한 것이지 따로 다른 물품이 있음을 말한 것이 아니다.

○ 注'絲入'至'貢絲' ○ 釋曰：后宮所蠶之絲, 自於后宮用之, 以爲祭服, 不入典絲. 其歲之常貢之絲, 若禹貢兗州貢漆絲之等, 且餘官更無絲入之文, 亦當入此典絲也.

○ 注의 〔絲入〕에서 〔貢絲〕까지

○ 釋曰：后宮이 양잠한 비단은 자체적으로 후궁에서 사용하니, 그것으로 祭服을 만들고 典絲에서 납입하지 않는다. 〈제후국에서〉 매년 바치는 정기적인 공납으로서의 비단은 ≪尙書≫ 〈禹貢〉의 兗州에서 공납하는 옻과 비단 같은 것들이다. 또한 여타 관직에서 공납한 비단에 관한 문장이 전혀 없으므로 또한 마땅히 이곳 典絲에 납입해야 한다.

天-56-2

掌其藏與其出하여 以待興功之時하고

〈典絲는〉 비단의 수장과 지출을 관장하여 필요한 물품을 제작하는 시기에 대비한다.

【注】 絲之貢少면 藏之出之를 可同官也라 時者는 若溫煖에 宜縑帛하고 淸涼에 宜文繡라

비단의 공납이 적으므로 그것을 收藏하고 지출하는 것을 같은 관직에서 할 수 있다. '時'란 따듯할 때는 합사 비단을 제작하기에 알맞고, 서늘할 때는 자수 비단을 제작하기에 알맞음과 같은 것이다.

【疏】 注'絲之'至'文繡' ○ 釋曰：案經餘官內府·玉府等, 皆不云"掌其藏與其出", 此官獨云"掌其藏與其出", 故云"絲之貢少, 藏之出之可同官也." 云'時者, 若溫煖宜縑帛, 淸涼宜文繡'者, 鄭以目驗知之. 文繡必於淸涼者, 以其文繡染絲爲之, 若於夏暑損色, 故待秋涼爲之也.

○ 注의 〔絲之〕에서 〔文繡〕까지

○ 釋曰：살펴보건대, 內府나 玉府 등 나머지 관직의 경문에서는 모두 "그 수장과 지출을 관장한다."고 말하지 않았는데, 오직 이 관직(典絲)에서만 "그 수장과 지출을 관장한다."고 말하였다. 그러므로 "비단의 공납이 적으므로 그것을 수장하고 지출하는 것을 같은 관직에서 할 수 있다."고 한 것이다.

〔時者 若溫煖宜縑帛 淸涼宜文繡〕 鄭玄이 눈으로 직접 징험해서 안 것이다. 자수 비단을 반드시 서늘할 때 제작하는 것은 자수 비단은 염색한 비단실로 만드니, 만약 여름의 무더운 때 제작하면 색이 바래기 때문이다. 그러므로 가을의 서늘할 때를 기다려서 만든다.

天-56-3

頒絲于外內工호되 皆以物授之하니라

〈典絲는〉 外工(外嬪婦)과 內工(女御)에게 명주실을 나누어주는데, 모두 그들이 제작해야 할 물품에 맞추어서 준다.

【注】外工은 外嬪婦也요 內工은 女御라

外工은 外嬪婦를 가리킨다. 內工은 女御를 가리킨다.

【疏】'頒絲'至'授之' ○ 釋曰：言'以物授之'者, 若縑帛則授之以素絲, 若文繡則授之以綵絲, 故以物而言也.

經의 〔頒絲〕에서 〔授之〕까지

○ 釋曰："제작해야 할 물품에 맞추어서 준다.〔以物授之〕"고 말한 것은 합사 비단을 제작해야 하면 흰 실을 나눠주고, 자수 비단을 제작해야 하면 채색 실로 나눠주는 것이다. 그러므로 '제작해야 할 물품〔物〕'을 가지고 말한 것이다.

○ 注'外工'至'女御' ○ 釋曰：上典婦功云 "凡(授)〔受〕嬪婦功", 幷有九嬪世婦. 此注內功不言'嬪婦', 直云'女御'者, 案內宰職教女御以作二事, 及九嬪職教九御以婦職, 則女御專於絲枲也. 九嬪・世婦, 四德自備, 不常爲絲枲. 假使爲之, 以其善事所造, 唯典婦功, 以共王及后所用, 不在典絲典枲, 故鄭注內工中不言也.

○ 注의 〔外工〕에서 〔女御〕까지

○ 釋曰：위의 〈天官 典婦功(天-55-2)〉에서 "무릇 〈典婦功은〉 九嬪과 世婦에게 일의 실적물을 받는다."라고 하였으니, 구빈과 세부를 모두 포함하는 것이다. 〈鄭玄이〉 이곳의 '內功(內工)'에 注를 달면서 '구빈과 세부〔嬪婦〕'라고 말하지 않고 단지 '女御'라고 한 것은, 살펴보건대 〈天官 內宰(天-45-4)〉에서 '內宰는 女御(九御)를 가르쳐서 명주와 삼베 짜는 일에 종사하게 한다.'고 하였고, 〈天官 九嬪(天-50-1)〉에서 '〈구빈은〉 九御(女御)에게 婦

職(婦德・婦言・婦容・婦功)을 가르친다.'고 하였으니, 여어는 비단과 삼베를 짜는 일을 전담하기 때문이다. 구빈과 세부는 四德(婦職)을 본래 갖추고 있으므로 항상 명주와 삼베를 짜는 것은 아니다. 설령 그것을 만들더라도 그 일을 잘 수행하여 만든 것을 오직 전부공이 왕과 왕후가 필요로 할 때 공급하는 것이지, 典絲나 典枲의 일에 재직하지는 않는다. 그러므로 정현이 內工에 대한 注 안에서 〈'구빈과 세부'를〉 말하지 않은 것이다.

天-56-4

凡上之賜予도 亦如之니라

무릇 왕이 상을 하사할 때도 또한 비단 물품으로 준다.

【注】王以絲物賜人이라

王은 비단 물품으로 사람들에게 상을 하사한다.

【疏】'凡上'至'如之' ○ 釋曰 : 云'亦如之'者, 亦〔以〕[1)]物授之, 謂王以絲物賜人者也

1)〔以〕: 저본에는 '以'가 없으나, 上海古籍 整理本과 및 北京大 整理本에 의거하여 보충하였다.

經의 〔凡上〕에서 〔如之〕까지

○ 釋曰 :〔亦如之〕 또한 물품으로 준다는 뜻이니, 왕이 비단 물품으로 사람들에게 상을 하사하는 것을 말한다.

天-56-5

及獻功則受良功[1)]而藏之하고 辨其物而書其數하여 以待有司之政令과 上之賜予니라

1) 良功 : 孫詒讓은 經文에서 絲功(비단 물품)은 枲功(삼베 물품)에 대비해서는 良功이라고 하므로, 여기서의 '良功'은 '비단 물품'을 가리킨다고 하였다.(≪周禮正義≫ 권15, 571쪽) 楊天宇도 孫詒讓의 견해를 따랐다.(≪周禮譯注≫, 159쪽 참조) 이들의 입장은 '良功'을 '苦功'으로 바꾸어 '조악한 비단 물품'으로 해석한 鄭玄을 따르지 않고, '絲功'으로 보는 鄭司農(鄭衆)을 따른 것이다.

〈典絲는 가을에〉 일의 실적물을 바칠 때가 되면 조악한 비단 물품을 수납해서 보관하고, 그 물품의 종류를 분별해서 그 수량을 기록하여 有司의 政令과 王의 賞賜에 공급할 것에 대비한다.

【注】良當爲苦니 字之誤라 受其麤䀉之功하여 以給有司之公用하고 其良功者는 典婦功受之하여 以共王及后之用이라 鄭司農云 良功은 絲功이니 縑帛이라

'良'은 '苦'가 되어야 하니, 글자가 잘못된 것이다. 그 거칠고 조악한 비단 물품을 수납해서 有司들이 공적으로 사용할 때 공급한다. 그 우량한 비단 물품은 典婦功이 수납하여 왕과 왕후가 필요로 할 때 공급한다. 鄭衆은 "우량한 물품이란 비단의 물품이니, 합사 비단을 가리킨다."라고 하였다.

【疏】注'良當'至'縑帛' ○釋曰：鄭破良爲苦者, 以其典絲·典枲授絲枲, 使外內工所造縑帛之等, 良者入典婦功, 以共王及后之用, 故典枲直有苦者而無良者, 明典絲亦不得有良者, 故破良爲苦. 必從苦者, 見典婦功有良·苦之字, 故破從苦. 苦卽麤䀉者也. 先鄭言"良功, 絲功, 縑帛"者, 先鄭之意以爲絲功爲良, 枲功爲䀉, 故不破良爲苦. 玄旣不從, 引之在下者, 亦得爲一義故也.

○注의 〔良當〕에서 〔縑帛〕까지

○釋曰：鄭玄이 '良'의 글자를 부정하고 '苦'의 글자가 되어야 한다고 한 것은, 典絲와 典枲가 비단(실)과 삼베(실)를 나눠주어 外工과 內工에게 만들도록 한 합사 비단 등에서 우량한 것〔良者〕은 典婦功에 납입하여 왕과 왕후가 필요로 할 때 공급하기 때문이다. 그러므로 典枲에는 단지 조악한 것만 있고 우량한 것이 없으니, 典絲에도 우량한 것이 있을 수 없음이 분명하다. 그러므로 '良'의 글자를 부정하고 '苦'의 글자가 되어야 한다고 한 것이다. 반드시 '苦'의 글자를 따른 것은 〈天官 典婦功(天-55-2)〉에 '良'·'苦'의 글자가 있음을 보았기 때문이다. 그러므로 〈'良'의 글자를〉 부정하고 '苦'의 글자를 따른 것이다. '苦'는 곧 거칠고 조악한 것이다. 鄭衆이 "우량한 물품이란 비단 물품이니, 합사 비단을 가리킨다.〔良功 絲功 縑帛〕"라고 말한 것은, 정중의 생각에 비단 물품〔絲功〕은 우량한 것이 되고, 삼베 물품〔枲功〕은 조악한 것이 된다고 여겼기 때문이다. 그러므로 '良'의 글자를 부정하여 '苦'의 글자가 되어야 한다고 이해하지 않은 것이다. 정현이 이미 〈정중의 해석을〉 따르지 않았는데, 그것을 인용하여 아래에 둔 것은, 또한 하나의 해석이 될 수 있기 때문이다.

天-56-6

凡祭祀에 共黼畫[1)]・組就[2)]之物하고

1) 黼畫 : '黼畫'는 비단으로 만든 祭服을 가리킨다. 천자의 祭服인 袞冕服의 웃옷〔衣〕에는 그림을 그리는데 이것을 '畫'라고 하고, 치마〔裳〕에는 자수를 놓는데 이것을 '黼'라고 한 것이다.

2) 組就 : 組就 : '組就'는 이곳에서는 冕旒를 가리킨다. '旒'는 冕冠의 면판〔延〕 앞뒤로 매달아 아래로 늘어뜨린 오채색의 옥구슬을 꿴 술을 말하는데, 오채색의 비단실을 꼬아서 끈을 만들고, 그것으로 오채색의 옥을 꿰어 술을 만든다. 이 비단실을 꼬아서 만든 끈이 곧 이곳에서 말하는 '組'이다. 孫詒讓에 의하면 '就(갖추어지다)'는 '成'과 '備'의 뜻으로, 마땅히 갖추어야 할 색채가 모두 갖추어진 것을 '就'라고 한다. 또 楊天宇에 의하면, 冕旒의 끈이 다섯 가지 채색을 겸하여 갖추고 있기 때문에 '組就'라고 한 것이다.(≪周禮譯注≫, 160쪽 참조) 〈夏官 弁師(夏-35-2)〉 鄭玄의 注에 "오채색의 비단 끈을 합해서 줄을 만들고, 면판〔延〕의 앞뒤로 내려뜨리는데 〈앞쪽과 뒤쪽으로〉 각각 12旒이니, 이른바 '邃延'이다. 줄을 만들 때, 한 번 매듭을 두를 때마다 오채색의 옥 12개를 꿰니, 旒마다 12개의 옥을 사용한다.〔合五采絲 爲之繩 垂於延之前后 各十二 所謂邃延也 繩之 每一帀而貫五采玉十二 斿則十二玉也〕"고 하였다. 그러나 冕의 前後에 旒가 있다는 정현의 설과 달리, 江永은 ≪鄕黨圖考≫ 〈冕考〉에서 "살펴보건대 ≪大戴記≫와 東方朔의 ≪答客難≫에서 모두 말하기를, 冕을 쓰는데 앞쪽에 旒가 있는 것은 眼光을 가리기 위한 것이라고 하였으니, 뒤쪽의 旒는 없음을 알 수 있다. 뒤쪽에 旒가 있다는 것은 어디서 의미를 취한 것인가?〔按大戴記及東方朔答客難 皆云冕而前旒 所以蔽明 則無後旒可知 後旒何所取義乎〕"라고 하였다.(≪三禮事典≫, 705쪽) 錢玄도 강영의 설이 옳으며, 이후 金榜, 張惠言, 黃以周가 모두 정현 설이 아닌 강영의 설을 따랐다고 하였다.(≪三禮通論≫, 67쪽)

무릇 제사를 지낼 때, 〈典絲는〉 祭服・冕旒 등의 제작에 필요한 비단 물품을 공급한다.

【注】以給衣服・冕旒及依[1)]・盥・巾之屬이라 白與黑을 謂之黼요 采色一成曰就[2)]라

1) 依 : '扆'라고도 한다. 병풍과 유사한 형태의 가리개로, 천자가 제후를 접견할 때 그것에 의지하여 등지고 서서 남쪽을 향하여 제후를 대한다. 천자 이하 사에 이르기까지 모두 '依'를 사용할 수 있지만 도끼 문양의 수를 놓은 것은 천자만 사용한다. 도끼 문양을 수놓은 것을 斧依 또는 黼扆라고 한다.

2) 采色一成曰就 : 〈夏官 弁師(夏-35-2)〉에서 "오채색의 비단 끈으로 만든 12就(旒, 옥구슬을 꿴 오채색의 술)가 있다.〔五采繅十有二就〕"고 하였는데, 鄭玄의 注에 "'就'는 成의 뜻이다.〔就 成也〕"라고 하였고, 〈秋官 大行人(秋-52-6)〉 鄭玄의 注에서는 "한 곳마다 오채색이 갖추어진 것이 1就가 된다.〔每一處五采備爲一就〕"고 하였다. 孫詒讓은 "'成'이란 備(갖춘다)와 같으니, 여러 채색이 나란히 배열되어 서로의 사이가 완전히 갖추어진 것을 말한다. 이것을 1就라고 한다.〔成者猶備也 謂衆采等列相間全備 是謂一就〕"고 하였다.(≪周禮正義≫ 권39, 1576쪽)

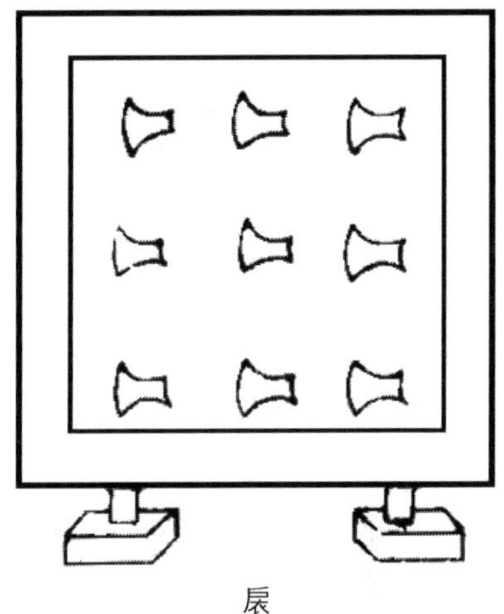
扆

비단 물품으로써 衣服과 冕旒 및 依·盥·巾 따위를 〈만드는 데〉 공급하는 것이다. 흰색과 검은색으로 문양을 낸 것을 '黼'라고 한다. 오채색이 한 차례 갖추어진 것을 '就'라고 한다.

【疏】'凡祭'至'之物' ○釋曰 : 言'凡祭祀'者, 謂祭祀天地·宗廟·社稷·山川之等, 故言'凡'以廣之. 云'共黼畫'者, 凡祭服皆畫衣繡裳, 但裳繡須絲, 衣畫不須絲, 而言共絲者, 大夫已上, 裳皆先染絲, 則玄衣[1]亦須絲爲之, 乃後畫, 故兼衣畫而言之也. '組就'者, 謂以組爲冕旒之就, 故組就連言之. 云'之物'者, 謂絲之物色共之.

1) 玄衣 : ≪禮記≫ 〈王制〉에서 "周나라 사람은 冕을 쓰고서 제사를 지냈고, 玄衣를 입고서 養老의 예를 행하였다.〔周人冕而祭 玄衣而養老〕"라고 하였는데, 陳澔는 "'玄衣는 또한 朝服(조회할 때 입는 옷)이다. 緇衣(검은색 웃옷)와 素裳(흰색 치마)은 15升의 布로 만든다. 6번 물들이면 玄色이 되고, 7번 물들이면 緇色이 된다. 그러므로 緇衣를 또한 玄衣라고도 부른다. 또 살펴보건대, 夏나라에서는 흑색을 숭상했기 때문에 웃옷과 치마를 모두 흑색으로 하였다. 殷나라에서는 흰색을 숭상했기 때문에 웃옷과 치마를 모두 백색으로 하였다. 周나라는 이를 겸해서 썼다. 그러므로 검은색 웃옷에 흰색 치마를 입었다. 무릇 제후의 조복은 바로 천자가 燕禮를 행할 때 입는 옷과 같고, 제후가 연례를 행할 때도 이 옷을 입는다.〔玄衣 亦朝服也 緇衣素裳 十五升布爲之 六入爲玄 七入爲緇 故緇衣亦名玄衣也 又按夏氏尙黑 衣裳皆黑 殷尙白則衣裳皆白 周兼用之 故玄衣而素裳 凡諸侯朝服 卽天子燕服 而諸侯之行燕禮 亦此服也〕"라고 하였다.

經의 〔凡祭〕에서 〔之物〕까지

○釋曰 : 〔凡祭祀〕 天地와 宗廟와 社稷과 山川 등에 제사 지내는 것을 말한다. 그러므

로 '凡(무릇)'이라고 말하여 범위를 넓힌 것이다.

〔共黼畫〕 무릇 祭服은 모두 웃옷〔衣〕에는 그림을 그려 넣고 치마〔裳〕에는 수를 놓는다. 다만 치마의 수에는 실〔絲〕이 필요하나 웃옷의 그림에는 실이 필요하지 않은데도 〈아래 〈天官 典絲(天-56-7)〉에서〉 '실을 공급한다.〔共絲〕'고 말한 것은, 大夫 이상은 치마〔裳〕에 모두 먼저 실을 염색하니, 검은색 웃옷〔玄衣〕도 또한 모름지기 실로 만든 후에 비로소 그림을 그려 넣기 때문이다. 그러므로 웃옷에 그림을 그려 넣는 것을 겸해서 말한 것이다.

〔組就〕 비단실을 꼬아 짠 끈〔組〕으로 冕冠에 매다는 旒(옥구슬을 꿴 오채색의 술)를 만들었을 때의 '就(오채색이 갖추어짐)'를 말한다. 그러므로 '組'와 '就'를 이어서 말했다.

〔之物〕 비단의 물품으로 공급하는 것을 말한다.

○注'以給'至'曰就' ○釋曰：云'以給衣服'者, 經云'共', 據王而言, 注云'給', 據臣而言, 鄭欲見尊卑皆授絲物也. 言'衣(物)〔服〕[1]', 釋經黼畫. 但周之冕服九章, 衣五章, 裳四章[2]. 龍袞[3]已下直言黼者, 據美者而言, 謂若詩云 "玄袞及黼", 商書云 "麻冕黼裳"[4]之類. 云'冕旒'者, 釋經組就, 謂若弁師云十二就之等. 云'及依'者, 亦釋經黼, 此據祭祀, 謂若掌次 "大旅上帝設皇邸"[5], 邸即屏風, 爲黼文. 云'幄巾'者, 亦釋經黼, 謂若冪人職云 "王巾皆黼"之類. 云'之屬'者, 殯有加斧於椁上[6]及綃黼丹朱[7]之類也. 云'白與黑謂之黼'者, 繢人職文. 云'采色一成曰就'者, 謂若典瑞云 "五采五就[8]", 弁師'十二就'之等, 皆是采色一成爲就也.

1) (物)〔服〕: 저본에는 '物'로 되어 있으나, 阮元의 說에 의거하여 '服'으로 바로잡았다.(北京大 整理本의 〈校勘記〉 참조)

2) 冕服九章……裳四章 : 冕服은 袞冕服이라고도 한다. 왕의 六冕服 가운데 하나로, 十二旒의 冕冠에 九章의 衣裳을 갖춘 禮服이다. 제후도 천자를 朝聘하거나 助祭할 때 입는다. 九章은 上衣(웃옷)에 龍·山·華蟲(꿩)·火(불)·宗彝(호랑이와 꼬리가 긴 원숭이)의 5가지 문양을 그려 넣고, 下裳(치마)에 藻(마름)·粉米(흰쌀)·黼(도끼 문양)·黻(己의 글자가 등지고 있는 문양)의 4가지 문양의 수를 놓은 것이다.

3) 龍袞 : 袞服 즉 袞冕服을 말한다. 웃옷에 용이 그려져 있으므로 '龍袞'이라 한다. ≪詩經≫ 〈豳風 九罭〉의 "袞衣繡裳"에 대한 毛亨의 傳에서 "袞衣는 卷龍이다.〔袞衣 卷龍也〕"라고 하였고, 陸德明은 ≪經典釋文≫에서는 "天子는 웃옷에 승천하는 용을 그려 넣는데, 公은 다만 하강하는 용만 그려 넣는다.〔天子畫升龍於衣上 公但畫降龍〕"라고 하였다. 孫詒讓에 따르면 '卷龍'은 용의 모습이 구불구불한 것이다.〔案卷龍者 謂畫龍於衣 其形卷曲〕(≪周禮正義≫ 40권, 1626~1627쪽 참조)

4) 商書云 麻冕黼裳 : 이 문장은 ≪尙書≫의 〈商書〉가 아니라 〈周書 顧命〉에 보인다. "왕께서 麻冕과 黼裳 차림으로 賓階를 통해 당 위로 오르셨다.〔王 麻冕黼裳 由賓階 隮〕"라고 하였다.

5) 謂若掌次 大旅上帝設皇邸 : 〈天官 掌次(天-33-2)〉에서 "王이 上帝에게 大旅의 제사를 지낼 경우, 〈掌次는〉 모전을 씌워서 만든 상〔氈案〕을 진설하여 늘어놓고, 〈상의〉 뒤쪽 판에 봉황 깃털의 색깔로 물들여 장식을 한다.〔王大旅 上帝 則張氈案 設皇邸〕"고 하였다. 鄭衆은 "皇羽로 위쪽을 덮는 것이다. '邸'는 後版(뒤쪽의 판)이다.〔皇羽 覆上 邸 後版也〕"라고 하였고, 鄭玄은 "'後版'은 屛風인 듯하다. 깃털을 물들여서 봉황의 깃털 색을 본떠서 만드는 것이다.〔後版 屛風與 染羽象鳳皇羽色以爲之〕"라고 하였다.(〈天官 掌次(天-33-2)〉 鄭玄의 注)

6) 殯有加斧於椁上 : ≪禮記≫ 〈檀弓 上〉에 "천자의 殯宮을 차릴 때는 龍輴(관을 실은 용 그림 손잡이의 수레)의 사면에 나무를 쌓고 발라 椁(덧널)으로 삼고, 도끼 문양을 수놓은 棺衣를 곽 위에 덮는다.〔天子之殯也 菆塗龍輴以椁 加斧于上〕"라고 하였다. 鄭玄은 "도끼 문양을 黼라 하는데 흰색과 검은색의 문양이다. 참막에 자수를 놓아 椁(덧널)에 더하여 棺(널)을 덮는다.〔斧謂之黼 白黑文也 以刺繡於繆幕 加椁以覆棺〕"라고 하였다.

7) 綃黼丹朱 : '綃黼'는 ≪禮記≫ 〈郊特牲〉에 '繡黼'로 되어 있는데, "繡黼와 丹朱로 中衣를 장식하는 것 등은 대부의 참람한 禮이다.〔繡黼丹朱中衣 大夫之僭禮也〕"라고 하였다. 鄭玄의 注에서는 "이것은 제후의 禮를 말한 것이다.……'繡黼'와 '丹朱'로 中衣의 옷깃〔領〕과 가선〔緣〕을 짓는다. '繡(수)'는 '綃(소)'의 뜻으로 읽어야 한다. '綃'는 비단의 이름이다.〔言此皆諸侯之禮也……繡黼丹朱以爲中衣領緣也 繡讀爲綃 綃 繒名也〕"라고 하였다. 陳澔는 "舊說(정현의 주)에서 '繡'를 '綃'의 뜻으로 해석하였는데, 이제 여기서는 '繡'자의 본래 음과 뜻으로 읽는다. '繡黼'는 도끼 문양을 수놓은 것이다. '丹朱'는 비단을 붉은색으로 물들인 것이다. 수보로는 中衣의 옷깃을 짓고 단주로는 중의의 가선을 짓는다. '中衣'는 朝服과 祭服의 속옷이다. 모양은 深衣와 같고 소매만 조금 더 길다.〔舊讀繡爲綃 今如字 繡黼者 繡刺爲黼文也 丹朱 染繒爲赤色也 繡黼爲中衣之領 丹朱爲中衣之緣 中衣者 朝服祭服之裏衣也 制如深衣 但袖小長耳〕"라고 하였다.(≪禮記集說≫ 〈郊特牲〉)

8) 五采五就 : 〈春官 典瑞(春-10-2)〉에서 "옥 받침대 위에 다섯 가지 채색 끈을 빙 둘러 5就(동그라미)를 장식한다.〔繅藉五采五就〕"고 하였다. 鄭玄의 注에서는 "5就는 5币이니, 1币이 1就가 된다.〔五就 五币也 一币爲一就〕"고 하였다. 孫詒讓에 의하면, '五采'는 玄·黃·朱·白·蒼의 다섯 가지 색깔이다. '5就'는 5匝이니, 1就가 1匝이 된다. 楊天宇에 의하면, 다섯 가지 채색 끈으로 차례대로 옥 받침대〔繅藉〕 위를 둘러서 장식하는 것이다. 5개의 동그라미를 그려 넣으면 5가지 채색이 갖추어지니, 이것이 1就 곧 1匝이 된다. 이와 같은 식으로 다섯 차례 빙 둘러 장식하면 5就가 된다.(≪儀禮譯注≫, 409쪽 참조)

○ 注의 〔以給〕에서 〔曰就〕까지

○ 釋曰 : 〔以給衣服〕 經文에서 "'共'이라고 한 것은 王에 의거해서 말한 것이고, 鄭玄의 注에서 '給'이라고 말한 것은 신하에 의거해서 말한 것이니, 정현은 존귀한 사람과 비천한 사람에게 모두 비단 물품을 보내준다는 뜻을 보이고자 한 것이다. '衣服'이라고 한 것은 經文의 '黼畫'를 풀이한 것이다. 다만 周나라의 冕服은 九章(아홉 가지 무늬)으로, 웃옷에 五章을 그려 넣고, 치마에 四章을 수놓는다. '龍袞' 이하를 단지 '黼'라고 한 것은 아름다운 것에 의거하여 말한 것이니, ≪詩經≫ 〈小雅 采菽〉에서 "玄袞 및 黼"라고 한 것이나, ≪尙書≫ 〈周書 顧命〉에서 "麻冕과 黼裳"이라고 한 것과 같은 종류를 말한다.

〔冕旒〕 經文의 '組就'를 풀이한 것이니, 〈夏官 弁師(夏-35-2)〉에서 '十二就' 등이라고 한 것 같은 것을 말한다.

〔及依〕 또한 經文의 '黼'를 풀이한 것으로, 이곳에서는 祭祀에 의거하였으니, 〈天官 掌次(天-33-2)〉에서 "〈王이〉 上帝에게 大旅의 제사를 지낼 경우, 〈掌次는〉 皇邸를 설치한다."고 한 것과 같은 것을 말한다. '邸'는 곧 屛風이니, '黼'의 문양으로 만든 것이다.

〔盥巾〕 또한 經文의 '黼'를 풀이한 것이니, 〈天官 冪人(天-29-4)〉에서 "왕의 음식물을 덮는 수건〔巾〕에는 모두 黼의 문양을 그려 넣는다."고 하는 것과 같은 종류이다.

〔之屬〕 〈왕의〉 殯宮을 차릴 때 椁(덧널) 위에 도끼 문양을 수놓은 黼를 덮는 것과 '綃黼(도끼 문양을 수놓은 비단)' · '丹朱(붉은색 비단)'와 같은 종류이다.

〔白與黑謂之黼〕 〈考工記 繢人(冬-15-2)〉의 문장이다.

〔采色一成曰就〕 〈春官 典瑞(春-10-2)〉에서 '五采五就(옥 받침대 위에 다섯 가지 채색 끈으로 다섯 차례 빙 둘러 장식한다.)'라고 한 것과 〈夏官 弁師(夏-35-2)〉에서 '十二就' 등이라고 한 것과 같은 것을 말하니, 모두 다섯 가지 채색이 한 차례 갖춰져서 '就'가 되는 것이다.

天-56-7

喪紀에 共其絲 · 纊 · 組 · 文之物하고

喪事가 있을 때, 〈典絲는〉 필요한 비단실 · 비단 솜 · 비단 끈 · 문양이 그려진 비단 등의 물품을 공급한다.

【注】 以給線縷 · 著(盱)〔盱〕[1]口[2] · 綦[3] · 握[4]之屬이라 靑與赤을 謂之文[5]이라

1) (盱)〔肝〕: 저본에는 '盱'로 되어 있으나, 余本・岳本・嘉靖本에 의거하여 '肝'로 바로잡았다.(阮元의 〈校勘記〉 및 北京大 整理本의 〈校勘記〉 참조)
2) 著(盱)〔肝〕口 : 孫詒讓은 이 '著肝口'에 대해, ≪儀禮≫ 〈士喪禮〉에 '纊組著肝'에 관한 正文이 없기 때문에 賈公彦도 해석하지 못했으며, 鄭玄은 '著口(착구)'로 경문의 '纊(솜)'을 해석한 듯하다고 하였다.(≪周禮正義≫, 제15권, 573쪽 참조) ≪毛詩正義≫ 〈小雅 都人士〉에서 "내 만나보지 못하니 어찌 이처럼 병들게 하는가〔我不見兮 云何肝矣〕"라고 하였는데, 鄭玄의 箋에서는 "'肝'는 병든 것이다.〔肝 病也〕"라고 하였다. 여기서는 '著肝口'를 '병이 깊어 임종을 앞둔 사람의 〈숨이 끊어지는지 살펴보기 위해〉 입에 대는 솜'을 가리키는 것으로 해석하였다.
2) 綦 : 시신에 신기는 신발의 끈을 가리킨다. ≪儀禮≫ 〈士喪禮〉에 "시신에게 신기는 신발은 여름에는 칡으로 만든 흰 신발을 사용하고, 겨울에는 가죽으로 만든 흰 신발을 사용하는데, 모두 신발의 솔기 장식〔繶〕, 신발의 코 장식〔絇〕, 신발의 가선 장식〔純〕을 검은색으로 하고, 신발이 발꿈치와 만나는 부분에 신발을 고정시킬 수 있도록 신발 끈〔綦〕을 매달아놓는다.〔夏葛屨 冬白屨 皆繶緇絇純 組綦繫于踵〕"라고 하였다. 鄭玄의 注에서는 "綦는 신발 끈으로, 신발을 고정하기 위한 것이다.〔綦 屨係也 所以拘止屨也〕"라고 하였다.
3) 握 : 시신의 양손을 한 짝씩 감싸는 직사각형의 주머니로 握手를 가리킨다. ≪儀禮≫ 〈士喪禮〉에 "握手(손싸개)는 겉면을 검은색으로 안쪽 면을 엷은 진홍색으로 하는데, 길이는 1척 2촌이고 너비는 5촌이며, 중간의 양쪽 부분을 안으로 1촌씩 줄여놓고, 겉면과 안쪽 면 사이에 솜을 채워 넣으며, 위쪽에 명주실로 된 끈을 달아놓는다.〔握手 用玄纁裏 長尺二寸 廣五寸 牢中旁寸 著 組繫〕"라고 하였다.
4) 文 : 孫詒讓에 따르면, 文은 화려한 무늬가 있는 비단의 통칭이다.〔此爲繒帛有文采者之通名〕(≪周禮正義≫ 권15, 573쪽)

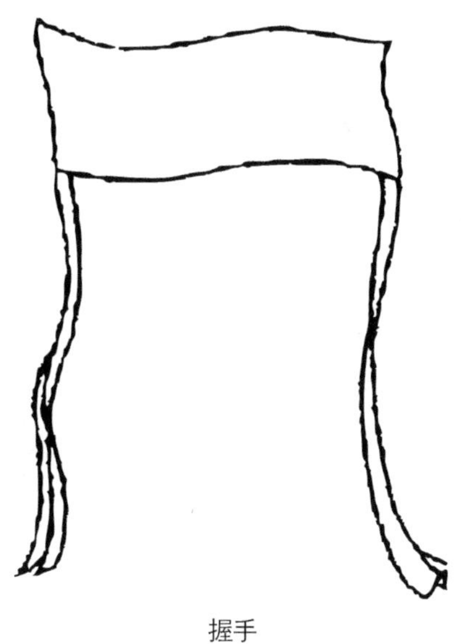
握手

바느질 실・著肝口(병이 깊어 임종을 앞둔 사람의 입에 대는 솜)・綦(신발 끈)・握(손싸개) 따위를 〈만드는 데〉 공급하는 것이다. 푸른색과 붉은색의 문양을 넣은 비단을 '文'이라고 한다.

【疏】注'以給'至'之文' ○釋曰 : 此鄭竝據士喪禮而言. 云'以給線縷'者, 謂所裁縫, 皆用線縷, 釋經'絲'也. 云'著肝口綦握之屬'者, 釋經纊組. 案士喪禮 "握手, 玄纁裏, 著, 組繫." 案喪大記 "屬纊以俟絶氣"[1], 內則云 "屨著綦", 鄭云 "綦, 屨繫." 是用纊組之事也.

云'青與赤謂之文', 繢人職文. 繡之屬亦用絲, 故連言也.

1) 喪大記 屬纊以俟絶氣 : ≪禮記≫ 〈喪大記〉에 "병이 깊어지면 처소의 안팎을 모두 청소한다. 君主(제후)와 大夫는 樂縣을 치우고 士는 琴과 瑟을 치운다. 침소에 환자를 북쪽 창 아래에 머리를 동쪽으로 가게 옮겨놓는다. 침상을 치우고 입고 있던 옷을 벗기고 새 옷을 입히며 손과 발을 각각 한 사람씩 잡는다. 남자와 여자 모두 옷을 갈아입는다. 솜을 입과 코 위에 대고 숨이 끊어지는지를 살핀다.〔疾病 外內皆埽 君大夫徹縣 士去琴瑟 寢東首於北牖下 廢牀 徹褻衣 加新衣 體一人 男女改服 屬纊以俟絶氣〕"라고 하였는데, 鄭玄의 注에서는 "'纊'은 오늘날의 햇솜이다. 쉽게 흔들리기 때문에 입과 코 위에 올려놓고 그것으로 살피는 것이다.〔纊 今之新綿 易動搖 置口鼻之上以爲候〕"라고 하였다.

○ 注의 〔以給〕에서 〔之文〕까지

○ 釋曰 : 이것은 鄭玄이 모두 ≪儀禮≫ 〈士喪禮〉에 의거하여 말한 것이다.

〔以給線縷〕〈비단을〉 재단하여 바느질하는 데는 모두 비단실이 필요함을 말한 것이니, 經文의 '絲'를 풀이한 것이다.

〔著盱口綦握之屬〕 經文의 '纊組'를 풀이한 것이다. 살펴보건대, ≪의례≫ 〈사상례〉에서 "握手(손싸개)는 겉면을 검은색으로 하고 안쪽 면을 옅은 진홍색으로 하는데, 겉면과 안쪽 면 사이에 솜을 채워 넣으며, 위쪽에 명주실로 짠 끈을 달아놓는다."고 하였다. 살펴보건대, ≪禮記≫ 〈喪大記〉에서 "솜을 코 위에 대고 숨이 끊어지는지를 살핀다."라고 하였고, ≪예기≫ 〈內則〉에서 "신발에 신발코의 끈을 맨다."라고 하였는데, 鄭玄은 "'綦'는 신발끈이다."라고 하였으니, 이것이 '纊組'의 일에 사용하는 것이다.

〔青與赤謂之文〕〈考工記 畫繢(冬-15-2)〉의 문장이다. 수를 놓는 종류에도 또한 비단실을 사용하므로 이어서 말하였다.

天-56-8

凡飾邦器者 受文·織·絲·組焉이니라

무릇 왕국의 기물을 장식할 경우, 〈典絲는〉 수납해놓았던 그림을 그려 넣은 비단과 수놓은 비단·비단실과 비단 끈으로 한다.

【注】 謂茵席屛風之屬이라

茵(깔개)과 席(자리의 가선 장식)과 屛風 따위를 말한다.

【疏】 注'謂茵'至'之屬' ○釋曰：上旣言祭祀喪紀所用絲纊訖, 今復云"飾邦器", 故知此據生人所飾器物言. '茵'者, 謂若少儀云"枕几茵穎"之等[1), 鄭云"茵, 著褥"是也. 云'席'者, 謂席之四緣, 若司几筵云"紛純(준)[2)·畫純·黼純·〔繢純〕[3)"之等, 是也. '屛風'者, 卽上文注黼依也. 重言之者, 上據祭祀時, 此據爲王所用, 謂若司几筵云(扆)〔依〕[4)前者, 是也. 云'之屬'者, 謂國家所用文織絲組處皆受之, 故云'之屬'以廣之.

1) 少儀云 枕几茵穎之等：≪禮記≫〈少儀〉에서 "홀·책·육포·생선과 고기·활·요·자리(방석)·베개·궤·경침·지팡이·금과 슬·날이 있는 창을 상자에 넣은 것·점대·피리 등을 잡고 〈사람에게 줄〉 때는 모두 왼손으로 위쪽을 잡고 오른손으로 아래쪽을 받친다. 칼은 칼날을 위쪽으로 향하게 하여 칼고리를 잡을 수 있게 준다.〔笏書脩苞苴弓茵席枕几熲杖琴瑟戈有刃者櫝筴籥 其執之 皆尙左手 刀卻刃授穎 削授拊〕"라고 하였다. 鄭玄의 注에서는 "'茵'은 깔개이다. '熲'은 경침이다.〔茵 著蓐也 熲 警枕也〕"라고 하였고, 또 "'穎'은 칼고리이다.〔穎 鐶也〕"라고 하였다.
2) 純(준)：관이나 옷 등의 가선(테두리)에 다른 옷감으로 장식한 것이다. ≪禮記≫〈曲禮上〉에 "자식 된 사람은 부모가 생존해 있으면 冠과 옷에 흰색으로 純을 하지 않는다.〔爲人子者 父母存 冠衣不純素〕"라고 하였는데, 鄭玄의 注에서 "純은 가선 장식이다.〔純 緣也〕"라고 하였다. 여기서는 '席'은 자리〔席〕의 가선 장식을 가리킨다.
3) 〔繢純〕：저본에는 '繢純'이 없으나, ≪周禮正義≫에 의거하여 보충하였다.(≪周禮正義≫ 권15, 575쪽 '疏' 참조) 北京大 整理本의 〈校勘記〉에는 ≪周禮正義≫에 '黼純' 두 글자가 보충된 것으로 되어 있으나, '繢純'의 誤記이다.
4) (扆)〔依〕：저본에는 '扆'로 되어 있으나, 〈春官 司几筵(春-8-2)〉의 경문에 의거하여 '依'로 바로잡았다.(北京大 整理本의 〈校勘記〉 참조)

○ 注의 〔謂茵〕에서 〔之屬〕까지

○ 釋曰：위에서 이미 祭祀와 喪事에 필요한 비단과 솜을 말하였는데, 이제 다시 "왕국의 기물을 장식한다.〔飾邦器〕"라고 하였다. 그러므로 이곳에서는 살아 있는 사람을 위해 장식하는 기물에 의거하여 말했음을 알 수 있다.

〔茵〕 ≪禮記≫ 〈少儀〉에서 "베개〔枕〕·안석〔几〕·깔개〔茵〕·칼고리〔穎〕" 등이라고 한 것과 같은 것을 말하는데, 鄭玄이 "'茵'은 깔개이다."라고 말한 것이 이것이다.

〔席〕 席(자리)에 두르는 네 가지 가선 장식〔緣〕을 말하니, 〈春官 司几筵(春-8-2)〉에서 "紛純·畫純·黼純·繢純" 등이라고 한 것과 같은 것이 이것이다.

〔屛風〕 곧 위의 경문(〈天官 典絲(天-56-6)〉)에 대한 鄭玄 注의 '黼依'이다. 거듭해서 이를 말한 것은 위에서는 제사 지낼 때에 의거하였고, 이곳에서는 왕을 위해 사용되는 것에 의거

하였으니, 〈春官 司几筵(春-8-2)〉에서 '依前(依의 앞)'이라고 한 것과 같은 것이 이것이다.

〔之屬〕 국가에서 그림을 그려 넣은 비단과 수놓은 비단·비단실과 비단 끈이 사용되는 곳에서는 모두 그것을 받는다. 그러므로 "之屬(~따위)"이라고 말하여 〈대상을〉 넓힌 것이다.

天-56-9

歲終에 **則各以其物會之**니라

연말이 되면, 〈典絲는〉 수납하고 지출한 비단 물품을 분류하여 각각 회계결산을 한다.

【注】種別爲計라 鄭司農云 各以其所飾之物로 計會傳著(착)之라

종류별로 회계를 한다. 鄭衆은 "각각 그 장식하는 데 사용된 물품을 가지고 회계를 해서 그것을 부착한다."라고 하였다.

【疏】注'種別'至'著之' ○釋曰：言'種別爲計'者, 自上經所用, 掌其藏與其出, 及黼畫已下, 各別爲計. 故司農云 "各以其所飾之物, 計會傳著"者, 謂此物之多少, 作文書使相傳著, 共一簿也.

○ 注의 〔種別〕에서 〔著之〕까지

○ 釋曰：〔種別爲計〕 위의 경문에서 사용되는 것에 대해 그 수장하고 지출하는 것을 관장하는 것부터 黼畫 이하에 이르기까지 각각 구별하여 계산하는 것이다. 그러므로 鄭衆이 "각각 그 장식하는 데 사용된 물품을 가지고 회계를 해서 그것을 부착한다."라고 한 것은 이 물품의 수량을 문서로 작성해서 서로 부착하여 모두 하나의 장부가 되게 한다는 뜻이다.

57. 典枲(전시)

天-57-1

典枲는 **掌布·緦·縷·紵之麻草之物**하여 **以待時頒功而授齎**니라

典枲는 삼베·시마(가늘고 성긴 베)·삼실·저마(희게 누여서 가늘고 성긴 베) 등의

재료가 되는 麻(삼)・葛(칡)・蕡(마의 일종) 등을 관장하여, 계절에 따라 〈女工들에게〉 물품을 제작할 임무를 나누어주면서 필요한 재료를 줄 수 있도록 대비한다.

【注】緦는 十五升布에 抽其半者라 白而細疏曰紵라 雜言此數物者는 以著其類衆多라 草는 葛蕡之屬이라 故書에 齎作資라

'緦'는 15승의 베에서 그 반을 뽑은 것(7승 반의 베)이다. 희게 누여서 가늘고 성근 베를 '紵'라고 한다. 이 몇 가지 물품을 섞어서 말한 것은 그 종류가 많음을 드러내기 위한 것이다. '草'는 葛・蕡 따위를 가리킨다. 古書(故書)에는 '齎'가 '資'로 되어 있다.

【疏】'典枲'至'授齎' ○釋曰：云'掌布緦縷紵之麻草之物'者, 欲見布緦縷用麻之物, 紵用草之物, 布中可以兼用葛蕡之草爲之. 云'以待時頒功而授齎'者, 上典絲鄭注解時者, 用絲有四時之別, 此鄭不解, 麻草所爲, 四時皆得, 故不釋也. 云'授齎'者, 亦如典婦功注, 謂以女功事來取者.

經의 〔典枲〕에서 〔授齎〕까지

○釋曰：〔掌布緦縷紵之麻草之物〕 삼베・시마・삼실은 麻를 사용한 물품이고, 저마는 풀을 사용한 물품이니, 삼베 가운데는 葛・蕡의 풀을 함께 사용해서 만들 수 있음을 보이고자 한 것이다.

〔以待時頒功而授齎〕 위 〈天官 典絲(天-56-2)〉의 鄭玄 注에서 '時'를 해석한 것에는 명주실을 사용하는 것에 네 계절의 구별이 있었는데, 이곳에서 정현이 〈時를〉 해석하지 않은 것은 麻와 草로 만드는 것이 네 계절에 모두 할 수 있기 때문이다. 그러므로 해석하지 않은 것이다.

〔授齎〕 또한 〈天官 典婦功(天-55-1)〉 鄭玄의 注에서 "女功의 일(부인들이 종사하는 일)로 와서 명주와 삼베를 취하는 것을 말한다."고 한 것과 같은 것이다.

○注'緦十'至'作資' ○釋曰：鄭知緦十五升布抽其半者, 禮記雜記文[1]. '白而細疏曰紵'者 鄭目驗而知之.

1) 緦十五升布抽其半者 禮記雜記文：≪禮記≫ 〈雜記 上〉에서 "朝服은 15승 베로 만드는데, 그 올 수의 절반을 줄여 緦麻의 상복을 만들고, 〈절반의 올 수를 줄인〉 그 베를 잿물로 씻어내 錫衰를 만든다.〔朝服十五升 去其半而緦 加灰 錫也〕"고 한 것을 가리킨다. 陳澔는 "朝服은 정미하고 가늘어 전부 15승 베를 사용하여 만든다. 그 반을 줄이면 7승 반 베가 되는데

그것을 사용하여 緦麻服을 만든다. '緦'라고 함은 그 올 수의 가는 것이 명주실〔絲〕 같기 때문이다. 이 베를 잿물을 가하여 씻어내면 '錫'이라고 한다. 이른바 弔服으로 사용하는 錫衰이다. '錫'은 매끄러운 모양이다. 시마의 상복은 잿물을 가하여 씻어내지 않는다. 朝服은 1,200올로 한 폭을 이룬다. 시마복에서 올의 가늘기는 朝服과 같지만, 그 베의 한 폭은 600올로 성글다. 그러므로 ≪儀禮≫ 〈喪服〉에 '그 마 가닥에는 인공을 가하여 다듬지만 그 베에는 인공을 가하지 않는 것을 '緦'라고 한다.'고 하였다.〔朝服精細 全用十五升布爲之 去其半 則七升半布也 用爲緦服 緦云者以其縷之細如絲也 若以此布而加灰以澡治之 則謂之錫 所謂弔服之錫衰也 錫者 滑易之貌 緦服不加灰治也 朝服一千二百縷終幅 緦之縷細與朝服同 但其布終幅止六百縷而疎 故儀禮云 有事其縷 無事其布曰緦〕"고 하였다.(≪禮記集說≫ 〈雜記 上〉)

○ 注의 〔緦十〕에서 〔作資〕까지

○ 釋曰 : 鄭玄이 '緦'는 15승의 베에서 그 반을 뽑은 것(7승 반의 베)임을 안 것은 ≪禮記≫ 〈雜記〉에 의거한 것이다.

〔白而細疏曰紵〕 鄭玄이 눈으로 직접 징험해서 안 것이다.

天-57-2

及獻功에 受苦功하고 以其賈楬而藏之하여 以待時頒이니라

〈典枲는 가을에 女工들이〉 일의 실적물을 바칠 때가 되면 바친 마 제품을 접수해서 가치에 따라 표지를 써 붙여서 收藏하여 때에 맞추어 나누어줄 것에 대비한다.

【注】 其良功을 亦入於典婦功하여 以共王及后之用이라 鄭司農云 苦功은 謂麻功布紵라

그 우량한 물품은 또한 典婦功에 납입하여 왕과 왕후가 필요로 할 때 공급한다. 鄭衆은 "'조악한 물품〔苦功〕'은 마 제품으로 삼베·저마를 가리킨다."고 하였다.

【疏】 '及獻'至'時頒' ○ 釋曰 : '獻功'者, 卽上典婦功云 "秋獻功" 是也. 云'以待時頒'者, 卽下又頒衣服及賜予是也.

經의 〔及獻〕에서 〔時頒〕까지

○ 釋曰 : 〔獻功〕 곧 위의 〈天官 典婦功(天-55-2)〉에서 "가을에 일의 실적물을 바칠 때"라고 한 것이 이것이다.

〔以待時頒〕 곧 아래 경문에서 또 '의복을 나누어주거나 〈왕이 신하에게〉 하사해준다.'고 한 것이 이것이다.

○ 注'其良'至'布紵' ○ 釋曰：云'其良功亦入於典婦功'者，亦欲見典絲・典枲良功皆入典婦功，苦功自入，故此與典絲同爲此解也．司農云"苦功，謂麻功布紵"者，先鄭意，絲功爲良，故彼注不破良字，云"良功縑帛也."[1] 此典枲云苦功，謂麻功爲盬[麤]之功．玄引之在下，亦見得通一義也．

1) 彼注不破良字 云良功縑帛也：〈天官 典絲(天-56-5)〉에서 "及獻功 則受良功而藏之(일의 실적물을 바칠 때가 되면 조악한 비단 물품을 수납해서 보관한다.)"라고 하였는데, 鄭玄은 "'良'은 '苦'가 되어야 하니, 글자가 잘못된 것이다.〔良當爲苦 字之誤〕"라고 하여 '良'자를 부정하였다. 경문의 '良功'을 그대로 해석한 鄭衆이 "우량한 물품이란 비단 물품이니, 합사 비단을 가리킨다.〔良功 絲功 縑帛〕"라고 한 것과 달리, 정현은 "거칠고 조악한 비단 물품을 수납해서 有司들이 공적으로 사용할 때 공급한다.〔受其麤盬之功 以給有司之公用〕."고 하였다. 정현은 우량한 비단 제품과 우량한 마직 제품은 모두 典婦功이 수장하여 왕과 왕후가 필요로 할 때 공급하는 것으로 본 것이다.

○ 注의 〔其良〕에서 〔布紵〕까지

○ 釋曰：〔其良功亦入於典婦功〕 또한 典絲와 典枲에서 우량한 물품은 모두 典婦功에 납입하고, 조악한 물품은 스스로 납입함을 보이고자 하였다. 그러므로 이곳과 〈天官 典絲(天-56-5)〉에서 동일하게 이러한 해석을 한 것이다. 鄭衆이 "'조악한 물품'은 마 제품으로 삼베・저마를 가리킨다."고 한 것은, 정중은 비단 제품이 우량한 것이 된다고 생각했기 때문이다. 그러므로 저곳(〈天官 典絲(天-56-5)〉)의 鄭玄 注에서 〈經文의〉 '良'의 글자를 부정하지 않고 "우량한 물품이란 〈비단 물품이니〉, 합사 비단을 가리킨다."라고 하였다. 이곳 典枲〈의 경문〉에서 '苦功'이라 했는데, 〈정중은〉 마 제품〔麻功〕이 조악하고 거친 물품이 된다고 하였다. 정현이 인용하여 아래에 둔 것은 또한 하나의 해석으로 통할 수 있음을 보인 것이다.

天-57-3

頒衣服에 授之하고 賜予에 亦如之[1]니라

1) 頒衣服……賜予亦如之：이곳의 '頒'은 '班'과 같은 뜻으로, 이 '頒'과 '班'은 '匪頒'이라고도 한다. 〈天官 大宰(天-1-8)〉의 '九式' 가운데 여덟째가 '匪頒之式'이고, 아홉째가 '好用之式'인데, '匪頒'은 규정에 의거하여 정기적으로 왕이 하사하는 常賜를 말하고, '好用'은 왕이 수시로 하사하는 것을 말한다. 鄭玄은 '好用'에 대해 "'好用'은 연회에서 하사해주는

좋은 재화를 말한다.〔好用 燕好所賜予〕"고 하였고, 賈公彦도 "'好(좋음)'라고 말했으므로 연회에서 술을 마시면서 애호하는 바가 있어 그로 인해서 기쁘고 즐거워지면 하사해주는 것〔賜予〕이 있음을 알 수 있다.〔以其言好 則知是燕飮有所愛好 自因歡樂 則有賜予也〕"고 하였다.(〈天官 大宰(天-1-8)〉 鄭玄의 注 및 이에 대한 賈公彦의 疏〉) 이처럼 왕이 규정에 의거하여 정기적으로 하사품을 내려주는 常賜를 '頒'·'班'·'匪頒'이라 하고, 왕이 특별한 은택으로 신하들에게 상으로 하사품을 내려주는 것을 '賜予' 혹은 '好賜'·'好用'이라고 한다.(≪周禮正義≫ 권11, 447쪽 참조) '亦如之'는 정기적으로 의복을 하사할 때와 마찬가지로 특별히 상으로 의복을 하사할 때도 典枲가 의복을 공급해준다는 뜻이다.

〈규정에 의거하여 정기적으로〉 의복을 나누어줄 때가 되면 〈典枲가〉 의복을 나누어주고, 왕이 신하들에게 특별히 상을 하사해 줄 때도 마찬가지로 한다.

【注】授之는 授受班者[1)]라 帛에 言待有司之政令하고 布에 言班衣服은 互文[2)]이라

1) 授之 授受班者 : 鄭衆은 '班'과 '頒'은 같은 뜻이라고 하였고, 鄭玄은 그것을 왕이 신하들에게 정기적으로 하사품을 내려주는 것으로 해석하였다. 정중은 "'頒'은 '班布'의 '班'의 뜻으로 읽으니, 나누어 하사해주는 것을 말한다.〔頒 讀爲班布之班 謂班賜也〕"고 하였고, 정현도 "생각건대, 왕이 신하들에게 나누어 하사해주는 것이다.〔謂王所分賜群臣也〕"라고 하였다.(〈天官 大宰(天-1-8)〉 鄭玄의 注) 이곳 정현의 注의 '授之 授受班者'에 대해서 孫詒讓은 "마땅히 정기적인 하사품을 받아야 할 자가 올 것에 대비했다가 주는 것을 말한다. 경문에서는 '頒'이라고 하였는데, 鄭玄의 注에서 '班'이라고 한 것은 대체로 또한 '頒'을 '班'의 뜻으로 읽은 것이다.〔謂待當班者來則授之也 經云頒注云班者 蓋亦讀頒爲班〕"라고 하였다.(≪周禮正義≫ 권15, 576쪽)

2) 帛言待有司之政令……互文 : 위의 〈天官 典絲(天-56-5)〉의 경문에서는 비단 제품〔帛〕을 하사할 때 '有司의 政令에 대비한다.'고 하였는데, 이곳의 경문에서는 마 제품〔布〕을 하사할 때 '의복을 나누어준다.'고 한 것은 互文으로 만들어 의리를 드러낸 것이라는 뜻이다. '互文'은 똑같은 내용이 중복될 경우 한쪽에 한 가지씩만을 써서 글을 생략하는 修辭法의 하나이다. 孫詒讓은 "비단 제품을 하사할 때도 또한 의복을 나누어주는 일이 있고, 마 제품을 하사할 때도 유사의 정령에 대비하는 일이 있다.〔帛亦有班衣服 布亦待有司之政令也〕"고 하였다.(≪周禮正義≫ 권15, 576쪽) 곧 마 제품을 하사할 때도 또한 유사의 정령에 대비했다가 의복을 나누어준다는 것이다.

'授之'는 정기적인 하사품을 받을 자에게 준다는 뜻이다. 비단 제품〔帛〕을 하사할 때는 '有司의 政令에 대비한다.'라고 말하였고, 마 제품〔布〕을 하사할 때는 '의복을 나누어준다.'고 말한 것은 互文이다.

【疏】注'授之'至'互文' ○釋曰：言'授受班'者, 謂王賜無常. 云'帛言待有司之政令, 布言班衣服'者, 帛謂典絲, 布謂典枲, 據成而言. 知爲互文者, 以其典絲・典枲俱不爲王及后之用, 皆將頒賜, 故知互見爲義也.

○ 注의 〔授之〕에서 〔互文〕까지

○ 釋曰 : 〔授受班〕 왕이 하사하는 것은 일정함이 없음을 말한다.

〔帛言待有司之政令 布言班衣服〕 비단 제품은 典絲〈의 일을〉 말하고, 마 제품은 典枲〈의 일을〉 말하니, 제품이 완성된 것에 의거해서 말한 것이다. 互文임을 알 수 있는 것은 전사와 전시〈의 일〉이 모두 왕과 왕후가 필요로 할 때 사용하기 위한 것이 아니라 모두 장차 나누어 하사할 것이기 때문이다. 그러므로 互文으로 드러내어 의리를 삼은 것임을 알 수 있다.

天-57-4

歲終에 **則各以其物會之**니라

연말이 되면, 〈典枲는〉 수납하고 지출한 마 물품을 분류하여 각각 회계결산을 한다.

【疏】'歲終'至'會之' ○釋曰：鄭無注者, 以其義與典絲同, 彼已注, 故於此略也.

經의 〔歲終〕에서 〔會之〕까지

○ 釋曰 : 鄭玄이 注를 달지 않은 것은 그 의미가 〈天官 典絲(天-56-9)〉와 같은데 저곳(〈天官 典絲(天-56-9)〉)에서 이미 주를 달았기 때문이다. 그러므로 이곳에서는 생략한 것이다.

58. 內司服(내사복)

天-58-1

內司服은 **掌王后之六服**이니 **褘**(휘)**衣**[1] · **揄**(요)**狄**[2] · **闕狄**[3] · **鞠衣**[4] · **展衣**[5] · **緣**(단)[6]**衣**[7]니 **素沙**니라

1) 褘(휘)衣 : 왕후의 六服 가운데 가장 존귀한 의복으로, 왕후가 왕을 따라 先王에게 제사를 지낼 때 착용한다. 二王(殷・周)의 후예의 夫人 및 上公의 부인과 魯나라 부인이 군

주를 도와 종묘에서 제사 지낼 때도 이 의복을 입는다. '褘衣'는 玄色의 옷으로, 玄舃(현색의 겹바닥 신발)을 신는데, 絇(신발의 코 장식)·繶(신발의 솔기 장식)·純(신발의 가선 장식)을 黃色으로 하며, 머리에 副의 장식을 한다. ≪禮記≫ 〈玉藻〉 鄭玄의 注에 "'褘'는 '翬'와 같은 뜻으로 읽고, '揄'는 '搖'와 같은 뜻으로 읽는다. '翬'와 '搖'는 모두 꿩의 이름이다. 비단에 〈꿩의 형태를〉 새기고 채색으로 칠을 한 후 옷에 부착해서 문식으로 삼는다. 이로 인해서 〈옷의〉 이름으로 삼은 것이다.〔褘讀如翬 揄讀如搖 翬搖皆翟雉名也 刻繒而畫之 著於衣以爲飾 因以爲名也〕"라고 하였다.

2) 揄(요)狄 : 왕후의 六服 가운데 하나로, 왕후가 왕을 따라 先公에게 제사를 지낼 때 착용한다. 왕의 三夫人과 侯·伯의 夫人이 군주를 도와 종묘에서 제사 지낼 때도 이 의복을 입는다. '揄狄'은 靑色의 옷으로, 靑舃(청색의 겹바닥 신발)을 신는데 絇(신발의 코 장식)·繶(신발의 솔기 장식)·純(신발의 가선 장식)을 白色으로 하며, 머리에 副의 장식을 한다.

3) 闕狄 : 왕후의 六服 가운데 하나로, 왕후가 왕을 따라 각종 小祀에 제사를 지낼 때 착용한다. 子·男의 夫人이 군주를 따라 종묘에 제사 지낼 때도 이 의복을 입는다. 褘衣와 揄狄은 모두 비단에 꿩의 형태를 새긴 후 다섯 가지 채색으로 칠을 해서 옷에 붙이는데, 이 옷은 비단에 꿩의 형태를 새기지만 칠을 해서 다섯 가지 채색으로 만드는 과정을 빠뜨리기 때문에 '闕翟'이라 한 것이다. '궐적'은 赤色의 옷으로, 赤舃(적색의 겹바닥 신발)을 신는데 絇(신발의 코 장식)·繶(신발의 솔기 장식)·純(신발의 가선 장식)을 黑色으로 하며, 머리에 副의 장식을 한다.

4) 鞠衣 : 왕후의 六服 가운데 하나로, 왕후가 陽春 3월에 上帝에게 桑事를 고할 때 착용한다. 侯·伯과 子·男의 夫人 및 卿의 妻도 이 의복을 입는다. '鞠衣'는 黃色의 옷으로, 黃屨(황색의 홑바닥 신발)를 신는데, 絇(신발의 코 장식)·繶(신발의 솔기 장식)·純(신발의 가선 장식)을 白色으로 하며, 머리에 編의 장식을 한다.

5) 展衣 : 왕후의 六服 가운데 하나로, 왕후가 왕 및 빈객을 만날 때 착용하는 禮服이다. 또한 世婦 및 卿·大夫의 妻의 命服으로 입는다. '展衣'는 白色의 옷으로, 白屨(백색의 홑바닥 신발)를 신는데, 絇(신발의 코 장식)·繶(신발의 솔기 장식)·純(신발의 가선 장식)을 黑色으로 하며, 머리에 編의 장식을 한다.

6) 緣(단) : 唐石經에도 '緣'로 되어 있다. 陸德明은 "어떤 本에는 '褖'으로 되어 있으니, 의미는 같다. 鄭玄의 注에서도 마찬가지이다. 음은 吐와 亂의 反切이다.〔或作褖 同 吐亂反〕"라고 하였다.(≪經典釋文≫ 권8, 〈周禮音義 上 天官冢宰下〉 '內司服') 段玉裁의 ≪周禮漢讀考≫에는 "살펴보건대 ≪毛詩≫의 '綠衣'에 대한 鄭玄의 注에 '綠은 마땅히 褖이 되어야 한다. 그러므로 褖으로 되어 있었는데, 綠으로 바꾸어 썼으니, 글자가 잘못된 것이다.'라고 하였다. 孔穎達의 ≪毛詩正義≫에는 '이곳의 綠衣는 ≪周禮≫ 〈天官 內司服〉의 緣衣와 같은 것이다. 〈天官 內司服〉에서 「〈內司服은〉 왕후의 六服을 관장한다.」고

하면서 五服에 대해서는 색을 말하지 않았는데, 이곳의 緣衣에 대해서만 색을 말하였으니, 그 잘못된 것임이 분명하다.'고 하였다. 이곳(〈內司服〉) 정현의 注에서 '褘·揄·狄·展은 〈翬·搖·翟·襢과〉 성음이 서로 가까우며, 緣은 글자가 잘못된 것이다.'라고 하였다. 가공언의 疏에서는 '緣과 褖은 성음이 서로 가까울 수 없으며, 단지 글자가 서로 유사하니, 글자가 잘못된 것이다.'라고 하였다. 그렇다면 가공언과 공영달이 의거한 ≪周禮≫에는 모두 '綠衣'로 되어 있었는데, 開成石經부터 잘못 '緣衣'로 되어 있었고, 今本에서 이를 계승한 것이다."라고 하였다.(北京大 整理本의 〈校勘記〉 참조)

7) 緣(단)衣 : '褖衣'를 말한다. 왕후의 六服 가운데 하나로, 왕후가 왕을 모시거나 한가로이 거처할 때 입는다. '褖衣'는 黑色의 옷으로, 黑屨(흑색의 홑바닥 신발)를 신으며, 머리에 次의 장식을 한다.

內司服은 王后의 六服을 관장한다. 褘衣·揄狄·闕狄·鞠衣·展衣·緣衣(褖衣)이니, 〈모두〉 주름진 흰색 비단으로 안감을 만든다.

褘衣 揄狄 闕狄

鞠衣　　展衣　　褖衣

【注】 鄭司農云 褘衣는 畫衣也니 祭統曰 君卷冕立于阼하고 夫人副[1]褘立于東房이라 揄狄·闕狄은 畫羽飾이요 展衣는 白衣也라 喪大記曰 復者朝服이라 君以卷[2]하고 夫人以屈狄하고 世婦以襢衣라 屈者는 音聲與闕相似요 襢與展相似니 皆婦人之服이라 鞠衣는 黃衣也요 素沙은 赤衣也라 玄謂狄當爲翟이니 翟은 雉名이라 伊[3]雒[4]而南에 素質에 五色皆備成章曰翬요 江淮而南에 靑質에 五色皆備成章曰搖니 王后之服에 刻繒爲之形而采畫之하고 綴於衣하여 以爲文章이라 褘衣는 畫翬者요 揄翟은 畫搖者요 闕翟은 刻而不畫니 此三者는 皆祭服이라 從王祭先王則服褘衣하고 祭先公則服揄翟하고 祭群小祀則服闕翟이니 今世有圭衣者는 蓋三翟之遺俗이라 鞠衣는 黃桑服也니 色如鞠塵하여 象桑葉始生이라 月令에 三月薦鞠衣于(上)〔先〕[5]帝하여 告桑事[6]라 展衣는 以禮見王及賓客之服이니 字當爲襢이라 襢之言亶이니 亶은 誠也라 詩國風曰 玼兮玼兮여 其之翟也라하고 下云 胡然而天也며 胡然而帝也라하니 言其德當神明이라 又曰 瑳兮瑳兮여 其之展也라하고 下云 展如之人兮여 邦之媛也라하니 言其行配君子라하니 二者之義 與禮合矣라 雜記曰 夫人(服)〔復〕[7]稅衣揄狄이라하고 又喪大記曰 士妻以褖衣라하니 言褖[8]者甚衆이라 字或作稅하니 此緣衣者는 實作褖衣也라 褖衣는 御于

王之服이니 亦以燕居라 男子之(禒)〔褖〕[9]衣黑 則是亦黑也니 六服備於此矣라 褘・揄・狄・展은 聲相近이니 緣字之誤也라 以下推次其色 則闕狄赤이요 揄狄青이요 褘衣玄이니 婦人尙專(一)〔壹〕[10]하여 德無所兼이라 連衣裳不異其色이라 素沙者는 今之白縳也니 六服皆袍[11]制니 以白縳爲裏하여 使之張顯이라 今世有沙縠[12]者 名出于此라

1) 副 : 왕후의 首服으로, 가발을 묶어서 머리 위에 부착하여 장식으로 삼은 것이다. ≪禮記≫ 〈明堂位〉 鄭玄의 注에 "'副'는 머리 장식이니, 오늘날의 步搖가 그것이다.〔副 首飾也 今之步搖是也〕"라고 하였다. '步搖'는 부인들이 비녀 위에 부착하는 머리 장식의 일종으로, 걸어갈 때 흔들리기 때문에 그런 명칭이 붙은 것이다. ≪後漢書≫ 〈輿服志 下〉에 "步搖는 황금으로 산 모양의 밑 받침대〔山題〕를 만들고, 흰 구슬을 꿰어서 계수나무 가지가 서로 얽어 있는 모양의 장식을 하고, 하나의 술잔과 아홉 개의 꽃, 곰・호랑이・붉은 곰・천록・벽사・南山豐大特(전설 속에 豐水에서 출현하는 牛神) 등 6가지 짐승의 모양을 조각하여 장식한다.〔步搖以黃金爲山題 貫白珠爲桂枝相繆 一爵九華 熊虎赤羆天鹿辟邪南山豐大特六獸〕"고 하였다. '副'에 대한 자세한 설명은 아래 〈天官 追師(天-61-1)〉 經文 및 鄭玄의 注 참조.

2) 復者朝服 君以卷 : '復'은 사람이 처음 죽어 氣가 끊겼을 때, 죽은 이의 옷을 들고 지붕 위의 중앙으로 올라가 서북쪽을 향해 옷을 흔들면서 죽은 이의 이름을 부르며 혼이 되돌아오기를 기원하는 의식을 말한다. 이 때문에 '招魂'이라고도 한다. 復을 할 때 사용하는 옷을 '復衣'라고 하는데, 복의는 죽은 이가 살아 있을 때의 祭服을 가지고 한다. 따라서 '군주가 죽었을 경우 〈복의로〉 곤면복을 사용한다.〔君以卷〕'는 것은 군주가 살아 있을 때 곤면복을 제복으로 입었음을 의미한다. ≪禮記≫ 〈喪大記〉 鄭玄의 注에 "復을 할 때 〈복의로〉 죽은 이의 제복을 사용하는 것은 신에게 비는 것이기 때문이다.〔復用死者之祭服 以其求於神也〕"라고 하였다.

3) 伊 : 河南省 西部에 있는 강 이름으로, 欒川縣 伏牛山 북쪽 기슭에서 발원하여 동북쪽으로 흘러 偃師縣 楊村 부근에서 洛河로 흘러 들어간다. 北魏 酈道元의 ≪水經注≫ 〈伊水〉에 "伊水는 南陽 魯陽縣 서쪽의 蔓渠山에서 발원하여……또 동북쪽으로 洛陽縣의 남쪽에 이르러 북쪽으로 洛河로 흘러 들어간다.〔伊水出南陽魯陽縣西蔓渠山……又東北至洛陽縣南 北入於洛〕"고 하였다.

4) 雒 : 강의 이름으로, '雒'은 '洛'과 통한다. 洛水라고도 하는데, 오늘날의 陝西省 북쪽의 洛河이다. ≪淮南子≫ 〈墬形訓〉에 "雒은 熊耳에서 나온다.〔雒出熊耳〕"고 하였는데, 于省吾는 "熊耳山은 京師 위쪽 雒의 서북쪽에 있다.〔熊耳山在京師上雒西北也〕"고 하였다.

5) (上)〔先〕 : 저본에는 '上'으로 되어 있으나, 北京大 整理本의 〈校勘記〉에 閩本・監本・毛本에 今本 ≪禮記≫에 따라 '先'으로 되어 있다고 하였는데, 이에 의거하여 '先'으로 바로잡았다.

6) 月令……告桑事 : ≪禮記≫ 〈月令〉 '季春' 條에는 "이달에 천자는 先帝(大皞 등 先代에 木의 덕을 지닌 군주)의 신위에 鞠衣를 바친다.……后妃는 재계하고 직접 동쪽을 향하여 뽕잎을 딴다. 婦人과 子女에게 용모를 꾸미는 장식을 달지 않게 하고, 바느질하고 꿰매는 일을 줄여 누에 치는 일에 힘을 다하도록 권면한다.〔是月也 天子乃薦鞠衣于先帝……后妃齊戒 親東鄕躬桑 禁婦女毋觀 省婦使 以勸蠶事〕"고 하였다. 天子는 장차 蠶事를 행할 때 福과 祥瑞의 도움을 구하기 위해 先帝의 신위에 鞠衣를 바치는 것이고, 后妃는 친히 蠶事의 예를 행하는 것이다.

7) (服)〔復〕 : 저본에는 '服'으로 되어 있으나, 阮元의 〈校勘記〉에 의거하여 '復'으로 바로잡았다. 완원의 〈교감기〉에 "閩本·毛本에도 '服'으로 되어 있고, 宋本·監本에는 '服'이 '脫'로 되어 있으니, 모두 잘못된 것이다. 嘉靖本에는 '復'으로 되어 있어 ≪詩經≫에서 인용한 것과 부합하니, 마땅히 이에 의거하여 訂正해야 한다. '復'은 招魂을 할 때 사용하는 것을 말한다."고 하였다. 上海古籍 整理本과 및 北京大 整理本에도 모두 '復'으로 되어 있다.

8) 褖 : 저본에는 '褖' 다음에 '衣'가 없으나, 阮元은 '衣'의 글자가 탈오된 것이라고 하였다. 阮元의 〈校勘記〉에 "≪詩經≫ 〈綠衣〉에 대한 孔穎達의 疏에서 이곳의 문장을 인용하면서 '言褖衣者甚衆'이라고 하였으니, 이곳에는 '衣'가 脫誤된 것이다."라고 하였다. 그러나 孫詒讓은 이곳에 '衣'의 글자를 넣을 필요가 없으며, 또 아래에서 '字或作稅(글자가 어떤 本에는 稅로 되어 있기도 하다.)'라고 하였으므로 이곳에 '衣'가 있어서는 안 되는 것임이 분명하다고 하였다.(上海古籍 整理本과 및 北京大 整理本의 〈校勘記〉 참조)

9) (禒)〔褖〕 : 저본에는 '禒'으로 되어 있으나, 上海古籍 整理本과 및 北京大 整理本에 의거하여 '褖'으로 바로잡았다.

10) (一)〔壹〕 : 저본에는 '一'로 되어 있으나, 阮元의 설에 의거하여 '壹'로 바로잡았다.(上海古籍 整理本과 및 北京大 整理本의 〈校勘記〉 참조)

11) 袍 : 솜을 넣은 長衣를 말한다. 그 길이는 보통 아래로 발꿈치까지 내려온다. 처음에는 대체로 內衣로 입었으며, 때때로 겉에 별도로 罩衣(홑저고리)를 덧입기도 하였다. 漢代에 이르면 홑 長衣와 겹 長衣를 모두 '袍'라고 하였다. 王公과 貴臣에서부터 일반 백성에 이르기까지 모두 이 옷을 입었는데, 후에 朝服이나 禮服이 되었으며 재질도 각각 달랐다. 唐나라 초기부터 黃袍는 황제 전용의 복식이 되었고, 관리들도 袍의 색깔로 등급을 구분하였다.(≪後漢書≫ 〈輿服志 下〉 참조)

12) 沙縠 : ≪漢書≫ 〈江充傳〉의 "充衣紗縠襌衣(강충은 紗縠의 襌衣를 입었다.)"에 대한 顔師古의 注에 "'紗縠'은 〈누에고치에서〉 실을 자아서 직조한 것이다. 가벼운 것을 '紗'라 하고, 주름진 것을 '縠'이라 한다. 襌衣의 제도는 오늘날 朝服의 中襌(안에 입는 中衣)과 같다. ≪漢官儀≫에 '武賁中郎將은 紗縠의 襌衣를 입는다.'고 하였다.〔紗縠 紡絲而織之也 輕者爲紗 縐者爲縠 襌衣制 若今之朝服中襌也 漢官儀曰 武賁中郎將 衣紗縠襌衣〕"라고 하였다. '沙縠'은 곧 縐紗(주름 무늬를 넣어서 짠 견직물)를 말한다.

鄭衆은 "褘衣는 채색으로 무늬를 낸 옷〔畫衣〕이다. ≪禮記≫ 〈祭統〉에 '〈제사 지내는 날〉 군주는 袞冕을 입고서 阼階(동쪽 계단)에 서고, 夫人은 머리에 副를 장식하고 褘衣를 입고서 東房에 선다.'고 하였다. 揄狄과 闕狄은 새의 깃을 그려 넣어서 장식한 옷이다. '展衣'는 흰옷〔白衣〕이다. ≪예기≫ 〈喪大記〉에 '復을 할 사람은 朝服을 입는다. 군주가 죽었을 경우 〈復衣로〉 袞冕服을 사용하고, 夫人이 죽었을 경우 屈狄을 사용하며, 世婦가 죽었을 경우 襢衣를 사용한다.'고 하였다. '屈'은 音聲이 '闕'과 서로 유사하고, '襢'은 '展'과 서로 유사하니, 모두 婦人의 복장이다. '鞠衣'는 누런 옷〔黃衣〕이다. '素沙'는 붉은 옷〔赤衣〕이다."라고 하였다.

나(鄭玄)는 생각건대, '狄'은 마땅히 '翟'이 되어야 하니, '翟'은 꿩의 이름이다. 伊水와 雒水 이남 지역에서는 흰색 바탕에 다섯 가지 채색을 모두 갖추어 무늬를 이룬 꿩을 '翬'라고 하고, 江水와 淮水 이남 지역에서는 청색 바탕에 다섯 가지 채색을 모두 갖추어 무늬를 이룬 꿩을 '搖'라고 한다. 王后의 의복은 비단에 새겨서 〈꿩의〉 형태를 만들고, 채색으로 칠을 한 후 옷에 꿰매어 무늬〔文章〕로 삼는다. '휘의'는 翬(흰색 바탕에 오채색의 꿩)의 형태를 채색으로 칠한 옷이고, '요적'은 搖(푸른색 바탕에 오채색의 꿩)의 형태를 채색으로 칠한 옷이고, '궐적'은 〈비단에 꿩의 형태를〉 새기지만 채색으로 칠을 하지 않은 옷이다. 이 세 가지 옷은 모두 祭服이다. 왕을 따라 先王에게 제사 지낼 때는 휘의를 입고, 先公에게 제사 지낼 때는 요적을 입고, 각종 小祀에 제사 지낼 때는 궐적을 입는다. 오늘날 세상에 圭衣라는 것이 있으니, 대체로 三翟(휘의·요적·궐적)에서 전해 내려온 풍속이다.

'鞠衣'는 黃桑의 옷(누런 뽕잎 색깔을 본뜬 옷)이니, 색은 鞠塵(누룩곰팡이, 담황색)과 유사하여 뽕잎이 처음 자라날 때의 색을 본떴다. ≪예기≫ 〈月令〉에 "3월에 〈天子는〉 先帝의 신위에 국의를 바치고, 〈后妃는〉 桑事를 고한다."고 하였다.

'展衣'는 禮로써 王 및 賓客을 만날 때 입는 옷이니, 〈展의〉 글자는 마땅히 '襢(단)'이 되어야 한다. '襢'이라는 글자는 '亶(단)'의 뜻이니, '亶'은 진실하다〔誠〕는 뜻이다. ≪詩經≫ 〈鄘風 君子偕老〉에 "깨끗하고 깨끗하니, 그분의 翟衣로다."라고 하였고, 아래에서 "어찌 그리도 하늘 같으며, 어찌 그리도 上帝 같은가."라고 하였으니, 그 덕이 神明에 합당함을 말한 것이다. 또 "선명하고 선명하니, 그분의 전의로다."라고 하였고, 아래에서 "진실한 사람이여, 나라의 미인이로다."라고 하였으니, 그 행동이 군자와 짝함을 말한 것이니, 두 가지의 의리가 禮와 부합한다.

≪예기≫ 〈雜記 上〉에 "夫人〈의 喪에서〉 復을 할 때는 稅衣(단의)에서 揄狄까지를 사용한다."고 하였다. 또 ≪예기≫ 〈상대기〉에서는 "士의 妻〈의 喪에서 復을 할 때는〉 褖衣를

사용한다."고 하였으니, '褖'으로 말한 것이 매우 많은데, 글자가 혹 '稅(단)'으로 되어 있기도 하다. 이곳 경문의 '緣衣'는 실은 '褖衣'로 되어 있었다. '褖衣'는 왕을 모실 때 입는 옷이니, 또한 이 옷을 입고서 한가로이 거처한다.〔燕居〕 남자의 褖衣는 흑색이니, 왕후의 褖衣 또한 흑색이다. 〈왕후의〉 六服이 여기에서 갖추어졌다.

'褘'·'揄'·'狄'·'展'은 〈翬·搖·翟·襢과〉 성음이 서로 가까우며, '緣'은 글자가 잘못된 것이다. 아래부터 그 색을 미루어 차례 지우면 궐적은 赤色이고, 요적은 靑色이고, 휘의는 玄色이다. 婦人은 한결같음을 숭상하여 덕에 겸하는 바가 없으니, 웃옷과 치마를 이어서 만들어 그 색을 달리하지 않는다. '素沙(주름진 흰색 비단)'는 오늘날의 白縳(흰색 비단)이다. 六服은 모두 袍의 제도로 만드니, 白縳으로 안감을 만들어서 〈육복이〉 펼쳐 드러나게 한다. 오늘날 세상에 沙縠(주름 무늬를 넣어서 짠 견직물)이라는 것이 있는데, 명칭이 여기서 나온 것이다.

【疏】'內司'至'素沙' ○釋曰：云'掌王后之六服'者, 自褘衣至緣衣是六. 褘衣者, 亦是翟. 而云'衣'者, 以其衣是服之首, 故(自)〔目〕[1]言'衣'也. 褘當爲翬, 卽翬雉, 其色玄也, 揄狄者, 揄當爲搖, 狄當爲翟, 則搖雉, 其色靑也. 闕狄者, 其色赤. 上二翟, 則刻繒爲雉形, 又畫之. 此闕翟, 亦刻爲雉形, 不畫之爲彩色, 故名闕狄也. 此三翟, 皆祭服也. 鞠衣者, 色如鞠塵色, 告桑之服也. 展衣者, 色白, 朝王及見賓客服. 緣當爲褖, 褖衣者, 色黑, 御於王服也. 素沙者, 此非服名. 六服之外別言之者, 此素沙與上六服爲裏, 使之張顯. 但婦人之服不殊裳, 上下連, 則此素沙亦上下連也. 王之吉服有九[2], 韋弁[3](已)〔以〕[4]下, 常服[5]有三, 與后鞠衣(已)〔以〕下三服同. 但王之祭服有六, 后祭服唯有三翟者, 天地山川社稷之等, 后·夫人不與, 故三服而已. 必知外神后夫人不與者, 案內宰云"祭祀祼獻則贊[6]", 天地無祼(祼)〔祼〕[7], 言祼唯宗廟. 又內宗·外宗佐后, 皆云'宗廟', 不云'外神'[8], 故知后於外神[9]不與. 是以白虎通云"周官祭天, 后·夫人(有)〔不〕[10]與者, 以其婦人無外事." 若然哀公問云"夫人爲天地社稷主"者, 彼見夫婦一體而言也.

1) (自)〔目〕: 저본에는 '自'로 되어 있으나, 元本·閩本·閩本·監本·殿本에 의거하여 '目'으로 바로잡았다.(上海古籍 整理本 및 北京大 整理本의 〈校勘記〉 참조)

2) 王之吉服有九 : 아래 〈天官 屨人(天-62-1)〉 鄭玄의 注에 "王의 吉服은 9가지가 있다.〔吉服有九〕"고 하였다. 王應麟의 ≪小學紺珠≫ 〈制度類〉 '九服' 條에 "九服은 冕服 6가지, 弁服 3가지를 말한다.〔九服 冕服六弁服三〕"고 하였다. 王의 6가지 冕服은 大裘冕·袞冕·鷩冕·毳冕·絺冕·玄冕이고, 3가지 弁服은 韋弁·皮弁·冠弁이다.

3) 韋弁 : '韋弁'은 '弁(冠)'뿐 아니라 상의와 하의까지를 포함하는 '韋弁服' 일습을 의미한다. 천자·제후·대부의 兵服이다. 적색의 다룸 가죽으로 관과 웃옷과 치마를 만든다. 任大椿은 "韋弁은 천자·제후·대부가 兵事가 일어났을 때 착용하는 의복이다. 戎服을 韋로 만드는 것은 韋와 革은 같은 종류로서 그것을 입고서 군사에 임하기 위해서이니, 그 견고함을 취하는 뜻이다. ≪晉書≫ 〈禮志〉에 의하면, 韋弁의 제도는 皮弁과 유사한데, 위 끝부분이 뾰족하고, 꼭두서니로 물을 들였는데, 색깔이 옅은 진홍색이다. 그렇다면 형상이 피변과 같은 것이다.〔韋弁爲天子諸侯大夫兵事之服 戎服用韋者 以革韋同類 服以臨軍 取其堅也 晉志韋弁制似皮弁 頂上尖 韎草染之 色如淺絳 然則形狀似皮弁矣〕"라고 하였다. (≪周禮正義≫ 권40, 1635쪽 참조)

4) (巳)〔以〕: 저본에는 '巳'로 되어 있으나, 閩本·監本·毛本에 의거하여 '以'로 바로잡았다.(上海古籍 整理本의 〈校勘記〉 참조) 아래도 같다.

5) 常服 : 戎服 즉 兵服을 말한다. ≪毛詩正義≫ 〈小雅 六月〉 毛亨의 傳에 "常服은 戎服이다.〔常服 戎服也〕"라고 하였고, ≪春秋左氏傳≫ 閔公 2년 조에서 "군대를 거느린 자는 宗廟에서 명령을 받고 社에서 祭肉을 받는데, 常服을 착용한다.〔帥師者 受命於廟 受脤於社 有常服矣〕"고 하였는데, 杜預 注에서 "韋弁服은 군대의 常服이다〔韋弁服 軍之常也〕"라고 하였다. '韋弁服'은 천자·제후·대부가 兵事가 일어났을 때 착용하는 의복이다.

6) 祭祀祼獻則贊 : 〈天官 內宰(天-45-5)〉에는 '祭祀'가 '大祭祀'로 되어 있다. '大祭祀'는 본래 天地와 宗廟의 제사를 포괄하는 것이지만, 그곳 경문에서는 '宗廟'의 제사만을 가리킨다.(〈天官 內宰(天-45-5)〉의 經文에 대한 역주 1) 참조)

7) (裸)〔祼〕: 저본에는 '裸'로 되어 있으나, 앞뒤 구절에 '祼'으로 되어 있는 것에 의거하여 바로잡았다. '祼'은 울창주를 땅에 뿌리고 시동에게 술을 올려 신이 내려오기를 청하는 의식을 말한다. 賈公彦에 따르면, 천지의 제사에서는 '祼'의 의식이 없으며, 종묘 제사에서만 '祼'의 예를 행한다. 천자와 제후의 종묘 제사는 강신의 의식을 행하고〔祼〕, 피와 날고기 올리고〔獻〕, 희생의 익힌 고기를 올리고〔肆〕 동시에 찰기장 밥과 메기장 밥을 올리는〔饋食〕 순서로 진행된다.

8) 內宗外宗佐后……不云外神 : 〈春官 內宗(春-16-1~3)〉에 "內宗은 종묘의 제사를 지낼 때 〈시동에게〉 加豆와 加籩 올리는 일을 관장한다.……왕후가 제사를 거행하면, 〈內宗이〉 수종한다.〔內宗掌宗廟之祭祀薦加豆籩……王后有事則〕"고 하였고, 〈春官 外宗(春-17-1)〉에서는 "外宗은 종묘의 제사를 지낼 때 왕후가 〈시동에게〉 玉豆와 〈玉籩〉 올리는 일을 돕는다.〔宗掌宗廟之祭祀佐王后薦玉豆〕"고 하였다. 즉 內宗과 外宗은 宗廟의 제사에서 王后를 돕는 것이다.

9) 外神 : 天地·四望·山川·社稷·五祀의 신을 '外神'이라 하고, 이 외신에 대한 제사를 '外祭祀'라고 한다. 조상신은 '內神'이 되며, 따라서 조상신을 제사 지내는 종묘의 제사는 '內祭祀'가 된다.(〈天官 外饔(天-9-1)〉의 經文에 대한 賈公彦의 疏 참조)

10) (有)〔不〕: 저본에는 '有'로 되어 있으나, '有'는 마땅히 '不'이 되어야 한다는 阮元의 설에 의거하여 바로잡았다. 또 盧文弨에 의하면 ≪白虎通≫에는 '周官祭天……以其婦人無外事'의 문장이 없다고 한다.(北京大 整理本의 〈校勘記〉 참조)

經의 〔內司〕에서 〔素沙〕까지

○ 釋曰 : "〈내사복은〉 王后의 六服을 관장한다."고 한 것은 褘衣에서 緣衣에 이르기까지 여섯이다.

'褘衣'는 또한 翟(꿩의 깃 문양으로 장식한 옷)이다. 그런데 '衣'라고 한 것은 이 옷이 의복의 우두머리이기 때문이다. 그러므로 '衣'라고 지적하여 말한 것이다. '褘'는 마땅히 '翬'가 되어야 하니, 곧 翬雉(흰 바탕에 오채색의 꿩)로 장식한 옷으로서, 그 옷의 색은 玄色이다.

'揄狄'에서의 '揄'는 마땅히 '搖'가 되어야 하고, '狄'은 마땅히 '翟'이 되어야 하니, 搖雉(푸른 바탕에 오채색의 꿩)로 장식한 옷으로, 그 옷의 색은 靑色이다.

'闕狄'은 그 옷의 색이 赤色이다. 위 두 翟(褘衣와 揄狄)은 비단에 새겨서 꿩의 형태를 만들고, 다시 채색으로 칠을 한 것이다. 이 궐적 또한 〈비단에〉 새겨서 꿩의 형태를 만들지만 칠을 하여 채색으로 만들지는 않는다. 그러므로 '궐적'이라 이름한 것이다.

이 세 가지 翟(褘衣・揄狄・闕狄)은 모두 祭服이다.

'鞠衣'는 색이 鞠塵(누룩곰팡이, 담황색)의 색과 같으니, 桑事를 고할 때 입는 의복이다.

'展衣'은 색이 白色으로, 왕을 알현하거나 빈객을 접견할 때 입는 의복이다.

'緣'은 마땅히 '褖'이 되어야 하니, '褖衣'는 색이 黑色으로 왕을 모실 때 입는 의복이다.

'素沙'는 이는 옷의 명칭이 아니다. 六服 이외에 별도로 이를 말한 것은, 이 소사는 위의 육복의 안감이 되어 〈육복을〉 펼쳐 드러나게 하기 때문이다. 다만 婦人의 의복은 치마를 달리하지 않고 위(웃옷)와 아래(치마)가 이어져 있으니, 이 소사 또한 위와 아래가 이어져 있다.

왕의 吉服은 9가지가 있는데, 韋弁 이하 常服(戎服)에 3가지(韋弁・皮弁・冠弁)가 있으니, 왕후의 경우 鞠衣 이하 3가지의 옷(鞠衣・展衣・緣衣)이 있는 것과 마찬가지이다. 다만 왕의 祭服에는 6가지가 있는데, 왕후의 제복에 단지 3가지의 翟만 있는 것은, 天地・山川・社稷 등의 제사에는 왕후와 夫人이 참여하지 않기 때문이다. 그러므로 3가지의 옷이 있을 뿐이다. 外神의 제사에 왕후와 부인이 참여할 수 없음을 분명히 알 수 있는 것은, 살펴보건대 〈天官 內宰(天-45-5)〉에 "제사를 거행할 때, 〈왕후가 시동에게〉 祼(강신의 예)을 행하고 獻(희생고기의 진헌)을 행하면, 〈內宰가 왕후를〉 도와 진행한다."고 하였는데, 천지의 제사에는 祼의 예가 없으며, '祼'이라고 말한 것은 오직 종묘의 제사뿐이기 때문이다. 또 內宗과 外宗이 왕후를 돕는데, 모두 '宗廟'라고 하고 '外神'이라고 하지 않았다. 그러므로 왕후가 外神의 제사에 참여하지 않음을 알 수 있다. 이 때문에 ≪白虎通≫에서 "≪周官≫에서 하늘에 제사 지낼 때 왕후와 부인이 참여하지 않는 것은 그 부인들은 外事가 없기 때문이다."라고 하였다. 그렇다면 ≪禮記≫ 〈哀公問〉에서 "부인은 천지와 사직의 주인이 된다."고 한 것은 그곳에서는 부부가 한 몸임을 보고서 말한 것이다.

○注'鄭司'至'于此' ○釋曰：司農云"褘衣, 畫衣也"者, 先鄭意褘衣不言'狄', 則非翟雉. 知畫衣者, 以王之冕服而衣畫, 故知后衣畫也. 又引祭統者, 彼據二王後, 夫人助祭服褘衣, 與后同也. '揄狄, 闕狄, 畫羽飾'者, 以其言'狄', 是翟羽故也. 云'展衣, 白衣也'者, 見鞠衣黃, 以土色, 土生金, 金色白, 展衣文承鞠衣之下, 故知展衣白也. 引喪大記, 證闕狄與展衣爲婦人服故也. 彼君以卷, 據上公而言, 夫人以屈翟, 據子男夫人復時, 互見爲義. 云'世婦以襢衣'者, 彼亦據諸侯之世婦, 用襢衣, 復之所用也. 云'鞠衣, 黃衣也, 素沙, 赤衣也'者, 先鄭意以素沙爲服名, 又以素沙爲赤色, 義無所據, 故後鄭不從之. '玄謂狄當爲翟'者, 破經二狄從翟雉之翟也. '伊洛而南'已下至'曰搖', 皆爾雅文. 言伊水而南有雉, 素白爲質, 兼青赤黃黑, 五色皆備, 成其文章, 曰翬雉. 云'江淮而南, 青質, 五色皆備有以成文章曰搖雉', (妄)〔玄〕[1]引此者, 證褘揄爲雉也. 又云'(翬)〔褘〕[2]衣畫翬者', 以先鄭褘衣不言翟, 故增成. '(搖)〔揄〕[3]狄畫搖者', 亦就足先鄭之義. 云'闕翟刻而不畫'者, 此無正文, 直以意量之. 言翟而加闕字, 明亦刻繒爲雉形, 但闕而不畫五色而已. 云'此三者皆祭服'者, 對鞠衣已下非祭服也. 云'從王祭先王則服褘衣, 祭先公則服揄翟, 祭群小祀則服闕翟', 鄭言此者, 欲見王后無外事, 唯有宗廟, 分爲二, 與王祀先王袞冕, 先公鷩冕同差. 群小祀, 王玄冕, 故后服闕翟. 云'今世有圭衣者, 蓋三翟之遺俗'者, 漢時有圭衣, 刻爲圭形, 綴於衣, 是由周禮有三翟, 別刻繒, 綴於衣, 漢俗尙有, 故云"三翟遺俗也."

1) (妄)〔玄〕: 저본에는 '妄'으로 되어 있으나, 北京大 整理本과 上海古籍 整理本에 의거하여 '玄'으로 바로잡았다.
2) (翬)〔褘〕: 저본에는 '翬'로 되어 있으나, 鄭玄의 注와 ≪周禮正義≫에 의거하여 '褘'로 바로잡았다.(北京大 整理本의 〈校勘記〉 참조)
3) (搖)〔揄〕: 저본에는 '搖'로 되어 있으나, 鄭玄의 注와 ≪周禮正義≫에 의거하여 '揄'로 바로잡았다.(北京大 整理本의 〈校勘記〉 참조)

○ 注의 〔鄭司〕에서 〔于此〕까지

○ 釋曰 : 〔司農云 褘衣 畫衣也〕 鄭衆은 〈경문에서〉 '褘衣'에 대해서 '狄'이라고 하지 않았으므로 꿩의 깃을 장식하는 것이 아니라고 생각한 것이다. 〈정중이 褘衣가〉 '채색으로 무늬를 낸 옷'임을 안 것은, 왕의 冕服의 경우 옷에 채색으로 무늬를 내기 때문이다. 그러므로 왕후의 옷에도 채색으로 무늬를 내는 것임을 안 것이다. 또 〈정중이〉 ≪禮記≫ 〈祭統〉을 인용한 것은, 그곳에서는 二王(夏·殷)의 후예에 의거한 것으로, 〈제후의〉 夫人이 助祭할 때 褘衣를 입는 것이 왕후와 동일하기 때문이다.

〔揄狄 闕狄 畫羽飾〕 '狄'이라고 말한 것은 꿩의 깃을 그려 넣어서 장식한 옷이기 때문이다.

〔展衣 白衣也〕 살펴보건대, 鞠衣는 황색이니, 土의 色으로 만드는 것이다. 土는 金을 낳는데, 金은 색이 백색이다. 展衣의 문장은 국의의 아래를 이었다. 그러므로 〈정중이〉 전의가 백색임을 알았던 것이다. 〈정중이〉 ≪예기≫ 〈喪大記〉를 인용한 것은 闕狄과 전의가 婦人의 의복임을 증명하기 위한 까닭이다. 저곳(≪예기≫ 〈상대기〉)에서 '군주가 죽었을 경우 〈復衣로〉 袞冕服을 사용한다.'고 한 것은 上公에 의거하여 말한 것이고, '夫人이 죽었을 경우 〈복의로〉 屈翟을 사용한다.'고 한 것은 子·男의 夫人의 〈喪에〉 復을 할 때에 의거하여 말한 것이니, 互文으로 드러내어 의리로 삼은 것이다.

〔世婦以襢衣〕 그곳(≪예기≫ 〈상대기〉)에서는 또한 諸侯의 世婦에 의거하여 말한 것으로, '襢衣를 사용한다.'는 것은 復을 할 때 사용한다는 뜻이다.

〔鞠衣 黃衣也 素沙 赤衣也〕 정중은 素沙를 의복의 명칭으로, 또 素沙를 赤色이라고 생각했는데, 의리상 의거할 바가 없다. 그러므로 鄭玄이 이에 따르지 않았다.

〔玄謂狄當爲翟〕 〈정현은〉 經文의 두 '狄'의 글자를 부정하고 '翟雉(꿩)'라고 할 때의 '翟'의 글자를 따랐다.

〈정현의 注에서〉 '伊洛而南' 이하에서 '曰搖'까지는 모두 ≪爾雅≫ 〈釋鳥〉의 문장이다. 伊水 이남 지역에 꿩이 있는데, 흰색으로 바탕을 삼고 청색·적색·황색·흑색을 겸하여 다섯 가지 채색을 모두 갖추어 그 무늬를 이룬 것을 '翬雉'라고 한다는 뜻이다.

〈≪이아≫ 〈석조〉에서〉 "江水와 淮水 이남 지역에서는 청색 바탕에 다섯 가지 채색을 모두 갖추어 무늬를 이룬 꿩을 '搖雉'라고 한다."고 하였는데, 정현이 이를 인용한 것은 褘衣와 揄狄이 꿩의 깃 문양으로 장식한 옷임을 입증한 것이다.

〔褘衣畫翬者〕 정중은 褘衣에 대해 '翟'이라고 말하지 않았다. 그러므로 〈정현이 정중의 해석을〉 더욱 완성시킨 것이다.

〔揄狄畫搖者〕 또한 〈정현이〉 정중의 해석에 나아가 채워준 것이다.

〔闕翟刻而不畫〕 이는 正文(經文)이 없어서 〈정현이〉 단지 의미를 가지고 헤아린 것이

다. '翟'이라 말하고 '闕'자를 덧붙였으니, 또한 비단에 새겨서 꿩의 형태를 만들지만 다만 다섯 가지 채색으로 칠을 하는 과정을 빠뜨렸을 뿐임이 분명하다.

〔此三者皆祭服〕 鞠衣 이하가 祭服이 아님과 대비한 것이다.

〔從王祭先王則服褘衣 祭先公則服揄翟 祭群小祀則服闕翟〕 정현이 이를 말한 것은 왕후에게는 外事가 없고 단지 宗廟의 제사만 있을 뿐임을 드러내고자 한 것인데, 〈外事와 宗廟〉 2가지로 구분하여 왕이 선왕을 제사 지낼 때는 袞冕을 착용하고, 先公을 제사 지낼 때는 鷩冕을 착용하는 것과 더불어 똑같이 차등 지은 것이다. 각종 小祀에 제사 지낼 때 王은 玄冕을 착용한다. 그러므로 왕후는 闕翟을 착용하는 것이다.

〔今世有圭衣者 蓋三翟之遺俗〕 漢나라 때 圭衣가 있어 〈비단에〉 圭의 형태를 새겨서 옷에 꿰맸었다. 이는 周나라의 禮에 三翟(휘의 · 요적 · 궐적)이 있어 별도로 비단에 〈꿩의 형태를〉 새겨서 옷에 꿰매었던 것에서 유래하는데, 漢나라 풍속에도 여전이 그것이 남아 있었다. 그러므로 "대체로 三翟에서 전해 내려온 풍속이다."라고 한 것이다.

云'鞠衣黃桑服也'者, 謂季春將蠶, 后服之, 告先帝養蠶之服. 云'色如鞠塵'者, 麴塵, 不爲麴字者, 古通用. 云'象桑葉始生'者, 以其桑葉始生卽養蠶, 故服色象之. 引月令者, 證鞠衣所用之事, 故云"告桑事也." 云'展衣以禮見王及賓客之服', 知義然者, 以其鞠衣在上, 告(喪)〔桑〕[1]之服, 褖衣在下, 御於王之服, 展衣在中, 故以爲見王及賓客之服. 但后雖與王體敵, 夫尊妻卑, 仍相朝事與賓同[2], 諸侯爲賓客於王, 后助王灌饗賓客, 則后有見賓客之禮, 是以亦服展衣也. 云'字當爲襢, 襢之言, 亶, 亶, 誠也'者, 案禮記作'襢[3]', 詩[4]及此文作'展', 皆是正文. 鄭必讀從襢者, 二字不同, 必有一誤, 襢字衣傍爲之, 有衣義, 且爾雅展亶雖同訓爲誠, 展者言之誠, 亶者行之誠, 貴行賤言, 襢字以亶爲聲, 有行誠之義, 故從襢也. 又引詩者, 鄘風, 刺宣姜淫亂, 不稱其服之事. 云'其之翟也, 胡然而天也, 胡然而帝也', 言其德當神明, 又曰'其之展也, 展如之人兮, 邦之媛也', 言其行配君子. 云'二者之義與禮合矣'者, 言服翟衣, 尊之如天帝, 比之如神明, 此翟與彼翟, 俱事神之衣. 服展則邦之爲(媛)〔援〕[5]助[6], 展衣朝事君子之服, 是此禮見王及賓客服, 故云"二者之義與禮合." 若然, 內則注 "夫人朝於君, 次[7]而褖衣也"者, 彼注謂御朝也[8]. 引雜記及喪大記者, 欲破緣衣爲褖衣之事. 云'字或作稅'者, 或雜記文. 故雜記云 "夫人稅衣", 又云 "狄稅素沙", 竝作稅字, 亦誤矣, 故云"此緣衣者, 實褖衣也."

1) (喪)〔桑〕: 저본에는 '喪'으로 되어 있으나, 鄭玄의 注와 上海古籍 整理本에 의거하여

'桑'으로 바로잡았다.

2) 仍相朝事與賓同 : 賈公彦에 의하면, 왕후가 禮로 왕을 朝見할 때는 展衣를 입고 머리에 編의 머리장식을 한다.(〈天官 追師(天-61-1)〉 鄭玄의 注에 대한 賈公彦의 疏 참조)

3) 禮記作禮 : ≪禮記≫ 〈喪大記〉에 "世婦以襢衣(世婦가 죽었을 경우 〈復衣로〉 襢衣를 사용한다.)"고 하였다. 이곳에서 '世婦'는 大夫의 妻이다.

4) 詩 : ≪詩經≫ 〈鄘風 君子偕老〉에 "瑳兮瑳兮 其之展也(선명하고 선명하니, 그분의 展衣로다.)"라고 하였다.

5) (媛)〔援〕: 저본에는 '媛'으로 되어 있으나, '媛'은 마땅히 '援'이 되어야 한다는 阮元의 설에 의거하여 바로잡았다.(阮元의 〈校勘記〉 및 北京大 整理本의 〈校勘記〉 참조)

6) 服展則邦之爲(媛)〔援〕助 : ≪詩經≫ 〈鄘風 君子偕老〉의 "展如之人兮 邦之媛也(진실한 사람이여, 나라의 미인이로다.)"에 대한 毛亨의 傳에 "미녀를 '媛'이라 한다.〔美女爲媛〕"고 하였다. 이는 ≪爾雅≫ 〈釋訓〉에 보이는 문장인데, 邢昺의 疏에 "郭璞은 '미녀와 사귀어 좋아하게 되는 것이다.'라고 하였고, 孫炎은 '군자를 돕는 것이다.'라고 하였다. 그렇다면 아름다움이 있어서 군자를 援助할 수 있는 것이다.〔郭云 所以結好媛 孫炎曰 君子之援助 然則由有美可以援助君子〕"라고 하였다. 〈군자해로〉에 대한 鄭玄의 箋에는 "媛은 나라사람이 의지해 援助로 삼은 것이니, 宣姜이 이처럼 성대한 예복이 있으면서도 음란함으로 나라를 어지럽힌 것을 미워하였다. 그러므로 그렇게 말한 것이다.〔媛者 邦人 所依倚以爲媛助也 疾宣姜 有此盛服而以淫昏亂國 故云然〕"라고 하였다.

7) 次 : 부인의 머리장식으로, 머리 위에 얹는 가채 종류들이다. 상세한 것은 아래 〈天官 追師(天-61-1)〉 참조.

8) 彼注謂御朝也 : ≪禮記≫ 〈內則〉에 "세자가 태어나면 군주는 목욕을 하고 朝服을 입으며, 夫人도 이와 같이 하여 모두 阼階에 서서 서쪽을 향한다.〔世子生 則君沐浴朝服 夫人亦如之 皆立于阼階 西鄕〕"고 하였다. 鄭玄은 "제후의 夫人은 군주를 알현하는데, 次의 머리장식을 하고 褖衣를 입는다.〔諸侯夫人朝於君 次而褖衣也〕"고 하였다. 이에 대해서 陳澔는 "제후의 조복은 玄端服에 흰색 치마를 입는다. '부인도 이와 같이 한다.'는 것은 또한 조복을 입는다는 뜻이니, 마땅히 展衣인데, 정현의 注에서 '褖衣'라고 한 것은 아이를 접견하는 일이 끝나면 곧바로 군주를 모셔야 하기 때문이다. 그러므로 나아가 모실 때의 褖衣를 입는 것이다.〔諸侯朝服 玄端素裳 夫人亦如之者 亦朝服也 當是展衣 註云褖衣者 以見子畢 卽待御於君 故服進御之褖衣也〕"라고 하였다.(≪禮記集說≫ 〈內則〉)

〔鞠衣 黃桑服也〕 季春(3월)에 장차 蠶事를 거행하고자 할 때 왕후가 그것(鞠衣)을 착용하니, 先帝에게 養蠶의 일을 고할 때 입는 의복을 말한다.

〔色如鞠塵〕 〈鞠塵은〉 麴塵(누룩곰팡이)을 가리키는데, '麴'의 글자를 쓰지 않은 것은 옛날에는 〈鞠과 麴의 글자를〉 통용했기 때문이다.

〔象桑葉始生〕 뽕잎이 처음 자라나면 곧바로 養蠶을 한다. 그러므로 의복의 색이 뽕잎의 색을 본떴다. 〈鄭玄이〉 ≪예기≫ 〈月令〉을 인용한 것은 鞠衣가 사용되는 일을 입증한 것이다. 그러므로 "桑事를 고한다."라고 한 것이다.

〔展衣以禮見王及賓客之服〕 의미가 그러함을 알 수 있는 것은 〈경문에서〉 국의는 위(앞)에 서술하였으니 桑事를 고할 때 입는 옷이고, 褖衣는 아래(뒤)에 서술하였으니 왕을 모실 때 입는 옷인데, 展衣는 중간에 서술하였기 때문이다. 그러므로 〈정현은 전의를 왕후가〉 王 및 賓客을 만날 때 입는 옷으로 생각한 것이다. 다만 왕후는 비록 왕과 지위가 대등하지만, 지아비는 존귀하고 처는 비천하므로 왕을 朝見하여 섬길 때도 빈객을 만날 때와 마찬가지로 〈展衣를〉 입으며, 諸侯가 왕의 賓客이 되면 왕후는 王이 灌(강신의 의식)의 예를 행하고 빈객에게 饗禮를 베풀어주는 것을 돕는다. 그렇다면 왕후는 빈객을 만나는 禮가 있는 것이니, 이 때문에 또한 전의를 입는 것이다.

〔字當爲襢 襢之言 亶 亶 誠也〕 살펴보건대, ≪예기≫ 〈喪大記〉에는 '襢'으로 되어 있고, ≪詩經≫ 〈鄘風 君子偕老〉 및 이곳 경문에는 '展'으로 되어 있으니, 모두 正文(經文)이다. 정현이 반드시 '襢'의 뜻으로 읽어서 따른 것은, 〈襢과 展〉 두 글자가 같지 않으므로 반드시 한 곳에는 잘못이 있기 때문이다. '襢'의 글자는 衣傍으로 만들어서 '衣(옷)'의 뜻이 있고, 또 ≪爾雅≫ 〈釋詁〉에서는 '展'과 '亶'을 비록 똑같이 성실함〔誠〕의 뜻으로 풀이하였지만, '展'은 말이 진실한 것이고, '亶'은 행동이 진실한 것으로 행동을 귀하게 여기고 말을 천하게 여긴다. '襢(단)'의 글자는 '亶(단)'으로 聲音을 삼으니, 행동이 진실하다는 뜻이 있다. 그러므로 〈정현이〉 '襢'을 따른 것이다. 또 인용한 ≪시경≫은 〈용풍 군자해로〉의 詩이니, 宣姜이 음란하여 〈품행이〉 그 의복과 어울리지 않은 일을 풍자한 것이다.

〔其之翟也 胡然而天也 胡然而帝也〕 그 德이 神明에 합당함을 말한 것이다.

〔其之展也 展如之人兮 邦之媛也〕 그 행동이 군자에 짝함을 말한 것이다.

〔二者之義與禮合矣〕 翟衣를 입은 것을 말하니, 높이기를 天帝와 같이 하고, 비유하기를 神明과 같이 하는 것이다. 이곳 경문의 '翟'과 저곳(〈용풍 군자해로〉)의 '翟'은 모두 신을 섬길 때 입는 의복이다. 展衣를 입으면 나라에서 〈군자를〉 원조하는 것이 되니, 전의는 君子를 알현하여 섬길 때 입는 옷이다. 이것이 禮로 王과 賓客을 만날 때 입는 옷이다. 그러므로 〈정현이〉 "두 가지의 의리가 禮와 부합한다."고 한 것이다. 그렇다면 ≪예기≫ 〈內則〉 정현의 注에서 "〈諸侯의〉 夫人은 군주를 알현하는데, 次의 머리장식을 하고 褖衣를 입는다."고 한 것은, 그곳의 注에서는 〈군주를〉 모시고 알현할 때를 가리켜 말한 것이기 때문이다.

〈정현이〉 ≪예기≫의 〈雜記 上〉과 〈상대기〉를 인용한 것은 緣衣를 부정하고 褖衣의 일로 삼고자 한 것이다. 〈정현이〉 "글자가 혹 '稅'로 되어 있기도 하다."고 한 것은 ≪예기≫ 〈잡기 상〉의 문장을 말하는 것인 듯하다. 그러므로 〈잡기 상〉에서 "夫人稅衣(夫人이 죽었을 때 〈復衣로〉 稅衣를 사용한다.)"라고 하였고, 또 "狄稅素沙(요적과 단의는 주름진 흰색 비단으로 안감을 만든다.)"고 하여 모두 '稅'자로 되어 있으니, 또한 잘못된 것이다. 그러므로 〈정현이〉 "이곳의 緣衣는 실은 褖衣로 되어 있었다."라고 한 것이다.

云'褖衣御于王之服, 亦以燕居'者, 案尙書多士傳云 "古者后・夫人侍於君, 前息燭, 後擧燭, 至於房中, 釋朝服, 然後入御於君." 注云 "朝服, 展衣. 君在堂." "(天)〔大〕[1]師〔奏〕[2]雞鳴于簷下, 然後后・夫人鳴珮玉于房中, 告燕服入御." 以此而言, 云'釋展衣朝服, 告以燕服, 然後入御', 明入御之服, 與燕服同褖衣, 以其展衣下唯有褖衣, 故知御與燕居同褖衣也. 以其御與燕居同是私褻之處, 故同服. 云'男子之褖衣黑, 則是亦黑也'者, 男子褖衣黑, 禮雖無文, 案士冠禮, 陳服於房, 爵弁服・ 皮弁服・玄端服[3], 至於士喪禮, 陳襲事于房, 亦云爵弁服・皮弁服・褖衣[4]. 褖衣當玄端之處, 變言之者, 冠時玄端衣裳別, 及死襲時, 玄端連衣裳, 與婦人褖衣同, 故雖男子之玄端, 亦名褖衣. 又見子羔襲用褖衣・纁(袖)〔衻〕[5], 譏襲婦服, 纁(袖)〔衻〕與玄衣相對之物, 則男子褖衣黑矣. 男子褖衣旣黑, 則是此婦人褖衣亦黑可知. 鄭言此者, 以六服之色無文, 欲從下向上推次其色, 以此爲本, 故言之也. 云'六服備於此矣'者, 經傳云婦人之服多矣, 文皆不備, 言六服, 唯此文爲備, 故言"六服備於此矣." 鄭言此者, 亦欲推次六服之色故也. 云'褘揄狄展聲相近'者, 褘與翬, 揄與搖, 狄與翟, 展與襢, 四者皆是聲相近, 故云"誤"也. 云'緣, 字之誤也'者, 緣與褖不得爲聲相近, 但字相似, 故爲字之誤也. 云'以下推次其色, 則闕翟赤, 揄翟靑, 褘衣玄'者, 王后六服, 其色無文, 故須推次其色. 言'推次'者, 以鞠衣象麴塵, 其色黃, 褖衣與男子褖衣同, 其色黑, 二者爲本. 以五行之色, 從下向上, 以次推之. 水色旣黑, 褖衣象之. 水生於金, 褖衣上有展衣, 則展衣象金色白, 故先鄭亦云 "展衣, 白衣也." 金生於土, 土色黃, 鞠衣象之. 土生於火, 火色赤, 鞠衣上有闕翟, 則闕翟象之赤矣. 火生於木, 木色靑, 闕翟上有揄翟象之, 靑矣. 五行之色已盡, 六色唯有天色玄, 褘衣最在上, 象天色玄. 是其以下推次其色也. 云'婦人尙專一, 德無所兼, 連衣裳不異其色'者, 案喪服上云 "斬衰裳", 下云 "女子髽衰三年", 直言衰, 不言裳, 則連衣裳矣. 又昏禮云 "女次純衣"[6], 亦不言裳, 是其婦人連衣裳. 裳衣旣連, 則不異其色. 必不異色者, 爲婦人尙專一, 德無所兼故也. 云'素沙者, 今之白縳也'者, 素沙爲裏無文, 故擧漢法而言. 謂漢以白縳爲裏, 以周時素沙爲裏耳. 云'六服皆袍制, 以白縳爲裏, 使之張顯'者, 案雜記云"子羔之襲, 繭衣裳[7)]", 是袍矣. 男子袍旣有衣裳, 今婦人衣裳連, 則非袍. 而云'袍制'者, 正取衣複不單, 與袍制同, 不取衣裳別爲義也. 云'今世有沙縠者, 名出于此'者, 言漢時以縠之衣有沙縠之名, 出于周禮素沙也.

1) (天)〔大〕: 저본에는 '天'으로 되어 있으나, 北京大 整理本과 上海古籍 整理本에 의거하여 '大'로 바로잡았다. ≪尙書大傳≫ 〈多士傳〉에는 '太'로 되어 있다.

2) 〔奏〕: 저본에는 '奏'가 없으나, '鷄' 위에 '奏'가 탈오되었다는 浦鏜의 설에 의거하여 보충하였다. ≪尙書大傳≫ 〈多士傳〉과 ≪周禮正義≫에도 '奏'가 있다.(北京大 整理本의 〈校勘記〉 참조)

3) 案士冠禮……玄端服 : ≪儀禮≫ 〈士冠禮〉에 "〈관례를 거행할 때 입을 爵弁服·皮弁服·玄端 등의〉 의복을 방 안의 서쪽 벽 아래에 옷깃이 동쪽을 향하도록 하여 진설하는데, 북쪽을 윗자리로 삼아 놓는다. 爵弁服에는 옅은 진홍색 치마, 검은색 비단 웃옷, 검은색 비단으로 가선 장식을 한 허리띠, 적황색 무릎가리개를 착용한다. 皮弁服에는 흰색 주름치마, 검은색 비단으로 가선 장식을 한 허리띠, 흰색 무릎가리개를 착용한다. 玄端에 입는 치마로는 검은색 치마, 누런색 치마 또는 잡색 치마 가운데 어느 것을 사용해도 괜찮으며, 검은색 비단으로 가선 장식을 한 허리띠와 검붉은 무릎가리개를 착용한다.〔陳服于房中西墉下東領 北上 爵弁服 纁裳 純衣 緇帶 韎韐 皮弁服 素積 緇帶 素韠 玄端 玄裳黃裳雜裳可也 緇帶 爵韠〕"고 하였다.

4) 至於士喪禮……亦云爵弁服皮弁服褖衣 : ≪儀禮≫ 〈士喪禮〉에 "동쪽 방에다 襲에 필요한 의복 등을 진설하는데, 襲衣는 옷깃이 서쪽을 향하도록 놓고, 남쪽을 윗자리로 삼으며, 의복을 남쪽 윗자리로부터 북쪽으로 펼쳐놓을 때 완전히 펼쳐놓고 북쪽에서 다시 남쪽으로 접어서 놓지 않게 한다.……동쪽 방에 爵弁服에 입는 검은색 비단 웃옷과 皮弁服과 褖衣를 진설해놓는다.〔陳襲事于房中 西領 南上 不絹……爵弁服純衣 皮弁服 褖衣〕"고 하였다.

5) 子羔襲用褖衣纁(袖)〔袡〕: 저본에는 '袖'로 되어 있으나, ≪禮記≫ 〈雜記 上〉에 의거하여 '袡'으로 바로잡았다. 아래도 같다. ≪예기≫ 〈잡기 상〉에 "子羔의 喪에 襲을 할 때 사용한 옷은 핫옷〔繭衣裳〕과 치마의 아랫단〔袡〕을 붉은 비단으로 두른 稅衣(단의)가 한 벌을 이루었고, 素端 한 벌, 皮弁服 한 벌, 爵弁服 한 벌, 玄冕服 한 벌 등이었다. 그러자 증자는 '婦人의 의복으로 습을 하지 않는 법이다.'라고 비난하였다.〔子羔之襲也 繭衣裳與稅衣纁袡爲一 素端一 皮弁一 爵弁一 玄冕一 曾子曰 不襲婦服〕"고 하였다. 鄭玄의 注에서는 "'稅衣'는 玄端服과 같은데 웃옷과 치마가 이어진 것이다.〔稅衣 若玄端而連衣裳者也〕"라고 하였다.

6) 昏禮云 女次純衣 : 이 문장은 ≪儀禮≫ 〈士昏禮〉의 경문이 아니라 鄭玄의 注이다. 경문에서 "아버지는 방 안에서 딸에게 醴酒를 따라 주어 醴禮를 행하고, 딸은 신랑이 親迎하러 오기를 기다리며, 어머니는 방 밖에서 남쪽을 향해 선다.〔父醴女而俟迎者 母南面于房外〕"고 하였는데, 鄭玄의 注에 "딸이 머리에 가채〔次〕를 올리고 검은색의 비단 웃옷〔純衣〕을 갖추어 입으면, 아버지는 방 안에서 남쪽을 향하여 딸에게 예주를 따라 주어 예례를 행하는데, 어머니가 말린 고기와 고기젓갈을 올리니, 혼례를 중시하기 때문이다.〔女既次純衣 父醴之于房中 南面 蓋母薦焉 重昏禮也〕"라고 하였다.

7) 子羔之襲 繭衣裳 : ≪禮記≫ 〈雜記 上〉 鄭玄의 注에 "'繭衣裳'은 오늘날의 大褞(통치마)과 같다. 새 솜으로 繭(솜옷)을 짓고 헌 솜으로 袍(핫옷)를 지어 稅衣를 겉에 입는 것이 곧 한 벌이 된다.〔繭衣裳者 若今大褞也 纊爲繭 縕爲袍 表之以稅衣 乃爲一稱爾〕"고 하였다.

〔褖衣御于王之服 亦以燕居〕 살펴보건대, ≪尙書大傳≫ 〈多士傳〉에서 "옛날에 后·夫人이 군주를 모시려 할 때는 앞은 등불을 끄고 뒤는 등불을 들고, 방 안에 이르러 朝服을 벗고, 그런 후에 들어가 군주를 모신다."고 하였다. 그곳 鄭玄의 注에서는 "朝服은 展衣이다. 군주는 堂에 있다."고 하였다. 〈≪상서대전≫ 〈다사전〉에서는〉 "大師가 처마 아래에서 〈雞鳴〉을 연주하고, 그런 다음에 后·夫人이 방 안에서 珮玉을 울리며 고하고 燕服 차림으로 들어가서 모신다."고 하였다. 이를 가지고 말한다면, '전의의 조복을 벗고, 연복을 입고서 고하고, 그런 다음에 들어가서 모신다.'고 한 것은 들어가서 모시는 의복은 연복과 더불어 褖衣를 함께 하는 것임이 분명하니, 전의 아래에는 오직 단의만이 있기 때문이다. 그러므로 〈군주를〉 모실 때와 한가로이 거처할 때 단의를 함께 입는다는 것을 알 수 있다. 모시는 곳과 한가로이 거처하는 곳은 똑같이 사사로이 설만히 하는 곳이므로 의복을 똑같이 하는 것이다.

〔男子之褖衣黑 則是亦黑也〕 남자의 단의가 흑색이라는 것은 禮에 비록 명문규정이 없지만, 살펴보건대 ≪儀禮≫ 〈士冠禮〉에서 房에 의복을 진설할 때 爵弁服·皮弁服·玄端服을 진설한다고 하였으며, ≪의례≫ 〈士喪禮〉에 이르러서는 房에 襲을 하는 데 필요한 의복을 진설할 때도 작변복·피변복·단의를 진설한다고 하였다. '단의'의 자리는 마땅히 玄端을 놓을 곳인데 바꾸어서 말한 것은 冠禮를 거행할 때의 현단은 웃옷과 치마가 구별되지만, 죽은 이를 襲할 때의 현단은 웃옷과 치마가 이어져서 婦人의 단의와 똑같기 때문이다. 그러므로 비록 남자의 현단이지만, 또한 단의라고 이름한 것이다. 또 살펴보건대, 子羔의 喪에서 襲을 할 때 단의에 纁袡을 사용했는데, 부인의 의복 차림을 하고서 습을 한 것으로 비난받았다. 훈염(붉은색 가선을 두른 치마)은 현의(검은색 웃옷)와 서로 상대되는 의복이니, 그렇다면 남자의 단의는 흑색이다. 남자의 褖衣가 이미 흑색이라면, 이곳

부인의 단의도 또한 흑색임을 알 수 있다. 정현이 이를 말한 것은 六服의 色에 대해서는 명문규정이 없기 때문에 아래로부터 위로 그 색을 미루어 차례 지워서 이것으로 근본을 삼고자 했기 때문이다. 그러므로 이를 말한 것이다.

〔六服備於此矣〕 經傳에서 '婦人의 服'이라고 말한 것은 많지만 문장이 모두 갖추어지지 않았는데, '六服'을 말한 것이 오직 이곳의 경문에서만 갖추어졌다. 그러므로 〈정현이〉 "육복이 여기에서 갖추어졌다."고 한 것이다. 정현이 이를 말한 것은 또한 육복의 색을 미루어 차례 지우려고 했기 때문이다.

〔褘揄狄展聲相近〕 褘와 翬, 揄와 搖, 狄과 翟, 展과 襢 4가지는 모두 聲音이 서로 가깝다. 그러므로 〈정현이〉 "〈'緣'은 글자가〉 잘못된 것이다."라고 한 것이다. "'緣'은 글자가 잘못된 것이다."라고 한 것은, '緣'과 '褖'은 성음이 서로 가까울 수 없고 단지 글자가 서로 유사한 것이므로 글자가 잘못되었다는 것이다.

〔以下推次其色 則闕翟赤 揄翟青 褘衣玄〕 왕후의 육복은 그 색에 대한 명문규정이 없으므로 그 색을 미루어서 차례 지은 것이다. 〈정현이〉 "미루어 차례 지운다.〔推次〕"라고 말한 것은 鞠衣는 麴塵(누룩곰팡이)을 본떴으니 그 색이 황색이고, 단의는 남자의 단의와 똑같이 하여 그 색이 흑색이니, 두 가지로 근본을 삼는다는 뜻이다. 五行의 색으로 아래에서 위로 향하여 차례대로 미루어나간 것이다. 水의 색은 이미 흑색인데, 단의가 이를 본떴다. 水는 金에서 생겨나니, 단의 위에 전의가 있는 것이다. 그렇다면 전의는 金의 색인 흰색을 본뜬 것이다. 그러므로 鄭衆 또한 "전의는 흰옷이다."라고 한 것이다. 金은 土에서 생겨나니, 土의 색은 황색인데, 국의가 이를 본떴다. 土는 火에서 생겨나니, 火는 색이 적색인데, 국의 위에 闕翟이 있다. 그렇다면 궐적은 이를 본떠서 적색인 것이다. 火는 木에서 생겨나니, 木은 색이 청색인데, 궐적 위에 揄翟이 있어 이를 본떴으니, 청색이다. 오행의 색이 이미 다했으니, 六色 가운데 오직 하늘의 색인 玄色이 남았는데, 褘衣는 가장 위에 있으니, 하늘의 색인 현색을 본떴다. 이것이 아래로부터 그 색을 미루어서 차례지었다는 것이다.

〔婦人尙專一 德無所兼 連衣裳不異其色〕 살펴보건대, ≪의례≫ 〈사상례〉에서 위에서는 "斬衰裳(아랫단을 꿰매지 않은 웃옷과 치마를 입는다.)"이라 하였는데, 아래에서는 "女子髽衰三年(처・첩 및 딸은 成服한 이후 북상투를 하고, 상복을 입고 참최 3년으로 복을 한다.)"이라고 하여 단지 '衰'만 말하고 '裳'을 말하지 않았으니, 웃옷〔衣〕과 치마〔裳〕를 이어서 만든 것이다. 또 ≪의례≫ 〈士昏禮〉에서는 "女次純衣(딸이 머리에 次의 장식을 하고 검은색의 비단 웃옷을 갖추어 입는다.)"라고 하여 또한 '裳'을 말하지 않았으니, 이는 부인의 옷은 웃옷과 치마

를 이어서 만들기 때문이다. 치마와 웃옷이 이미 이어져 있다면, 그 색을 달리하지 않는다. 반드시 색을 달리하지 않는 것은, 婦人은 한결같음을 숭상하여 德에 겸하는 바가 없기 때문이다.

〔素沙者 今之白縛也〕 素沙로 안감을 만든다는 것은 명문규정이 없기 때문에 漢나라의 法을 들어서 말한 것이니, 한나라 때는 白縛으로 안감을 만들었고, 周나라 때에는 素沙로 안감을 만들었을 뿐임을 말한다.

〔六服皆袍制 以白縛爲裏 使之張顯〕 살펴보건대, ≪예기≫ 〈雜記〉에 "子羔의 喪에 襲을 할 때 웃옷과 치마가 나뉘어 있는 繭(솜옷)을 사용했다."고 하였으니, 이것이 袍이다. 남자의 袍에 이미 웃옷과 치마가 있는데, 이제 婦人의 옷에 웃옷과 치마가 이어져 있다면 袍가 아니다. 그런데도 〈정현이〉 '袍의 제도'라고 한 것은 바로 옷이 겹으로 되어 있고 홑으로 되어 있지 않는 것이 袍의 제도와 동일함을 취한 것이니, 웃옷과 치마가 구별됨을 취하여 의미로 삼은 것이 아니다.

〔今世有沙縠者 名出于此〕 漢나라 때 주름진 비단으로 만든 옷에 沙縠이라는 명칭이 있는데, ≪周禮≫의 素沙에서 나왔음을 말한 것이다.

天-58-2

辨外內命婦之服이니 **鞠衣・展衣・緣**(단)**衣**니 **素沙**니라

〈內司服은〉 外命婦와 內命婦가 입어야 할 의복을 변별한다. 鞠衣・展衣・緣衣(褖衣)이니, 〈모두〉 주름진 흰색 비단으로 안감을 만든다.

【注】 內命婦之服은 鞠衣는 九嬪也요 展衣는 世婦也요 緣衣는 女御也라 外命婦者는 其夫 孤也면 則服鞠衣하고 其夫 卿大夫也면 則服展衣하고 其夫 士也면 則服緣衣라 三夫人及公之妻는 其闕狄以下乎요 侯伯之夫人은 揄狄이요 子男之夫人은 亦闕狄이요 唯二王後는 褘衣라

內命婦의 의복에서 鞠衣는 九嬪이 입고, 展衣는 世婦가 입고, 緣衣는 女御가 입는다. 外命婦의 경우, 그 남편이 孤라면 鞠衣를 입고, 그 남편이 卿・大夫라면 展衣를 입고, 그 남편이 士라면 緣衣를 입는다. 三夫人 및 公의 妻는 아마도 闕狄 이하를 입는 듯하다. 侯・伯의 夫人은 揄狄을 입고, 子・男의 夫人은 또한 闕狄을 입는다. 오직 二王(夏・殷)의 후예만 褘衣를 입는다.

【疏】'辨外'至'素沙' ○釋曰：上言'王后六服', 此(論)〔論〕[1]外內命婦不得有六服, 唯得鞠衣已下三服, 尊卑差次服之而已. 亦以素沙爲裏, 故云'素沙'也.

1) (論)〔論〕: 저본에는 '論'로 되어 있으나, 北京大 整理本과 上海古籍 整理本에 의거하여 '論'으로 바로잡았다.

經의 〔辨外〕에서 〔素沙〕까지

○釋曰：위의 경문에서는 '王后의 六服'에 대해서 말했다. 이곳에서는 外命婦와 內命婦는 六服을 입을 수 없고 단지 鞠衣 이하의 세 가지 의복만 입을 수 있으니, 신분의 존비에 따라 차등적으로 입을 뿐임을 논하였다. 또한 주름진 흰색 비단으로 안감을 만들므로 '素沙'라고 한 것이다.

○注'內命'至'褘衣' ○釋曰：鄭以內命婦無過三夫人已下, 外命婦無過三公夫人已下. 但經云鞠衣以下, 則三夫人・三公夫人同, 皆得闕狄以下, 則此命婦之中無三夫人及三公夫人矣, 故內命婦從九嬪爲首也. 鄭必知九嬪已下服鞠衣已下者, 但九嬪下有世婦・女御三等, 鞠衣已下服亦三等, 故知鞠衣以下九嬪也, 展衣以下世婦也, 褖衣女御也. 云'外命婦者, 其夫孤也則服鞠衣, 其夫卿大夫也則服展衣, 其夫士也則服褖衣'者, 此約司服孤絺冕卿大夫同玄冕士皮弁, 三等而言之. 孤已下妻, 其服無文, 故以此三等之服, 配三等臣之妻也. 孤妻亦如九嬪, 三服俱得也, 卿・大夫妻亦如世婦, 展衣・褖衣俱得也, 士妻褖衣而已. 但司服孤・卿・大夫・士, 文承諸侯之下, 皆據諸侯之臣而言. 若然, 諸侯之臣妻, 亦以次受此服. 是以玉藻云"君命闕狄, 再命褘衣, 一命襢衣, 士褖衣." 注云"此子・男之夫人及其卿・大夫・士之妻命服也. 褘當爲鞠. 諸侯之臣, 皆分爲三等, 其妻以次受此服." 若然, 五等諸侯之臣, 命雖不同, 有孤之國, 孤絺冕, 卿・大夫同玄冕, 無孤之國, 則卿絺冕, 大夫玄冕. 其妻皆約夫而服此三等之服. 其天子之臣服無文, 亦得與諸侯之臣服同, 是以此外命婦服, 亦得與諸侯臣妻服同也. 云'三夫人及公之妻, 其闕狄以下乎'者, 婦人之服有六, 從下向上差之, 內命婦三夫人當服闕狄, 外命婦三公夫人亦當闕狄, 若三夫人從上向下差之, 則當揄狄. 是以玉藻云"王后褘衣, 夫人揄狄", 注"夫人三夫人." 若三公夫人不得過闕狄. 知者, 射人云"三公執璧", 與子男執璧同, 則三公亦毳冕[1]. 玉藻"君命屈狄", 據子・男夫人, 則三公之妻當闕狄. 三夫人其服不定, 三公夫人又無正文, 故亦揚云'乎'以疑之也. 云'侯・伯之夫人揄狄, 子・男夫人亦闕狄, 唯二王之後褘衣'者, 玉藻云"夫人揄狄." 夫人, 三夫人, 亦侯・伯之夫人. 鄭必知侯·伯夫人揄狄者, 以玉藻云"君命闕狄, 再命鞠衣, 一命襢衣", 夫竝是子·男之國, 闕狄旣當子·男夫人, 以上差之, 侯·伯夫人, 自然當揄翟, 二王後夫人, 當褘衣矣. 案喪大記云"復, 君以卷", 注云"上公以袞, 則夫人用褘衣." 又案, 隱五年公羊云"諸公者何. 天子三公稱公[2)]." 若然, 天子三公有功, 加命服袞冕, 其妻亦得服褘衣矣. 此注直云'二王後', 不云三公之內'上公夫人'者, 以其八命則毳冕, 夫人服闕翟, 不定, 故不言. 若然, 喪大記注云"公之夫人", 容三公夫人, 兼二王後夫人矣. 明堂位云"夫人副褘", 是魯之夫人亦得褘衣, 故彼鄭注"副褘, 王后之上服, 唯魯及王者之後夫人服之." 以此而言, 則此注亦含有九命上公夫人, 與魯夫人同也.

1) 三公執璧……則三公亦毳冕 : 〈春官 大宗伯(春-1-42)〉에서 "子는 穀璧을 잡고, 男은 蒲璧을 잡는다.〔子執穀璧 男執蒲璧〕"고 하였고, 〈春官 司服(春-12-11)〉에서는 "子·男의 의복은 毳冕 이하이니, 〈毳冕 이하의 의복을〉 侯·伯과 똑같이 입을 수 있다.〔子男之服 自毳冕而下 如侯伯之服〕"고 하였다. 이곳에서 賈公彦은 三公이 子·男과 마찬가지로 '璧'을 잡으므로, 의복도 子·男과 마찬가지로 毳冕을 입는 것으로 추론한 것이다. '璧'은 원형으로 가운데에 구멍이 있는 푸른색의 옥이다. 조빙·제사·상례 등에 사용하며, 허리에 차는 패옥으로도 사용된다. '穀璧'은 길이가 5촌으로, 子가 잡는 옥인데 곡식의 형상을 새겨서 장식한다. 안쪽에 구멍이 뚫려 있는데, 이를 '好'라고 하고, 바깥쪽은 옥으로 되어 있는데 이를 '肉'이라 한다. '蒲璧'은 길이가 5촌으로, 男이 잡는 옥인데 부들의 형상을 새겨서 장식한다.

璧 穀璧 蒲璧

2) 諸公者何 天子三公稱公 : ≪春秋公羊傳≫ 隱公 5년 조에 "諸公이란 무엇인가? 諸侯란 무엇인가? 天子의 三公을 公이라 칭하고, 王者의 후예를 公이라 칭하고, 그 나머지 大國은 侯라 칭하고, 小國은 伯·子·男이라 칭한다.〔諸公者何 諸侯者何 天子三公稱公 王者之後稱公 其餘大國稱侯 小國稱伯子男〕"고 하였다. 周나라 때의 三公은 ≪尙書≫ 〈周官〉에 의하면 太師, 太傅, 太保이다.

○ 注의 〔內命〕에서 〔褘衣〕까지

○ 釋曰 : 鄭玄은 內命婦는 三夫人을 넘지 못하는 그 이하이고, 外命婦는 三公의 夫人을 넘지 못하는 그 이하라고 생각했다. 다만 경문에서 '鞠衣' 이하를 말했으니, 삼부인과 삼공의 부인은 동일하여 모두 闕狄 이하를 입을 수 있다. 그렇다면 이곳의 命婦 안에는 삼부인 및 삼공의 부인은 포함되지 않는다. 그러므로 내명부는 九嬪부터 첫 번째가 되는 것이다. 鄭玄이 반드시 구빈 이하가 국의 이하를 입는다는 것을 안 것은 다만 九嬪 아래에는 世婦·女御까지 3등급이 있는데, 국의 이하의 의복도 또한 3등급이므로 국의 이하는 구빈이 입는 것임을 알았던 것이다. 展衣 이하는 세부가 입는 것이고, 褖衣는 여어가 입는 것이다.

〔外命婦者 其夫孤也則服鞠衣 其夫卿大夫也則服展衣 其夫士也則服褖衣〕 이는 〈春官 司服〉에서 孤는 絺冕을 입고, 卿과 大夫는 똑같이 玄冕을 입고, 士는 皮弁을 입는다고 한 것을 헤아려서 3등급으로 말한 것이다. 孤 이하의 妻의 경우, 그 의복에 대한 명문규정이 없다. 그러므로 이 3등급의 의복으로 3등급 신하의 처에 배당하였다. 孤의 妻는 또한 九嬪과 마찬가지로 하여 3가지 의복(鞠衣·展衣·褖衣)을 모두 입을 수 있다. 卿과 大夫의 妻는 또한 세부와 마찬가지로 하여 전의와 단의를 모두 입을 수 있다. 士의 妻는 단의를 입을 뿐이다. 다만 〈춘관 사복〉에서 孤·卿·大夫·士〈의 의복에 관한〉 문장이 諸侯의 〈의복〉 아래를 이었으니, 모두 제후의 신하에 의거하여 말한 것이다. 그렇다면 제후의 신하의 처도 또한 순서대로 이 의복을 받는 것이다. 이 때문에 《禮記》 〈玉藻〉에서 "女君(子·男의 夫人)은 왕후의 명을 받으면 闕狄을 입는다. 再命의 처는 褘衣(휘의)를 입고, 一命의 처는 襢衣를 입고, 士의 처는 단의를 입는다."고 하였고, 정현의 注에서는 "이는 子·男의 夫人 및 그 卿·大夫·士의 妻의 命服이다. '褘'는 마땅히 '鞠'이 되어야 한다. 諸侯의 신하는 모두 3등급으로 구분되니, 그들의 처는 순서대로 이 의복을 받는다."고 하였다. 그렇다면 5등급 제후의 신하는 命數는 비록 같지 않더라도 孤가 있는 나라의 경우 孤는 絺冕을 입고, 卿과 大夫는 똑같이 玄冕을 입으며, 孤가 없는 나라라면 卿이 치면을 입고, 大夫가 현면을 입는다. 그들의 처는 모두 남편의 〈命數를〉 헤아려서 이 3등급의 의복을 입는다. 천자의 신하가 입는 의복에 대해서는 명문규정이 없으니, 또한 제후의 신하와 똑같이 입을 수 있다. 이 때문에 이 외명부의 의복 또한 제후의 신하의 처와 똑같이 입을 수 있는 것이다.

〔三夫人及公之妻 其闕狄以下乎〕 婦人의 의복에는 6가지가 있는데, 아래로부터 위를 향하여 차등 짓는다면 내명부인 삼부인은 궐적을 입어야 하고, 외명부인 삼공의 부인도 궐

적을 입어야 한다. 만약 위로부터 아래를 향하여 차등 짓는다면 삼부인은 揄狄(요적)을 입어야 한다. 이 때문에 ≪예기≫ 〈옥조〉에서 “왕후는 휘의를 입고, 夫人은 요적을 입는다.”고 하였고, 정현의 注에서는 “부인은 삼부인이다.”라고 하였던 것이다. 만약 삼공의 부인이라면 궐적을 넘을 수 없다. 이를 알 수 있는 것은, 〈夏官 射人(夏-18-1)〉에서 “삼공은 璧을 잡는다.”고 하여 子·男과 마찬가지로 璧(둥근 모양의 玉器)을 잡으니, 삼공은 또한 毳冕을 입기 때문이다. ≪예기≫ 〈옥조〉에서 “女君은 왕후의 명을 받으면 屈狄(闕狄)을 입는다.”고 한 것은 子·男의 부인에 의거하여 말한 것이니, 그렇다면 삼공의 妻는 궐적을 입어야 한다. 삼부인은 그 의복이 정해지지 않았고, 삼공의 부인〈의 의복에 대해서는〉 또 正文(經文)이 없다. 그러므로 총괄하여 ‘乎(~듯하다)’라고 말하여 의문을 둔 것이다.

〔侯伯之夫人揄狄 子男夫人亦闕狄 唯二王之後褘衣〕 ≪예기≫ 〈옥조〉에서 “부인은 요적을 입는다.”고 하였는데, ‘부인’은 삼부인을 말하니, 또한 侯·伯의 부인이다. 정현이 侯·伯의 부인이 반드시 요적을 입음을 안 것은 ≪예기≫ 〈옥조〉에서 “女君(子·男의 부인)은 왕후의 명을 받으면 궐적을 입는다. 再命의 처는 鞠衣를 입고, 一命의 처는 襢衣를 입는다.”고 하여 남편은 모두 子·男의 國〈의 군주〉이고, 궐적은 이미 子·男의 부인에게 배당했으니, 위로부터 차등 짓는다면 侯·伯의 夫人은 스스로 揄翟을 입어야 하고, 二王의 후예의 夫人은 휘의를 입어야 하기 때문이다. 살펴보건대, ≪예기≫ 〈상대기〉에 “復衣는, 군주(上公)가 죽었을 경우 袞冕服을 사용한다.”고 하였는데, 정현의 注에서는 “上公이 죽었을 경우 〈복의로〉 곤면복을 사용하면, 그 부인〈의 복의는〉 휘의를 사용한다.”고 하였다. 또 살펴보건대, ≪春秋公羊傳≫ 隱公 5년 조에 “諸公이란 무엇인가? 天子의 三公을 公이라 칭한다.”고 하였다. 그렇다면 천자의 삼공에게 功이 있으면 命服을 더해주어 袞冕을 입게 하니, 그의 妻도 휘의를 입을 수 있는 것이다. 이곳의 정현 주에서는 단지 ‘二王의 후예’만을 말하고, 三公의 안에 ‘上公의 夫人’을 말하지 않은 것은, 그(三公)가 八命이라면 毳冕을 입고 夫人은 궐적을 입지만, 정해지지 않았기 때문에 말하지 않은 것이다. 그렇다면 ≪예기≫ 〈상대기〉 정현의 주에서 ‘公의 부인’이라 한 것은 삼공의 부인을 포함하고, 二王의 후예의 부인을 겸하는 것이다. ≪예기≫ 〈明堂位〉에서 “부인은 머리에 副의 장식을 하고 휘의를 입는다.”고 하였으니, 魯나라의 부인도 휘의를 입을 수 있었던 것이다. 그러므로 그곳의 정현 주에서 “머리에 副의 장식을 하고 휘의를 입는 것은 왕후의 上服인데, 오직 노나라의 부인 및 王者의 후예의 부인만이 이를 입는다.”고 하였다. 이를 가지고 말한다면 이곳의 정현 주에는 또한 九命上公의 부인도 포함하는 것으로, 노나라의 부인과 마찬가지로 〈휘의를 입는〉 것이다.

天-58-3

凡祭祀賓客에 **共后之衣服**하고 **及九嬪・世婦**와 **凡命婦**에 **共其衣服**하고 **共喪衰**(최)에도 **亦如之**니라

무릇 제사를 지내고 빈객을 접대할 때, 〈內司服은〉 왕후가 입어야 할 의복을 공급하고, 아울러 九嬪과 世婦 등 모든 命婦에게도 그들이 입어야 할 의복을 공급한다. 喪服을 공급할 때도 이와 마찬가지로 한다.

【注】凡者는 凡女御與外命婦也니 言及言凡은 殊貴賤也라 春秋之義에 王人雖微者라도 猶序乎諸侯之上은 所以尊尊也라 臣之命者는 再命以上受服 則下士之妻不共也라 外命婦는 唯王祭祀賓客에 以禮佐后에 得服此上服이요 自於其家則降焉이라

'凡'이란 모든 女御와 外命婦를 가리킨다. '及'이라 말하고 '凡'이라 말한 것은 존귀함과 천함을 구분한 것이다. ≪春秋≫의 의리에서 王人은 비록 미천한 자이지만 오히려 제후의 위에 배열하니, 존귀한 이를 존귀하게 여기는 까닭이다. 신하로서 爵命을 가진 자 가운데 再命 이상의 사람이 의복을 받는 것이니, 下士(一命)의 妻에게는 〈의복을〉 공급하지 않는다. 外命婦는 오직 왕의 제사와 빈객 접대에서 禮로써 왕후를 도울 때만 이 上服(展衣와 褖衣)을 입을 수 있고, 그 집에서는 스스로 낮추어서 입는다.

【疏】'凡祭'至'如之' ○釋曰：上陳尊卑以次受服之事, 此文陳所用之時. 云'凡祭祀'者, 婦人無外事, 言'凡祭祀', 唯據宗廟大小祭祀. 云'賓客'者, 謂后助王灌饗諸侯來朝者. 云'共后之衣服'者, 祭祀共三翟, 賓客共展衣. 云'九嬪・世婦'者, 謂助后祭祀賓客時. 云'凡命婦'者, 兼外內命婦也. 云'喪衰亦如之'者, 外命婦喪衰, 謂王服齊衰, 於后無服. 若九嬪已下及女御, 於王服斬衰, 於后服齊衰也.

經의 〔凡祭〕에서 〔如之〕까지

○釋曰：위의 경문에서는 존비에 따라 순서대로 의복을 받는 일을 진술하였고, 이곳 경문에서는 사용하는 때를 진술하였다.

〔凡祭祀〕 婦人에게는 外事가 없는데 "무릇 제사를 지낸다."고 말한 것은 단지 종묘의 크고 작은 제사에 의거하여 말한 것이다.

〔賓客〕 왕후가 왕이 灌(강신의 예)을 행하고 조회하러 온 제후에게 饗禮를 베풀어주는 것을 돕는 것을 말한다.

〔共后之衣服〕 제사를 지낼 때는 三翟(褘衣·揄翟·闕翟)을 공급하고, 賓客을 접대할 때는 展衣를 공급한다.

九嬪과 世婦라 한 것은 왕후가 〈왕이〉 제사를 지내고 빈객을 접대하는 것을 도울 때를 말한다.

〔凡命婦〕 外命婦와 內命婦를 겸하여 말한 것이다.

〔喪衰亦如之〕 외명부〈의 喪에 입는〉 喪服이니, 왕에게는 齊衰의 服을 공급하고, 왕후에게는 服이 없음을 말한다. 만약 九嬪 이하에서 女御에 이르기까지 〈喪을 당했을〉 경우는, 王에게 斬衰의 服을 공급하고, 왕후에게는 齊衰의 服을 공급한다.

○ 注'凡者'至'降焉' ○ 釋曰：鄭知(此)〔凡〕[1]中內命婦唯有女御者, 據上文外內命婦服, 唯有鞠衣已(上)〔下〕[2], 此經上已云 九嬪·世婦, 則內命婦中唯有女御也. 其外命婦中, 則有孤妻以下. 云'言及言凡, 殊貴賤也'者, 言'及'者, 欲見九嬪賤於后, 言'凡'者, 欲見外命婦及女御賤於世婦也. 云'春秋之義, 王人雖微者, 猶序於諸侯之上, 所以尊尊也'者, 以其內命婦中, 女御卑於世婦, 可以言凡以殊之. 於外命婦中, 有公·孤·卿·大夫之妻, 尊於女御, 而使外命婦揔入女御中. 言凡以殊之者, 案僖公八年"春王正月, 公會王人·齊侯·宋公以下盟於洮(조)." 傳曰"王人者何. 微者也. 曷爲序乎諸侯之上. 先王命也." 是以微者卽士. 以其天子中士已上, 於經見名氏, 天子下士, 名氏不見[3]. 今直云人, 是天子下士. 序在諸侯上, 是尊王命. 若九嬪雖卑於三公夫人, 世婦卑於孤卿妻, 言凡以殊之在上, 亦是尊(尊)[4]此王之嬪婦也. 云'臣之命者, 再命以上受服, 則下士之妻不共也'者, 此約大宗伯男子之服. 彼云"一命受職, 再命受服", 則天子上士三命·中士再命, 乃受服, 天子下士一命, 則不受, 故鄭云"下則不共也." 云'外命婦唯王祭祀賓客以禮佐后, 得服此上服'者, 案此上經, 士妻褖衣, 大夫妻展衣. 案特牲"主婦纚笄綃(초)衣[5]", 少牢"主婦髲鬄(피체)[6]衣侈袂", 士妻不衣緣衣, 大夫妻侈綃衣袂, 不衣展衣. 如其夫自於家祭, 降服, 是自於其家則降. 上經祭祀賓客共后之服, 是外命婦助后祭祀賓客, 乃服上服也.

1) (此)〔凡〕: 저본에는 '此'로 되어 있으나, 惠校本에 의거하여 '凡'으로 바로잡았다.(阮元의 〈校勘記〉 및 北京大 整理本의 〈校勘記〉 참조)

2) 據上文外內命婦服 唯有鞠衣已(上)〔下〕: 저본에는 '上'으로 되어 있으나, 惠校本에 의거하여 '下'로 바로잡았다.(阮元의 〈校勘記〉 및 北京大 整理本의 〈校勘記〉 참조) 〈天官 內司服(天-58-2)〉에 의하면, 내명부와 외명부는 鞠衣·展衣·緣衣(褖衣)를 입는데, 내명부의 九嬪은 鞠衣를 입고, 世婦는 展衣를 입는다.

3) 於經見名氏……名氏不見: ≪春秋公羊傳解詁≫ 隱公 원년 7월 조 何休의 注에 "천자의 上士는 氏와 名을 함께 쓰고, 中士는 官으로 〈名을〉 기록하고, 下士는 간략히 하여 人이라 칭한다.〔天子上士以名氏通 中士以官錄 下士略稱人〕"고 하였다. ≪春秋≫에서 士 신분인 周王의 使者를 기록할 때 통례가 있다. 上士의 경우 名 위에 氏를 덧붙인다. 定公 14년 조에 "天王이 石尙을 보내와서 脤(제사 지낸 고기)을 주었다.〔天王使石尙來歸脤〕"라고 하였는데, '尙'은 名이고, '石'은 氏이다. 中士의 경우 名을 관직 명칭에 붙여서 기록한다. 隱公 원년 조의 '宰咺' 같은 것이 그것인데, '宰'는 관직 명칭이고, '咺'은 名이다. 下士의 경우 단지 '人'이라 칭한다. 이곳에서 인용한 僖公 8년 조의 '公會王人'이라고 했을 때의 '王人'과 같은 것으로, 王人의 신분은 下士가 된다. 이 때문에 '微者(미천한 사람)'라고 한 것이다.

4) 聳(聳): 저본에는 '聳聳'으로 되어 있으나, 阮元은 宋本에는 '聳'자가 중복되어 있지 않은 것에 의거하여 하나의 '聳'자는 衍字라고 하였다. 이에 의거하여 바로잡았다.(阮元의 〈校勘記〉 및 北京大 整理本의 〈校勘記〉 참조)

5) 綃(초)衣: '宵衣'로도 쓴다. 비단으로 옷깃을 만든 검은색의 베옷으로, 부녀의 의복을 말한다. '綃衣'는 본래 士의 妻가 입는 옷이지만, 소매 폭을 늘려서 大夫의 妻도 입는다. ≪儀禮≫ 〈少牢饋食禮〉 鄭玄의 注에 "〈主婦, 대부의 처〉 또한 綃衣를 입지만 그 소매 폭을 넓게 한다. '넓게 한다.'는 것은 士의 妻의 소매 폭에서 절반을 늘린 것으로, 웃옷은 3척 3촌인데, 소매는 1척 8촌이라는 뜻이다.〔亦衣綃衣而侈其袂耳 侈者 蓋半士妻之袂以益之 衣三尺三寸 袪尺八寸〕"라고 하였다.

宵衣

6) 髲鬄(피체): ≪儀禮≫ 〈少牢饋食禮〉의 경문에는 '被錫'으

로 되어 있는데, 鄭玄은 "'被錫'은 '髲鬄'의 뜻으로 읽어야 한다.〔被錫 讀爲髲鬄〕"고 하였고, 이곳에서도 정현의 설에 따라 글자를 바꾼 것이다. '髲鬄'는 부인의 가발 장식으로, 정현에 의하면 옛날에 더러 천한 사람이나 형벌을 받은 사람의 머리카락을 잘라내어 부인의 상투〔紒〕에 덧씌워서 장식으로 삼았는데, 그로 인하여 '髲鬄'라는 명칭이 생겨났으며, ≪周禮≫에서 말하는 '次'가 그것이라고 한다.(≪儀禮≫ 〈少牢饋食禮〉 鄭玄의 注)

○ 注의 〔凡者〕에서 〔降焉〕까지

○ 釋曰：鄭玄이 '凡(모든)'의 범위 안에 내명부의 경우는 오직 女御만 있음을 알았던 것은, 위의 경문(〈天官 內司服(天-58-2)〉)에 의거하면 외명부와 내명부의 의복은 오직 鞠衣 이하만 있는데, 이곳 경문(〈天官 內司服(天-58-3)〉)의 앞부분에서 이미 九嬪과 世婦를 말했으므로 내명부 가운데에는 오직 여어만 남아 있기 때문이다. 그 외명부 가운데에는 孤의 妻 이하가 있다.

〔言及言凡 殊貴賤〕 '及'이라 말한 것은 구빈이 왕후보다 천함을 드러내고자 한 것이고, '凡'이라 말한 것은 외명부 및 여어가 세부보다 천함을 드러내고자 한 것이다.

〔春秋之義 王人雖微者 猶序於諸侯之上 所以尊尊也〕 내명부 가운데 여어는 세부보다 비천하므로 '凡'이라 말하여 구별할 수 있다. 외명부 가운데에는 公·孤·卿·大夫의 妻가 있는데, 여어보다 존귀하지만 외명부를 총괄하여 여어 안에 넣었다. '凡'이라 말하여 구별한 것은, 살펴보건대 ≪春秋≫ 僖公 8년 조에 "봄 周王 정월에 僖公이 王人·齊侯·宋公 이하와 회합하여 洮에서 결맹하였다."고 하였는데, ≪春秋公羊傳≫에서는 "王人이란 누구인가? 미천한 사람이다. 어째서 제후의 위에 배열하였는가? 王命을 우선한 것이다."라고 하였다. 이는 미천한 사람은 곧 士인데 〈제후의 위에 배열하였기 때문에 질문한 것이다.〉 天子의 中士 이상은 ≪춘추≫의 經文에 名과 氏를 보이고, 천자의 下士는 名과 氏를 보이지 않았다. 이제 단지 '人'이라고 했으니, 이는 천자의 下士인 것이다. 제후의 위에 배열한 것은 王命을 높이는 것이다. 구빈이 비록 三公의 夫人보다 비천하고, 세부가 孤·卿의 妻보다 비천하지만, '凡'이라 말하여 구별해서 위에 놓은 것 같은 것은 또한 이 왕의 嬪婦를 높이는 것이다.

〔臣之命者 再命以上受服 則下士之妻不共也〕 이는 〈春官 大宗伯(春-1-29)〉에서 기술한 男子의 服에서 헤아려 말한 것이다. 그곳에서 "一命은 직무를 받고, 再命은 의복을 받는다."고 하였다. 그렇다면 천자의 上士는 三命이고, 中士는 再命이므로 곧 의복을 받는 것이다. 천자의 下士는 一命이므로 〈의복을〉 받지 못한다. 그러므로 鄭玄이 "下士의 妻에게는 〈의복을〉 공급하지 않는다."고 한 것이다.

〔外命婦唯王祭祀賓客以禮佐后 得服此上服〕 살펴보건대, 이는 위의 경문(〈天官 內司服(天-58-2)〉)에 의하면 士의 妻는 褖衣를 입고, 大夫의 妻는 展衣를 입는다. 살펴보건대, ≪儀禮≫의 〈特牲饋食禮〉에서 "主婦는 머리싸개로 머리를 싸서 쪽머리를 한 후 비녀를 꽂고, 綃衣를 입는다."라고 하였고, 〈少牢饋食禮〉에서는 "主婦는 머리에 가발장식을 하고, 소매 폭이 넓은 〈綃衣를〉 입는다."고 하였으니, 士의 妻는 緣衣(褖衣)를 입지 않으며, 대부의 妻는 소매 폭이 넓은 綃衣를 입고 展衣를 입지 않는 것이다. 만일 그 남편이 스스로 집에서 제사 지내면, 〈처는〉 의복을 낮추어 입으니, 이것이 '그 집에서는 스스로 낮추어서 입는다.'는 것이다. 위의 경문에서 '祭祀를 지내고 빈객을 접대할 때 〈內司服은〉 왕후의 의복을 공급한다.'고 하였으니, 외명부는 왕후가 〈왕이〉 제사를 지내고 빈객을 접대하는 것을 도울 때 비로소 上服(展衣와 褖衣)을 입는 것이다.

天-58-4

后之喪에 共其衣服과 凡內具之物이니라

王后의 喪에 〈內司服은〉 필요한 의복 및 부인들이 일상생활에서 갖추어야 할 잡물을 공급한다.

【注】 內具는 紛帨(세)[1] · 線纊[2] · 鞶袠(반질)[3]之屬이라

紛帨

1) 紛帨(세) : 단지 '紛'이라고도 하는데, 기물의 먼지를 닦는 휴대용 수건을 말한다. ≪禮記≫ 〈內則〉 鄭玄의 注에 "紛帨는 기물을 닦는 휴대 수건으로, 오늘날 齊나라 사람 중에 '紛'이라고 말하는 이도 있다.〔紛帨 拭物之佩巾也 今齊人有言紛者〕"고 하였다. 隋唐 시대 관리들은 朝服 위에 紛을 찼다. ≪隋書≫ 〈禮儀志〉에 "〈王公 이하 가운데〉 綬를 차는 자는 紛을 차는데, 모두 길이는 6척 4촌이고 너비는 2촌 4분으로, 각기 綬의 색을 따른다.〔其有綬者則有紛 皆長六尺四寸 廣二寸四分 各隨其綬色〕"고 하였다.

2) 線纊 : '線'은 실을 말한다. 아래 〈天官 縫人(天-59-1)〉 鄭玄의 注에서 鄭衆은 "線은 실이다.〔線 縷也〕"라고 하였다. '纊'은 햇솜을 말한다. 또 喪禮에 이 '纊'은 병자의 코끝에 대어서 숨이 끊어졌는지를 살필 때 사용한다. ≪禮記≫ 〈喪大記〉 鄭玄의 注에 "'纊'은 오늘날의 햇솜이다. 쉽게 흔들리기 때문에 입과 코 위에 올려놓고 그것으로 살피는 것이다.〔纊 今之新綿 易動搖 置口鼻之上以爲候〕"라고 하였다.

3) 鞶袠(반질) : '鞶'은 작은 주머니로, 수건 등의 물건을 담는다. 남자의 주머니는 가죽으로 만들고, 여자의 주머니는 비단으로 만든다. ≪禮記≫ 〈內則〉 鄭玄의 注에 "'鞶'은 작은 주머니로, 차고 다니는 수건을 담는 것이다. 남자는 가죽으로 만들고, 여자는 비단으로 만드는데, 가선 장식을 하면 이것이 鞶裂(주머니의 가선 장식)일 것이다.〔小囊 盛帨巾者 男用韋 女用繒 有飾緣之 則是鞶裂與〕"라고 하였다. ≪예기≫ 〈내칙〉의 경문에는 '鞶袠'이 '縏袟'로 되어 있는데, 陳澔에 의하면, '縏'과 '袟'은 모두 주머니의 일종이다.〔縏袟 皆囊屬〕(≪禮記集說≫ 〈內則〉) 이곳에서 鞶과 袠은 부인들의 장신구나 바늘, 실 등을 담아두는 주머니를 말한다.

'內具'는 차고 다니는 수건〔紛帨〕·실과 솜〔線纊〕·장신구 등을 담아두는 작은 주머니〔鞶袠〕 등속이다.

【疏】'后之'至'之物' ○ 釋曰 : 后喪所共衣服者, 正謂襲時十二稱, 小斂十九稱[1], 大斂百二十稱及內具之物.

1) 小斂十九稱 : 小斂에 필요한 의복 등을 진설하는 절차에 대해 ≪儀禮≫ 〈士喪禮〉에 "다음 날 즉 죽은 지 2일째 날에 房에다 小斂에 필요한 의복 등 물건들을 진설하는데, 옷깃이 남쪽을 향하게 하고, 먼저 사용하는 의복을 서쪽 윗자리에 놓는다.……옷은 모두 19벌이다.〔厥明 陳衣于房 南領 西上……凡十有九稱〕"라고 하였다. 소렴에서 19벌의 옷을 사용하는 것에 대해서 ≪禮記≫ 〈喪大記〉 鄭玄의 注에는 "옷을 19벌로 하는 것은 하늘과 땅의 끝나는 수를 본뜬 것이다.〔衣十有九稱 法天地之終數也〕"라고 하였다. 賈公彦은 "하늘과 땅의 처음의 수는 하늘은 一이고 땅은 二이며, 끝나는 수는 하늘은 九이고 땅은 十이다. 사람은 하늘과 땅 사이에서 살다가 생을 마치므로 하늘과 땅의 마지막 수를 斂衣의 벌수로 삼는데, 신분이 높거나 낮거나 상관없이 동일한 수로 절도를 삼는다.〔天地之初數 天一地二 終數則云天九地十 人在天地之間而終 故取終數爲斂衣稱數 尊卑共爲一節也〕"고 하였다.(≪儀禮注疏≫ 〈士喪禮〉, 賈公彦의 疏) 이에 따르면 소렴에서 19벌의 옷을 사용하는 것은 천자에서 서인에 이르기까지 동일한 것이다.

經의 〔后之〕에서 〔之物〕까지

○ 釋曰 : 왕후의 喪에 공급하는 의복이란 바로 襲을 할 때의 12벌, 小斂을 할 때의 19벌, 大斂을 할 때의 120벌 및 부인들이 일상생활에서 갖추어야 할 잡물을 말한다.

○ 注'內具'至'之屬' ○ 釋曰 : 知內具之物是紛帨·線纊·鞶袠之屬者, 案內則婦事舅姑, 有紛帨·線纊·鞶袠, 故死者入壙, 亦兼有數物. 言'之屬'者, 案內則更有刀礪·小觿之等, 故云"之屬"以摠之也.

○ 注의 〔內具〕에서 〔之屬〕까지

○ 釋曰 : 〈鄭玄이〉 부인들이 일상생활에서 갖추어야 할 잡물〔內具之物〕이 차고 다니는 수건〔紛帨〕·실과 솜〔線纊〕·장신구 등을 담아두는 작은 주머니〔鞶袠〕 등속임을 안 것은, 살펴보건대 ≪禮記≫ 〈內則〉에 의하면 며느리가 시부모를 섬길 때 차고 다니는 수건〔紛帨〕·실과 솜〔線纊〕·장신구 등을 담아두는 작은 주머니〔鞶袠〕가 있었기 때문이다. 그러므로 죽은 이가 무덤에 들어갈 때 또한 이들 몇 가지 기물들도 함께 넣는다. '之屬(~등속)'이라고 말한 것은, 살펴보건대 ≪예기≫ 〈내칙〉에는 또 칼〔刀〕·숫돌〔礪〕·작은 송곳〔小觿〕 등이 있기 때문이다. 그러므로 "之屬(~등속)"이라 하여 총괄한 것이다.

59. 縫人(봉인)

天-59-1

縫人은 **掌王宮之縫線之事**하여 **以役女御**하여 **以縫王及后之衣服**이니라

縫人은 王宮에서 바느질하는 일을 관장하여 女御의 지시를 받아 왕 및 왕후의 의복을 바느질한다.

【注】 女御裁縫王及后之衣服하면 則爲役助之하고 宮中餘裁縫事則專爲焉이라 鄭司農云 線은 縷也[1]라

1) 也 : 저본에는 '也'가 있으나, 北京大 整理本과 上海古籍 整理本에는 '也'가 없다. 또한 아래 鄭玄 注에 대한 疏에 '注女御至線縷'로 되어 있어 '也'가 없다. 이에 대해서는 북경대 정리본 〈校勘記〉 참조.

女御가 왕 및 왕후의 의복을 바느질하면 〈縫人이〉 지시를 받아 돕고, 宮 안의 나머지 바느질하는 일은 〈봉인이〉 전담해서 한다. 鄭衆은 "'線'은 실〔縷〕이다."라고 하였다.

【疏】 '縫人'至'衣服' ○ 釋曰 : 云'掌王宮之縫線之事'者, 謂在王宮須裁縫者, (旨)〔皆〕[1]縫人縫之. '以役女御, 以縫王及后之衣服'者, 役女御, 謂爲女御所使役, 而縫王及后衣服也.

1) (旨)〔皆〕 : 저본에는 '旨'로 되어 있으나, 北京大 整理本과 上海古籍 整理本에 의거하여 '皆'로 바로잡았다.

經의 〔縫人〕에서 〔衣服〕까지

○ 釋曰 : 〔掌王宮之縫線之事〕 王宮에서 옷을 마름질하고 꿰매야 할 일이 있을 경우 모두 縫人이 바느질을 한다.

〔以役女御 以縫王及后之衣服〕 '役女御'는 女御의 심부름을 받아서 왕 및 왕후의 의복을 바느질하는 것을 말한다.

○ 注'女御'至'線縷' ○ 釋曰 : 云'女御裁縫王及后之衣服, 則爲役助之'者, 釋經 "以役女御, 縫王及后之衣服"之文也. 云'宮中餘裁縫事, 則專爲焉'者, 釋經云 "王宮之縫線之事"也.

○ 注의 〔女御〕에서 〔線縷〕까지

○ 釋曰 : 〔女御 裁縫王及后之衣服 則爲役助之〕 경문의 "女御의 지시를 받아 王 및 王后의 의복을 바느질한다."는 문장을 풀이한 것이다.

〔宮中餘裁縫事 則專爲焉〕 경문에서 "王宮에서 바느질하는 일"이라고 한 것을 풀이한 것이다.

天-59-2

喪에 縫棺飾焉이요

〈王 · 王后 · 世子의〉 喪에 〈縫人은〉 棺의 장식물을 꿰매어 만들고,

【注】 孝子旣啓[1]에 見棺猶見親之身이요 旣載에 飾而以行하여 遂以葬이니 若存時居于帷幕[2]而加文繡이라 喪大記曰 飾棺호되 君은 龍帷[3]三池[4]하며 振容[5]하며 黼荒하고 火三列하고 黻三列하며 素錦褚[6]에 加僞荒하며 纁紐六[7]이며 齊에 五采[8]五貝하며 黼翣[9]二요 黻翣二요 畫翣二니 皆戴圭하며 魚躍拂池[10]니라 君은 纁戴六[11]하고 纁披六[12]이니 此諸侯禮也라 禮器曰 天子八翣이요 諸侯六翣이요 大夫四翣이라 漢禮器制度[13]에 飾棺에 天子는 龍火黼黻이 皆五列하고 又有龍翣二하니 其戴에 皆加璧이라 故書에 焉爲馬어늘 杜子春云 當爲焉이라

1) 旣啓 : '啓'는 啓殯하는 것을 말한다. 죽은 지 3일째 되는 날, 서쪽 계단 위에 구덩이〔肂〕를 파고 관을 안치함으로써 殯宮을 차린다. 발인을 할 때 그 빈궁에서 시신을 넣은 棺柩를 꺼내어 祖廟로 옮기는 의식을 '계빈'이라 한다.

2) 帷幕 : 왕이 출궁을 했을 때, 幕人은 왕이 머물 帷 · 幕 · 幄 · 帟(역) · 綬 등을 설치한다. 〈天官 幕人(天-32-1)〉 鄭玄의 注에 "옆으로 둘러쳐 있는 것을 '帷'라 하고, 위에 덮여 있는 것을 '幕'이라 한다.〔在旁曰帷 在上曰幕〕"고 하였다.

3) 龍帷 : 시신을 넣은 널을 실은 수레(柩車, 柳車, 蜃車)의 옆을 둘러친 휘장을 '帷'라 하고, 위를 덮은 휘장을 '荒'이라 한다. '帷'는 흰색의 베로 만드는데, 王·侯 모두 용을 그려 넣어 군주의 덕을 형상한다.

柩飾

4) 三池 : 鄭玄에 의하면, '池'는 대나무로 만드는데 그 형태는 작은 車笭(수레의 軾 아래쪽에 격자 모양으로 대나무를 교차하여 엮어놓은 대발)과 유사하며, 그 위를 푸른색 베로 입힌다. 柩車의 위를 덮은 휘장〔荒〕의 끄트머리에 池를 매달아서 살아 있을 때의 宮室 처마 끝에 낙숫물받이 홈통〔承霤〕이 있는 것을 상징한다. 孔穎達은 이 '池'를 대나무로 짠 삼태기 모양이라고 하였고, '池'의 숫자에 대해서는 天子의 宮室은 우진각지붕으로 4개의 낙숫물받이 홈통이 있으므로 柩車(柳車)에도 4개의 池를 매달며, 諸侯의 宮室도 우진각지붕으로 4개의 낙숫물받이 홈통이 있지만, 柩車에는 뒤쪽에 하나를 제외하여 3개의 池를 매단다고 하였다.〔池謂織竹爲籠 衣以靑布 桂著於柳上荒邊爪端 象平生宮室有承霤也 天子生有四注屋 四面承霤 柳亦四池 象之 諸侯屋亦四注 而柳降一池 闕於後一 故三池也〕(≪禮記正義≫

〈喪大記〉, 孔穎達의 疏)

5) 振容 : 펄럭이는 깃발 장식을 말한다. 청황색 비단으로 만드는데, 길이가 1丈 남짓으로 그 모습이 깃발〔幡〕과 유사하다. 깃발 위에 꿩을 그려 넣고 池의 아래에 매달아서 장식으로 삼는다. 柩車가 출행하면 깃발이 펄럭이므로 '振容'이라 한 것이다.〔振 動也 容 飾也 謂以絞繒爲之 長丈餘 如幡 畫幡上爲雉 縣於池下爲容飾 車行則幡動 故曰振容〕(≪禮記正義≫ 〈喪大記〉, 孔穎達의 疏)

6) 素錦褚 : '素錦'은 누이지 않은 흰색의 비단을 말한다. '褚'는 大夫 이상이 사용하는 관을 덮는 휘장으로, 누이지 않은 흰색 비단으로 지붕 모양을 만들어서 관을 덮는다. ≪禮記≫ 〈喪大記〉 鄭玄의 注에 "大夫 이상의 喪에 褚가 있는데, 그것으로 棺을 가까이 덮고, 그 위에 帷(柩車의 옆을 둘러친 휘장)와 荒(柩車의 위를 덮은 휘장)을 설치한다.〔大夫以上有褚 以襯覆棺 乃加帷荒於其上〕"고 하였다. ≪禮記正義≫ 〈喪大記〉 孔穎達의 疏에서는 "素錦은 흰색 비단이다. 褚는 지붕〔屋〕이다. 荒(柩車의 위를 덮은 휘장) 아래에 또 흰색 비단을 사용하여 지붕을 만든다. 葬禮에서 장지로 가는 도중에 宮室을 형상화하는 것이다. 그러므로 ≪예기≫ 〈雜記 上〉에 '누이지 않은 흰색 비단으로 지붕을 만들어 설치하고 출행한다.'고 하였으니, 곧 褚가 그것이다.〔素錦 白錦也 褚 屋也 於荒下 又用白錦以爲屋也 葬在路象宮室也 故雜記云 素錦以爲屋而行 卽褚是也〕"라고 하였다.

7) 纁紐六 : '紐'는 帷와 荒을 묶어서 연결하는 고로서, 분홍빛 비단으로 만든다. 陳澔는 "위쪽의 덮개〔荒〕와 옆쪽의 막이〔帷〕가 서로 떨어져 있으므로 또 분홍빛 비단으로 고〔紐〕를 만들어 양 옆에서 그것을 연결하는데, 각각 3개씩으로 모두 6개이다.〔上蓋與邊牆相離 故又以纁帛爲紐 連之兩旁 各三 凡六也〕"라고 하였다.(≪禮記集說≫ 〈喪大記〉) ≪儀禮≫ 〈旣夕禮〉에 의하면 紐(고)는 앞쪽이 붉은빛이고 뒤쪽이 검은색이다.〔紐前赬後緇〕

8) 齊五采 : '齊'는 높이 3척, 직경 2척 남짓으로 만들어 荒의 꼭대기에 설치한 柩車(柳車)의 원형 덮개를 말한다. 다섯 색깔의 채색 비단으로 옷을 입혀서 서로 줄을 이루어 이어지게 한다. 聶崇義의 ≪三禮圖≫ 〈喪器圖 下〉에 "齊는 荒(柳車의 위를 덮은 휘장)의 위쪽에 있는데 柳車의 중앙에 해당하며, 형태가 둥글어서 마치 수레 덮개 위에 꽃이 드리워진 모양이다. 그것의 위치가 중앙에 해당하여 마치 사람의 배꼽〔臍〕과 같기 때문에 '齊'라고 한 것이다. 높이는 3척, 직경은 2척 남짓이다. 또 살펴보건대 ≪儀禮≫ 〈旣夕禮〉 鄭玄의 注에서 '세 가지 채색의 비단으로 이것을 만드는데, 윗부분은 붉은색〔朱〕, 가운데는 흰색〔白〕, 아랫부분은 파란색〔蒼〕이다. 솜으로 붙인다.'라고 하였다. 그렇다면 군주는 다섯 가지 채색의 비단으로 이것을 만들어서 역시 솜으로 붙인다. 파란색〔蒼〕 아래에 누런색〔黃〕과 검은색〔玄〕 등 두 가지 색을 더하니, 다섯 등급의 색이 차례대로 서로 이어진다.〔齊者 謂在荒之上 當柳之中央 形圜 如車蓋上蕤矣 以其當中 如人之齊 故謂之齊 高三尺 徑二尺餘 又案旣夕禮註云 以三采繒爲之 上朱 中白 下蒼 著以絮 則人君以五采繒爲之 亦著以絮 蒼下有黃玄二色 則五等相次〕"고 하였다.

9) 翣 : 발인할 때 널을 실은 수레와 매장할 때 널을 가리기 위해 사용하는 부채 모양의 儀仗이다. 나무로 만든다. 그려 넣은 문양에 따라 黼翣, 黻翣, 畫翣으로 나뉜다. ≪禮記正義≫ 〈喪大記〉 孔穎達의 疏에 "'翣'은 형태가 부채와 유사한데, 나무로 만든다. 길에서는 수레를 가리고, 널을 덧널에 넣을 때는 널을 가린다.〔翣形似扇 以木爲之 在路則障車 入槨則障柩也〕"고 하였다.

10) 魚躍拂池 : 연못에는 반드시 물고기가 있는 것처럼 柩車(柳車)의 池에 비단으로 만든 꿩을 매달고 또 池 아래에 구리로 만든 물고기를 매단다. 柩車가 출행하면 마치 물고기가 연못 위로 뛰어오르는 것처럼 보인다. ≪禮記正義≫ 〈喪大記〉 孔穎達의 疏에 "무릇 연못에는 반드시 물고기가 있다. 그러므로 이 수레〔柳車〕의 池에 비단으로 만든 꿩을 매달고, 또 池 아래에 구리로 만든 물고기를 매단다. 만약 수레가 출행하면 물고기가 뛰어올라 위로 池에 부딪힌다.〔凡池必有魚 故此車池縣絞雉 又縣銅魚於池下 若車行則魚跳躍上拂池也〕"고 하였다. 구리로 만든 물고기는 池와 振容 사이에 있다.

11) 君纁戴六 : '戴'는 棺을 묶은 곳과 柩車(柳車)의 몸체를 연결하여 묶는 끈을 말한다. 聶崇義의 ≪三禮圖≫ 〈喪器圖 下〉에는 "수레의 양쪽 난간에 각각 3개의 격자 살〔軨子〕을 세우는데, 각각 관을 묶는 곳〔棺束〕과 마주한다. 이 분홍빛 戴(끈)를 사용하여 관을 묶은 가죽으로 만든 紐(고)를 꿰고, 戴의 양 끝부분을 밖으로 내어 모두 그 격자 살을 얽어 묶어서 각각 서로 만나서 단단하게 한다. 이어서 분홍빛 披(끈)를 사용하여 관 위에서 가로로 묶어가면서 각각 戴가 棺束과 연결되어 묶여 있는 곳을 관통시키고, 이어서 戴에서 묶고, 나머지 披는 밖으로 내어 사람들에게 잡게 한다. 또 관은 가로로 세 번 묶는데, 묶은 곳마다 2개의 紐가 있으니, 각각 가죽을 구부려서 만든다. 세 번 묶은 곳 양 옆에 〈각각 2개씩〉 모두 6개의 紐가 있다. 그러므로 6개의 戴와 6개의 披가 있게 되는 것이다.〔於車輿兩廂各豎三隻軨子 各當棺束 用此纁戴貫棺束之皮紐 出兩頭 皆絆結其軨子 各使相値堅固 方用纁披於棺上橫絡過 各貫穿戴之連結棺束者 乃於戴 餘披出之於外 使人持制之 又棺橫束有三 每束有二紐 各屈皮爲之 三束兩旁共有六紐 故有六戴六披也〕"라고 하였다. 紐·戴·披의 관계에 대해서, 孫詒讓은 披는 戴에서 묶고, 戴는 棺에 매는 것으로 정리한다〔披結於戴 戴繫於棺〕(≪周禮正義≫ 권59, 2472쪽 참조)

12) 纁披六 : '披'는 喪禮에 사용하는 기물로, 진홍빛의 비단으로 만들어 한쪽 끝은 柩車와 연결된 분홍빛의 戴와 묶고, 다른 한 쪽은 帷(柩車의 옆을 둘러친 휘장) 바깥으로 내어서 사람들이 이를 잡고 끌어당기게 한다.〔纁謂亦用絳帛爲之 以一頭系所連柳纁戴之中 而出一頭於帷外 人牽之〕(≪禮記正義≫ 〈喪大記〉 孔穎達의 疏) 6개의 戴에 묶기 때문에 披도 6개이다. 이 '披'를 이용하여 수레가 높은 곳을 오를 때 앞을 끌어당겨 수레가 들리는 것을 막고, 아래로 내려갈 때 뒤를 끌어당겨 수레가 뒤집히는 것을 막고, 오른쪽으로 기울 때는 왼쪽을 끌어당기고 오른쪽으로 기울 때는 왼쪽으로 끌어당겨 수레가 기울거나 뒤집히지 않도록 한다.

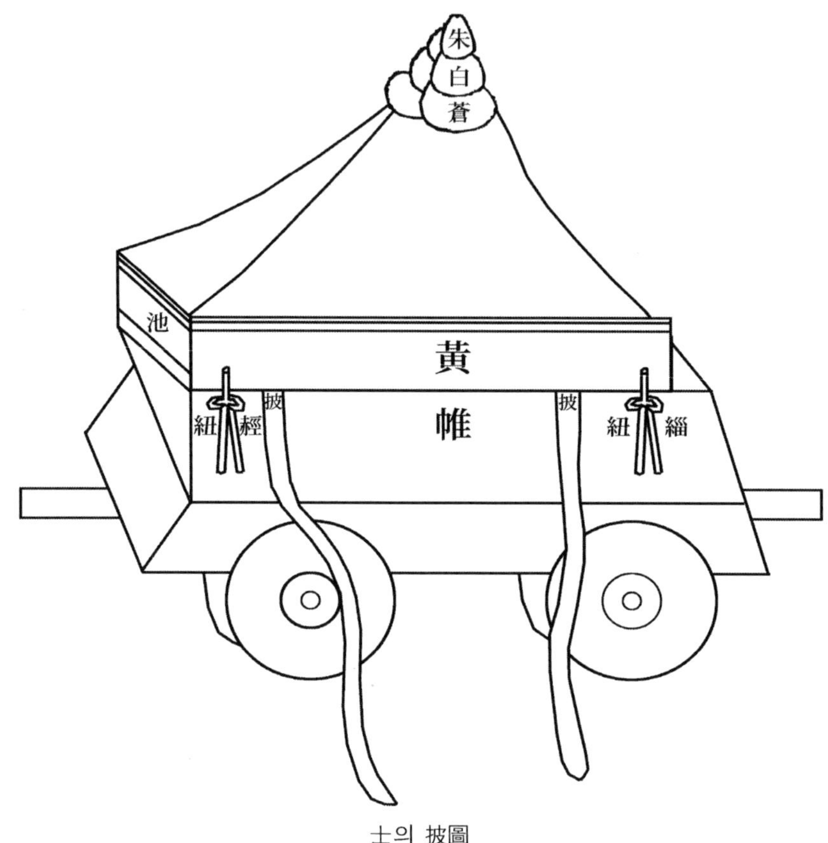

士의 披圖

13) 漢禮器制度 : 漢나라 초기 叔孫通(B.C. 245?~B.C. 190?)이 찬술한 것으로 알려져 있지만 그 서적은 오늘날 망실되었고, 編目도 고증할 방법이 없다. 다만 〈天官 凌人(天-24-5)〉에 "숙손통이 前漢 시기에 ≪漢禮器制度≫를 지었는데, 옛 周나라의 제도를 많이 기록하였다.〔叔孫通前漢時 作漢禮器制度 多得古之周制〕"라고 하는 등 ≪周禮≫·≪儀禮≫·≪禮記≫의 注와 疏에 5조목에 걸쳐 器具·復飾·制度와 관련하여 이 책의 내용을 인용하고 있다.

孝子(상주)는 啓殯을 한 후에도 棺을 보면 여전히 부모님의 몸을 보는 듯하여 〈수레에 棺을〉 실은 후 장식을 하고서 장지로 떠나고, 드디어 매장을 한다. 마치 살아 계실 때 帷幕에 거처하시는 듯이 하여 〈관을 실은 수레에〉 화려한 문식을 가한다. ≪禮記≫ 〈喪大記〉에 "棺에 장식을 하는데, 군주는 帷(관을 실은 수레의 옆을 둘러친 휘장)에 용을 그려 넣고, 〈荒의 끄트머리에〉 3개의 池(낙숫물받이 홈통의 형상)를 매단다. 〈池의 아래에는〉 振容(펄럭이는 깃발 장식)을 걸어둔다. 荒(관을 실은 수레의 위를 덮은 휘장)에는 〈아래쪽에〉 흑백의 도끼 문양〔黼〕을 그려 넣고, 〈위쪽에〉 불의 문양〔火〕을 3줄로 그려 넣고, 〈중앙 쪽에〉

己의 글자가 서로 등진 문양〔黻〕을 3줄로 그려 넣는다. 흰색 비단으로 褚(관을 덮는 휘장)를 만들어 관을 덮고, 그 위에 僞(帷)와 荒을 설치한다. 분홍빛 비단으로 6개의 고〔紐〕를 만들어 帷와 荒을 연결하여 묶는다. 〈荒의 꼭대기에는〉 齊(원형 덮개)를 씌우는데 다섯 가지 채색 비단으로 입혀 서로 줄을 이루어 이어지게 하고, 조개를 5줄로 그물모양처럼 교차시켜 〈齊에〉 연결하여 맨다. 도끼 문양을 그려 넣은 黼翣 2개, 己의 글자가 서로 등지고 있는 문양을 그려 넣은 黻翣 2개, 구름문양을 그려 넣은 畫翣 2개를 장식하는데, 〈위쪽 양 모서리에〉 모두 홀 모양의 옥〔圭〕을 올려놓는다. 〈池 아래에 구리로 만든 물고기를 매달아 수레가 출행하면〉 물고기가 뛰어 올라 池에 부딪혀 팔랑거리게 한다. 군주는 분홍빛 비단으로 만든 6개의 戴가 있으며, 분홍빛 비단으로 만든 6개의 披가 있다." 라고 하였다. 이는 諸侯의 禮이다. ≪예기≫ 〈禮器〉에서는 "천자는 8개의 삽을 장식하고, 제후는 6개의 삽을 장식하고, 대부는 4개의 삽을 장식한다."고 하였다. ≪漢禮器制度≫에 의하면, 棺을 장식할 때, 천자의 경우 龍의 문양·불의 문양〔火〕·흑백의 도끼 문양〔黼〕·己의 글자가 서로 등진 문양〔黻〕은 모두 5줄로 그려 넣으며, 또 龍翣 2개를 장식하는데, 〈위쪽 양 모서리에〉 모두 璧玉을 올려놓는다. 故書에 '焉'이 '馬'로 되어 있는데, 杜子春은 "마땅히 '焉'이 되어야 한다."고 하였다.

【疏】'喪縫棺飾焉' ○ 釋曰 : 此喪以王爲主, 但是王家后·世子已下, 亦縫棺飾焉.

經의 〔喪縫棺飾焉〕

○ 釋曰 : 이곳의 喪은 王을 위주로 한 것이지만, 王家인 王后·世子 이하의 경우도 또한 〈縫人이〉 관의 장식물을 꿰매어 만든다.

○ 注'孝子'至'爲焉' ○ 釋曰 : 云'孝子旣啓, 見棺猶見親之身'者, 鄭欲釋與棺爲飾之意. 云'旣載, 飾而以行, 遂以葬'者, 案旣夕禮, 日側, 遂·匠[1]納車[2]於階間, 郤柩而下, 載之於蜃車[3]之上, 乃加帷荒. 飾棺訖, 乃還車向外, 移柩車去載處. 設祖奠[4]. 明日旦, 乃更徹祖奠, 設遣奠[5]. 苞牲[6], 取下體[7], 乃引[8]向壙, 故云"旣載, 飾而以行, 遂以葬也." 云'若存時居於帷幕, 而加文繡'者, 幕人 "共帷·幕·幄(악)·帟(역)·綬", 鄭注云 "在傍曰帷, 在上曰幕." 是存時居於帷幕, 而云"加文繡"者, 生時帷幕無文繡, 今死恐衆惡其親, 更加文繡, 卽所引喪大記已下是也. 云'君龍帷'者, 鄭彼注"畫龍爲帷."[9] 云'三池'者, 鄭云 "象生時有承霤, 以竹爲之, 闕於天子[10]." 故有前及左右而已. 云'振容'者, 謂於竹池之內, 畫搖雉於絞繒之上, 垂之於下, 車行振動, 以爲容儀. 云'黼荒'者, 鄭云 "荒, 蒙

也", 謂車上蒙覆之. 黼, 白黑文, 於荒之四畔也. '火三列, 黻三列', 黑與青謂之黻, 兩已相背. 火形如半環然. 列, 行也. 爲火形三行, (謂)〔爲〕[11]兩已相背三行. 云'素錦褚', 謂幄帳. 諸侯以素錦爲幄帳, 以覆棺上. 云'加僞荒'者, 僞卽帷也. 旣覆棺以褚, 乃加帷加荒於其上. 云'纁紐六'者, 紐, 謂繫連帷荒, 以纁色爲之. 左右各三紐, 幷之六耳. 云'齊五采五貝'者, 謂於荒之中央以五采繒爲之, 綴(具)〔貝〕[12]絡其上, 形如瓜瓣然. 黼翣二, 黻翣二, 畫翣二者, 案彼注引漢禮"翣, 方扇, 以木爲(匡)〔筐〕[13], 廣(二)〔三〕[14]尺, 兩角高二尺四寸, 柄長五尺, 以布覆之. 爲白黑文則曰黼翣, (以)〔爲〕[15]青黑文則曰黻翣, 爲雲氣則曰畫翣." 云'皆戴圭'者, 謂置圭於翣之兩角爲飾也. 云'魚躍拂池'者, 謂於池內懸銅魚, 車行, 振動以拂池. 云'纁戴六, 纁披六'者, 謂於車輿兩廂各豎三隻軨子. 戴, 値也. 謂以纁爲値, 絆其軨子, 各使相値, 因而繫前後披, 兩廂各使人持制之, 以備車之傾側也. 其實兩廂各三, 而云六者, 人君禮文, 圍數而傍言六耳[16], 云'此諸侯禮也'者, 天子無文, 故取諸侯法以推天子禮也. 云'禮器天子八翣'已下者, 欲明天子加數之意. 云'漢禮器制度'者, 以明天子加數, 與喪大記不同之義也.

1) 遂匠 : 遂人과 匠人을 말한다. ≪儀禮≫ 〈旣夕禮〉 鄭玄의 注에 의하면 遂人은 徒役들을 인솔하는 일을 주관하고, 匠人은 널〔柩〕을 싣고 매장하는 일을 주관하는데 직무가 서로 짝을 이룬다.〔遂匠 遂人匠人也 遂人主引徒役 匠人主載柩窆 職相左右也〕

2) 車 : 이곳에서는 널을 싣는 수레를 말한다.

3) 蜃車 : 널을 싣는 수레를 말한다. 〈地官 遂師(地-41-6)〉 鄭玄의 注에 의하면 '蜃車'는 柩路(널을 실은 수레)로서 네 바퀴가 땅에 바짝 붙어가는 것이 마치 대합조개〔蜃〕와 유사해서 그런 명칭이 붙었다.〔蜃車 柩路也 柩路載柳 四輪迫地而行 有似於蜃 因取名焉〕 ≪儀禮≫ 〈旣夕禮〉 鄭玄의 注에는 "≪周禮≫에서는 '蜃車'라고 하였고, ≪禮記≫ 〈雜記〉에는 '團'이라고 하였는데, '輇'으로 되어 있거나 '摶'으로 되어 있기도 하다. 발음과 뜻이 모두 서로 부합되나 어느 것이 옳은지는 들어보지 못했다.〔周禮謂之蜃車 雜記謂之團 或作輇 或作摶 聲讀皆相附耳 未聞孰正〕"고 하였다. 일반적으로 널을 실은 수레를 '柩車'라고 하는데, 이와 함께 다양한 이칭들도 존재한다. 宋代 聶崇義에 의하면, 殯禮에서 사용할 때는 덮개가 있기 때문에 '輤車'라고 칭하고, 장례에 사용할 때는 '柳車'라고 칭하고, 땅 위에 바짝 붙어서 갈 때는 '蜃車'라고 칭하고, 덮개〔輤〕가 없을 때는 '軨車'라고 칭한다.(≪三禮圖≫ 〈喪器圖 下〉 '柳車' 條 참조)

4) 設祖奠 : 柩車(蜃車)의 방향을 바꾸어 밖을 향하도록 하였으므로 奠을 올릴 수 있는데, 이것을 '祖奠'이라고 한다. '祖'는 始의 뜻이다. 살아 있을 때 먼 길을 나서면 술을 마시면서 전송하는데, 이를 '祖'라고 하니, 처음 길을 나선다는 뜻이다. 이를 본떠서 柩車가

묘지를 향해 출발하려고 할 때 祖廟의 뜰에 奠을 올리는 것이다.

5) 遣奠 : 喪禮에서 매장하기 전에 祖廟에서 거행하는 祭奠을 말하는데, 이때 부장품을 수레에 꾸리고, 禮를 마치면 장지로 떠난다. 〈春官 大史(春-57-16)〉 鄭玄의 注에 "'遣'은 祖廟의 뜰에서 올리는 성대한 奠이니, 장차 장지로 출발하려고 할 때 올리는 것이다. 인간의 도가 여기에서 끝난다.〔遣 謂祖廟之庭大奠 將行時也 人之道 終於此〕"고 하였다. 장례를 거행하는 날에 진설하기 때문에 '葬奠'이라고도 한다. 또 大斂奠에서 三鼎의 희생을 사용한 후 祖奠에 이르기까지 모두 三鼎을 사용하는데, 遣奠에 이르러 처음으로 五鼎의 희생을 사용하기 때문에 '성대한 장전〔盛葬奠〕'이라고도 한다.

6) 苞牲 : '苞'는 3척 길이의 갈대를 엮어서 만든 것으로, 遣奠의 예를 행할 때 이것으로 희생고기를 싼다. 大夫 이상은 모두 太牢(소·양·돼지)의 희생을 사용하는데, 天子의 경우에는 9개, 제후는 7개, 대부는 5개의 苞를 각각 진설한다. 士는 3개의 苞를 사용한다.

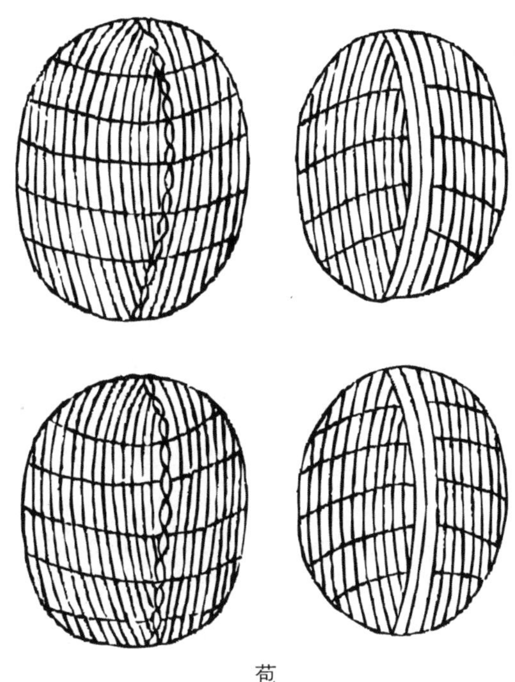
苞

7) 取下體 : 하체만 취하는 것은 경골(희생의 앞뒤 네 다리)이 출행하는 것을 상징하고, 또 희생제기〔俎〕를 채우는 처음과 끝이기 때문이다. 士의 苞는 3개인데 앞다리〔前脛〕에서 앞다리 뼈의 중앙 부위〔臂〕와 앞다리 뼈의 아래쪽 부위〔臑〕를 떼어내 취하고, 뒷다리〔後脛〕에서 뒷다리 뼈의 중앙 부위〔骼〕를 떼어내어 취한다.(≪儀禮≫ 〈既夕禮〉 鄭玄의 注 참조)

8) 引 : 柩車를 끄는 줄로서, 紼· 紖이라고도 한다. ≪禮記≫ 〈雜記 下〉 鄭玄의 注에 "'紖'과 '引'은 같은 뜻이다. 廟 안에서는 '紖'이라고 하고, 길에서는 '引'이라고 하는데, 互文으로 말한 것이다.〔紖引同耳 廟中曰紖 在塗曰引 互言之〕"라고 하였다. '紼'은 줄 자체에 중점을 둔 말이고, '引'은 그 줄을 당겨서 끄는 일에 초점을 둔 말이다.

9) 云君龍帷者 鄭彼注畫龍爲帷 : 今本 ≪禮記≫ 〈喪大記〉 鄭玄의 注에는 이 문장이 없다. 清代의 沈廷芳(1702~1772)이 찬술한 ≪十三經注疏正字≫ 권54에 "'飾棺' 節에 대한 정현의 주 '不欲衆惡其親也'의 아래. 살펴보건대 ≪周官≫ 〈縫人〉 賈公彦의 疏에서는 이곳 정현의 주를 인용할 때 '龍帷者 畫龍爲帷'의 7글자가 있었다. 이곳에서는 아마도 탈루된 듯하다.〔飾棺節註 不欲衆惡其親也下 案周官縫人疏 引此註 有龍帷者畫龍爲帷七字 此疑脫也〕"라고 하였다.

10) 象生時有承霤……闕於天子 : 이 문장도 今本 ≪禮記≫ 〈喪大記〉나 ≪儀禮≫ 〈既夕禮〉의 鄭玄 注에 보이지 않는다.

11) (謂)〔爲〕 : 저본에는 '謂'로 되어 있으나, '爲'의 잘못이라는 浦鏜의 설에 의거하여 바로잡았다.(北京大 整理本의 〈校勘記〉 참조)

12) (具)〔貝〕 : 저본에는 '具'로 되어 있으나, '具'는 '貝'의 잘못이라는 浦鏜의 설에 의거하여 바로잡았다.(北京大 整理本의 〈校勘記〉 참조)

13) (匡)〔筐〕 : 저본에는 '匡'으로 되어 있으나, 今本 ≪禮記≫ 〈喪大記〉 鄭玄의 注에 의거하여 '筐'으로 바로잡았다.(北京大 整理本의 〈校勘記〉 참조) 다만 孔穎達은 筐을 대광주리가 아니라 '框' 즉 테두리의 의미로 이해하였다. ≪禮記正義≫ 〈喪大記〉 孔穎達의 疏에서 "'나무로 筐을 만든다.'고 한 것은, 나무로 삽의 테두리〔筐〕를 만드는 것을 뜻하니, 이것은 마치 문의 사면에 테두리를 씌우는 것과 같은 것이다.〔以木爲筐者 謂以木爲翣之筐, 若門戶四面筐也〕"라고 설명하였다.

14) (二)〔三〕 : 저본에는 '二'로 되어 있으나, 今本 ≪禮記≫ 〈喪大記〉 鄭玄의 注에 의거하여 '三'으로 바로잡았다.(北京大 整理本의 〈校勘記〉 참조)

15) (以)〔爲〕 : 저본에는 '以'로 되어 있으나, 阮本에 '爲'로 되어 있는 것에 의거하여 바로잡았다.(上海古籍 整理本의 〈校勘記〉 참조)

16) 人君禮文 圍數而傍言六耳 : 이 말은 披의 수를 계산하는 鄭衆의 방식에 대한 鄭玄의 비판 속에서 나온 것이다. 정중은 "披는 널이 위험해지는 것을 부지하고 지탱해주는 것이다. 〈披의 수는〉 천자의 경우 旁에 12개가 있고, 제후의 경우 旁에 8개가 있고, 대부의 경우 6개가 있고, 사의 경우 4개가 있다.〔披者 扶持棺險者也 天子旁十二 諸侯旁八 大夫六 士四〕"고 하였다. 이에 대해서 정현은 "≪禮記≫ 〈喪大記〉에 '군주의 분홍빛 披는 6개이고, 대부의 披는 4개인데 앞쪽은 纁色이고 뒤쪽은 玄色이다. 士는 2개의 披인데, 纁色을 사용한다.'고 하였다. 군주의 禮文은 그 수를 많게 하고자 하여 양쪽 옆을 두루 계산하여 6개라고 말한 것일 뿐이니, 실은 한쪽 옆에 3개가 있는 것이다.〔喪大記曰 君纁披六 大夫披四 前纁後玄 士二披 用纁 人君禮文 欲其數多 圍數兩旁言六耳 其實旁三〕"라고 하였다.(〈夏官 司士(夏-23-17)〉 鄭玄의 注) 孫詒讓에 의하면, 정중이 '천자의 경우, 旁 12개' 등이라고 했을 때의 '旁'은 兩旁(양쪽 옆)을 가리키고, 정현이 '其實旁三'이라고 했을 때의 '旁'은 一旁(한쪽 옆)을 가리켜 글자는 같지만 의미는 다른 것이라고 하였다.〔天子旁十二 諸侯旁八 大夫六 士四者 此旁謂兩旁也 與下後鄭注旁三謂一旁者 文同而義異〕(≪周禮正義≫ 권59, 2471쪽) 요컨대, 정중은 〈喪大記〉의 '군주의 披 6개'를 한쪽 옆에 6개를 매다는 것으로 해석하여 양쪽 옆을 합하면 모두 12개가 된다고 생각한 것이다. 반면에 정현은 '군주의 披 6개'를 양쪽 옆의 총수로서 한쪽 옆만 계산하면 사실은 3개가 되는데〔其實旁三〕, 〈喪大記〉에서 굳이 양쪽 옆의 수를 합하여 6개라고 표현한 것은, 天子의 禮數를 많게 하고자 했기 때문이라는 것이다. 이리하여 정현은 정중의

'천자 12披'의 설을 부정한 것이다. 아울러 손이양은 〈하관 사사(夏-23-17)〉 정현 주의 '圍數兩旁'을 '양쪽 옆을 통틀어서 두루 계산한다.'는 뜻으로 풀이하여, 양쪽 옆에 6개가 있으면 한쪽 옆은 3개가 되는 것이라고 하였다.(圍數兩旁 謂通兩旁周圍數之 兩旁六則一旁三也]) 이렇게 본다면 이곳 〈天官 縫人(天-59-2)〉 賈公彦 疏의 '圍數而傍言六耳'에서의 '而'는 '兩'의 잘못으로 보인다.

○ 注의 〔孝子〕에서 〔爲焉〕까지

○ 釋曰:〔孝子旣啓, 見棺猶見親之身〕 鄭玄이 棺에 장식을 하는 의미를 풀이하고자 한 것이다.

〔旣載 飾而以行 遂以葬〕 살펴보건대, ≪儀禮≫ 〈旣夕禮〉 記文에 의하면 해가 저물면, 遂人과 匠人이 〈일꾼을 지휘하여〉 널을 실을 수레를 堂 아래의 양쪽 계단 사이에 두게 한다. 널〔柩〕을 들고 물러나 堂 아래로 내려가서 蜃車 위에 싣는다. 이어서 帷(널을 실은 수레의 옆을 둘러치는 휘장)와 荒(널을 실은 수레의 위를 덮는 휘장)을 설치한다. 관을 장식하는 일이 끝나면, 이어서 수레를 돌려 바깥쪽을 향하게 하고, 柩車(널을 실은 수레)를 옮겨 널을 실은 곳에서 떠난다. 〈이때〉 祖奠을 진설한다. 이튿날 동틀 무렵, 이에 祖奠을 치우고 다시 遣奠을 진설한다. 苞(희생고기싸개)로 희생을 싸는데, 희생의 하체만 취한다. 이어서 柩車를 끄는 줄〔引〕을 잡고서 무덤으로 향한다. 그러므로 〈정현이 이곳의 주에서〉 "〈수레에 棺을〉 실은 후 장식을 하고서 장지로 떠나고, 드디어 매장을 한다."고 한 것이다.

〔若存時居於帷幕 而加文繡〕 〈天官 幕人(天-32-1)〉에서 "〈幕人은〉 帷·幕·幄·帟·綬를 공급한다."고 하였는데, 정현의 주에 "옆으로 둘러쳐 있는 것을 '帷'라 하고, 위에 덮여 있는 것을 '幕'이라 한다."고 하였다. 이는 살아 있을 때 帷幕에 거처할 때를 말한 것인데, 〈이곳의 정현 주에서〉 "화려한 문식을 가한다."고 한 것은 살아 있을 때 帷幕에는 화려한 문식이 없었지만, 이제 죽어서 사람들이 자기 부모를 혐오할까 두려워하여 더욱 화려한 문식을 가한다는 뜻이니, 곧 인용한 ≪禮記≫ 〈喪大記〉 이하의 내용이 이것이다.

〔君龍帷〕 정현은 저곳(≪예기≫ 〈상대기〉)의 注에서 "용의 문양을 그려 넣어 帷(널을 실은 수레의 옆을 둘러친 휘장)를 만든다."고 하였다.

〔三池〕 정현은 "살아 있을 때 〈지붕에〉 낙숫물받이 홈통〔承霤〕이 있는 것을 본떠서 대나무로 池를 만드는데, 천자보다 줄인다."라고 하였다. 그러므로 앞쪽 및 왼쪽과 오른쪽에 〈3개만〉 있을 뿐이다.

〔振容〕 대나무로 만든 池(낙숫물받이 홈통 형상) 안에 청황색의 비단 위에 청색 바탕에 오채색이 아로새겨진 꿩〔搖雉〕의 문양을 그려 넣은 후 아래로 드리워서 수레가 출행할 때

흔들리게 함으로써 장식으로 삼는 것이다.

〔黼荒〕 정현은 〈≪예기≫ 〈상대기〉의 注에서〉 "'荒'은 덮는다〔蒙〕는 뜻이다."라고 하였으니, 수레 위에 덮는 것을 말한다. '黼'는 백색과 흑색을 서로 배합한 무늬이니, 荒(널을 실은 수레의 위를 덮은 휘장)의 사방 경계에 그려 넣는 것이다.

〔火三列 黻三列〕 흑색과 청색을 서로 배합한 무늬를 '黻'이라 하니, 두 개의 '己'자가 서로 등지고 있다. '불〔火〕'의 형태는 둥근 옥을 반으로 나눈 듯하다. '列'은 줄〔行〕의 뜻이다. 불의 문양을 만든 것이 3줄이고, 두 개의 '己'자가 서로 등지고 있는 문양을 만든 것이 3줄이다.

〔素錦褚〕 휘장〔幄帳〕을 말한다. 제후는 흰색 비단으로 휘장을 만들어 관의 위를 덮는다.

〔加僞荒〕 '僞'는 곧 帷(널을 실은 수레의 옆을 둘러친 휘장)이다. 褚로 棺을 덮은 후, 이어서 그 위에 帷를 설치하고 荒을 설치하는 것이다.

〔纁紐六〕 '紐(고)'는 帷와 荒에 매달아 연결하는 것을 말하는데, 분홍색으로 만든다. 좌우에 각각 3개의 紐가 있으니, 합하여 6개일 뿐이다.

〔齊五采五貝〕 荒의 중앙에 다섯 가지 채색의 비단으로 齊를 만들고, 조개를 꿰어서 그 위를 빙 두르는 것을 말하니, 형태가 외씨처럼 생겼다.

〔黼翣二 黻翣二 畫翣二〕 살펴보건대, 저곳(≪禮記≫ 〈喪大記〉) 鄭玄의 注에서 인용한 ≪漢禮器制度≫에 "翣은 方扇(네모진 부채)이다. 나무로 테두리를 만드는데, 너비는 3척이고, 양쪽 모서리 높이는 2척 4촌이고, 자루의 길이는 5척으로 베로 씌운다. 흰색과 검은색을 배합하여 문양을 만들어 넣으면 '黼翣'이라 하고, 청색과 흑색을 배합하여 문양을 만들어 넣으면 '黻翣'이라 하고, 구름 문양을 만들어 넣으면 '畫翣'이라 한다."고 하였다.

〔皆戴圭〕 翣의 양쪽 모서리에 홀 모양의 옥〔圭〕을 올려놓아서 장식으로 삼는 것을 말한다.

〔魚躍拂池〕 池(낙숫물받이 홈통 형상) 안에 구리로 만든 물고기를 매달아 수레가 출행하면 흔들려서 池와 부딪치게 하는 것을 말한다.

〔纁戴六 纁披六〕 수레의 양쪽 난간에 각각 3개의 격자 살〔軨子〕을 세우는 것을 말한다. '戴'는 만난다(묶어서 연결함)는 뜻이다. 생각건대 분홍빛 비단으로 연결시켜 묶어서 만나게 하는 것이니, 그 격자 살〔軨子〕을 잡아매어 각각 서로 만나게 하고, 이어서 앞뒤의 披(끈)를 묶고, 수레의 양쪽 난간에서 각각 사람으로 하여금 붙잡아서 수레가 기울어질 것에 대비하게 한다. 실은 수레의 양쪽 난간에 각각 3개인데, 6개라고 말한 것은, 군주의 禮文이므로 양쪽 옆을 두루 계산하여 6개라고 말한 것일 뿐이다.

〔此諸侯禮也〕 천자의 경우 명문규정이 없다. 그러므로 〈정현이〉 제후의 법을 취하여 천자의 예를 추론한 것이다.

'禮器天子八翣' 이하는 天子의 경우 禮數를 늘린다는 뜻을 밝히고자 한 것이다.

〔漢禮器制度〕 천자의 경우 禮數를 늘리니, ≪예기≫ 〈상대기〉의 수치와 같지 않은 의리를 밝힌 것이다.

天-59-3

衣翣[1)]· 柳[2)]之材[3)]하고

1) 翣 : 唐石經 등 諸本에도 모두 '翣'으로 되어 있다. 段玉裁는 ≪周禮漢讀考≫에서 "이곳에서 鄭衆은 〈翣을〉 '接'으로 바꾸어 '翣'의 뜻으로 읽고, ≪禮記≫ 〈檀弓〉과 ≪春秋傳≫을 인용하여 '翣'의 뜻을 입증하였다. 정중이 의거했던 ≪예기≫와 ≪춘추전≫에는 글자가 '翣'으로 되어 있었지만, 今本 ≪예기≫와 ≪춘추전≫에는 모두 '翣'으로 되어 있다. 〈春官 喪祝〉의 注에서도 〈정중은〉 '四翣'·'牆置翣'이라고 하였다. '翣'은 翣의 假借字이다. 經文의 '翣'은 마땅히 '翣'이 되어야 하는데, 후인들이 이를 '翣'으로 고친 것이다."라고 하였다.(北京大 整理本의 〈校勘記〉 참조)

2) 柳 : 孫詒讓은 '柳'를 널을 실은 수레의 옆을 둘러친 휘장인 '帷'와 수레의 위쪽을 덮은 휘장인 '荒' 두 가지를 포괄하는 것으로 해석한다. "무릇 柩車를 덮는 것은, 〈관을 실은 수레의〉 위쪽을 '柳'라고 하고 아래쪽을 '牆'이라 하는데, 柳衣(柳를 씌우는 휘장)를 '荒'이라 하고, 牆衣(牆을 씌우는 휘장)를 '帷'라 한다.……총괄하여 말하면, 牆은 또한 柳로 통칭한다. 그러므로 ≪禮記≫ 〈檀弓〉 鄭玄의 注에서 '牆'을 柳衣로 풀이하였고, ≪예기≫ 〈喪大記〉 정현의 주에서는 帷와 荒은 모두 柳를 씌운 휘장이라고 하였다. 柳는 또한 牆으로 통칭하니, ≪儀禮≫ 〈旣夕禮〉 記文에 '수건으로 奠의 물건을 덮은 후 이어서 牆(휘장)을 친다.'고 하였으니, '牆' 안에는 帷와 荒이 포함되어 있는 것이다.〔凡覆柩車者 上曰帷 下曰牆 柳衣謂之荒 牆衣謂之帷……若總言之 則牆亦通名柳 故檀弓注釋牆爲柳衣 喪大記注謂帷荒皆所以衣柳 柳亦通名牆 旣夕記云 巾奠乃牆 牆中兼帷荒也〕"라고 하였다.(≪周禮正義≫ 권15, 600~601쪽)

3) 衣翣柳之材 : 孫詒讓은 '材'를 翣이나 柳를 만들 때 사용하는 목재로 풀이하였다. "翣은 나무로 테두리 및 자루를 만들고, 柳는 위쪽을 荒이라 하고 아래쪽을 帷라 하는데, 또한 나무로 장대를 만드니, 이른바 '材(목재)'이다. 경문에서 '翣과 柳에 옷을 입힌다.〔衣翣柳〕'라고 하지 않고, '그 목재에 옷을 입힌다.〔衣其材〕'라고 한 것은 두 가지는 모두 먼저 그 內材(안쪽의 목재)를 〈비단으로〉 휘감아 둘러서 옷을 입히고, 그런 다음에 〈그 위에〉 外衣(바깥쪽의 휘장)인 帷와 荒을 펼쳐놓기 때문이다. 무릇 內衣는 그것을 휘감아서 두

르지만, 外衣는 펼쳐놓을 뿐 휘감아서 두르지 않는다.〔翣以木爲匡及柄 柳上荒下帷 亦以木爲檀 所謂材也 經不云衣翣柳而云衣其材 則二者竝先纚繞衣其內材 而後張其外衣之帷荒 凡內衣纚之 外衣則張之而已 不纚也〕"라고 하였다.(≪周禮正義≫ 권15, 600쪽)

翣(널을 가리는 부채 모양의 장식)과 柳衣(널을 실은 수레를 가리는 휘장)의 목재에 비단을 씌워 장식을 한다.

【注】必先纚衣其(才)〔木〕[1]하고 乃以張飾也라 柳之言聚니 諸飾之所聚라 書曰 分命和仲하여 度(택)[2]西曰柳穀이라하고 故書翣柳는 作接橮(삽류)[3]라 鄭司農云 接讀爲𦐇(삽)[4]이요 橮讀爲柳니 皆棺飾이라 檀弓曰 周人牆置𦐇[5]이라하고 春秋傳曰 四𦐇不蹕이라하니라

1) (才)〔木〕 : 저본에는 '才'로 되어 있으나, 監本·毛本에는 '材'로 되어 있고, 宋本·嘉靖本·閩本에는 '木'으로 되어 있는데, '木'이 옳다는 阮元의 설에 의거하여 바로잡았다.(上海古籍 整理本 및 北京大 整理本의 〈校勘記〉 참조)
2) 度(택) : 陸德明은 "度西〈에서 度의〉 음은 宅이다. 古文에는 '厇'으로 되어 있는데, '度'과 글자가 유사하여 이로 인해서 잘못되었다.〔度西 音宅 古文厇與度字相似 因此而誤〕"고 하였다.(≪經典釋文≫ 권8 〈周禮音義 上 天官冢宰 下〉 '縫人')
3) 接橮(삽류) : 陸德明에 의하면, '接'의 음은 所와 甲의 反切이고, 橮의 음은 柳이다.(≪經典釋文≫ 권8 〈周禮音義 上 天官冢宰 下〉 '縫人')
4) 𦐇(삽) : 陸德明은 '𦐇'의 음은 所와 甲의 反切로서, 또 다른 하나의 음이 所와 立의 反切이라고 하였다.(≪經典釋文≫ 권8 〈周禮音義 上 天官冢宰 下〉 '縫人')
5) 𦐇 : 宋本·余本·岳本·嘉靖本에도 '𦐇'으로 되어 있는데, 閩本·監本·毛本에는 今本 ≪禮記≫에 의거하여 '翣'으로 되어 있다.(北京大 整理本의 〈校勘記〉 참조)

반드시 먼저 그 목재를 〈비단으로〉 휘감아서 씌우고, 이어서 〈그 위에〉 장식물을 펼친다. '柳'라는 글자는 모으다〔聚〕는 뜻이니, 각각의 장식물들이 모이는 곳이다. ≪尙書大傳≫ 〈唐傳〉에 "따로 和仲에게 명하여 서쪽 땅에 거주하게 하니, 柳穀이란 곳이다."라고 하였다. 古書(故書)에 '翣柳'는 '接橮'로 되어 있다. 鄭衆은 "'接'은 𦐇(널을 가리는 부채 모양의 장식)의 뜻으로 읽고, '橮'는 柳(널을 실은 수레의 위를 덮는 휘장)의 뜻으로 읽으니, 모두 棺의 장식물이다. ≪禮記≫ 〈檀弓 上〉에서 '周나라 사람은 柳衣로 덮고 翣을 설치하였다.'고 하였고, ≪春秋左氏傳≫에서는 '4개의 𦐇만 세우고, 사람들의 통행을 금지하지 않았다.'고 하였다."라고 하였다.

【疏】'衣翣柳之材' ○釋曰 : 翣, 卽上注方扇, 是也. 柳, 卽上注引喪大記帷荒, 是也. 二者皆有材, 縫人以采繒衣纏之, 乃後張飾於其上, 故云"衣翣柳之材也."

經의 〔衣翣柳之材〕

○ 釋曰 : '翣'은 곧 위(≪禮記≫ 〈喪大記〉)의 鄭玄 注에서 말한 '方扇(네모진 부채)'이 이것이다. '柳'는 곧 위의 정현 주에서 인용했던 ≪禮記≫ 〈喪大記〉의 帷(널을 실은 수레의 옆을 둘러친 휘장)와 荒(널을 실은 수레의 위를 덮은 휘장)이 이것이다. 두 가지에는 모두 목재가 있으니, 縫人이 채색 비단으로 씌워서 묶고, 이어서 그 위에 장식물을 펼친다. 그러므로 〈경문에서〉 "翣(널을 가리는 부채 모양의 장식)과 柳衣(널을 실은 수레를 가리는 휘장)의 목재에 비단을 씌워 장식을 한다."고 한 것이다.

○ 注'必先'至'不蹕' ○ 釋曰 : 云'柳之言聚, 諸飾之所聚'者, 卽龍帷·黼荒·火三列·黻三列之屬, 是也. '書曰'者, 是濟南伏生書(柳)〔傳〕[1]文, 故云"度西曰柳穀", 見今尙書云"宅西曰昧谷", 度, 亦居也. 柳者, 諸色所聚. 日將沒, 其色赤, 兼有餘色, 故云"柳穀." 引之者, 見柳有諸色. 又云'春秋', 襄二十五年左氏傳 "齊崔杼弑莊公, 側之於北郭. 丁亥, 葬諸士孫之里. 四翣, 不蹕, 下車七乘", 是也. 引之者, 證有翣義也.

1) (柳)〔傳〕: 저본에는 '柳'로 되어 있으나, 王應麟의 ≪漢制考≫에 '柳'가 '傳'으로 되어 있다. 이에 의거하여 바로잡았다.(阮元의 〈校勘記〉 및 北京大 整理本의 〈校勘記〉 참조)

○ 注의 〔必先〕에서 〔不蹕〕까지

○ 釋曰 : 〔柳之言聚 諸飾之所聚〕 곧 龍帷(용의 문양을 그려 넣은 널을 실은 수레의 옆을 둘러친 휘장)·黼荒(흑색과 백색을 배합한 문양을 그려 넣은 널을 실은 수레의 위를 덮은 휘장)·火三列(3줄의 불 문양)·黻三列(3줄의 己의 글자가 서로 등진 문양) 따위가 이것이다.

〔書曰〕 濟南 伏生의 ≪尙書大傳≫의 문장이다. 그러므로 "度西曰柳穀(서쪽 땅에 거주하게 하였으니, 유곡이라는 곳이다.)"이라 하였다. 오늘날의 ≪尙書≫를 보면 "宅西曰昧谷(서쪽 땅에 거주하게 하였으니, 매곡이라는 곳이다.)"이라 하였으니, '度' 또한 거주한다〔居〕는 뜻이다. '柳'는 각각의 색이 모이는 곳이다. 해가 지려고 할 때 그 색은 붉은데, 아울러 나머지 색도 있다. 그러므로 "柳穀"이라 한 것이다. 이를 인용한 것은 柳(널을 실은 수레를 가리는 휘)에 여러 가지 색이 있음을 보이고자 한 것이다.

〔春秋〕 ≪春秋左氏傳≫ 襄公 25년 조에 "齊나라 崔杼가 莊公을 시해하고, 〈장공의 관을〉 北郭에 임시로 묻어두었다. 丁亥日에 士孫里에서 장사 지냈는데, 4개의 翣만 사용하고, 사람들의 통행도 금지하지 않았으며, 下車(순장용으로 만든 거친 나무 수레) 7乘으로

送葬하였다."고 한 것이 이것이다. 이를 인용한 것은 翣을 두는 의리가 있음을 입증한 것이다.

天-59-4

掌凡內之縫事니라

〈縫人은〉 宮內의 모든 바느질하는 일을 전담하여 관장한다.

60. 染人(염인)

天-60-1

染人은 **掌染絲帛**[1]이니 **凡染**은 **春暴**(폭)**練**이요 **夏纁玄**이요 **秋染夏**요 **冬獻功**이니라

1) 絲帛 : 아직 직조하지 않은 것을 '絲(실)'라 하고, 이미 직조한 것을 '帛(비단)'이라 한다. 孫詒讓에 의하면, 王后 및 公·卿·大夫의 의복은 모두 실에 물들여 직조하고, 元士 이하는 비단에 물을 들인다. 또 이하 四時의 물들이는 일은 모두 絲와 帛 두 가지를 겸해서 말한 것이라고 하였다.(≪周禮正義≫ 권15, 603쪽 참조)

染人은 실과 비단에 물을 들이는 일을 관장한다. 무릇 물을 들일 때는, 봄에는 〈실과 비단을〉 햇볕에 쬐고 누여서 부드럽게 하고, 여름에는 纁色과 玄色으로 물들이고, 가을에는 다섯 가지 채색으로 물들이고, 겨울에 그 실적물을 바친다.

【注】暴(폭)練은 練其素而暴之라 故書에 纁作黧(훈)이니 鄭司農云 黧讀當爲纁이니 纁은 謂絳也[1]라 夏는 大也니 秋乃大染이라 玄謂纁玄者는 謂始可以染此色者라 玄纁者는 天地之色[2]이니 以爲祭服이라 石染[3]은 當及盛暑熱潤에 始湛研之니 三月而後可用이라 考工記鍾氏는 則染纁術也[4]요 染玄은 則史傳闕矣라 染夏者는 染五色이니 謂之夏者는 其色以夏狄爲飾[5]이라 禹貢曰 羽畎(견)[6]夏狄이라하니 是其亦總名이라 其類有六하니 曰翬(휘) 曰搖 曰鷫(수) 曰甾(치) 曰希 曰蹲(준)[7]이니 其毛羽五色皆備成章이라 染者擬以爲深淺之度라 是以放而取名焉이라

1) 纁謂絳也 : ≪說文解字≫ 糸部에 "纁은 淺絳(옅은 강색)이니, 絳은 크게 붉은색(진홍색)이다.〔纁 淺絳也 絳 大赤也〕"라고 하였다. 孫詒讓은 ≪설문해자≫의 文義에 따르면 纁은

비록 絳(진홍색)의 부류이지만, 실은 絳보다 옅은 색이라고 하였다.(≪周禮正義≫ 권15, 604쪽)

2) 玄纁者 天地之色 : ≪周髀算經≫에 "하늘은 靑黑色이고, 땅은 黃赤色이다.〔天靑黑 地黃赤〕"라고 하였다. 孫詒讓에 따르면 靑黑은 곧 玄色이고, 黃赤은 纁色이다.(≪周禮正義≫ 권15, 604~605쪽)

3) 石染 : 朱砂나 礬石 등의 광물로 만든 염료로서, 의복을 물들일 때 사용한다. 孫詒讓은 "무릇 초목으로 만든 염료로 물들이는 것을 草染이라 하니, 祭服에는 사용하지 않는다. 제복은 훈색과 현색이니, 물들일 때 반드시 돌로 만든 염료를 사용하니, 이를 石染이라 한다.〔凡染用草木者 謂之草染 祭服所不用 祭服纁玄 染必以石 謂之石染〕"고 하였다.(≪周禮正義≫ 권15, 605쪽)

4) 考工記鍾氏 則染纁術也 : 실·비단을 물들이는 것이 새의 깃을 물들이는 기술과 같음을 밝힌 것이다. 〈考工記 鍾氏(冬-16-1~3)〉에 "鍾氏는 새의 깃을 물들이는데, 朱砂를 붉은 차조〔丹秫〕와 함께 3개월 동안 물에 담그고, 이후에 뜨거운 물로 〈붉은 차조를〉 찌고, 〈붉은 차조를 찐 물을〉 다시 붉은 차조에 부어서 찌고, 그런 후에 〈붉은 차조를 찐 물로〉 새의 깃털을 물들인다. 〈새의 깃털을〉 세 번 담그면 纁(누런 빛을 띠는 진홍색)이 되고, 다섯 번 담그면 緅(검붉은색)가 되고, 일곱 번 담그면 緇(검은색)가 된다.〔染羽 以湛丹秫三月 而熾之 淳而漬之 三入爲纁 五入爲緅 七入爲緇〕"고 하였다.

5) 謂之夏者 其色以夏狄爲飾 : 이는 ≪尙書≫ 〈禹貢〉의 '夏翟'의 문장에 의거한 것으로, 鄭玄은 鄭衆이 '夏'를 '大'의 뜻으로 해석한 것을 부정한 것이다. 五色으로 물일 때는 草木으로 만든 草染을 사용하고 石染을 사용할 필요가 없으므로 가을에 하는 것이다.(≪周禮正義≫ 권15, 606쪽)

6) 畎(견) : 宋本·嘉靖本·毛本에도 '畎'으로 되어 있는데, 閩本·監本에는 今本 ≪尙書≫에 의거하여 '畎'으로 되어 있다.(阮元의 〈校勘記〉 및 北京大 整理本의 〈校勘記〉 참조)

7) 其類有六……曰蹲(준) : 이는 ≪爾雅≫ 〈釋鳥〉에 의거한 것이다. ≪이아≫ 〈석조〉에서는 伊洛 이남의 '翬', 江淮 이남의 '鷂(搖)'를 들고, 이어서 "남방의 꿩을 '翯(수)'라 하고, 동방의 꿩을 '鶅(치)'라 하고, 북방의 꿩을 '鵗(희)'라 하고, 서방의 꿩을 '鷷(준)'이라 한다.〔南方曰翯 東方曰鶅 北方曰鵗 西方曰鷷〕"고 하였다.

'暴練'은 명주〔素〕를 누이고 햇볕에 쬔다는 뜻이다. 古書(故書)에 '纁'은 '熏'으로 되어 있다. 鄭衆은 "'熏'은 마땅히 '纁'의 뜻으로 읽어야 하니, '纁'은 진홍색〔絳〕을 말한다. '夏'는 크다〔大〕는 뜻이니, 가을에 비로소 크게 물들이는 것이다."라고 하였다. 나(鄭玄)는 생각건대, '纁玄'이라 한 것은 비로소 이 색으로 물들일 수 있음을 말한 것이니, 玄色과 纁色은 하늘과 땅의 색으로 그것으로 祭服을 만든다. 石染(주사 등의 광물로 만든 염료)은 마땅히 무더운 여름철 뜨겁고 윤기가 나는 때에 이르러 비로소 〈주사 등을〉 물에 담그고 문질러서, 3개월이 지난 후에나 사용할 수 있다. 〈考工記 鍾氏〉는 纁色으로 물들이는 法術을 기록한 것이다. 玄色으로 물들이는 법은 문헌에 기록이 빠져 있다. '染夏'는 다섯 가지 채색으로 물들이는 것이니, 그것을 '夏'라고 한 것은 그 색이 夏狄(夏翟)으로 문식을 삼기 때문이다. ≪尙書≫ 〈禹貢〉에 "羽山에서 산출되는 夏狄을 공물로 바친다."고 하였으니, 이는 〈꿩의〉 총명이다. 그 종류에는 6가지가 있으니, 翬(휘)·搖·鸐(수)·甾(치)·希·蹲(준)이다. 〈이들 꿩은〉 그 깃털이 다섯 가지 채색이 모두 갖추어져 무늬를 이루었다. 물들이는 자들은 이들 꿩의 색으로 짙음과 옅음의 법도를 삼고자 하였다. 이 때문에 이를 본떠서 〈夏狄에서〉 명칭을 취한 것이다.

【疏】'染人'至'獻功' ○釋曰：云'凡染, 春暴練'者, 以春陽時陽氣燥達, 故暴曬其練. '夏纁玄'者, 夏暑熱潤之時, 以朱湛丹秫, 易可和釋, 故夏染纁玄而爲祭服也. '秋染夏'者, 夏, 謂五色, 至秋氣涼, 可以染五色也. '冬獻功'者, 纁玄與夏摠染, 至冬功成, 竝獻之於王也.

經의 〔染人〕에서 〔獻功〕까지

○釋曰：〔凡染 春暴練〕 봄철에는 陽氣가 건조하여 바람이 통한다. 그러므로 햇볕에 쬐이고 누인다.

〔夏纁玄〕 여름철 뜨겁고 윤기가 나는 때에 朱砂를 붉은 차조〔丹秫〕와 함께 물에 담그면 쉽게 섞어 희석시킬 수 있다. 그러므로 여름에 훈색과 현색으로 물들여 祭服을 만든다.

〔秋染夏〕 '夏'는 다섯 가지 채색을 말하니, 가을에 이르러 날씨가 서늘하여 다섯 가지 색을 물들일 수 있다.

〔冬獻功〕 훈색·현색과 다섯 가지 채색(청색·백색·적색·흑색·황색)을 모두 물들여 겨울에 이르러 일이 완성되니, 모두 왕에게 바친다.

○注'暴練'至'名焉' ○釋曰：云'暴練, 練其素而暴之'者, 素卽絹也, 先練乃暴之. 此謂國家須練而用者, 非謂祭服. 若祭服, 則先染絲乃織之, 不得爲練也[1]. '司農云, 纁謂絳也'者, 絳卽爾雅及鍾氏所(至)〔云〕[2] "三入爲纁"者, 是也. 云'夏, 大也, 秋乃大染', 後鄭不從者, 下文有夏采, 及禹貢 "羽畎夏狄", 皆謂夏爲五色之翟. '玄謂纁玄者, 謂始可以染此色者', 以其石染當及夏日乃可爲, 故云"始可也." 云'玄纁, 天地之色'者, 案易九事章云 "黃帝·堯·舜垂衣裳, 蓋取諸乾坤", 乾坤卽天地之色, 但天玄地黃, 而玄纁者,土無正位, 託位南方火, 火色赤, 與黃共爲纁也. 凡六冕之服, 皆玄上纁下, 故云"以爲祭服." 卽祭義云 "玄黃之"者, 是也. 云'石染當及盛暑熱潤, 始湛研之, 三月而後可用'者, 竝約考工記鍾氏職而言, 故彼云 "以朱湛丹秫三月而熾之", 是以鄭云 "考工記鍾氏, 則染纁術也." 鄭意以染纁, 鍾氏有其法術, 欲推出染玄, 無正文, 故云 "染玄則史傳闕矣." 染玄雖史傳闕, 推約則有之, 故鄭注鍾氏及士冠禮云 "玄則六入與", 是也. 云'染夏者, 染五色'者, 謂夏卽與五色翟同名夏, 故知染五色也. 故鄭卽云 "謂之夏者, 其色以夏狄爲飾." 是以繢人職云 "五色備謂之繡也." 引'禹貢曰'以下者, (山)〔𡿧〕[3], 谷也, 羽山之谷, 有夏之五色之翟雉貢焉. 云'夏狄是其揔〔名〕[4]'者, 直云'夏狄', 不別云雉名, 故知是其揔也. 云'其類有六'以下者, 是爾雅釋鳥文. 云'其毛羽五色皆備成章'者, 卽爾雅云 "伊洛之南, 素質, 五色皆備成章曰翬, 江淮之南, 青質, 五色皆備成章曰搖." 擧此二者, 餘四者亦然, 是其五色皆備成章也. 云'染者擬以爲深淺之度, 是以放而取名焉'者, 但夏狄五色是自然之色, 今染五色者, 準擬以爲深淺之度, 染五色與雉同名, 故云"是〔以〕[5]放而取名"也.

1) 若祭服……不得爲練也 : 孫詒讓은 絲(실)와 帛(비단)을 물에 담가서 누이는 것을 통틀어 '湅'이라 하고, 이미 물에 담가서 누인 絲와 帛을 통틀어 '練'이라 한다고 구분하였다.(≪周禮正義≫ 권15, 604쪽 참조) 賈公彦은 실〔絲〕을 누여서 명주(비단)로 직조한 이후 祭服을 만드는 것이므로, '練其素'라 할 수 없으며, '湅其素'라고 해야 한다고 주장한 것이다. 따라서 鄭玄이 '練其素而暴之'라고 한 것은 祭服을 만드는 것에 대한 설명이 아니라는 것이다.

2) (至)〔云〕: 저본에는 '至'로 되어 있으나, 北京大 整理本과 上海古籍 整理本에 의거하여 '云'으로 바로잡았다.

3) (山)〔𡿧〕: 저본에는 '山'으로 되어 있으나, 惠校本에 '𡿧'으로 되어 있는 것에 의거하여 바로잡았다.(阮元의 〈校勘記〉 및 北京大 整理本의 〈校勘記〉 참조)

4) 〔名〕: 저본에는 '名'이 없으나, '揔' 다음에 '名'이 빠진 것이라는 浦鏜의 설에 의거하여 보충하였다.(上海古籍 整理本의 〈校勘記〉 참조)

5) 〔以〕: 저본에는 '以'가 없으나, 앞의 鄭玄의 注와 '是' 다음에 '以'가 빠진 것이라는 浦鏜의 설에 의거하여 바로잡았다.(北京大 整理本의 〈校勘記〉 참조)

○ 注의 〔暴練〕에서 〔名焉〕까지

○ 釋曰 : 〔暴練 練其素而暴之〕 '素'는 곧 명주〔絹〕이니, 먼저 〈명주를〉 누이고 이어서 햇볕에 쬐이는 것이다. 이곳 경문에서는 나라에서 반드시 누인 후에 사용하는 것을 말한

것이니, 祭服을 만드는 것을 말한 것이 아니다. 만약 祭服을 만드는 것이라면 먼저 실〔絲〕에 물을 들인 후 이어서 직조를 하니, '練'이 될 수 없다.

〔司農云 纁謂絳也〕 '絳'은 곧 ≪爾雅≫ 〈釋器〉 및 〈考工記 鍾氏(冬-16-3)〉에서 말한 "세 번 물들이면 纁(옅은 진홍색)이 된다."는 것이 이것이다.

〔夏 大也 秋乃大染〕 鄭玄이 따르지 않은 것은, 아래 경문에 '夏采' 및 ≪尙書≫ 〈禹貢〉에 "羽山에서 산출되는 夏狄을 공물로 바친다."라는 문장이 있는데, 모두 '夏'가 다섯 가지 채색의 꿩이 됨을 뜻하기 때문이다.

〔玄謂纁玄者 謂始可以染此色者〕 石染(주사 등의 광물로 만든 염료)은 마땅히 여름철이 되어야 비로소 만들 수 있다. 그러므로 〈정현이〉 "비로소 〈이 색으로 물들일〉 수 있다."고 한 것이다.

〔玄纁 天地之色〕 살펴보건대, ≪周易≫ '九事'章에 "黃帝와 堯·舜이 衣裳을 드리움에 천하가 다스려졌으니, 대체로 乾卦와 坤卦에서 취하한 것이다."라고 하였으니, 乾과 坤은 곧 하늘과 땅의 색이다. 다만 하늘은 현색이고 땅은 황색이지만, 玄色과 纁色은 땅에 正位가 없어서 南方 火에 방위를 가탁하니, 火의 색은 적색으로 황색과 합해져서 훈색이 된다는 뜻이다. 무릇 六冕服은 모두 상의를 현색으로 하고 하의를 훈색으로 한다. 그러므로 〈정현이〉 "그것으로 祭服을 만든다."고 한 것이니, 곧 ≪禮記≫ 〈祭義〉에서 "현색과 황색으로 물들인다."고 한 것이 이것이다.

〔石染當及盛暑熱潤 始湛研之 三月而後可用〕 모두 〈고공기 종씨(冬-16-1)〉를 헤아려서 말한 것이다. 그러므로 그곳(〈고공기 종씨(冬-16-1)〉)에서 "朱砂를 붉은 차조〔丹秫〕와 함께 3개월 동안 물에 담그고, 이후에 뜨거운 물로 〈붉은 차조를〉 찐다."고 하였다. 이 때문에 정현이 "〈고공기 종씨〉는 纁色으로 물들이는 法術을 기록한 것이다."라고 한 것이다. 정현은 훈색으로 물들이는 것은 〈고공기 종씨〉에 그 法術이 있다고 생각하고, 현색으로 물들이는 법을 추출하고자 하였다. 〈현색으로 물들이는 법은〉 正文(經文)이 없다. 그러므로 정현은 "현색으로 물들이는 법은 문헌에 기록이 빠져 있다."고 하였다. 현색으로 물들이는 법은 비록 문헌에 기록이 빠져 있지만, 추론하여 헤아리면 있는 것이다. 그러므로 정현이 〈고공기 종씨(冬-16-3)〉 및 ≪儀禮≫ 〈士冠禮〉에 注를 달면서 "현색은 6번 물들인 것인 듯하다."라고 한 것이 이것이다.

〔染夏者 染五色〕 〈染夏의〉 '夏'는 다섯 가지 채색의 꿩과 똑같이 '夏'라고 칭했으므로, 다섯 가지 채색으로 물들이는 것임을 알 수 있음을 말한 것이다. 그러므로 정현은 곧 "그것을 '夏'라고 한 것은 그 색이 夏狄으로 문식을 삼기 때문이다."라고 한 것이다. 이 때문

에 〈고공기 畫繢(冬-15-2)〉에서 "다섯 가지 채색이 갖추어진 것을 '繡'라고 한다."고 하였다. 〈정현이〉 '禹貢曰' 이하를 인용한 것은, '畎'은 골짜기〔谷〕의 뜻이니, 羽山의 골짜기에 '夏'라는 다섯 가지 채색의 꿩이 있어 그것을 공물로 바쳤기 때문이다.

〔夏狄 是其亦摠名〕〈≪尙書≫ 〈禹貢〉에서〉 단지 '夏狄'이라고만 말하고, 꿩의 명칭을 구별하여 말하지 않았다. 그러므로 〈정현은 夏狄이 꿩의〉 총명임을 안 것이다.

'其類有六' 이하는 ≪爾雅≫ 〈釋鳥〉의 문장이다.

〔其毛羽五色皆備成章〕 곧 ≪이아≫ 〈석조〉에서 "伊水와 洛水 이남 지역에서는 흰색 바탕에 다섯 가지 채색을 모두 갖추어 무늬를 이룬 꿩을 '翬'라고 하고, 江水과 淮水 이남 지역에서는 청색 바탕에 다섯 가지 색채를 모두 갖추어 무늬를 이룬 꿩을 '搖'라고 한다."고 한 것이다. 이 두 가지를 예로 든 것은 나머지 네 가지도 마찬가지라는 뜻이니, 〈나머지 네 가지도〉 다섯 가지 색채가 모두 갖추어져 무늬를 이룬 것이다.

〔染者擬以爲深淺之度 是以放而取名焉〕 다만 夏狄의 다섯 가지 채색은 저절로 그렇게 된 색깔인데, 이제 다섯 가지 채색으로 물들이는 자들은 그것을 기준으로 삼아서 짙음과 옅음의 법도로 삼고자 하여 다섯 가지 채색으로 물들이는 것을 꿩의 명칭과 똑같이 하였다. 그러므로 〈정현이〉 "이 때문에 이를 본떠서 〈夏狄에서〉 명칭을 취한 것이다."라고 한 것이다.

天-60-2

掌凡染事

〈染人은〉 모든 물들이는 일을 관장한다.

61. 追師(퇴사)

天-61-1

追[1]**師**는 **掌王后之首服**이니 **爲副·編·次**[2]하고 **追衡·笄**[3]하며 **爲九嬪及外內命婦之首服**하여 **以待祭祀賓客**이니라

1) 追 : 陸德明은 '追(퇴)'의 음은 丁과 回의 反切이며, 아래 鄭玄의 注에서도 마찬가지라고 하였다.〔追 丁回反 下及注同〕(≪經典釋文≫ 권8 〈周禮音義 上 天官冢宰 下〉 '追師')

2) 副編次 : 副・編・次 세 가지는 모두 부인의 머리 장식이다. 王念孫은 세 가지 모두 다른 사람의 머리카락을 취하여 자기의 머리카락과 합쳐서 만든 가발 장식으로, 副 위에는 별도의 장식물이 있다고 하였다. 副・編・次의 구분은 명확하지 않지만 아래 鄭玄의 注에 따르면, '副'는 왕을 따라 제사를 지낼 때 착용하는 머리장식이고, '編'은 양잠할 때 착용하는 머리장식이고, '次'는 한가로이 거처하거나 왕을 뵐 때 착용하는 머리장식이다. (≪周禮正義≫ 권15, 611쪽 참조)

3) 衡笄 : 孫詒讓에 의하면, '衡'은 冠이나 首飾(머리장식)을 고정하는 비녀로서, 冠이나 首飾(副・編・次 등)을 착용한 후 衡을 꽂아서 단단하게 고정한다. '笄'는 머리카락을 고정하는 비녀로서, 먼저 검은색 비단으로 만든 纚(머리싸개)로 머리카락을 싸서 쪽머리를 만들고, 그런 다음 笄를 꽂아서 단단하게 고정한다. 그러나 '衡'과 '笄'를 한 가지 물건으로 해석하는 주장도 역대로 이어졌다. 何楷・秦蕙田・江永・張惠言・宋綿初・林喬蔭・莊有可 등 명청시대의 학자들은 모두 '衡'이 곧 '笄'라고 하였다. 陳奐은 "부인에게는 副笄가 있고, 纚笄가 있다. 머리싸개〔纚〕를 묶어서 고정하는 것을 '纚笄'라고 하고, 머리장식〔副〕을 묶어서 고정하는 것을 '副笄'라고 한다. 副笄에는 '衡笄'를 사용하지만, 纚笄에게 衡笄를 사용하지 않는다.〔夫人有副笄 有纚笄 維持纚者謂之纚笄 維持副者謂之副笄 副笄用衡笄 纚笄不用衡笄〕"고 하였다. 즉 '衡'과 '笄'는 두 가지 물건이 아니라, '衡笄' 즉 '가로로 꽂는 비녀'로서 하나의 비녀를 가리킨다는 것이다. 金鶚도 '笄'에는 두 가지가 있다고 하면서, "머리카락을 안정시키는 笄를 ≪儀禮≫ 〈士喪禮〉에서는 '鬠笄(괄계)'라고 했는데, '鬠'이라는 글자는 모인다〔會〕는 뜻이니, 머리카락이 모이는 곳이다. 관을 고정하는 笄를 '衡笄'라고 하니, '衡'이라는 글자는 가로〔橫〕라는 뜻이니, 머리에 가로로 꽂는 것이다. 連言하면 '衡笄'라고 하고, 單言하면 '衡'이라고 하니, 같은 것이다.〔安髮之笄 士喪禮謂之鬠笄 鬠之爲言會也 髮所聚會 固冠之笄 謂之衡笄 衡之爲言橫也 橫之於首也 連言曰衡笄 單言曰衡〕"라고 하였다. (≪周禮正義≫ 권15, 609쪽 참조)

笄

追師는 왕후의 머리장식〔首服〕을 관장하니, 副・編・次의 머리장식을 제작하고 옥을 다듬어서 衡(머리장식을 고정하는 비녀)과 笄(머리카락을 고정하는 비녀)를 만든다. 九嬪 및 外命婦・內命婦의 머리장식을 제작하여 제사를 지내거나 빈객을 접대할 때에 대비한다.

【注】鄭司農云 追(퇴)는 冠名이니 士冠禮記曰 委貌는 周道也요 章甫는 殷道也요 牟[1]追는 夏后氏之道也[2]라 追師는 掌冠冕之官이라 故幷主王后之首服이라 副者는 婦人之首服이니 祭統

曰 君은 卷冕立于阼하고 夫人은 副褘立于東房이라 衡은 維持冠者니 春秋傳曰 衡・紞(담)・紘(굉)・綖(연)[3]이라 玄謂副之言覆은 所以覆首爲之飾이니 其遺象이 若今步繇[4]矣니 服之以從王祭祀라 編은 編列髮爲之니 其遺象이 若今假紒(계)矣니 服之以〔告〕[5]桑也라 次는 次第髮長短爲之니 所謂髲髢(체)[6]이니 服之以見(현)王하고 王后之燕居에 亦纚(쇄)[7]笄總[8]而已라 追(퇴)는 猶治也니 詩云 追琢其璋이라 王后之衡・笄는 皆以玉爲之요 唯祭服有衡하니 垂于副之兩旁하여 當耳하고 其下以紞縣瑱(전)[9]이라 詩云 玼兮玼兮하니 其之翟也로다 鬒(진)髮如雲하니 不屑鬄(체)[10]也로다 玉之瑱也라하니 是之謂也라 笄는 卷髮者라 外內命婦衣鞠衣・襢衣者服編하고 衣褖衣者服次라 外內命婦非王祭祀賓客佐后之禮어든 自於其家則亦降焉이라 少牢饋食禮曰 主婦髲鬄衣移(치)[11]袂라하고 特牲饋食禮曰 主婦纚笄宵衣[12]是也라 昏禮에 女次純衣는 攝盛服耳[13]요 主人爵弁以迎이라 移袂는 (禒)〔褖〕衣之袂니 凡諸侯夫人이 於其國에 衣服與王后同이라

1) 牟 : 저본에는 '牟'로 되어 있으나, 阮元은 "陸德明의 ≪經典釋文≫에 '毋追〈에서의 毋는〉 음이 牟이다.〔毋追 音牟〕'라고 하였으니, 이곳에 '牟'로 되어 있는 것은 잘못이다. ≪儀禮≫ 〈士冠禮〉에 대한 釋文에도 '毋追 音牟'라 하였다."고 하였다.(阮元의 〈校勘記〉 및 上海古籍整理本과 北京大 整理本의 〈校勘記〉 참조) ≪禮記≫ 〈郊特牲〉과 ≪의례≫ 〈사관례〉 記文에도 '毋追'로 되어 있다. 그러나 ≪예기≫ 〈王制〉 鄭玄의 注와 ≪欽定禮記義疏≫ 〈王制〉 등에는 '牟追'로 되어 있으므로, 이곳에서는 저본에 따라 '牟追'로 번역하였다.

2) 士冠禮記曰……夏后氏之道也 : ≪儀禮≫ 〈士冠禮〉 記文에 "委貌는 周나라에서 평소 도를 행할 때 쓰던 관이다. 章甫는 殷나라에서 평소 도를 행할 때 쓰던 관이다. 毋追는 夏나라에서 평소 도를 행할 때 쓰던 관이다.〔委貌 周道也 章甫 殷道也 毋追 夏后氏之道也〕"라고 하였다. 鄭玄의 注에 "'毋'는 발성조사이다. '追'는 堆(높이 쌓는다)와 같다. 夏后氏는 질박함을 숭상하였으니, 그 형태를 가지고 명칭을 삼은 것이다. 세 가지 관 모두 그것을 쓰고서 도를 행하던 것이다.〔毋 發聲也 追猶堆也 夏后氏質 以其形名之 三冠皆所服以行道也〕"라고 하였다. '行道'에 대해서 孔穎達은 "'行道'는 養老, 燕飮, 燕居의 예를 행할 때의 의복을 말한다. 만약 視朝를 하면서 도를 행할 때는 皮弁服을 착용한다〔行道 謂養老燕飮燕居之服 若視朝行道 則皮弁也〕"고 하였다.(≪禮記正義≫ 〈郊特牲〉 孔穎達의 疏)

3) 衡紞(담)紘(굉)綖(연) : ≪春秋左氏傳≫ 桓公 2년 조, 杜預의 注에는 "衡은 冠에 매어서 지탱하는 것이고, 紞은 冠의 아래로 드리운 것이고, 紘은 아래에서 위로 올라간 끈이고, 綖은 冕旒冠 위의 덮개이다.〔衡 維持冠者 紞 冠之垂者 紘 纓從下而上者 綖 冠上覆〕"라고 하였다. '衡'은 면관의 테두리〔武〕와 그 위의 덮개〔綖(延)〕를 연결하는 것으로 옥으로 만든 비녀이다. '紞'은 衡에 걸어서 면관의 양쪽 옆으로 아래로 늘어뜨려 귓가에 이르러서 옥

으로 만든 둥근 귀막이 즉 '瑱'에 매다는 끈을 말한다. '紘'은 먼저 왼쪽 비녀에 매서 아래로 늘어뜨리고, 턱 아래에 이르러 다시 위로 올려 오른쪽 비녀에 매다는 관끈을 말한다. '綖'은 '延'이라고도 하는데, 면관의 위를 덮는 판으로, 天圓地方을 상징하여 앞쪽은 둥글게 뒤쪽을 네모지게 만든다.

4) 繇 : 陸德明은 어떤 本에는 '搖'로 되어 있다고 하였다.(≪經典釋文≫ 권8 〈周禮音義 上 天官冢宰 下〉 '追師')

5) 〔告〕 : 저본에는 '告'가 없으나, 阮元은 "≪詩經≫의 〈鄘風 君子偕老〉와 〈齊風 雞鳴〉에 대한 孔穎達의 疏에서 이 문장을 인용하면서 '服之以告桑'이라 하였는데, 이곳에는 '告'의 글자가 빠진 것이다."라고 하였다. 이에 의거하여 보충하였다.(上海古籍 整理本과 北京大 整理本의 〈校勘記〉 참조)

6) 髢(체) : 陸德明은 어떤 본에는 또 '鬄'로 되어 있다고 하였다.(≪經典釋文≫ 권8 〈周禮音義 上 天官冢宰 下〉 '追師')

7) 纚(쇄) : 머리를 묶는 비단 끈으로, 남녀 모두 사용한다. '縰'로도 쓴다. ≪儀禮≫ 〈士冠禮〉 鄭玄의 注에 "'纚(머리싸개)'의 너비는 온 폭으로 하고, 길이는 6척이니, 머리카락을 싸서 묶기에 충분하다.〔纚一幅 長六尺 足以韜髮而結之矣〕"고 하였고, ≪의례≫ 〈士昏禮〉 정현의 주에서는 "'纚'는 머리카락을 싸는 것이다.〔纚 縚髮〕"라고 하였다.

8) 纚笄(쇄)總 : 이는 ≪禮記≫ 〈內則〉의 문장이다. 〈내칙〉에 "〈첩은〉 모시러 나아갈 때는 재계를 하고, 양치질을 하고, 손을 씻고, 의복을 삼가 입고, 빗질을 하고, 머리싸개를 하고, 비녀를 꽂고, 머리를 땋아서 묶고, 다팔머리장식의 먼지를 털어 착용하고, 향주머

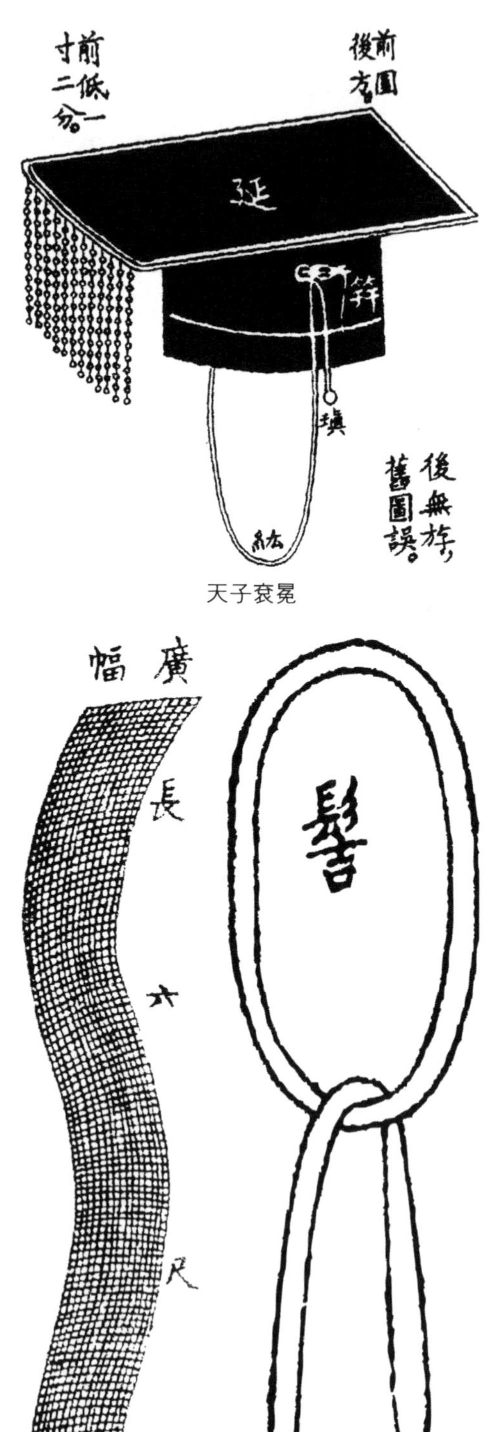

天子袞冕

纚
總

니를 달고, 신발 코의 끈을 맨다.〔將御者 齊 漱澣 愼衣服 櫛 縰 笄 總(角) 拂髦 衿纓 綦屨〕"고 하였다. '總'은 부인들이 머리를 묶을 때 사용하는 띠를 말한다. 보통 머리카락의 끝부분을 묶고 나머지는 아래로 늘어뜨린다. 평상시에는 비단으로 만드는데, 喪禮에서는 베로 만든다.

9) 瑱(전) : 冠冕의 양쪽 옆으로 꿰어서 귀를 막는 옥으로, 讒言을 듣지 않음을 보여준다. 이 때문에 '充耳'라고도 한다. 천자는 玉으로 만들고, 제후는 石으로 만들며, 신하들은 象・角으로 만든다.

10) 鬒(진)髮如雲 不屑髢(체) : ≪詩經≫ 〈鄘風 君子偕老〉에는 "髢"가 '鬄'로 되어 있다. 毛亨의 傳에서는 "'鬒'은 검은 머리카락이다. '如雲'은 아름답고 길다는 뜻이다. '屑'은 깨끗하다는 뜻이다.〔鬒 黑髮也 如雲 言美長也 屑 絜也〕"라고 하였고, 鄭玄의 箋에서는 "'鬄'는 다리이다. '不絜'은 다리를 사용하는 것을 좋게 여기지 않는다는 뜻이다.〔鬄 髲也 不絜者 不用髲爲善〕"라고 하였다. ≪春秋左氏傳≫ 昭公 26년 조의 '鬒鬚眉'에 대한 孔穎達의 疏에서 "≪說文解字≫에 '鬒은 빽빽한 머리카락이다.'라고 하였다. '鬒鬚眉'란 수염과 눈썹이 모두 빽빽하고 많음을 말한다.〔說文云 鬒 稠髮也 鬒鬚眉者 言鬚眉皆稠多也〕"고 하였다. 이곳에서는 모형의 전과 공영달의 소에 의거하여 번역하였다.

11) 移(치) : 陸德明은 '移(옷이 헐렁함)'의 음은 昌과 氏의 反切로서, 아래도 마찬가지라고 하였다.(≪經典釋文≫ 권8 〈周禮音義 上 天官冢宰 下〉 '追師') 宋本・余本・嘉靖本에는 '移'가가 '袳'로 되어 있다.(北京大 整理本의 〈校勘記〉 참조)

12) 宵衣 : '綃衣'로도 쓴다. '綃'는 비단으로 옷깃을 만든 검은색의 베옷을 말한다. ≪儀禮≫ 〈士昏禮〉 賈公彥의 疏에 "이 옷은 비록 '綃衣'라고 말하지만, 또한 純衣와 더불어 똑같이 褖衣인데, 綃(비단의 일종)로 옷깃을 만들었기 때문에 이로 인해서 '綃衣'라는 이름을 얻게 되었다.〔此衣雖言綃衣 亦與純衣同是褖衣 用綃爲領 故因得名綃衣也〕"고 하여 綃衣를 褖衣라고 하였다.

13) 女次純衣 攝盛服耳 : ≪儀禮≫ 〈士昏禮〉에는 "女次 純衣纁袡(딸은 머리에 次의 장식을 착용하고 옅은 진홍색 가선 장식을 한 검은색의 비단 웃옷을 입는다.)"이라고 하였다. 이곳의 '純衣'는 '稅衣' 혹은 '褖衣'를 뜻한다. 士의 妻의 최고 등급 복장은 머리에 次(가체)의 장식을 하고 褖衣를 입는 것이다. 이는 본래 제사를 도울 때 입는 복장인데, 鄭玄은 親迎할 때 이것을 입는 것은 한 등급을 올려서 귀하고 성대함을 보이기 위한 것이라고 해석하였다.

鄭衆은 "'追'는 冠의 명칭이다. ≪儀禮≫ 〈士冠禮〉 記文에서 '委貌는 周나라에서 평소 도를 행할 때 쓰던 관이다. 章甫는 殷나라에서 평소 도를 행할 때 쓰던 관이다. 牟追는 夏나라에서 평소 도를 행할 때 쓰던 관이다.'라고 하였다. '追師'는 冠冕을 관장하는 관직이다. 그러므로 〈왕과〉 아울러 왕후의 머리장식〔首服〕까지 함께 주관한다. '副'는 부인의 머리장식이다. ≪禮記≫ 〈祭統〉에서 '〈제사 지내는 날〉 군주는 卷冕(袞冕)을 입고서 阼階(동쪽 계단)에 서고, 夫人은 머리에 副의 장식을 착용하고 褘衣를 입고서 東房(동쪽 방)에 선다.'고 하였다. '衡(관을 고정하는 비녀)'은 관에 매어서 지탱시키는 것이다. ≪春秋左氏傳≫ 桓公 2년 조에 '衡(관을 고정하는 비녀)·紞(귀막이 끈)·紘(관 끈)·綖(면관의 덮개판)'이라고 하였다."고 하였다.

나(鄭玄)는 생각건대, '副'라는 글자는 덮는다〔覆〕는 뜻이니, 머리를 덮어서 장식으로 삼는 것이다. 그 전해 내려오는 모습은 오늘날의 步繇와 유사하니, 머리에 그것을 착용하고서 왕을 따라 제사를 지낸다. '編'은 머리카락을 엮어서 나열하여 만든다. 그 전해 내려오는 모습은 오늘날의 假紒(다리머리)와 유사하니, 머리에 그것을 착용하고서 〈先帝에게〉 桑事를 고한다. '次'는 머리카락의 길이를 가지런하게 하여 만드니, 이른바 髲髢(가발)인데, 머리에 그것을 착용하고서 왕을 뵙는다. 왕후가 한가로이 거처할〔燕居〕 때는 또한 머리싸개를 하고〔纚〕 비녀를 꽂고〔笄〕 머리를 땋아서 묶을〔總〕 뿐이다. '追'는 治〔다듬다〕와 같으니, ≪詩經≫ 〈大雅 棫樸〉에 "追琢其璋(그 반쪽 홀을 다듬고 쪼네.)"이라고 하였다. 왕후의 衡(머리장식을 고정하는 비녀)과 笄(머리카락을 고정하는 비녀)는 모두 옥으로 만드는데, 오직 祭服에만 衡을 두어서 副의 양 옆으로 드리워 귀에 맞닿게 하며, 그 아래에는 紞(귀막이 끈)으로 瑱(귀막이)을 매단다. ≪시경≫ 〈鄘風 君子偕老〉에 "깨끗하고 깨끗하니, 그 분의 翟衣로다. 검은 머리카락 구름처럼 빽빽하니, 다리〔鬄〕가 필요 없네. 옥으로 만든 귀막이여."라고 한 것이 이를 말하는 것이다. '笄(비녀)'는 머리카락을 말아서 묶는 기구이다. 外命婦와 內命婦가 鞠衣와 襢衣를 입을 경우 머리에 編의 장식을 착용하고, 褖衣를 입을 경우 머리에 次의 장식을 착용한다. 외명부와 내명부는 왕이 제사를 지내고 빈객을 접대할 때 왕후의 禮를 돕는 경우가 아니라면, 그 집에서는 또한 스스로 낮추어서 착용한다. ≪의례≫ 〈少牢饋食禮〉에서 "主婦는 髲鬄(피체)의 머리장식을 착용하고 소매 폭이 넓은 宵衣(비단 옷깃을 한 검은색의 웃옷)를 입는다."고 하였고, 〈特牲饋食禮〉에서 "主婦는 머리싸개를 하고 비녀를 꽂고 宵衣를 입는다."고 한 것이 이것이다. ≪의례≫ 〈士昏禮〉에서 "딸(신부)은 머리에 次〔가체〕의 장식을 착용하고 純衣(검은색의 비단 웃옷)를 입는다."고 한 것은 한 등급을 올려서 귀하고 성대함을 보이는 의복일 뿐이다. 主人은 爵弁服을 착용하고서 맞이하는데 옷소매의 폭을 넓게 하니, 褖衣의 소매를 말한다. 무릇 諸侯의 夫人은 자기 나라에서는 의복이 왕후와 동일하다.

【疏】'追師'至'賓客' ○釋曰：云'掌王后之首服'者, 對夏官弁師掌男子之首服. 首服則副・編・次也. 云'追衡・笄'者, 追, 治玉石之名, 謂治玉爲衡・笄也. 云'爲九嬪及外內命婦之首服'者, 此云'及', 則與上內司服同, 亦是言'及'殊貴賤. 九嬪下不言'世婦', 文略, 則外命婦中, 有三公夫人・卿大夫等之妻, 內命婦中, 唯有女御也. 云'以待祭祀・賓客'者, 亦謂助〔王〕[1]后而服之也.

1) 〔王〕: 저본에는 '王'이 없으나, 惠校本에 '后' 위에 '王'이 있는 것에 의거하여 보충하였다.(阮元의 〈校勘記〉 및 上海古籍 整理本과 北京大 整理本의 〈校勘記〉 참조)

經의 〔追師〕에서 〔賓客〕까지

○ 釋曰 : 〔掌王后之首服〕 夏官의 弁師가 남자의 머리장식을 관장하는 것과 대비한 것이다. '머리장식〔首服〕'은 副・編・次이다.

〔追衡笄〕 '追'는 玉石을 다듬는 것에 대한 명칭이니, 옥을 다듬어서 衡(머리장식을 고정하는 비녀)과 笄(머리싸개를 고정하는 비녀)를 만드는 것을 말한다.

〔爲九嬪及外內命婦之首服〕 이곳에서 '及'이라고 말한 것은 위의 〈天官 內司服(天-58-3)〉과 같은 것이니, 또한 '及'이라고 말하여 존귀함과 천함을 구분한 것이다. '九嬪' 아래에 '世婦'를 말하지 않은 것은 문장이 생략된 것이니, 外命婦 가운데에는 三公의 夫人・卿・大夫 등의 처가 있고, 內命婦 가운데에는 오직 女御가 있는 것이다.

〔以待祭祀賓客〕 또한 〈九嬪 등이〉 왕후를 도울 때 입는 것을 말한다.

○ 注'鄭司'至'后同' ○ 釋曰 : '司農云, 追, 冠名'者, 見士冠禮夏后氏牟追, 故引士冠爲證. 云'追師, 掌冠冕之官, 故并主王后之首服'者, 此鄭意以追師掌作冠冕, 弁師掌其成法, 若縫人掌縫衣, 別有司服・內司服之官相似, 故有兩官共掌男子首服也. 後鄭不從者, 此追師若兼掌男子首服, 亦當如下屨人職云"掌王及后之服屨", 兼王爲文. 今不云'王', 明非兩官共掌, 此直掌后已下首服也. 又引祭統者, 證副是首飾. 又引春秋者, 是桓二年臧哀伯辭. 彼云"衡・紞・紘・綖", 則據男子之衡. 引證此者, 司農意男子婦人皆有衡, 後鄭意亦爾. 但後鄭於此經無男子耳.

○ 注의 〔鄭司〕에서 〔后同〕까지

○ 釋曰 : 〔司農云 追 冠名〕 〈鄭衆은〉 ≪儀禮≫ 〈士冠禮〉 記文에서 '夏后氏의 牟追(모퇴)'라고 한 것을 보았다. 그러므로 〈사관례〉 記文을 인용하여 증거로 삼은 것이다.

〔追師 掌冠冕之官 故并主王后之首服〕 이는 정중이 追師가 冠冕을 제작하는 일을 관장하고 弁師가 그 완성하는 법을 관장하는 것이, 마치 縫人이 옷 꿰매는 일을 관장하는데

별도로 司服과 內司服의 관직을 둔 것과 서로 유사하므로 두 관직을 두어서 함께 남자의 머리장식을 관장하는 것이라고 생각한 것이다. 鄭玄이 이를 따르지 않은 것은, 이 퇴사가 만약 남자의 머리장식까지 겸하여 관장하는 것이라면 또한 마땅히 아래 〈天官 屨人(天-62-1)〉에서 "掌王及后之服屨(왕과 왕후가 입는 각종 의복에 따라 신어야 할 신발을 관장한다.)"라고 한 것처럼 '王'을 겸하여 문장을 만들었어야 하기 때문이다. 이제 '王'이라고 말하지 않았으니, 두 관직이 함께 관장하는 것이 아니라 이 〈퇴사의 관직은〉 단지 王后 이하의 머리장식만을 관장하는 것임이 분명하다. 〈정중이〉 또 ≪禮記≫ 〈祭統〉을 인용한 것은 '副'가 머리장식〔首飾〕임을 입증한 것이다. 또 ≪春秋≫를 인용한 것은 ≪春秋左氏傳≫ 桓公 2년 조의 臧哀伯의 말이다. 그곳에서 "衡(관을 고정하는 비녀)·紞(귀막이 끈)·紘(관 끈)·綖(면관의 덮개 판)"이라고 한 것은 남자의 衡(관을 고정하는 비녀)에 의거하여 말한 것이다. 이를 인용하여 입증한 것은, 정중이 남자와 부인 모두에게 衡(관·머리장식을 고정하는 비녀)이 있다고 생각했기 때문인데, 정현도 또한 그렇게 생각했다. 다만 정현은 이곳 경문에서는 남자〈의 衡(머리장식을 고정하는 비녀)은〉 없다고 생각했을 뿐이다.

'玄謂副之言覆, 所以覆首爲之飾'者, 副者, 是副貳之副, 故轉從覆爲蓋之義也. 云'其遺象若今步繇矣', 漢之步繇, 謂在首之時, 行步繇動. 此據時目驗以曉古, 至今去漢久遠, 亦無以知之矣. 案詩有'副笄六珈', 謂以六物加於副上, 未知用何物, 故鄭注詩云 "副旣笄而加飾, 古之制所有, 未聞", 是也. 云'服之以從王祭祀'者, 鄭意三翟皆首服副. 祭祀之中, 含先王·先公·群小祀, 故以祭祀摠言之也. 云'編, 編列髮爲之'者, 此鄭亦以意解之, 見編是編列之字, 故云"編列髮爲之." 云'其遺象, 若今假紒矣.'者, 其假紒亦是鄭之目驗以曉古, 至今亦不知其狀也. 云'服之以桑也'者, 上注 "鞠衣以告桑", 此下注及鄭答志皆云 "展首服編[1)]", 此直據鞠衣服之以桑, 不云'展衣'者, 文略. 其編亦兼於展衣也. 云'次, 次第髮長短爲之'者, 此亦以意解之. 見其首服而云'次', 明次第髮長短而爲之. 云'所謂髲髢'者, 所謂少牢"主婦髲髢", 卽此次也. 言'髲髢'者, 鬄髮也, 謂翦鬄取賤者刑者之髮而爲髢. 鄭必知三翟之首服副·鞠衣展衣首服編·褖衣首服次者, 王之祭服有六, 首服皆冕, 則后之祭服有三, 首服皆副可知. 昏禮 "女次純衣", 純衣則褖衣, 褖衣而云'次', 則褖衣首服次可知. 其中亦有編, 明配鞠衣·展衣也. 云'服之以見王'者, 上注展衣云 "以禮見王", 則展衣首服編以禮見王. 此又云'次以見王'者, 則見王有二, 一者以禮朝見於王, 與見賓客同, 則服展衣與編也, 一者褖衣首服次, 接御見王則褖衣與次,則此注見王是也. 故二者皆云"見王"耳.

1) 鄭答志皆云 展首服編 : 현존하는 鄭小同의 ≪鄭志≫ 卷下에는 "鞠衣를 입을 경우 머리에 編을 착용하니, 머리카락을 엮어서 나열하여 만든다. 그 전해 내려오는 모습은 오늘날의 假紒와 유사한다. 展衣나 褖衣를 입을 경우 머리에 次를 착용하는데, 머리카락의 길이를 가지런히 하여 만드니, 이른바 髮髢이다.〔鞠衣首服編 編列髮爲之 其遺象若今假紒矣 展衣褖衣首服次 次第髮長短爲之 所謂髮髢〕"라고 되어 있다. 이곳에는 '鞠衣'에는 編의 장식을 착용하고, '展衣'에는 '次'의 장식을 착용하는 것으로 되어 있어 賈公彦이 인용한 것과는 상치된다. 또 현재 남아 있는 ≪정지≫에서 보면 鄭玄의 이 말이 누구의 질문에 답을 것인지도 확인하기 어렵다.

〔玄謂副之言覆 所以覆首爲之飾〕 '副'는 '副貳'라고 할 때의 '副(버금)'의 뜻이다. 그러므로 전변해서 '覆'를 따라 '蓋(덮개)'의 뜻이 되었다.

〔其遺象 若今步繇矣〕 〈副는〉 漢나라 때의 步繇이니, 머리에 쓰고 있을 때 걸어가면 흔들림을 말한다. 이것은 〈鄭玄이〉 당시 눈으로 직접 징험한 것에 의거해서 옛날의 제도를 알았던 것이다. 이제는 漢나라 때와 오래되고 멀어졌기 때문에 또한 그것을 알 수 있는 방법이 없다. 살펴보건대, ≪詩經≫ 〈鄘風 君子偕老〉에 '副笄六珈'라는 문장이 있으니, 6가지 물건을 副(머리장식) 위에 더하여 꾸미는 것을 말하는데 어떤 물건을 사용하는지는 알지 못한다. 그러므로 정현이 ≪시경≫ 〈용풍 군자해로〉에 注를 달면서 "副에 비녀를 꽂은 후 문식을 가하는데, 옛날의 제도에 있었을 테지만 〈어떤 물건으로 문식하는지〉 들어보지 못했다."고 한 것이 이것이다.

〔服之以從王祭祀〕 정현은 三翟(褘衣・揄翟・闕翟)을 입을 때는 모두 머리에 副의 장식을 착용한다고 생각한 것이다. 祭祀 가운데에는 先王・先公・각종 小祀의 제사를 포함한다. 그러므로 '祭祀'로 총괄하여 말했다.

〔編 編列髮爲之〕 이는 정현이 또한 뜻으로 풀이한 것이다. 〈정현은〉 '編'이 엮어서 나열한다〔編列〕는 뜻의 글자임을 알았다. 그러므로 "머리카락을 엮어서 나열하여 만든다."고 한 것이다.

〔其遺象 若今假紒矣〕 그 '假紒'는 또한 정현이 눈으로 직접 징험해서 옛 제도를 알았던 것이지만, 오늘날에 이르러서는 또한 그 형상을 알지 못한다.

〔服之以桑也〕 위의 정현 注(〈天官 內司服(天-58-1)〉)에서 "鞠衣를 입고서 桑事를 고한다."고 하였고, 이곳 아래의 정현 주 및 ≪鄭志≫에서 정현이 답할 때 모두 "展衣를 입을 경우 머리에 編의 장식을 착용한다."고 하였는데, 이곳에서는 단지 국의에 의거하여 머리

에 〈編의〉 장식을 착용하고서 桑事를 고한다고만 말하고 '전의'를 말하지 않은 것은 문장이 생략된 것이다. 그 '編'은 또한 展衣를 입을 경우에도 겸하여 착용한다.

〔次 次第髮長短爲之〕 이 또한 〈정현이〉 뜻으로 풀이한 것이다. 그 머리장식〔首服〕을 보고서 '次'라고 한 것이니, 머리카락의 길이를 가지런히 하여 만든 것임을 밝힌 것이다.

〔所謂髲髢〕 ≪儀禮≫ 〈少牢饋食禮〉에 말한 "主婦는 髲髢의 머리장식을 한다."는 것이 곧 이 '次'이다. '髲髢'라고 말한 것은 머리카락을 자른다는 뜻이니, 천한 자나 형벌을 받은 자의 머리카락을 자르고 베어서 다리머리를 만드는 것을 말한다.

정현이 반드시 三翟(휘의・요적・궐적)을 입을 경우 머리에 副의 장식을 착용하고, 鞠衣와 展衣를 입을 경우 머리에 編의 장식을 착용하고, 褖衣를 입을 경우 머리에 次의 장식을 착용하는 것을 알았던 것은, 왕의 祭服에 6가지가 있는데 머리에 모두 冕冠을 착용하므로, 왕후의 祭服에 3가지(휘의・요적・궐적)가 있으니 머리에 모두 副의 장식을 착용함을 알 수 있기 때문이다. ≪의례≫ 〈士昏禮〉에서 "딸(신부)은 머리에 次의 장식을 착용하고 純衣(검은 색의 비단 웃옷)를 입는다."고 하였는데, '純衣'는 단의를 말한다. 단의를 입는데 '次'의 장식을 한다고 하였으니, 단의를 입을 경우 머리에 次의 장식을 착용함을 알 수 있다. 그 〈머리장식〉 가운데에는 또한 編이 있으니, 鞠衣・展衣에 배합하는 것임이 분명하다.

〔服之以見王〕 정현은 위(〈天官 內司服(天-58-1)〉)에서 '展衣'에 注를 달면서 "禮로써 왕을 뵙는다."고 하였으니, 전의를 입고 머리에 編의 장식을 착용하고서 禮로써 왕을 뵙는 것이다. 이곳의 注에서 또 '次의 장식을 착용하고서 왕을 뵙는다.'고 하였으니, 왕을 뵙는 방식에는 두 가지가 있다. 하나는 禮로써 왕을 朝見하는 것으로, 빈객을 만날 때와 마찬가지로 하니, 전의와 編을 착용한다. 다른 하나는 단의를 입고 머리에 次의 장식을 착용하고서 왕을 모시면서 뵙는 것이니, 단의와 次를 착용하는 것은 이곳의 정현 注에서 '왕을 뵙는다.'고 한 것이 그런 경우이다. 그러므로 두 가지 경우에 모두 "왕을 뵙는다."고 했을 뿐이다.

云'王后之燕居, 亦纚(쇄)笄總而已'者, 案士冠禮, 纚長六尺以韜髮. 笄者, 所以安髮. 總者, 旣繫其本, 又總其末. 燕居, 謂不至王所, 自在燕寢而居時也. 案雞鳴詩云 "東方明矣, 朝旣昌矣[1]." 毛云 "東方明, 則夫人纚笄而朝", 但諸侯夫人於國, 衣服與王后同, 而得服纚笄而朝者. 此經云 '副・編・次以待祭祀賓客', 明燕居不得著次, 自然著纚笄. 而毛云 "著纚笄朝"者, 毛更有所見, 非鄭義. 若然, 彼鄭不破之者, 以其纚笄燕居無正

文, 故且從毛也. 其實朝王時首服編也. 引詩"追(퇴)琢其璋"者, 證追是治玉石之名. 云'王后之衡笄, 皆以玉爲之'者, 以弁師王之笄以玉, 故知后與王同用玉也. 弁師云"諸公用玉爲瑱", 詩云"玉之瑱也", 據諸侯夫人, 夫人與君同用玉瑱, 明衡笄亦用玉矣. 其三夫人與三公夫人同服翟衣, 明衡笄亦用玉矣. 其九嬪命婦等當用象也. 云'唯祭服有衡', 知者, 見經后與九嬪以下別言, 明后與九嬪以下差別, 則衡笄唯施於翟衣, (取)〔餘〕[2]鞠衣以下無衡矣. 又見桓二年〔臧〕[3]哀伯云"袞·冕·黻·珽[4], 帶·裳·幅·舃[5], 衡·紞·紘·綖"[6], 竝據男子之冕祭服而言, 明婦人之衡亦施於三翟矣, 故鄭云"唯祭服有衡也." 鞠衣已下雖無衡, 亦應有紞以懸瑱, 是以著詩云"充耳以素", "以青", "以黃", 是臣之紞以懸瑱, 則知婦人亦有紞以懸瑱也. 云'垂于副之兩旁, 當耳, 其下以紞懸瑱'者, 傳云"衡·紞·紘·綖", 與衡連, 明言紞爲衡設矣. 笄既横施, 則衡垂可知. 若然, 衡訓爲横, 既垂之, 而又得爲横者, 其笄言横據在頭上横貫爲横, 此衡在副旁當耳, 據人身竪爲從, 此衡則爲横, 其衡下乃以紞懸瑱也. 引詩者, 彼鄘風注云"玼, 鮮明貌. 鬒, 黑髮. 如雲, 言美長也. 屑, (用)〔絜〕[7]也. 髢, 髲也." 引之者, 證服翟衣首有玉瑱之義, 故云"是之謂也." 其紞之采色, 瑱之玉石之別者, 婦得服翟衣者, 紞用五采, 瑱用玉, 自餘鞠衣以下, 紞則三采, 瑱用石. 知義然者, 案著詩云"充耳以素." 鄭彼注云"謂從君子而出, 至於著, 君子揖之時也. 我視君子, 則以素爲充耳, 謂所以懸瑱者, 或名爲紞, 織之, 人君五色, 臣則三色而已. 此言'素'者, 目所先見而云." 下云"尙之以瓊華[8]", 注云"美石." 彼下經又云"充耳以青"·"充耳以黃", 據臣三色, 故云"人君五色矣." 詩云"玉之瑱", 據君夫人云用玉, 則臣之妻與夫同美石. 彼毛注以素爲象瑱, 鄭不從者, 若素是象瑱, (文)〔又〕[9]何以更云瓊華·瓊英之事乎. 故鄭以爲紞也.

1) 東方明矣 朝既昌矣 : ≪詩經≫ 〈齊風 雞鳴〉에 "동방이 밝아오고, 아침이 벌써 한창이네.〔東方明矣 朝既昌矣〕"라고 하였는데, 孔穎達의 疏에 "동방이 이미 밝다고 말한 것은 자기(부인)가 아침인사 할 수 있는 시간임을 말하는 것이고, 아침이 이미 한창이라고 말한 것은 군주가 조회할 수 있는 시간임을 말하는 것이다. 자기가 동방이 밝아올 때 아침인사를 올려 군주가 아침이 한창일 때 조회를 보게 하고자 한 것이다.……또한 부인의 말을 진술한 것이다. 동방이 밝았으므로 부인이 군주에게 아침인사를 올리는 것이다. 아침이 이미 한창이면 군주는 조회를 볼 수 있는 것이다.〔言東方已明 道己可朝之節 言朝既昌矣 道君可朝之節 己以東方明而朝 欲令君以朝昌盛而朝也……亦陳夫人之辭 東方明 故夫人朝君 朝既昌 君可聽朝〕"라고 하였다.

2) (取)〔餘〕 : 저본에는 '取'로 되어 있으나, '取'는 마땅히 '餘'가 되어야 한다는 浦鏜의 설에

의거하여 '餘'로 바로잡았다.(上海古籍 整理本과 北京大 整理本의 〈校勘記〉 참조)

3) 〔臧〕: 저본에는 '臧'이 없으나, 惠校本에 '哀' 위에 '臧'이 있는 것에 의거하여 보충하였다.(阮元의 〈校勘記〉 및 上海古籍 整理本과 北京大 整理本의 〈校勘記〉 참조)

4) 袞冕韍珽: ≪春秋左氏傳≫ 桓公 2년 조의 杜預 注에 "'袞'은 무늬를 그려 넣은 웃옷이다. '冕'은 관이다. '韍'은 가죽으로 만든 폐슬이니, 그것으로 무릎을 가린다. '珽'은 옥으로 만든 笏이니, 오늘날 관리들이 들고 다니는 簿와 같은 것이다.〔袞 畫衣也 冕 冠也 韍 韋韠 以蔽膝也 珽 玉笏也 若今吏之持簿〕"라고 하였다. '笏'은 조회 때 잡고 있는 手板으로, 일이 있으면 그 위에 기록하여 잊어버릴 것에 대비하였다. 西周에서 春秋時代에 이미 笏을 사용했는데, 天子부터 士에 이르기까지 모두 笏이 있었다. '韍'은 무릎가리개로서 '韠' 혹은 '韍'·'芾'이라고도 한다. 왕이 조근을 하거나 제사를 지낼 때 착용하는 무릎을 가리는 앞치마 모양의 복식이다. 다룸가죽으로 만들며, 그 형체와 도안, 색깔 등은 신분에 따라 다르게 한다. 그 색깔은 치마의 색깔과 같게 한다.

5) 帶裳幅舄: ≪春秋左氏傳≫ 桓公 2년 조의 杜預 注에 "'帶'는 革帶이다. 하의를 '裳'이라 한다. '幅'은 오늘날의 行縢과 같은 것이다. '舄'은 두 겹의 신발이다.〔帶 革帶也 衣下曰裳 幅 若今行縢者 舄 複履〕"라고 하였다. '幅'은 베 폭으로 발에서부터 무릎까지 정강이를 감싸는 것을 말한다. 아래 바닥을 겹으로 만든 신발을 '舄'이라 하고, 아래 바닥을 홑겹으로 만든 신발을 '屨'라고 하여 구분한다. 왕이 신는 舄에는 3가지가 있는데, 冕服에는 赤舄을 신고, 韋弁服과 皮弁服에는 白舄을 신고, 冠弁服에는 黑舄을 신는다.

6) 桓二年〔臧〕哀伯云……衡紞紘綖: ≪春秋左氏傳≫ 桓公 2년 4월, 宋나라에서 보내온 郜大鼎을 太廟에 들여놓자, 뇌물로 받은 郜大鼎을 태묘에 안치하는 것은 禮가 아니라며 간언한 臧哀伯의 말에 보인다.

7) (用)〔絜〕: 저본에는 '用'으로 되어 있으나, ≪詩經≫ 〈鄘風 君子偕老〉 毛亨의 傳과 ≪周禮正義≫에 '絜'로 되어 있는 것에 의거하여 바로잡았다.(北京大 整理本의 〈校勘記〉 참조)

8) 尙之以瓊華: ≪詩經≫ 〈齊風 著〉 鄭玄의 箋에는 "'尙'은 飾(문식하다)과 같다. 瓊華로 문식을 한다는 것은 귀막이 끈을 매단 끝을 말하니, 이른바 瑱(귀막이)이다. 군주는 옥으로 만든다. 瓊華는 돌의 색이 옥과 유사한 것이다.〔尙猶飾也 飾之以瓊華者 謂懸紞之末 所謂瑱也 人君以玉爲之 瓊華 石色似瓊也〕"라고 하였다. 즉 옥빛을 띤 아름다운 돌로 귀막이〔瑱〕를 만드는 것을 말한다.

9) (文)〔又〕: 저본에는 '文'으로 되어 있으나, 北京大 整理本과 上海古籍 整理本에 의거하여 '又'로 바로잡았다.

〔王后之燕居 亦纚笄總而已〕 살펴보건대, ≪儀禮≫ 〈士冠禮〉에 의하면 '纚(머리싸개)'는 길이가 6척으로, 그것으로 머리카락을 싼다. '笄(비녀)'는 머리카락을 안정시키는 기구이다. '總'은 머리카락의 위 부분을 매고 다시 그 아랫부분을 합해서 묶는다. '燕居'는 왕의

처소에 이르지 않고, 스스로 燕寢에서 거처할 때를 말한다. 살펴보건대, ≪詩經≫〈齊風 雞鳴〉의 詩에 "동방이 밝아오고, 아침이 벌써 한창이네."라고 하였는데, 毛亨의 傳에서는 "동방이 밝아오면, 夫人은 머리싸개를 하고 비녀를 꽂고서 〈군주에게〉 아침 인사를 올린다."고 하였다. 다만 제후의 부인은 제후국에서 의복을 왕후와 똑같이 하여 머리싸개를 하고 비녀를 꽂고서 아침인사를 올릴 수 있다는 것이다. 이곳 경문에서 '副·編·次의 머리장식을 하고서 제사를 지내거나 빈객을 접대한다.'고 하였으니, 한가로이 거처할〔燕居〕할 때는 次를 부착하지 못하여 자연히 머리싸개와 비녀를 부착함을 밝힌 것이다. 그런데 모형이 "머리싸개를 하고 비녀를 꽂고서 아침인사를 올린다."고 한 것은 모형이 다시 본 바가 있는 것이지 鄭玄의 뜻은 아니다. 그렇다면 저곳에서 정현이 부정하지 않은 것은, '머리싸개를 하고 비녀를 꽂고서 한가로이 거처한다.'는 것에 대한 正文(經文)이 없기 때문에 우선 모형의 설을 따랐던 것이다. 사실은 왕에게 아침인사를 올릴 때는 머리에 編의 장식을 착용한다.

〈정현이〉 ≪시경≫〈大雅 棫樸〉의 "追琢其章(그 반쪽 홀을 다듬고 쪼네.)"을 인용한 것은 '追'가 玉石을 다듬는 것의 명칭임을 입증한 것이다.

〔王后之衡笄 皆以玉爲之〕 弁師는 왕의 笄(머리카락을 고정하는 비녀)를 옥으로 만든 것을 사용한다. 그러므로 〈정현이〉 왕후도 왕과 똑같이 옥으로 만드는 것을 사용함을 알았던 것이다. 〈夏官 弁師〉에서 "諸公은 옥으로 귀막이〔瑱〕를 만든다."고 하였고, ≪시경≫〈鄘風 君子偕老〉에서 "옥으로 만든 귀막이〔瑱〕여"라고 한 것은 제후의 夫人에 의거하여 말한 것이다. 〈제후의〉 부인이 군주(제후)와 마찬가지로 옥으로 만든 귀막이〔玉瑱〕를 사용한다면, 〈왕후의〉 衡(머리장식을 고정하는 비녀)과 笄도 또한 옥으로 만든 것을 사용함이 분명하다. 왕의 三夫人은 三公의 夫人과 마찬가지로 翟衣를 입으니, 〈三夫人의〉 衡과 笄도 옥으로 만든 것을 사용함이 분명하다. 九嬪과 命婦 등은 마땅히 상아로 만든 衡과 笄를 사용해야 한다.

〔唯祭服有衡〕 〈정현이〉 이를 알았던 것은, 살펴보건대 경문에서 왕후와 구빈 이하를 구별하여 말했으니, 왕후와 구빈 이하는 차별되는 것임이 분명하기 때문이다. 그렇다면 衡과 笄는 오직 적의를 입을 때만 꽂고 나머지 鞠衣 이하에는 衡이 없는 것이다. 또 살펴보건대, ≪春秋左氏傳≫ 桓公 2년 조에서 臧哀伯은 "袞(용무늬 의복)·冕(면관)·黻(무릎가리개)·珽(홀)과 帶(혁대)·裳(치마)·幅(각반)·舄(겹바닥 신발)과 衡(관을 고정하는 비녀)·紞(귀막이 끈)·紘(관 끈)·綖(면관의 덮개 판)은 〈제도를 밝게 드러낸 것입니다.〉"라고 한 것은 모두 남자의 冕冠의 祭服에 의거하여 말한 것이니, 婦人의 衡도 또한 三翟(褘

衣·揄翟·闕翟, 즉 祭服)에 착용하는 것임이 분명하다. 그러므로 정현이 "오직 祭服에만 衡을 둔다."고 한 것이다. 국의 이하에는 비록 衡은 없지만, 또한 마땅히 紞(귀막이 끈)을 두어서 귀막이〔瑱〕를 매달아야 한다. 이 때문에 ≪시경≫ 〈齊風 著〉의 詩에 "充耳(귀막이)를 흰색 끈으로 매다네."와 "푸른색 끈으로 매달았네."와 "누런색 끈으로 매달았네."라고 한 것이다. 이는 신하의 紞(귀막이 끈)으로 귀막이〔瑱〕를 매다는 것이니, 그렇다면 婦人도 또한 紞을 두어서 귀막이를 매다는 것임이 분명하다.

〔垂于副之兩旁 當耳 其下以紞懸瑱〕 ≪춘추좌씨전≫ 桓公 2년 條에 "衡(관을 고정하는 비녀)·紞(귀막이 끈)·紘(관 끈)·綖(면관의 덮개 판)"이라고 하여 〈紞을〉 衡과 연결시켜 말했으니, '紞(귀막이 끈)'은 '衡(관을 고정하는 비녀)'을 위해 갖추는 것임이 분명하다. 笄가 이미 橫(가로)으로 꽂는 것이라면, 衡은 아래로 드리우는 것임을 알 수 있다. 그렇다면 '衡'은 橫(가로)의 뜻으로 해석되는 글자인데, 이미 아래로 드리웠는데 또 橫(가로)이 될 수 있는 것은, 그 '笄'에 대해서 '橫(가로)'으로 꽂는다고 말하는 것은 머리 위에서 횡으로 관통하는 것에 의거하여 橫이 되는 것이며, 이 '衡'은 副의 옆에서 귀에 맞닿아 있으니 人身이 수직으로 從(세로)이 되는 것에 의거하면 이 衡은 橫(가로)이 되는 것이기 때문이다. 그 衡 아래에는 곧 紞으로 瑱을 매단다.

〈정현이〉 詩를 인용한 것은, 저 〈용풍 군자해로〉 모형의 傳에서 "'玼'는 선명한 모습이다. '鬒'은 검은 머리카락이다. '如雲'은 아름답고 길다는 뜻이다. '屑'은 깨끗하게 여긴다는 뜻이다. '髢'는 다리이다."라고 했기 때문이다. 이를 인용한 것은 적의를 입을 경우 머리에 옥으로 만든 귀막이〔玉瑱〕가 있다는 뜻을 입증한 것이다. 그러므로 "이를 말하는 것이다."라고 한 것이다. 그 귀막이 끈〔紞〕을 어떤 채색으로 할 것인지와 귀막이〔瑱〕를 옥으로 할지 돌로 할지의 구별은, 婦人이 적의를 입을 경우 귀막이 끈은 다섯 가지 채색을 사용하고 귀막이는 옥으로 만들며, 나머지 鞠衣 이하를 입을 경우 귀막이 끈은 세 가지 채색으로 하고 귀막이는 石으로 만든다. 의리가 그러함을 알 수 있는 것은, 살펴보건대 ≪시경≫ 〈齊風 著〉의 詩에 "充耳(귀막이)를 흰색 끈으로 매달았고."라고 하였고, 그곳의 정현 箋에 "군자를 따라 나가서 著(대문과 병풍 사이)에 이르렀으니, 군자가 읍을 할 때임을 말한다. 내(시집가는 사람)가 군자를 살펴보니, 흰색으로 充耳(귀막이)를 삼았으니, 귀막이〔瑱〕를 매다는 것을 말하는데, 혹 紞(귀막이 끈)이라고 칭한다. 그것을 직조할 때, 군주는 다섯 가지 채색으로 만들고, 신하는 세 가지 색일 뿐이다. 이곳에서 '흰색〔素〕'이라고 말한 것은 눈에 먼저 보인 것을 가지고 말한 것이다."라고 하였다. 아래에서 "瓊華로 문식을 하였네."라고 하였는데, 모형의 傳에 "瓊華는 아름다운 돌〔美石〕이다."라고 하였다. 저 ≪시경≫ 〈제풍 저〉의 아래 경문에서 또 "充耳를 청색 끈으로 매달았네."와 "充耳를 황색 끈으로 매달았네."라고 하였으니, 신하의 세 가지 색에 의거한 것이다. 그러므로 "군주는 다섯 가지 채색으로 만든다."고 한 것이다. ≪시경≫ 〈용풍 군자해로〉에서 "옥으로 만든 귀막이여"라고 한 것은 군주의 부인에 의거하여 옥으로 만든다고 한 것이니, 신하의 처는 남편과 마찬가지로 아름다운 돌로 만드는 것이다. 그곳의 모형 傳에서 '素'를 상아로 만든 귀막이〔象瑱〕로 풀이했는데, 정현이 따르지 않은 것은, 만약 '素'가 상아로 만든 귀막이라면, 또 어떻게 다시 '瓊華(아름다운 돌)'·'瓊英(옥 같은 돌)'의 일을 말하겠는가? 그러므로 정현이 〈素를〉 귀막이 끈〔紞〕으로 해석한 것이다.

云'笄, 卷髮'者, 鄭注喪服小記亦(去)〔云〕[1) "笄帶所以自卷持[2)]." 云'外內命婦衣鞠衣·襢衣〔者〕[3)]服編, 衣褖衣者服次', 知者, 案昏禮云 "女次純衣", 純衣則褖衣. 據士服爵弁親迎攝盛[4)], 則士之妻服褖衣首服次, 亦攝盛. 褖衣旣首服次, 三翟首服副, 則鞠衣·襢衣首服編可知. 云'外內命婦非王祭祀·賓客佐后之禮, 自於其家則亦降焉', 知者, 大夫妻服襢衣首服編, 士妻服褖衣首服次. 少牢·特牲是大夫士妻, 特牲云 "主婦纚笄宵衣", 少牢云 "主婦髲鬄[5)]衣移袂[6)]", 但大夫妻移袂爲異. 又不服編, 故知自於其家則降. 是以卽引少牢爲證耳. 云'移袂, 褖衣之袂'者, 此鄭覆解少牢 "主婦衣移袂"者, 是移褖衣之袂. 上旣云'移袂', 今又云'移褖衣之袂', 不同者, 但士之妻服綃服褖衣助祭及嫁時不移其袂. 今大夫妻綃衣移而以褖衣袂者, 以大夫妻與士妻綃衣名同, 不得言移於綃衣之袂, 故取褖衣也. 云'凡諸侯夫人於其國, 衣服與王后同'者, 以其諸臣之妻有助后與夫人祭之事, 諸侯夫人無助后之事, 故自於本國衣服得與王后同也. 所同者, 上公夫人得褘衣已下至褖衣, 褘衣從君見大祖, 褕翟從君祭群廟, 闕翟從君祭群小祀, 鞠衣以告桑, 展衣以禮見君及賓客, 褖衣以接御. 侯伯夫人得褕翟已下, 褕翟從君見大祖及群廟, 闕翟已下與上公夫人同. 子男夫人得闕翟已下, 闕翟從君見大祖及群廟與群小祀, 鞠衣已下與侯伯同, 竝纚·笄·綃衣以燕居也. 二王之後與魯夫人亦同上公之禮, 故明堂位云 "季夏六月, 以禘禮祀周公於大廟, 夫人褘衣." 是也.

1) (去)〔云〕: 저본에는 '去'로 되어 있으나, 北京大 整理本과 上海古籍 整理本에 의거하여 '云'으로 바로잡았다.

2) 笄帶所以自卷持 : ≪禮記≫ 〈喪服小記〉 鄭玄의 注에는 "'비녀〔笄〕'는 머리를 말아서 묶는 것이고, '허리띠〔帶〕'는 몸을 부지하는 것이다. 婦人은 질박함을 중시하여 服喪을 할 때 자신을 묶고 부지하던 것을 벗기는 하지만 다른 것으로 바꾸어 하는 의절은 없다.〔笄

所以卷髮 帶 所以持身也 婦人質 於喪所以自卷持者 有除無變〕"로 되어 있다. 이곳 賈公彦의 疏에 오류가 있다.

3) 〔者〕: 저본에는 '者'가 없으나, 鄭玄의 注와 '襢衣' 아래에 '者'가 빠져 있다는 浦鏜의 설에 의거하여 보충하였다.(上海古籍 整理本과 北京大 整理本의 〈校勘記〉 참조)

4) 據士服爵弁親迎攝盛 : 爵弁服은 禮服의 명칭으로, 冕服 다음 등급의 祭服이다. 大夫 이상은 면복을 제복으로 입고, 士는 작변복을 제복으로 입는다. '爵弁'은 적색에 약간 검은색을 띠는 30승의 베나 비단으로 만든다. '爵'은 '雀'과 통하며, 관의 색이 雀 즉 참새의 머리처럼 검붉은색이기 때문에 '작변'이라고 한다. 이 '작변'에 纁裳(옅은 진홍색 치마)·純衣(검은색 비단 웃옷)·緇帶(검은색 비단으로 가선 장식을 한 허리띠)·韎韐(적황색 무릎가리개) 등을 배합하여 착용하는 복장을 '작변복'이라 한다. 작변복은 士의 최고 등급의 복식으로, 혼례에서 친영할 때 爵弁을 쓰고 緇衣와 纁裳을 갖추어 입는다.

爵弁

5) 髲鬄 : ≪儀禮≫ 〈少牢饋食禮〉의 경문에는 '被錫'으로 되어 있는데, 鄭玄이 이를 '髲鬄'로 해석하였고, 이곳 賈公彦의 疏에서도 정현의 해석을 그대로 경문으로 바꾼 것이다. 〈소뢰궤사례〉 정현의 注에 "'被錫'은 '髲鬄'(가발장식)의 뜻으로 읽어야 한다. 옛날에 더러 천한 사람이나 형벌을 받은 사람의 머리카락을 잘라내어 婦人의 쪽머리에 덧씌워서 장식으로 삼았다. 이로 인해서 '髲鬄'라고 이름을 붙였다. 이것이 ≪周禮≫에서 말하는 '次'이다. 〔被錫 讀爲髲鬄 古者或剔賤者刑者之髮 以被婦人之紒爲飾 因名髲鬄焉 此周禮所謂次也〕"라고 하였다.

6) 主婦髲鬄衣移袂 : 大夫의 처가 士의 처와 다른 점은 머리싸개와 비녀를 장식하지 않고, 또 옷소매의 폭이 넓은 宵衣를 입는다는 점이다. 그 이유에 대해서 鄭玄은 〈少牢饋食禮〉의 주에서 다음과 같이 설명한다. "머리싸개〔纚〕와 비녀〔笄〕를 하지 않는 것은 대부의 처는 지위가 존귀하기 때문이며, 또한 소의를 입지만 소매를 넓게 한다. '侈'란 대체로 사의 처가 입는 소의의 소매 폭에서 절반을 늘린 것으로, 상의는 3척 3촌인데 소매는 1척 8촌이라는 뜻이다.〔不纚笄者 大夫妻尊 亦衣綃衣 而侈其袂耳 侈者 蓋半士妻之袂以益之 衣三尺三寸 袪尺八寸〕"라고 하였다.

〔笄 卷髮〕 정현은 ≪禮記≫ 〈喪服小記〉에 注를 달면서 또한 "비녀와 허리띠는 스스로를 묶어서 부지하기 위한 것이다."라고 하였다.

〔外內命婦衣鞠衣襢衣者 服編 衣褖衣者服次〕 〈정현이〉 이를 알았던 것은, 살펴보건대 ≪儀禮≫ 〈士昏禮〉에서 "딸(신부)은 머리에 次의 장식을 착용하고 純衣를 입는다."고 하였는데, '純衣'는 褖衣이기 때문이다. 士가 爵弁服을 입고 親迎하는 것이 한 등급을 올려서 귀하고 성대함을 보이는 것임에 의거한다면, 士의 妻가 단의를 입고 머리에 次의 장식을 착용하는 것 또한 한 등급을 올려서 귀하고 성대함을 보이는 것이다. 단의를 입을 경우 이미 머리에 次의 장식을 착용하고, 三翟을 입을 경우 머리에 副의 장식을 착용하였다면, 鞠衣와 襢衣를 입을 경우에는 머리에 編의 장식을 착용함을 알 수 있다.

〔外內命婦非王祭祀賓客佐后之禮 自於其家則亦降焉〕 〈정현이〉 이를 알았던 것은, 〈제사나 빈객 접대에서〉 大夫의 처는 襢衣를 입고 머리에 編의 장식을 하며, 士의 妻는 褖衣를 입고 머리에 次의 장식을 하기 때문이다. ≪의례≫의 〈少牢饋食禮〉와 〈特牲饋食禮〉는 대부와 사의 처의 의례이다. 〈사의 예인〉 〈특생궤사례〉에서는 "主婦는 머리싸개〔纚〕를 하고, 비녀를 꽂고〔笄〕, 宵衣(綃衣)를 입는다."고 하였고, 〈대부의 예인〉 〈소뢰궤사례〉에서는 "主婦는 머리에 髲鬄의 장식을 착용하고, 소매 폭을 넓게 하여 입는다."고 하였으니, 단지 대부의 처가 소매 폭이 넓은 것이 다르다. 또 〈대부의 처는〉 編의 장식을 착용하지 않는다. 그러므로 자기 집에서는 스스로 낮춘다는 것을 알 수 있다. 이 때문에 곧 〈소뢰궤사례〉를 인용하여 증거로 삼은 것이다.

〔移袂 褖衣之袂〕 이는 정현이 〈소뢰궤사례〉에서 "主婦는 소매 폭을 넓게 하여 입는다."고 한 것을 다시 풀이한 것이니, 이는 褖衣의 소매 폭을 넓게 하는 것이다. 위에서 이미 "소매 폭을 넓힌다."고 하였는데, 이제 또 "褖衣의 소매 폭을 넓힌다."고 하여 같지 않은 것은 다만 士의 妻는 綃衣(宵衣)를 입고 褖衣를 입고서 助祭하지만 시집 갈 때 이르러서는 그 소매 폭을 넓히지 않기 때문이다. 이제 대부의 처는 소매 폭이 넓은 綃衣를 입는데 소매 폭이 넓은 褖衣를 입는다고 한 것은, 대부의 처는 사의 처와 '綃衣'라는 명칭이 같으면 綃衣의 소매 폭을 넓힌다고 말할 수 없기 때문이다. 그러므로 褖衣를 취한 것이다.

〔凡諸侯夫人於其國 衣服與王后同〕 신하들의 처는 왕후와 夫人의 제사를 돕는 일이 있지만, 諸侯의 夫人은 왕후를 돕는 일이 없다. 그러므로 본국에서 입는 의복은 스스로 왕후와 똑같이 할 수 있는 것이다. '똑같이 한다'는 것은, 上公의 夫人은 褘衣에서 아래로 褖衣까지 입을 수 있음을 말한다. 휘의는 군주를 따라 大祖廟에 알묘할 때 입

으며, 褕翟(요적)은 군주를 따라 群廟에 제사 지낼 때 입으며, 闕翟은 군주를 따라 각종 小祀에 제사 지낼 때 입으며, 鞠衣는 桑事를 고할 때 입으며, 展衣는 禮로써 군주를 뵙거나 빈객을 접대할 때 입으며, 단의는 군주를 모실 때 입는다. 侯·伯의 夫人은 요적 이하를 입을 수 있다. 요적은 군주를 따라 大祖廟 및 群廟를 알묘할 때 입으며, 궐적 이하는 上公의 夫人과 같다. 子·男의 夫人은 궐적 이하를 입을 수 있다. 궐적은 군주를 따라 大祖廟 및 群廟와 각종 小祀에 제사 지낼 때 입고, 鞠衣 이하는 侯·伯과 같으며, 아울러 머리싸개를 하고 비녀를 꽂고 綃衣를 입고서 한가로이 거처한다. 二王(夏·殷)의 후예와 魯나라 夫人도 上公의 禮를 같이한다. 그러므로 ≪禮記≫ 〈明堂位〉에서 "季夏 6월에, 태묘에서 禘禮로 周公에게 제사 지내는데, 夫人은 휘의를 입었다."고 한 것이 이것이다.

天-61-2

喪紀에 **共笄絰**[1])도 **亦如之**니라

1) 喪紀共笄絰 : 喪禮에서는 箭笄, 櫛笄, 榛笄 등 다양한 비녀를 꽂으며, 남녀 제도가 동일한 首絰과 腰絰을 착용한다. 孫詒讓에 따르면 이곳의 '喪紀'는 大喪과 小喪을 통틀어 말한 것이며, 追師는 왕후에서 內·外命婦에 이르기까지 모두에게 비녀와 수질·요질을 공급한다. ≪儀禮≫ 〈喪服〉에 "처가 남편을 위해, 첩이 君(남편)을 위해, 시집가지 않은 딸이 아버지를 위해, 베로 만든 머리끈을 하고, 가는 대나무 비녀〔箭笄〕를 꽂고, 북상투〔髽〕를 하고, 상복〔衰〕을 입고서 참최 3년으로 복을 한다.〔妻爲夫 妾爲君 女子子在室爲父 布總 箭笄 髽 衰 三年〕"고 하였다. 鄭玄의 注에서 "'箭笄'는 가는 대나무로 만든 비녀이다.〔箭笄 篠竹也〕"라고 하였다. 또 〈상복〉 記文에 "시집

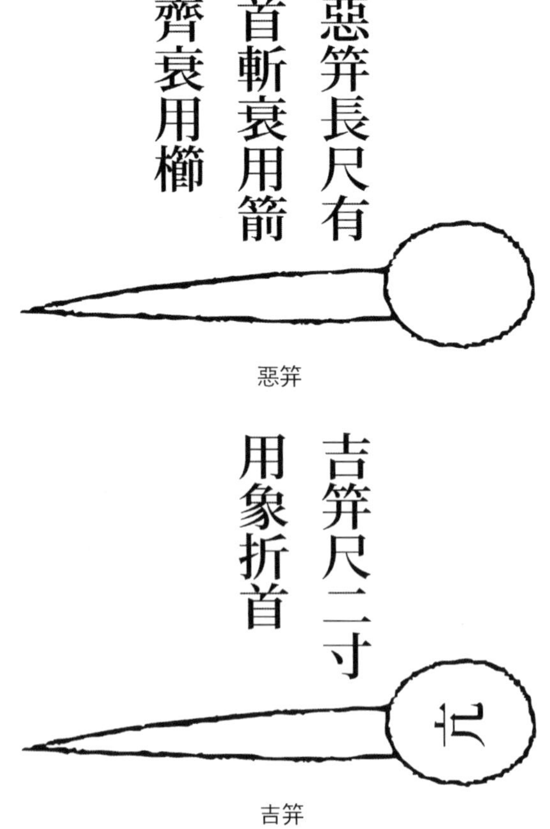

惡笄

吉笄

간 딸이 친부모를 위해, 며느리가 시부모를 위해서는 머리 장식 있는 惡笄로 머리를 묶고, 졸곡 이후 딸은 비녀의 머리 장식을 자르고 비녀를 꽂으며, 베로 만든 머리끈을 한다.〔女子子適人者爲其父母 婦爲舅姑 惡笄有首以髽 卒哭 子折笄首 以笄布總〕"고 하였다. 〈상복〉 傳文에는 "'비녀에 머리가 있다.'는 것은 惡笄에 머리장식이 있다는 뜻이다. 惡笄는 櫛笄이다. '비녀의 머리를 자른다.'는 것은 吉笄의 머리장식을 자른다는 뜻이다. 吉笄는 상아로 만든 비녀〔象笄〕이다.〔笄有首者 惡笄之有首也 惡笄者 櫛笄也 折笄首者 折吉笄之首也 吉笄者 象笄〕"라고 하였다. 이곳의 鄭玄 注에 "'櫛笄'는 빗에 사용하는 나무로 비녀를 만든 것인데, '榛笄'라고도 한다.〔櫛笄者 以櫛之木爲笄 或曰榛笄〕"라고 하였다. ≪禮記≫ 〈檀弓〉에 의하면, 榛笄는 길이가 1척으로 대체로 1척 2촌의 吉笄보다 짧다. 왕후의 喪笄 가운데에도 箭笄, 櫛笄가 있다. 內命婦의 九嬪 이하와 外命婦의 大夫 妻 이하는 喪笄는 ≪의례≫ 〈상복〉의 經文·記文의 규정과 동일하다. '絰'에는 首絰과 腰絰이 있는데, 남녀의 제도는 동일하다. 상세한 것은 〈春官 司服〉의 孔穎達 疏 참조.(≪周禮正義≫ 권16, 620쪽 참조)

喪事가 있을 때, 비녀와 수질·요질을 공급하는 것도 이와 마찬가지로 한다.

62. 屨人(구인)

天-62-1

屨人은 **掌王及后之服屨**하여 **爲赤舄·黑舄·赤繶**(억)[1]**·黃繶·靑句·素屨·葛屨**하고

1) 赤繶(억) : 于鬯은 鄭玄 注에 의거하여 '赤繶'은 본래 '赤純'으로 되어 있었다고 한다.(上海古籍 整理本과 北京大 整理本의 〈校勘記〉 참조) '舄'은 일반적으로 絇(신발의 코 장식)·繶(신발의 솔기 장식)·純(신발의 가선 장식)으로 구성되는데, 이곳 경문의 舄에는 '純'에 해당하는 문장이 없다는 측면에서 보면 우창의 설이 타당할 것으로 생각된다. 孫詒讓도 경문에 '絇繶'이라고 하여 '純'이 없는 것은 문장이 생략된 것이라고 하였다.(≪周禮正義≫ 권16, 623쪽 참조) 다만 이곳에서는 경문의 문장 그대로 번역하겠다.

屨人은 왕과 왕후가 입는 각종 의복에 따라 신어야 할 신발을 관장하여, 赤舄(적색 겹바닥 신발)·黑舄(흑색 겹바닥 신발) 등을 제작하고, 赤繶(신발의 적색 솔기 장식)·黃繶(신발의 황색 솔기 장식)·靑句(신발의 청색 코 장식) 등의 신발 장식을 제작하고, 素屨(장식이 없는 홑바닥 신발)와 葛屨(칡으로 만든 홑바닥 신발)를 제작한다.

【注】屨自明矣니 必連言服者는 著服에 各有屨也라 複下曰舃이요 禪下曰屨니 古人은 言屨以通於複하고 今世엔 言屨以通於禪하니 俗易語反與아 舃·屨에 有約有繶有純(준)者는 飾也라 鄭司農云 赤繶·黃繶은 以赤黃之絲로 爲下緣(연)[1]이라 士喪禮曰 夏葛屨요 冬皮屨니 皆繶緇〔約〕純[2]이라 禮家說 繶은 亦謂以采絲礫(력)其下[3]라 玄謂凡屨舃은 各象其裳之色[4]이라 士冠禮曰 玄端에 黑屨니 青約繶純이요 素積에 白屨니 緇約繶純이요 爵弁에 纁屨니 黑約繶純이 是也라 王吉服有九하고 舃有三等하니 赤舃爲上이니 冕服之舃이라 詩云 王錫韓侯하시니 玄衮赤舃이라하니 則諸侯與王同이요 下有白舃·黑舃이라 王后吉服六이니 唯祭服有舃이라 玄舃爲上이니 褘衣之舃也요 下有青舃·赤舃하고 鞠衣以下는 皆屨耳라 句當爲約니 聲之誤也라 約·繶·純者同色이니 今云赤繶·黃繶·青約는 雜互言之니 明舃·屨衆多하여 反覆以見(현)之[5]라 凡舃之飾은 如繢之次[6]니 赤繶者는 王黑舃之飾이요 黃繶者는 王后玄舃之飾이요 青(鉤)〔約〕[7]者는 王白舃之飾이라 言繶에 必有約·純하고 言約亦有繶·純이니 三者相將이라 王及后之赤舃은 皆黑飾이요 后之青舃은 白飾이니 凡屨之飾이 如繡次[8]也라 黃屨白飾이요 白屨黑飾이요 黑屨青飾이라 約는 謂之拘니 著舃·屨之頭以爲行戒요 繶은 縫中紃(순)이요 純은 緣也라 天子諸侯吉事에 皆舃이요 其餘는 唯服冕衣翟에 著(착)舃耳라 士爵弁纁屨에 黑約·繶·純은 尊祭服之屨니 飾從繢也라 素屨者는 非純吉이니 有凶去飾者[9]라 言葛屨에 明有用皮時라

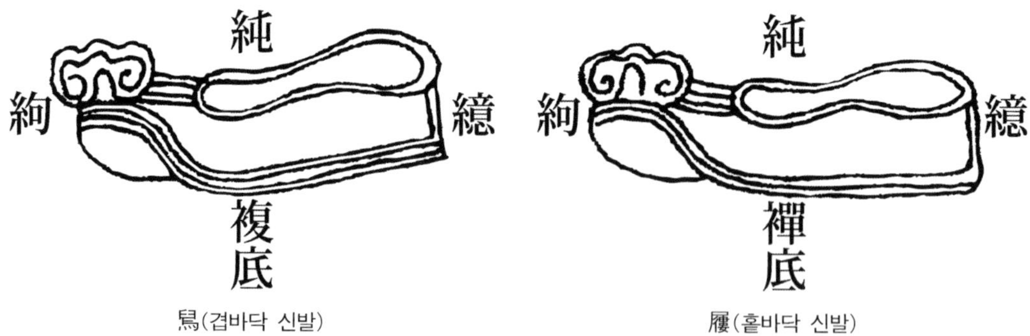

舃(겹바닥 신발) 屨(홑바닥 신발)

1) 以赤黃之絲爲下緣(연) : 적색과 황색의 실을 직조하여 끈을 만들고, 그것으로 신발의 몸통과 밑창이 맞닿는 부분의 솔기에 가선 장식을 하는 것을 말한다. '下緣(신발 아랫부분의 가선 장식, 繶)'은 신발 입구에 가선을 둘러서 上緣(신발 입구 부분의 가선 장식, 純)을 만드는 것과 대비한 것이다.(≪周禮正義≫ 권16, 624쪽 참조)

2) 士喪禮曰……皆繶緇〔約〕純 : 今本 ≪儀禮≫ 〈士喪禮〉에는 '冬皮屨'가 '冬白屨'로 되어

있다. 鄭玄은 〈士喪禮〉의 注에서 "'冬皮屨'를 '冬白屨'라고 바꾸어 말한 것은 여름에 사용하는 칡으로 만든 신발도 흰색임을 밝힌 것이다.〔冬皮屨變言白者 明夏時用葛亦白也〕"라고 하였다. 또 '繶緇純'은 今本 ≪儀禮≫ 〈士喪禮〉에는 '繶緇絇純'으로 되어 있다. 이에 의거하여 '絇'를 보충하였다.

3) 繶亦謂以采絲礫(력)其下 : '礫'은 '擽'과 같은 뜻이다. 劉熙의 ≪釋名≫ 〈釋首飾〉에 "'導'는 귀밑털을 다듬어서 두건의 안으로 들어가게 하는 기구이다.〔導 所以導擽鬢髮 使入巾幘之裏也〕"라고 하였다. 신발의 '繶'도 채색 비단 끈으로 신발의 몸통과 밑창이 맞닿는 부분의 솔기에 다듬어 넣어서 장식을 한다는 뜻이다. 신발의 몸통과 밑창 사이에 장식한 것을 '繶'이라고 하는 것은 술잔의 입구와 다리 사이에 篆文 등을 새겨 넣어서 장식한 술잔을 '繶爵'이라 하는 것과 같은 것이다.(≪儀禮≫ 〈士虞禮〉)

4) 凡屨舃 各象其裳之色 : 禮의 通例에서 웃옷〔衣〕은 冠과 같은 색으로 하고, 허리띠〔帶〕는 웃옷과 같은 색으로 하고, 치마〔裳〕는 무릎가리개〔韠〕와 같은 색으로 하고, 신발〔屨〕은 치마와 같은 색으로 한다.(≪周禮正義≫ 권16, 624쪽 참조)

5) 今云赤繶黃繶靑絇……反覆以見(현)之 : '互言'은 '互文'으로 문장에 똑같은 내용이 중복될 경우 생략하는 것이다. 舃과 屨의 종류가 많아서 赤舃에는 黑絇・黑繶・黑純을, 黑舃에는 赤絇・赤繶・赤純을 맞추어 써야 하는데, 經文에서 赤繶・黃繶・靑絇를 쓴 것은 생략하고 섞어 써서 많음을 밝혀 반복됨을 보인 것이다.

6) 凡舃之飾 如繢之次 : '繢'는 '繪'와 통하는 글자로 繪畵를 뜻한다. ≪禮記正義≫ 〈禮運〉 孔穎達의 疏에 "繢는 畵와 같다. 그러나 처음 그림을 그려 넣는 것을 '畫'라 하고, 무늬를 이루는 것을 '繢'라 한다.〔繢猶畵也 然初畫曰畫 成文曰繢〕"고 하였다. 〈考工記 畵繢(冬-15-01)〉에서 "그림을 그려 넣는 일은 다섯 가지 채색을 조율하여 배합하는 것이다. 동방을 상징하는 것은 청색이고, 남방을 상징하는 것은 적색이고, 서방을 상징하는 것은 백색이고, 북방을 상징하는 것은 흑색이고, 하늘을 상징하는 것을 현색이고, 땅을 상징하는 것은 황색이다. 청색과 백색이 서로 이어져 호응하고, 적색과 흑색이 서로 이어져 호응하고, 현색과 황색이 서로 이어져 호응한다.〔畫繢之事 雜五色 東方謂之靑 南方謂之赤 西方謂之白 北方謂之黑 天謂之玄 地謂之黃 靑與白相次也 赤與黑相次也 玄與黃相次也〕"고 하였다. 鄭玄의 注에서는 "이는 그림을 그려 넣을 때 여섯 가지 색이 상징하는 바와 채색을 펼치는 차례를 말한 것이니, 그림을 그려 넣어서 웃옷을 만드는 것이다.〔此言畫繢六色所象及布采之第次 繢以爲衣〕"라고 하였다. 이것이 이른바 '繢次'로서, 웃옷에 그림을 그려 넣는 방식은 동방의 청색과 서방의 백색, 남방의 적색과 북방의 흑색 등 '對方', 즉 서로 반대되는 방위의 색을 배합하여 그려 넣는다.

7) (鉤)〔絇〕: 저본에는 '鉤'로 되어 있으나, 北京大 整理本과 上海古籍 整理本에 의거하여 '絇'로 바로잡았다.

8) 凡屨之飾 如繡次 : 〈考工記 畵繢(冬- 15-02)〉에서 "청색과 적색을 서로 배합한 무늬를

'文'이라 하고, 적색과 백색을 서로 배합한 무늬를 '章'이라 하고, 백색과 흑색을 서로 배합한 무늬를 '黼'라고 하고, 흑색과 청색을 서로 배합한 무늬를 '黻'이라 하고, 다섯 가지 채색이 갖추어진 것을 '繡'라고 한다.〔青與赤謂之文 赤與白謂之章 白與黑謂之黼 黑與青謂之黻 五采備謂之繡〕"고 하였다. 鄭玄의 注에는 "이는 수를 놓을 때 채색이 사용되는 바를 말한 것이니, 수를 놓아서 치마를 만드는 것이다.〔此言刺繡采所用 繡以爲裳〕"라고 하였다. 이것이 이른바 '繡次'로서, 치마에 수를 놓는 방식은 남방의 적색과 서방의 백색, 서방의 백색과 북방의 흑색 등 '比方', 즉 서로 나란한 방위의 색을 배합하여 수를 놓는 것이다.

9) 素屨者……有凶去飾者 : 鄭玄과 마찬가지로 賈公彦도 아래의 疏에서 '素屨'를 大祥 때 신는 신발로서 凶屨로 해석하였다. 그러나 林存蔭은 왕과 왕후가 한가롭게 거처할〔燕居〕 때 신는 신발로 해석한다. "왕과 왕후는 대체로 모두 2가지의 舃을 신는다. 하나는 赤舃이고, 다른 하나는 黑舃이다. 赤繶으로 赤舃을 장식하고, 黃繶으로 黑舃을 장식한다. 한가롭게 거처할 경우 왕과 왕후는 모두 舃을 신지 않고 屨를 신는다. 이것이 素屨이다.〔王與后蓋皆二舃 一赤舃 一黑舃 赤繶以飾赤舃 黃繶以飾黑舃 燕居則王及后皆不服舃而服屨 是爲素屨〕"라고 하였다.(≪周禮正義≫ 권16, 622~623쪽 참조)

'신발〔屨〕'임이 저절로 분명한데 반드시 '의복〔服〕'을 연결하여 말한 것은, 〈'服屨'와〉 의복을 착용할 때 각각 〈걸맞은〉 신발이 있기 때문이다. 바닥을 겹으로 만든 신발을 '舃'이라 하고, 바닥을 홑으로 만든 신발을 '屨'라고 한다. 옛사람들은 '屨'라고 말하여 겹바닥 신발까지를 통칭했는데, 오늘날 세상에서는 '屨'라고 말하여 홑바닥 신발까지를 통칭한다. 풍속이 바뀌어서 말이 반대가 된 것인 듯하다. 舃(겹바닥 신발)과 屨(홑바닥 신발)에 絇(신발의 코 장식)가 있고, 繶(신발의 솔기 장식)이 있고, 純(신발의 가선 장식)이 있는 것은 장식물이다.

鄭衆은 "赤繶과 黃繶은 적색과 황색의 비단 끈으로 신발의 아랫부분에 가선 장식을 한 것이다. ≪儀禮≫ 〈士喪禮〉에 '〈시신에게 신기는 신발은〉 여름철에는 칡으로 만든 신발을 사용하고, 겨울철에는 가죽으로 만든 신발을 사용하는데, 繶·絇·純을 모두 검은색으로 한다.'고 하였다. 예학자들은 '繶'은 또한 채색 비단 끈을 신발의 아랫부분에 다듬어 넣어서 장식하는 것을 말한다고 설명한다."라고 하였다.

나(鄭玄)는 생각건대, 무릇 신발〔屨舃〕은 각각 그 치마〔裳〕의 색깔을 본뜬다. ≪의례≫ 〈士冠禮〉에서 "玄端服(검은색 베로 만든 웃옷에 검은색 치마)에는 黑屨를 신으니, 신발의 코 장식〔絇〕·신발의 솔기 장식〔繶〕·신발의 가선 장식〔純〕을 〈모두〉 청색으로 한다. 素積(흰색의 주름치마)에는 白屨를 신으니, 신발의 코 장식·신발의 솔기 장식·신발의 가선 장식을 〈모두〉 검은색으로 한다. 爵弁服(검은색 비단으로 웃옷에 엷은 진홍색 치마)에는 纁屨를 신으니, 신발의 코 장식·신발의 솔기 장식·신발의 가선 장식을 〈모두〉 黑色으로 한다."고 한 것이 이것이다.

왕의 吉服에는 9가지가 있고, 舄(겹바닥 신발)에는 3등급이 있다. 赤舄이 최상의 등급이 되니, 冕服에 신는 신발이다. ≪詩經≫ 〈大雅 韓奕〉에 "王께서 韓侯에게 하사하시니, 검은색의 袞冕服에 赤舄이로다."라고 하였으니, 제후도 왕과 마찬가지이다. 〈적석의〉 아래 등급에 白舄과 黑舄이 있다. 왕후의 吉服에는 6가지가 있는데, 오직 祭服에만 舄(겹바닥 신발)을 신는다. 玄舄이 최상의 등급이 되니, 褘衣에 신는 신발이다. 〈玄舄의〉 아래 등급에 靑舄과 赤舄이 있다. 鞠衣 이하에는 모두 屨(홑바닥 신발)를 신을 뿐이다.

'句'는 마땅히 '絇'가 되어야 하니, 聲音으로 인한 잘못이다. 絇(신발의 코 장식)·繶(신발의 솔기 장식)·純(신발의 가선 장식)은 같은 색으로 한다. 이제 〈경문에서〉 '赤繶'·'黃繶'·'靑絇'라고 한 것은 섞어서 互言하여 舄과 屨의 수가 많음을 밝혀서, 반복됨을 보인 것이다. 무릇 舄(겹바닥 신발)의 장식은 웃옷에 그림을 그려 넣는 방식〔繢次〕과 같이 한다. '赤繶(적색의 신발 솔기 장식)'은 王이 黑舄을 신을 때의 장식이다. '黃繶(황색의 신발 솔기 장식)'은 王后가 玄舄을 신을 때의 장식이다. '靑絇(청색의 신발 코 장식)'는 王이 白舄을 신을 때의 장식이다. '繶'을 말하면 반드시 '絇'와 '純'이 있는 것이고, '絇'를 말하면 또한 '繶'과 '純'이 있는 것이니, 세 가지는 서로 함께한다. 왕 및 왕후의 赤舄에는 〈絇·繶·純을〉 모두 黑色으로 장식한다. 왕후의 靑舄에는 白色으로 장식한다. 무릇 屨(홑바닥 신발)의 장식은 치마에 수를 놓는 방식〔繡次〕과 같이 한다. 黃屨에는 〈絇·繶·純을〉 白色으로 장식하고, 白屨에는 黑色으로 장식하고, 黑屨에는 靑色으로 장식한다. '絇'는 구속하는〔拘〕 것을 말하니, 舄과 屨의 앞머리에 부착해서 걸을 때의 경계로 삼는 것이다. '繶'은 솔기에 〈장식하는〉 끈이다. '純'은 가선 장식〔緣〕이다. 天子와 諸侯는 吉事에 모두 舄을 신고, 그 나머지 사람들은 오직 冕服을 착용하고 翟衣를 입을 경우에만 舄을 신을 뿐이다. 士가 爵弁服을 입을 때 纁屨(엷은 진홍색의 홑겹 신발)에 신발의 코 장식·신발의 솔기 장식·신발의 가선 장식을 黑色으로 하는 것은 祭服의 신발을 높여서 장식이 웃옷에 그림을 그려 넣는 방식을 따른 것이다. '素屨'는 순수한 길함이 아니니, 흉함이 있어서 장식을 제거한 것이다. '葛屨'라고 말한 것은 가죽으로 만든 〈屨를〉 사용하는 때가 있음을 밝힌 것이다.

【疏】'屨人'至'葛屨' ○釋曰：云'掌王及后之服屨'者，但首服在上，尊，又是陽，〔多〕[1]變，是以追師與弁師男子婦人首服各別官掌之. 屨舃在下，卑，又是陰，少變，故男子婦人同官掌之也. 云'爲赤舃'以下，謂掌而營造之，故云'爲'也. 赤舃者，男子冕服，婦人闕翟之舃也. 黑舃者，天子諸侯玄端服之(赤)舃 '〔赤〕繶'已下[2]，云'繶'云'句'者，欲言繶絇以表見其舃. 赤繶者，是天子諸侯黑舃之飾. 黃繶者，與婦人爲玄舃之飾也. 靑句者，與王及諸侯爲白舃之飾. 凡屨・舃，皆有絇・繶・純，三者相將，各言其一者，欲互見其屨・舃，故多擧一邊而言也. 素屨者，大祥時所服，去飾也. 葛屨者，自赤舃以下，夏則用葛爲之，若冬則用皮爲之. 在素屨下者，欲見素屨亦用葛與皮故也.

1) 〔多〕：저본에는 글자가 결락되어 '□'로 표시되어 있으나, 監本과 毛本에 '多'로 되어 있는 것에 의거하여 보충하였다.(北京大 整理本의 〈校勘記〉 참조)

2) 玄端服之(赤)舃 〔赤〕繶已下：저본에는 '玄端服之赤舃 繶已下'로 되어 있으나, 閩本乙正 및 上海古籍 整理本에 의거하여 '玄端服之舃 赤繶已下'로 바로잡았다.(北京大 整理本의 〈校勘記〉 및 上海古籍 整理本 참조)

經의 〔屨人〕에서 〔葛屨〕까지

○ 釋曰：〔掌王及后之服屨〕 다만 머리 장식〔首服〕은 〈신체의〉 위쪽에 있으니 존귀하고, 또 陽이어서 변화가 많다. 이 때문에 追師와 弁師가 남자와 부인의 머리장식을 각각 관직을 나누어서 관장한다. 屨와 舃은 〈신체의〉 아래쪽에 있으니 비천하고, 또 陰이어서 변화가 적다. 그러므로 남자와 여자〈의 屨와 舃을〉 같은 관직에서 관장한다.

'爲赤舃(적석을 제작한다)' 이하는, 〈신발과 신발 장식을〉 관장하여 제작함을 말한 것이다. 그러므로 '제작한다〔爲〕'고 한 것이다. '赤舃'은 남자의 冕服과 婦人의 闕翟에 신는 신발이다. '黑舃'은 천자와 제후의 玄端服에 신는 신발이다. '赤繶' 이하에 '繶'이라고 하고 '句'라고 한 것은 신발의 솔기 장식〔繶〕과 신발의 코 장식〔絇〕 말하여 그것이 舃임을 표현하고자 한 것이다. '赤繶'은 천자와 제후가 신는 黑舃의 장식이다. '黃繶'은 〈남자가〉 婦人과 더불어 신는 玄舃의 장식이다. '靑句'는 〈士가〉 왕 및 제후와 더불어 신는 白舃의 장식이다. 무릇 屨와 舃에는 모두 신발의 코 장식〔絇〕・신발의 솔기 장식〔繶〕・신발의 가선 장식〔純〕이 있어 세 가지는 서로 함께 하는데, 각각 그 하나를 말한 것은 그것이 屨와 舃임을 互見하고자 한 것이다. 그러므로 한쪽을 들어서 말한 것이다. '素屨'는 大祥 때 신는 신발로서 장식을 제거한 것이다. '葛屨(칡으로 만든 신발)'는 赤舃 이하 여름철에는 칡으로 만드는데, 겨울철이라면 가죽으로 만든다. 〈葛屨가〉 素屨의 아래에 서술되어 있는 것은

素屨 또한 칡과 가죽으로 만들기 때문이다.

○注'屨自'至'皮時' ○釋曰：云'屨自明矣, 必連言服者, 著服各有屨也'者, 屨舃從裳色, 裳旣多種, 故連言服也. 云'複下曰舃, 禪下曰屨'者, 下, 謂底, 複, 重底, 重底者, 名曰舃, 禪底者, 名曰屨也. 無正文, 鄭目驗而知也. 云'古人言屨以通於複'者, 首直云屨人, 不言舃, 及經舃屨兩有, 是言屨通及舃. 周公卽古人也, 故云"古人言屨以通於複"也. 云'今世言屨以通於禪'者, 謂漢時爲今世. 但漢時名複下者爲屨, 幷通得下禪之屨, 故云"俗易語反與." 云'與'者, 無正文, 鄭以意解之, 故云'與'以疑之也. 云'舃屨有絇有繶有純者, 飾也'者, 言'繶'是牙底相接之縫, 綴絛於其中. 言'絇', 謂屨頭以絛爲鼻. 純, 謂以絛爲口緣. 經不云'純'者, 文略也. 鄭司農云 "赤繶・黃繶, 以赤黃之絲爲下緣"者, 此卽牙底相接之縫也. 引士喪禮者, 證繶爲下緣. 云'皆繶緇純'者, 葛屨・皮屨, 皆有繶也. 緇純, 純用緇則繶・絇亦用緇色也. '玄謂凡屨舃各象其裳之色'者, 屨舃與裳俱在下體, 其色同, 制舃屨, 與裳色同也. 引士冠禮者, 驗屨同裳色. 云'玄端黑屨'者, 凡玄端, 有上士玄裳, 中士黃裳, 下士雜裳[1]. 今云'黑屨'者, 據玄裳爲正也[2]. 云'靑絇繶純'者, 屨飾從繡次也. 云'素積白屨'者, 皮弁服, 素積以爲裳, 故白屨也. 云'緇絇繶純'者, 亦飾從繡次也. 云'爵弁, 纁屨, 黑絇繶純'者, 鄭云 "尊祭服, 飾從繢次." 言'是也'者, 是屨從裳色之義也.

1) 凡玄端……下士雜裳：≪儀禮≫ 〈士冠禮〉 鄭玄의 注에 "玄端服은 朝服의 옷으로, 〈신분에 따라〉 그 치마의 색을 다르게 할 뿐이다. 上士는 玄裳(검은색 치마)을 입고, 中士는 黃裳(황색 치마)을 입고, 下士는 雜裳(잡색 치마)을 입는다. '雜裳'이란 前裳(앞에 두르는 치마)은 玄色으로 하고 後裳(뒤에 두르는 치마)은 黃色으로 한다는 뜻이다.〔玄端卽朝服之衣 易其裳耳 上士玄裳 中士黃裳 下士雜裳 雜裳者 前玄後黃〕"라고 하였다. 禮服의 치마는 앞에 두르는 전상과 뒤에 두르는 후상의 두 조각으로 구성된다. 이 '전상'은 하늘〔天〕을 상징하고 '후상'은 땅〔地〕을 상징하므로, 전상에는 하늘의 색인 현색을 쓰고, 후상에는 땅의 색인 황색을 쓴 것이다.

2) 今云黑屨者 據玄裳爲正也：≪儀禮≫ 〈士冠禮〉에 "玄端服에 黑屨(흑색 신발)를 신는다.〔玄端黑屨〕"고 하였는데, 鄭玄의 注에 "玄端服에 黑屨를 신는다.'는 것은 玄裳을 올바름으로 삼는다는 뜻이다.〔玄端黑屨 以玄裳爲正也〕"라고 하였다. 玄端服의 치마로는 上士의 玄裳, 中士의 黃裳, 下士의 雜裳이 있는데, 이 가운데 상사의 현상을 기준으로 삼아서 흑색의 신발〔黑屨〕을 신는다는 뜻이다.

○ 注의 〔屨自〕에서 〔皮時〕까지

○ 釋曰 : 〔屨自明矣 必連言服者 著服各有屨也〕 신발〔屨舃〕은 치마의 색을 따르는데, 치마는 이미 종류가 많다. 그러므로 '의복〔服〕'과 연결하여 말한 것이다.

〔複下曰舃, 禪下曰屨〕 '下'는 바닥〔底〕을 말하고, '複'은 바닥을 겹으로 한다는 뜻이니, 바닥을 겹으로 만든 신발을 '舃'이라고 칭하고, 바닥을 홑으로 만든 신발을 '屨'라고 칭한다. 正文(經文)이 없으니, 鄭玄이 눈으로 직접 징험하여 안 것이다.

〔古人言屨以通於複〕 앞머리에서는 단지 '屨人'이라고만 말하고 '舃'을 말하지 않았는데, 經文에 이르러서는 '舃'과 '屨' 두 가지가 〈모두〉 있으니, 이(앞머리)는 '屨'를 말하여 '舃'까지 통하여 미친 것이다. 周公이 곧 옛사람이다. 그러므로 "옛사람들은 '屨'라고 말하여 겹바닥 신발까지를 통칭했다."라고 한 것이다.

〔今世言屨以通於禪〕 漢나라 때를 '오늘날 세상〔今世〕'이라 한 것이다. 다만 漢나라 때는 바닥을 겹으로 만든 신발을 '屨'라고 칭하고, 아울러 바닥이 홑으로 된 신발까지 통칭하게 되었다. 그러므로 〈정현이〉 "풍속이 바뀌어 말이 반대가 된 것인 듯하다.〔俗易語反與〕"라고 한 것이다. '與'라고 말한 것은 正文이 없어서 정현이 뜻으로 해석했기 때문이다. 그러므로 '與(~인 듯하다)'라고 말하여 의문을 둔 것이다.

〔舃屨有絇有繶有純者 飾也〕 '繶'이라 말한 것은 신발의 몸통과 바닥이 맞닿는 부분의 솔기이니, 그 가운데에 끈을 〈빙 둘러〉 꿰맨 것이다. '絇'라고 말한 것은 신발의 앞머리에 끈으로 코를 만든 것을 가리킨다. '純'은 끈으로 〈발을 넣는〉 신발 입구에 가선 장식을 한 것을 말한다. 경문에서 '純(신발의 가선 장식)'을 말하지 않은 것은 문장이 생략된 것이다.

鄭衆이 "赤繶과 黃繶은 적색과 황색의 비단 끈으로 신발의 아랫부분에 가선 장식을 한 것이다."라고 한 것은, 이것이 곧 신발의 몸통과 바닥이 맞닿는 부분의 솔기이기 때문이다. 〈정중이〉 ≪儀禮≫ 〈士喪禮〉를 인용한 것은 '繶'이 신발 아랫부분의 가선 장식임을 입증한 것이다.

〔皆繶緇純〕 葛屨와 皮屨에 모두 繶(신발의 솔기 장식)이 있다. '緇純'은 신발의 가선 장식을 검은색〔緇〕으로 한 것이니, 신발의 솔기 장식〔繶〕과 신발의 코 장식〔絇〕도 또한 검은색으로 한다.

〔玄謂凡屨舃各象其裳之色〕 신발은 치마와 더불어 모두 하체에 있는데 그 색이 동일하니, 신발을 제작할 때 치마의 색과 똑같이 하는 것이다. 〈정현이〉 ≪의례≫ 〈士冠禮〉를 인용한 것은 신발이 치마의 색과 동일함을 증험하기 위한 것이다.

〔玄端黑屨〕 무릇 玄端服에는 上士의 玄裳이 있고, 中士의 黃裳이 있고, 下士의 雜裳이

있는데, 이제 '黑屨'라고 한 것은 〈상사의〉 현상에 의거하여 올바름을 삼은 것이다.

〔青絇繶純〕〈黑〉屨의 장식은 치마에 수를 놓는 방식〔繡次〕(比方, 서로 나란한 방위의 색으로 배합하는 것)을 따른 것이다.

〔素積白屨〕皮弁服은 素積(흰색 주름치마)을 치마로 삼기 때문에 '白屨'를 신는 것이다.

〔緇絇繶純〕또한 〈白屨의〉 장식은 치마에 수를 놓는 방식〔繡次〕을 따른 것이다.

〔爵弁 纁屨 黑絇繶純〕정현은 "祭服의 〈신발을〉 높여서 장식이 웃옷에 그림을 그려 넣는 방식〔繢次〕(對方, 서로 반대되는 방위의 색으로 배합하는 것)을 따른 것이다."라고 하였다. 〈鄭玄이〉 "이것이다〔是也〕"라고 말 것은, 이것이 신발이 치마의 색을 따르는 의리라는 뜻이다.

云'王吉服有九'者, 則司服六冕[1])與韋弁[2])・皮弁[3])・冠弁[4]), 是也. 云'舃有三等'者, 謂赤舃・黑舃・白舃也. 云'赤舃爲上, 冕服之舃'者, 此經先言赤舃, 是舃中之上, 是六冕之舃也. 引詩者, 是韓侯之詩也. 玄袞者, 冕服皆玄上纁下, 而畫以袞龍. 云'赤舃'者, 象纁裳故也. 引之者, 證諸侯得與王同有三等之舃, 赤舃爲上也. 云'下有白舃黑舃'者, 白舃配韋弁・皮弁, 黑舃配冠弁服. 案司服注 "韋弁, 以靺(매)韋[5])爲弁, 又以爲衣裳", 則韋弁其裳以靺之赤色韋爲之. 今以白舃配之, 其色不與裳同者, 鄭志及聘禮注韋弁服, 皆云"以素爲裳[6])." 以無正文, 鄭自兩解不定. 故得以白舃配之. 冠弁服, 則諸侯視朝之服, 是以燕禮記云 "燕朝服", 鄭云 "諸侯與其群臣日視朝之服也, 謂冠玄端・緇帶・素韠・白屨也." 白屨卽與皮弁素積白屨同. 今以黑舃配之, 不與裳同色者, 朝服與玄端大同小異, 皆玄(端)〔冠〕[7])緇布衣, 而裳有異耳. 若朝服, 則素裳白屨. 若玄端之裳, 則玉藻云 "韠, 君朱, 大夫素, 士爵韋." 是韠從裳色, 則天子諸侯朱裳, 大夫素裳, 皆不與裳同色者, 但天子諸侯舃有三等, 玄端旣不得與祭服同赤舃, 若與韋弁・皮弁同白, 則黑舃無所施, 故從上士玄裳(無)〔爲〕[8])正而黑舃也. 大夫玄端素裳, 亦從玄裳黑屨矣. 云'王后吉服六, 唯祭服有舃'者, 以王舃有三, 后舃不得過王, 故知后舃亦三等. 但冕服有六, 其裳同, 故以一舃配之. 后翟三等, 連衣裳而色各異, 故三翟三等之舃配之. 云'玄舃爲上, 褘衣之舃也, 下有青舃・赤舃'者, 玄舃配褘衣, 則青舃配(搖)〔揄〕[9])翟, 赤舃配闕翟可知. 云'鞠衣以下皆屨耳'者, 六服三翟, 旣以三舃配之, 且下文'命夫・命婦', 唯言屨, 不言舃, 故知鞠衣以下皆屨也. 云'句當爲絇', 知者, 以此屨・舃無取句之義, 案士冠禮皆云'絇', 故知當爲絇. 云'絇繶純者同色', 知者, 案

士冠禮, 三冠[10]絇・繶・純各自同色故也. 云'今云赤繶黃繶青(繶)〔絇〕[11], 雜互言之, 明舃屨衆多, 反覆以見之'者, 以其男子有三等屨・舃, 婦人六等屨・舃, 若具言其屨・舃, 於文煩, 故雜互見之, 明其衆多也. 云'凡舃之飾, 如繢之次'者, 無正文, 此約皮弁白屨黑絇繶純, 白黑(北)〔比〕[12]方爲繡次, 爵弁纁屨黑絇繶純, 黑與(繶)〔纁〕[13]南北相對, 尊祭服, 故對方爲(績)〔繢〕[14]次也. 以此而言, 則知凡舃皆不與屨同, 而爲繢次可知. 云'赤繶者, 王黑舃之飾'者, 以其(黑)〔舃〕[15]飾從繢之次, 赤是南方火色, 與北方黑對方, 更無青屨取赤爲繶, 知是王黑舃之飾也. 云'黃繶者, 王后玄舃之飾'者, 以其天玄與地黃相對, 爲繢次, 故知是王后玄舃之飾也. 上公夫人得服(褖)〔褘〕[16]衣者, 亦得玄舃也. 云'青絇者, 王白舃之飾'者, 亦以對方飾之, 亦得與褖衣黑屨爲飾. 但據舃尊者而言, 王亦與諸侯白舃爲飾也. 云'言繶必有絇純, 言絇亦有繶純, 三者相將'者, 以士冠禮, 三冠各有絇・繶・純, 故知三者相將. 但經互見, 故各偏擧其一耳.

1) 六冕 : 大裘冕・袞冕・鷩冕・毳冕・希冕・玄冕을 말한다.

2) 韋弁 : 韋弁服을 말한다. 천자의 3가지 弁服 가운데 하나로, 천자・제후・대부가 兵事가 있을 때 착용하는 冠服이다. 적황색의 부드러운 가죽〔韎韋〕으로 弁을 만들고, 또 그것으로 웃옷과 치마를 만든다.

3) 皮弁 : 皮弁服을 말한다. 천자의 3가지 弁服 가운데 하나로, 天子가 조회를 볼 때, 諸侯가 서로 조빙을 할 때, 諸侯가 신하들과 조회를 볼 때, 士의 冠禮에서 두 번째 관을 씌울 때 착용하는 冠服이다. 흰 사슴의 가죽으로 만든 관〔白鹿皮冠〕을 쓰고, 흰색 베로 만든 웃옷〔白布衣〕을 입고, 양쪽 허리에 주름을 잡은 흰색 비단의 치마〔素積〕를 입고, 검은색의 허리띠〔緇帶〕를 차고, 흰색 가죽으로 만든 무릎가리개〔素韠〕를 한다.

4) 冠弁 : 冠弁服을 말한다. 천자의 3가지 弁服 가운데 하나로, 천자가 사냥을 할 때 착용하는 冠服이다. 또한 제후・대부・사의 朝服으로도 착용한다. 冠弁服에는 검은색의 베로 만든 玄冠을 쓰고, 검은색의 베로 만든 웃옷〔緇布衣〕과 흰색 치마〔素裳〕를 입는다. 〈春官 司服(〈春-12-5〉) 鄭玄의 注에 "冠弁은 〈周나라의〉 委貌이다. 검은색 베로 만든 웃옷을 입고, 또한 흰색 주름을 잡아 치마를 만든다. 제후는 그것으로 조회를 볼 때의 의복으로 삼는다.〔冠弁 委貌 其服緇布衣 亦積素以爲裳 諸侯以爲視朝之服〕"라고 하였다.

5) 韎(매)韋 : 꼭두서니로 물들인 가죽으로, 적황색의 가죽을 말한다. ≪說文解字≫ 韋部에 "韎는 꼭두서니로 물들인 가죽이니, 한 번 물들인 것을 '韎'라고 한다.〔茅蒐染韋也 一入曰韎〕"고 하였다. ≪禮記≫ 〈玉藻〉 鄭玄의 注에는 "'緼'은 적색과 황색의 간색이니, 이른바 '韎'이다.〔緼 赤黃之間色 所謂韎也〕"라고 하였다.

韋弁　　皮弁　　冠弁

6) 以素爲裳 : ≪鄭志≫ 卷中에 "韋弁服은 꼭두서니로 물들인 적황색의 가죽으로 만든 웃옷을 입고, 皮弁服은 베로 만든 웃옷을 입는데, 이 두 가지 弁服에는 모두 흰색 비단으로 만든 치마에 흰색 신발을 신는다.〔韋弁衣以韎 皮弁衣以布 此二弁皆素裳白舃〕"고 하였고, ≪儀禮≫ 〈聘禮〉 鄭玄의 注에도 "그 〈韋弁〉服은 적황색의 베로 웃옷을 만들고, 흰색 비단으로 치마를 만든다.〔其服蓋韎布以爲衣 而素裳〕"고 하였다. 이 두 곳에서 鄭玄은 韋弁服에는 素裳의 흰색 치마를 입는다고 하였는데, 이는 〈春官 司服(〈春-12-3〉)에서 꼭두서니로 물들인 적황색의 웃옷과 치마를 입는다〔韋弁 以韎韋爲弁 又以爲衣裳〕고 한 것과 다르다. 이에 대해서 賈公彦은 聘禮는 兵事가 아니니, 廟에 들어갈 때 순수하게 兵服을 할 수 없기 때문에 적황색의 베와 흰색 비단으로 웃옷과 치마를 만드는 것으로 해석하였다.〔彼非兵事 入廟不可純如兵服 故疑用韎布爲衣也 言素裳者〕

7) (端)〔冠〕: 저본에는 '端'으로 되어 있으나, 上海古籍 整理本의 〈校勘記〉에 의거하여 '冠'으로 바로잡았다.

8) (無)〔爲〕: 저본에는 '無'로 되어 있으나, '無'는 '爲'의 잘못이라는 浦鏜의 설에 의거하여 바로잡았다.(北京大 整理本의 〈校勘記〉 참조)

9) (搖)〔揄〕: 저본에는 '搖'로 되어 있으나, ≪周禮正義≫에 '揄'로 되어 있는 것에 의거하여 바로잡았다.(北京大 整理本의 〈校勘記〉 참조)

10) 三冠 : 冠禮를 행할 때 緇布冠, 皮弁, 爵弁의 순서로 세 차례 관을 씌워주는데, 이를 '三加'라고 한다. 피변은 치포관보다 존귀하고, 작변은 또 피변보다 존귀하다. ≪禮記≫ 〈冠義〉 鄭玄의 注에 "관례를 행하는 것은, 처음에 緇布冠을 씌우고, 다음으로 皮弁을 씌우고, 다음으로 爵弁을 씌운다. 매번 더욱 존귀한 관을 씌우는 것은 성인으로서의 일을 더욱 더해가는 것이다.〔冠者 初加緇布冠 次加皮弁 次加爵弁 每加益尊 所以益成也〕"라고 하였다.

11) (繶)〔絇〕 : 저본에는 '繶'으로 되어 있으나, '靑繶'은 '靑絇'의 잘못이라는 浦鏜의 설에 의거하여 바로잡았다.(北京大 整理本의 〈校勘記〉 참조)

12) (北)〔比〕 : 저본에는 '北'으로 되어 있으나, 閩本·殿本에 '比'로 되어 있는 것에 의거하여 바로잡았다.(上海古籍 整理本의 〈校勘記〉 참조)

13) (繶)〔纁〕 : 저본에는 '繶'으로 되어 있으나, 惠校本과 宋本에 '纁'으로 되어 있는 것에 의거하여 바로잡았다.(北京大 整理本의 〈校勘記〉 참조)

14) (績)〔繢〕 : 저본에는 '績'으로 되어 있으나, 北京大 整理本과 上海古籍 整理本에 의거하여 '繢'로 바로잡았다.

15) (黑)〔舃〕 : 저본에는 '黑'으로 되어 있으나, '黑'은 '舃'의 잘못이라는 浦鏜의 설에 의거하여 바로잡았다.(北京大 整理本의 〈校勘記〉 참조)

16) (褖)〔褘〕 : 저본에는 '褖'으로 되어 있으나, '褖'은 '褘'의 잘못이라는 浦鏜의 설에 의거하여 바로잡았다.(北京大 整理本의 〈校勘記〉 참조)

〔王吉服有九〕 〈春官 司服(春-12-2)〉의 六冕과 韋弁·皮弁·冠弁이 이것이다.

〔舃有三等〕 赤舃·黑舃·白舃을 말한다.

〔赤舃爲上 冕服之舃〕 이곳 경문에서 먼저 '赤舃'을 말한 것은 舃(겹바닥 신발) 가운데 가장 위 등급이기 때문이니, 六冕服에 신는 신발이다.

인용한 詩는 ≪詩經≫ 〈大雅 韓奕〉의 詩이다. '玄袞'이란 冕服은 모두 웃옷을 玄色으로 하고 치마를 纁色으로 하는데, 袞龍(升龍과 降龍의 무늬)을 그려 넣은 것이다. '赤舃'이라고 한 것은 纁裳(옅은 분홍색의 치마)를 본떴기 때문이다. 이(〈대아 한혁〉)를 인용한 것은 제후가 왕과 똑같이 3등급의 舃이 있는데, 赤舃이 최상의 등급이 됨을 입증한 것이다.

〔下有白舃黑舃〕 白舃은 韋弁服과 皮弁服에 배합하고, 黑舃은 冠弁服에 배합한다. 살펴보건대, 〈春官 司服(春-12-3)〉 鄭玄의 注에 "위변복은 꼭두서니로 물들인 적황색의 가죽〔韎韋〕으로 弁을 만든 것이니, 또 그것으로 웃옷과 치마를 만든다."고 하였다. 그렇다면 위변복은 그 치마를 꼭두서니로 물들인 적색 가죽으로 만드는 것이다. 이제 白舃을 위변복에 배합했으니, 그 색이 치마의 색(赤色)과 같지 않은 것이다. ≪鄭志≫ 및 ≪儀禮≫ 〈聘禮〉의 위변복에 대한 정현의 주에서는 모두 "흰색 비단으로 치마를 만든다."고 하였다.

正文(經文)이 없기 때문에 정현은 스스로 두 가지로 해석하여 일정하게 하지 않았다. 그러므로 白舃을 위변복에 배합할 수 있었던 것이다. '冠弁服'은 제후가 조회를 볼 때 착용하는 의복이다. 이 때문에 ≪의례≫ 〈燕禮〉 記文에서 "燕禮에는 朝服을 착용한다."고 하였는데, 정현은 "〈조복은〉 제후가 신하들과 날마다 조회를 볼 때 착용하는 의복이니, 玄冠(검은색 비단으로 만든 관)을 쓰고, 玄端(검은색 베로 만든 웃옷)을 입고, 緇帶(검은색 비단의 가선 장식을 한 허리띠)와 素韠(흰색 무릎가리개)을 착용하고, 白屨(흰색 신발)를 신는 의복을 가리킨다."고 하였다. 〈조복에〉 白屨를 신는 것은 곧 피변복에 素積(흰색 주름치마)을 입고 白屨(흰색의 홑바닥 신발)를 신는 것과 동일하다. 이제 黑舃을 冠弁服에 배합해서 치마의 색과 같지 않게 한 것은, 朝服(冠弁服)은 玄端服과 거의 같지만 조금 다르기 때문이니, 모두 玄冠(검은색 비단으로 만든 관)을 쓰고 緇布衣(검은색 비단으로 만든 웃옷)를 입지만 치마에 차이가 있을 뿐이다. 朝服의 경우 素裳(흰색 치마)에 白屨(흰색의 홑바닥 신발)를 신는다. 玄端服의 치마로 말하면, ≪禮記≫ 〈玉藻〉에서 "〈현단복의〉 무릎가리개〔韠〕는, 군주의 경우 붉은색〔朱〕의 가죽으로 만들고, 대부의 경우 흰색〔素〕의 가죽으로 만들고, 士의 경우 검붉은색〔爵〕의 가죽으로 만든다."고 하였다. 무릎가리개는 치마의 색을 따르므로 천자와 제후는 붉은색의 치마를 입고, 대부는 흰색의 치마를 입는 것이니, 〈현단복에 黑舃을 신는다면〉 모두 치마와 색이 같지 않은 것이다. 다만 천자와 제후의 舃에는 3등급이 있는데, 현단복에는 이미 祭服처럼 赤舃을 신을 수 없으니, 만약 위변복·피변복을 입을 때처럼 白舃을 신는다면 黑舃을 사용할 곳이 없게 된다. 그러므로 上士의 玄裳을 따라 올바름으로 삼아서 흑석을 신는 것이다. 大夫는 현단복에 素裳(흰색 치마)을 입지만, 또한 〈上士의〉 현상을 따라서 黑屨(검은색의 홑바닥 신발)를 신는다.

〔王后吉服六 唯祭服有舃〕 왕의 舃에는 3가지가 있는데, 왕후의 舃은 왕을 뛰어넘을 수 없다. 그러므로 왕후의 舃에도 3등급이 있음을 알 수 있다. 다만 冕服에 6가지가 있지만, 그 치마의 색은 동일하다. 그러므로 한 가지 색의 舃으로 〈6면복에〉 배합하는 것이다. 왕후의 翟衣는 3등급인데, 웃옷과 치마를 이어서 만들지만, 색은 각각 다르다. 그러므로 3가지 翟衣에 3등급의 舃을 배합한다.

〔玄舃爲上 褘衣之舃也 下有青舃赤舃〕 玄舃을 褘衣에 배합한다면, 青舃은 揄翟에 배합하고, 赤舃은 闕翟에 배합함을 알 수 있다.

〔鞠衣以下皆屨耳〕 6가지 冕服과 3등급의 翟衣에는 3가지의 舃을 배합한다. 또 아래 경문에서는 '命夫·命婦'에 대해서 단지 '屨'라 말하고 '舃'을 말하지 않았으므로 鞠衣 이하에는 모두 屨(홑바닥 신발)를 신는다는 것을 알 수 있다.

〔句當爲約〕 이를 알 수 있는 것은, 이 '屨'와 '舃'에서는 '句'의 뜻을 취할 것이 없기 때문이다. 살펴보건대, ≪의례≫ 〈사관례〉에는 모두 '約'로 되어 있으므로 '約'가 되어야 함을 알 수 있다.

〔約繶純者同色〕 이를 알 수 있는 것은, 살펴보건대 ≪의례≫ 〈사관례〉에 의하면 3가지 冠(치포관·피변·작변)을 쓸 때 신발의 코 장식·신발의 솔기 장식·신발의 가선 장식은 각각의 관마다 스스로 같은 색으로 하기 때문이다.

〔今云赤繶黃繶靑約 雜互言之 明舃屨衆多 反覆以見之〕 남자에게는 3등급의 屨와 舃이 있고, 婦人에게는 6등급의 屨와 舃이 있는데, 만약 그 屨와 舃을 모두 갖추어서 말한다면, 문장이 번잡해지므로 섞어서 互言하여 그 많음을 밝혔다.

〔凡舃之飾 如繢之次〕 正文(經文)이 없다. 이는 皮弁服이 白屨에 신발의 코 장식·신발의 솔기 장식·신발의 가선 장식을 黑色으로 하여 白色(서방)과 黑色(북방)이 나란한 방위〔比方〕가 되어 치마에 수를 놓는 방식〔繡次〕이 되고, 爵弁服이 纁屨에 신발의 코 장식·신발의 솔기 장식·신발의 가선 장식을 黑色으로 하여 黑色(북방)과 纁色(남방)이 남북으로 서로 마주하니, 祭服을 높이기 때문에 반대 방위〔對方〕로 하여 웃옷에 그림을 그려 넣는 방식〔繢次〕이 되는 것에서 헤아린 것이다. 이를 가지고 말하면, 무릇 舃(겹바닥 신발)은 모두 屨(홑바닥 신발)와 〈장식하는 방식이〉 같지 않음을 알 수 있으며, 웃옷에 그림을 그려 넣는 방식〔繢次〕이 됨을 알 수 있다.

〔赤繶者 王黑舃之飾〕 그 舃의 장식이 웃옷에 그림을 그려 넣는 방식〔繢次〕을 따르기 때문이다. 赤色은 남방의 火色으로 북방의 黑色과 반대 방위〔對方〕의 색이고, 또 〈왕은〉 靑屨에 赤色을 취하여 신발의 솔기 장식〔繶〕을 하는 일도 없으니, 〈赤繶은〉 王이 黑舃을 신을 때의 장식임을 알 수 있다.

〔黃繶者 王后玄舃之飾〕 하늘의 玄色과 땅의 黃色으로 서로 반대 방위가 되어 웃옷에 그림을 그려 넣는 방식〔繢次〕이 되기 때문이다. 그러므로 〈黃繶은〉 왕후가 玄舃을 신을 때의 장식임을 알 수 있다. 上公의 夫人은 褘衣를 입게 될 경우 또한 玄舃을 신을 수 있다.

〔靑約者 王白舃之飾〕 또한 반대 방위〔對方〕의 색으로 장식하는 것이기 때문이니, 또한 褖衣에 黑屨를 신는 것과 더불어 장식으로 삼을 수 있다. 다만 舃이 존귀한 것임에 의거하여 말한다면, 왕은 또한 제후와 더불어 〈靑約에〉 白舃을 신는 것으로 장식을 삼는다.

〔言繶必有約純 言約亦有繶純 三者相將〕 ≪의례≫ 〈사관례〉에서는 3가지 冠(치포관·피변·작변)을 쓸 때 각각 신발의 코 장식〔約〕·신발의 솔기 장식〔繶〕·신발의 가선 장식〔純〕을 하므로 세 가지는 서로 함께 하는 것임을 알 수 있다. 다만 경문에서는 互見했기

때문에 각각 그 하나만을 들었을 뿐이다.

云'王及后之赤舃皆黑飾, 后之青舃白飾'者, 以舃皆對方, 以繢次爲飾, 故〔知〕[1)]義然也. 云'凡屨之(節)〔飾〕[2)], 如繡次也'者, 亦約士冠禮白屨黑絇·繶·純之等而知也. 云'黃屨白飾, 白屨黑飾, 黑屨青飾'者, 此據婦人之屨, 鞠衣已下之屨, 故有黃屨·黑屨也. 以屨從繡次爲飾, 故知義然也. 云'絇謂之拘著於舃屨之頭以爲行戒'者, 鄭注士冠亦云"絇之言, 拘也, 以爲行戒, 狀如刀衣鼻[3)], 在屨頭." 言拘取自拘持爲行戒者, 謂使(抵)〔底〕[4)]目, 不妄顧視也. 云'其餘唯服冕衣翟著舃耳'者, 服冕謂〔卿大夫以下, 衣翟謂〕后以下婦人也[5)]. 云'素屨者, 非純吉, 有凶去飾者', 下經注散屨與此素屨, 同是大祥時, 則大祥除衰杖後, 身服素縞麻衣[6)], 而著此素屨, 故云"非純吉." 言'去飾'者, 經素屨不云〔絇〕[7)]·繶·純, 故知去飾無絇繶純也. 云'言葛屨明有用皮時'者, 士(冠)〔喪〕[8)]禮云"夏葛屨, 冬皮屨." 此經云'葛屨', 據夏而言. 若冬明用皮, 故鄭云"有用皮時"也.

1) 〔知〕: 저본에는 '知'가 없으나, 孫詒讓의 〈校勘記〉에 "'義' 위에 아마도 '知'가 빠진 듯하다."고 하였고, 이곳 아래의 賈公彦에 '知義然'이라 한 것에 의거하여 보충하였다.(北京大 整理本의 〈校勘記〉 참조)

2) (節)〔飾〕: 저본에는 '節'로 되어 있으나, 앞의 鄭玄의 注와 ≪周禮正義≫에 의거하여 '飾'으로 바로잡았다.(北京大 整理本의 〈校勘記〉 참조)

3) 刀衣鼻 : 칼집 위의 옥 장식〔璏〕을 말한다. 그 끝이 위로 감아 올라가서 옆에서 보면 ▭의 형상을 하고 있어 신발 앞머리의 코 장식〔絇〕과 매우 유사하다.

4) (抵)〔底〕: 저본에는 '抵'로 되어 있으나, 上海古籍 整理本의 〈校勘記〉에 의거하여 '底'로 바로잡았다.

5) 服冕謂〔卿大夫以下 衣翟謂〕后以下婦人也 : 저본에는 '服冕謂后以下婦人也'로 되어 있으나, 孫詒讓은 중간에 '卿大夫以下衣翟謂'가 脫誤되어 있으니, 마땅히 '服冕謂卿大夫以下衣翟謂后以下婦人也'가 되어야 한다고 하였다.(北京大 整理本과 上海古籍 整理本의 〈校勘記〉 참조) 이에 의거하여 보충하였다.

6) 素縞麻衣 : '素縞'는 누이지 않은 흰색 비단으로 만든 관에 누인 흰색 비단으로 가선을 두른 것을 말한다. '麻衣'는 服喪

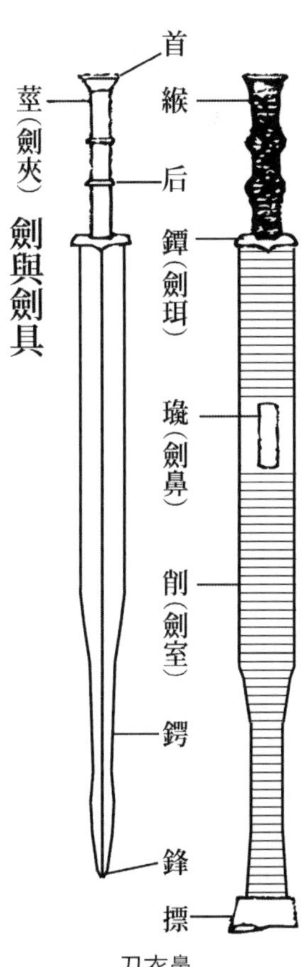

刀衣鼻

을 할 때 15升의 小功布로 만든 深衣로, 웃옷과 치마가 서로 연결되어 있다. ≪禮記≫ 〈間傳〉에 "〈小祥의 제사를 지낸 후〉 또 1년 만에 大祥의 제사를 지내는데, 누이지 않은 흰색 비단으로 만든 관에 누인 흰색 비단으로 가선을 두르고, 麻衣를 입는다.〔又期而大祥 素縞麻衣〕"고 하였다. 鄭玄의 注에는 "이곳의 '素縞'는 ≪예기≫ 〈玉藻〉에서 '縞冠에 흰색 비단으로 가선을 두른 것은 大祥의 제사를 지낸 후에 쓰는 관이다.'라고 한 그것이다. '麻衣'는 15승의 베로 만드는데, 또한 深衣이다. '麻'라고 한 것은 순수하게 베를 쓰고 채색의 장식을 하지 않기 때문이다.〔此素縞者 玉藻所云 縞冠素紕 旣祥之冠 麻衣十五升布 亦深衣也 謂之麻者 純用布 無采飾也〕"라고 하였다.

7) 〔絇〕 : 저본에는 '絇'가 없으나, 浦鏜이 '繶' 위에 '絇'가 빠져 있다고 하였고, ≪周禮正義≫에도 '絇'가 있는 것에 의거하여 보충하였다.(北京大 整理本과 上海古籍 整理本의 〈校勘記〉 참조)

8) (冠)〔喪〕 : 저본에는 '冠'으로 되어 있으나, '夏葛屨 冬皮屨'는 ≪儀禮≫ 〈士喪禮〉의 문장이며, 위의 賈公彦의 疏에서도 〈사상례〉의 문장으로 인용하였다. 이에 따라 '喪'으로 바로잡았다.

〔王及后之赤舃皆黑飾 后之青舃白飾〕 舃의 〈絇·繶·純은〉 모두 〈舃과〉 반대 방위〔對方〕의 색으로 하여 웃옷에 그림을 그려 넣는 방식〔繢次〕에 따라 장식하기 때문이다. 그러므로 의리가 그러함을 알 수 있다.

〔凡屨之飾 如繡次也〕 또한 〈鄭玄은〉 ≪儀禮≫ 〈士冠禮〉에서 白屨에 신발의 코 장식·신발의 솔기 장식·신발의 가선 장식을 黑色으로 하는 것 등을 헤아려서 알았던 것이다.

〔黃屨白飾 白屨黑飾 黑屨青飾〕 이는 婦人의 屨(홑바닥 신발)에 의거한 것이니, 鞠衣 이하를 입을 때의 屨이다. 그러므로 黃屨와 黑屨가 있는 것이다. '屨'는 치마에 수를 놓는 방식〔繡次〕에 따라서 장식을 한다. 그러므로 의리가 그러함을 알 수 있다.

〔絇謂之拘著於舃屨之頭以爲行戒〕 정현은 ≪의례≫ 〈사관례〉에 注를 달면서 또한 "'絇'라는 글자는 구속한다〔拘〕는 뜻이니, 그것으로 걸을 때의 경계로 삼는 것이다. 형태는 刀衣鼻(칼집의 코)와 같으며, 신발의 앞머리에 붙어 있다."고 하였으니, 붙잡아 스스로를 구속하여 걸을 때의 경계로 삼음을 말하는 것으로 눈을 낮게 하여 함부로 뒤돌아보지 않는 것을 가리킨다.

〔其餘唯服冕衣翟著舃耳〕 '면복을 착용한다〔服冕〕'는 것은 卿·大夫 이하를 말하고, '적의를 입는다〔衣翟〕'는 것은 왕후 이하 부인을 말한다.

〔素屨者 非純吉 有凶去飾者〕 아래 경문(〈天官 屨人(天-62-2)〉) 정현 주의 '散屨'와 이곳

의 '素屨'는 똑같이 大祥 때 신는 것이니, 大祥의 제사를 지내면 상복〔衰〕을 벗고 지팡이〔杖〕를 치운 후 몸에 縞冠(누이지 않은 흰색 비단의 관)을 쓰고 麻衣를 입으며, 이 素屨를 신는다. 그러므로 "순수한 길함이 아니다."라고 한 것이다. "장식을 제거한다.〔去飾〕"고 말한 것은, 경문에서 '素屨'에 대해 신발의 코 장식〔絇〕·신발의 솔기 장식〔繶〕·신발의 가선 장식〔純〕을 말하지 않았기 때문이다. 그러므로 장식을 제거하여 신발의 코 장식·신발의 솔기 장식·신발의 가선 장식이 없음을 알 수 있다.

〔言葛屨明有用皮時〕 ≪의례≫ 〈士喪禮〉에서 "〈시신에게 신기는 신발은〉 여름철에는 칡으로 만든 신발〔屨〕을 사용하고, 겨울철에는 가죽으로 만든 신발〔屨〕을 사용한다."고 하였다. 이곳 경문에서 '葛屨(칡으로 만든 신발)'라고 한 것은 여름철에 의거하여 말한 것이다. 만약 겨울이라면 가죽으로 만든 신발을 사용하는 것임이 분명하다. 그러므로 정현이 "가죽으로 만든 〈屨를〉 사용하는 때가 있다."고 한 것이다.

天-62-2

辨外內命夫命婦[1]之命屨·功屨·散屨하고

1) 外內命夫命婦 : '命夫'는 爵命을 받은 남자를 말하고, '命婦'는 爵命을 받은 婦人을 말한다. '外命夫'는 卿·大夫를 말하고, 그 처는 外命婦가 된다. '內命夫'는 卿·大夫·士로서 宮中에 있는 자들을 말하는데, 그 처는 內命婦가 된다.

〈屨人은〉 外命夫·內命夫와 外命婦·內命婦가 신어야 할 命屨·功屨·散屨를 변별한다.

【注】 命夫之命屨는 纁屨[1]요 命婦[2]之命屨는 黃屨以下니 功屨는 次命屨[3]라 於孤·卿·大夫則白屨·黑屨니 九嬪·內子[4]도 亦然이라 世婦·命婦[5]는 以黑屨爲功屨요 女御·士妻는 命屨而已요 士及士妻는 謂再命受服者[6]라 散屨는 亦謂去飾이라

1) 命夫之命屨 纁屨 : 孫詒讓에 의하면, 鄭玄이 命夫의 命屨를 纁屨로 해석한 것은 오로지 士의 爵弁服에 의거하여 말한 것이다.(≪周禮正義≫ 권16, 631쪽 참조)
2) 命婦 : 孫詒讓에 의하면, 안으로 九嬪에서 女御에 이르기까지, 밖으로 孤·卿의 內子 및 士의 妻에 이르기까지 모두 '命婦'로 통칭한다.(≪周禮正義≫ 권16, 631쪽 참조)
3) 功屨 次命屨 : '功屨'는 人功을 가한 것이 조금 거친 것을 말하고, '命屨'는 인공을 가한 것이 가장 정밀한 것을 말한다. '次命屨'는 命屨보다 한 등급을 낮추었다는 뜻이다.(≪周禮正義≫ 권16, 632쪽 참조)

4) 內子 : 卿・大夫의 妻나 嫡妻를 말한다. 鄭玄은 '內子'에 대해서 '卿의 適妻', '卿의 妻', '大夫의 適妻'라고 하였다.(≪禮記≫의 〈雜記 上〉의 鄭玄 注, "內子 卿之適妻也" ; 〈喪大記〉의 鄭玄 注, "內子 卿之妻也" ; 〈曾子問〉의 鄭玄 注, "內子 大夫適妻也")
5) 命婦 : 孫詒讓에 의하면 이곳의 '命婦'는 오로지 卿・大夫의 妻를 가리켜 말한 것이다. (≪周禮正義≫ 권16, 632쪽 참조)
6) 士及士妻謂再命受服者 : 이는 〈春官 大宗伯(春-1-29)〉에 의거한 것으로, 王의 下士 및 그의 妻는 命屨를 받지 못한다는 뜻을 밝힌 것이다.(≪周禮正義≫ 권16, 632쪽 참조)

命夫의 命屨는 纁屨(누런빛을 띤 진홍색의 홑바닥 신발)이다. 命婦의 命屨는 黃屨(황색의 홑바닥 신발) 이하이다. '功屨'는 '命屨'의 다음이니, 孤・卿・大夫의 경우에는 白屨(흰색의 홑바닥 신발)와 黑屨(흑색의 홑바닥 신발)를 신는다. 九嬪과 內子도 또한 마찬가지이다. 世婦와 命婦는 黑屨를 功屨로 삼는다. 女御와 士의 妻는 命屨뿐이다. 사 및 사의 妻는 再命으로서 의복을 하사받은 자를 가리킨다. '散屨'는 또한 장식을 제거한 신발을 말한다.

【疏】'辨外'至'散屨' ○釋曰 : 上明王及后等尊者舃・屨訖, 此明臣妻及嬪已下之屨也. 言'外・內命夫', 案肆師職云"禁外內命男女之衰不中法者." 鄭彼注"外命男, 六鄉以出也[1]. 內命男, 朝廷卿大夫士也. 其妻爲外命女." 彼外(內)[2]命男, 則此外(內)命夫. 若然, 此外(內)命夫, 其妻爲外命婦, 鄭雖不注, 亦與彼同也. 內命婦自是九嬪以下也.

1) 外命男 六鄉以出也 : 賈公彦은 六鄕・六遂 및 公邑의 大夫 등이 모두 外命男이 된다고 하였다.(〈春官 肆師(春-3-16)〉 鄭玄의 注에 대한 賈公彦의 疏 참조)
2) (內) : 저본에는 '內'가 있으나, '彼外內命男'에서 '此外內命夫' 사이의 3개의 '內'자는 衍字라는 浦鏜의 說에 의거하여 바로잡았다.(北京大 整理本과 上海古籍 整理本의 〈校勘記〉 참조)

經의 〔辨外〕에서 〔散屨〕까지

○ 釋曰 : 위에서는 왕 및 왕후 등 존귀한 사람의 舃(겹바닥 신발)과 屨(홑바닥 신발)를 밝혔고, 이곳에서는 신하와 그의 처 및 嬪 이하의 屨(홑바닥 신발)를 밝혔다.

〔外內命夫〕 살펴보건대, 〈春官 肆師(春-3-16)〉에서 "外命男・外命女와 內命男・內命女의 상복이 규정에 부합하지 못하는 것을 금지한다."고 하였다. 鄭玄은 그곳에 注를 달면서 "외명남은 六鄕에서 벗어난 사람들이다. 내명남은 朝廷의 卿・大夫・士이니, 그들의 처가 외명녀가 된다."고 하였다. 저곳(〈春官 肆師(春-3-16)〉)의 외명남은 이곳의 外命夫이다. 그렇다면 이곳의 외명부는 그 처가 外命婦가 되는 것이다. 정현이 비록 〈이곳에서〉 注를 달지 않았지만, 또한 저곳과 같은 것이다. 內命婦는 자연히 九嬪 이하이다.

○注'命夫'至'去飾' ○釋曰：云'命夫之命屨'者，以其經不云'舃'，唯云'屨'，大夫以上衣冠則有命舃，無命屨，故知命屨中唯有屨而已．士之命服，爵弁則纁屨，故云"命屨纁屨"而已．云'命婦之命屨，黃屨以下'者，以其外命婦孤妻已下，內命婦九嬪已下，不得服舃，皆自鞠衣以下，故云"黃屨以下."言'以下'者，兼有卿·大夫妻及二十七世婦，皆展衣白屨，士妻與女御皆褖衣黑屨，故云'以下'以廣之．云'功屨，次命屨，於孤·卿·大夫則白屨·黑屨'者，案司服，孤希(치)[1]冕，卿·大夫玄冕，皆以赤舃爲命舃，以下仍有韋弁白屨·冠弁黑屨，故云"次命屨."命屨，據婦人而言，其實孤·卿·大夫身則功屨次命舃也．云'九嬪·內子亦然'者，九嬪與孤妻內子旣以黃屨爲命屨，功屨之中有襢衣白屨·褖衣黑屨，故云"亦然."云'世婦以黑屨爲功屨'者，以其皆以襢衣白屨爲命屨，其功屨唯有褖衣黑屨也．云'女御·士妻，命屨而已'者，以二者唯有褖衣黑屨爲命屨，故云"命屨而已."云'士及士妻，謂再命受服'者，案大宗伯云"一命受職，再命受服"，但公侯伯之士一命，子男之士不命，及王之下士，皆受職不受服．王之中士再命，上士三命已上，乃受服．受服則幷得此屨，故云"再命受服者"也．云'散屨，亦謂去飾'者，據臣言'散'，卽上之素，皆是無飾，互換而言，故云"謂去飾者"也．鄭志趙商問"司服王后之六服之制，(目)〔自〕[2]不解，請圖之."答曰"大(喪)〔裘〕[3]·袞衣[4]·驚(별)衣[5]·毳(취)衣[6]·絺(치)衣[7]·玄衣[8]，此六服，皆纁裳赤舃．韋弁衣以韎，皮弁衣以布，此二弁，皆素裳白舃．冠弁服，黑衣裳而黑舃．冠弁玄端[9]．褘衣玄舃，首服副，從王見先王．褕翟青舃，首服副，從王見先公．闕翟赤舃，首服副，從王見群小祀．鞠衣黃屨，首服編，以告桑之服．襢衣白屨，首服編，以禮見王之服．褖衣黑屨，首服次，以御於王之服．后服六，翟三等，三舃，玄·青·赤．鞠衣以下，三屨，黃·白·黑．婦人質，不殊裳，屨舃皆同裳色也."

1) 希(치)：閩本·監本·毛本·殿本에는 '希'가 '絺'로 되어 있다.(北京大 整理本과 上海古籍 整理本의 〈校勘記〉 참조)

2) (目)〔自〕：저본에는 閩本·監本·毛本과 武英殿本 ≪鄭志≫와 마찬가지로 '目'으로 되어 있다. 그러나 元本·殿本과 上海古籍 整理本에는 '自'로 되어 있는데, '自'로 되어 있는 것이 문맥상 자연스럽다. 이에 의거하여 바로잡았다.

3) 大(喪)〔裘〕：저본에는 '喪'으로 되어 있으나, 孫校本에 '裘'로 되어 있는 것에 의거하여 바로잡았다.(北京大 整理本과 上海古籍 整理本의 〈校勘記〉 참조) 大裘는 天子의 六冕服(大裘冕·袞冕·驚冕·毳冕·絺冕·玄冕) 가운데 하나이다. 천자가 昊天上帝·五帝·崐崙·神州를 제사 지낼 때, 이 大裘를 착용한다. 검은 새끼 양〔黑羔〕의 가죽으로 만든다. '冕'의 너비는 8촌, 길이는 1척 6촌이다. 겉쪽은 玄色이고, 안쪽은 纁色이며, 冕에는 旒(오

채색의 옥구슬을 꿴 술)가 없다. 衣裳에 무늬가 없으니, 질박함을 보여주는 것이다.

4) 袞衣 : 天子의 六冕服 가운데 하나로, 袞龍衣 혹은 袞冕이라고도 한다. 천자가 先王을 제사 지내거나 諸侯를 접견할 때 착용하는 禮服이다. 또 上公이 천자를 朝聘하거나 助祭할 때도 이 袞冕을 착용한다. 말려 있는〔袞〕 용을 우두머리 무늬로 하는 옷이기 때문에 '袞衣'라고 한 것이다. 웃옷을 玄色으로 하고, 치마를 纁色으로 하는데, 9가지 무늬〔九章〕가 있다. 웃옷에 龍·山·華蟲(산꿩)·火·宗彝(호랑이와 꼬리가 긴 원숭이)의 5가지 무늬를 다섯 가지 채색으로 그려 넣고, 치마에는 藻(마름풀)·粉米(흰쌀)·黼(도끼 문양)·黻(己의 글자가 서로 등지고 있는 문양)의 4가지 무늬를 바느질을 하여 수를 놓는다. 冕의 너비는 8촌이고, 길이는 1척 6촌이다. 위쪽은 玄色의 베로 면판을 덮어 '延'을 만들고, 아래는 붉은색의 베를 입힌다. 冕에는 12개의 旒가 있다.

5) 鷩(별)衣 : 天子의 六冕服 가운데 하나로, 천자가 先公을 제사 지내거나 鄕射·大射의 예를 거행할 때 착용하는 禮服이다. 또한 公·侯·伯의 예복이기도 하다. 의상에는 7가지 무늬〔七章〕가 있는데, 웃옷에는 華蟲(붉은색의 산꿩)·火·宗彝(호랑이와 꼬리가 긴 원숭이)의 3가지 무늬를 다섯 가지 채색으로 그려 넣고, 치마에는 藻(마름풀)·粉米(흰쌀)·黼(도끼 문양)·黻(己의 글자가 서로 등지고 있는 문양)의 4가지 무늬를 바느질을 하여 수를 놓는다. 그 冕에는, 천자의 경우에는 12개의 旒가 있고, 제후의 경우에는 9개의 旒가 있다.

大裘　　鷩冕　　毳冕

6) 毳(취)衣 : 毳冕을 말한다. 天子의 六冕服 가운데 하나로, 천자가 四望·山川을 제사 지낼 때 착용하는 禮服이다. 또한 子·男이 천자를 조빙하거나 助祭할 때도 이 의복을 착용한다. 의상에는 5가지 무늬〔五章〕가 있는데, 웃옷에는 宗彝(호랑이와 꼬리가 긴 원숭이)·藻(마름풀)·粉米(흰쌀)의 3가지 무늬를 다섯 가지 채색으로 그려 넣고, 치마에는 藻(마름풀)·粉米(흰쌀)의 2가지 무늬를 바느질을 하여 수를 놓는다. '宗彝' 즉 호랑이와 원숭이의 무늬를 우두머리 무늬로 하는 옷이기 때문에 '毳衣'라고 한 것이다. 冕에는 7개의 旒가 있다.
7) 絺(치)衣 : 絺冕을 말한다. '絺'는 '希'로도 쓴다. 天子의 六冕服 가운데 하나로, 천자가 社稷·五祀에 제사 지낼 때 착용하는 禮服이다. 또한 公·侯·伯·子·男이 천자를 朝聘하거나 助祭할 때도 絺衣를 착용한다. 이 의상에는 3가지 무늬〔三章〕가 있는데, 웃옷에는 粉米(흰쌀)의 1가지 무늬를 바느질하여 수를 놓고, 치마에는 黼(도끼 문양)·黻(己의 글자가 서로 등지고 있는 문양)의 2가지 무늬를 바느질하여 수를 놓는다. 〈春官 司服(春-12-2)〉 鄭玄의 注에 "'希'는 '絺'의 뜻으로 읽는다. 어떤 본에는 '黹'로 되어 있기도 한데, 글자가 잘못된 것이다.〔希讀爲絺 或作黹 字之誤也〕"라고 하였다. 段玉裁는 '絺'와 '黹'는 통용되는 글자라고 하여 정현의 해석을 반박하였다. '黹'는 '바느질하여 수를 놓는다〔刺繡〕'는 뜻이다. '絺衣'에는 웃옷과 치마에 모두 그림을 그려 넣지 않고 수를 놓아 무늬를 장식한다. 이 때문에 '絺'라고 한 것이다.(≪周禮正義≫ 권40, 1630쪽 참조)
8) 玄衣 : 玄冕을 말한다. 天子의 六冕服 가운데 하나로, 천자가 蜡祭·朝日·夕月의 제사 등 각종 小祀를 제사 지낼 때 착용하는 禮服이다. 또한 제후들이 천자를 조빙하거나 卿·大夫가 助祭할 때도 이 의복을 착용한다. 웃옷에는 무늬가 없으며, 치마에만 黻(己弓의 글자가 서로 등지고 있는 문양)의 무늬를 바느질하여 수를 놓는다. 冕에는 3개의 旒가 있다.
9) 玄端 : 검은색의 베로 만든 웃옷을 말한다. 직물을 사선으로 재단하지 않고 正幅을 그대로 사용하여 곧고 바르기 때문에 '端'이라 한 것이다. '玄端'은 때로 이 웃옷에 부수되는 의복의 세트 즉 '玄端服'을 지칭하기도 한다. 그 의복은 검은색의 관〔玄冠〕, 검은색의 베로 만든 웃옷〔緇布衣〕, 검은색의 치마〔玄裳〕, 검붉은색의 무릎가리개〔爵韠〕, 검은색 비단으로 가선 장식을 한 허리띠〔緇帶〕, 검은색의 홑바닥 신발〔黑屨〕로 구성된다. 다만 신분에 따라 치마의 색을 달리하는데, 천자와 제후는 붉은색〔朱〕, 대부는 흰색〔素〕의 치마를 입는다. 또 上士는 검은색〔玄〕, 中士는 누런색〔黃〕의 치마를 입는다. 下士는 雜裳(앞쪽은 玄色, 뒤쪽은 黃色으로 된 치마)의 치마를 입는다. '玄端'은 士가 常服으로 입는 예복이며, 천자·제후가 燕居할 때 착용하는 의복이다.(≪三禮文化辭典≫ '玄端' 條 참조)

絺冕　　玄冕　　玄端

○ 注의 〔命夫〕에서 〔去飾〕까지

○ 釋曰 : 〔命夫之命屨〕 경문에서 '舃'이라고 하지 않고 단지 '屨'라고만 했으며, 大夫 이상의 衣冠에는 命舃은 있지만 命屨는 없다. 그러므로 命屨 안에는 단지 屨만 있을 뿐임을 알 수 있다. 士의 命服은 爵弁이니, 纁屨(옅은 진홍색의 홑겹 신발)를 신는다. 그러므로 〈鄭玄이〉 "〈命夫의〉 命屨는 纁屨이다."라고 했을 뿐이다.

〔命婦之命屨 黃屨以下〕 外命婦는 孤의 妻 이하이고 內命婦는 九嬪 이하이니, 舃(겹바닥 신발)을 신을 수 없어 모두 鞠衣 이하를 입는다. 그러므로 〈정현이〉 "黃屨 이하이다."라고 한 것이다. '이하'라고 한 것은 卿·大夫의 妻 및 27世婦를 포함하여 모두 展衣에 白屨를 신고, 士의 妻와 女御는 모두 褖衣에 黑屨를 신으므로 '이하'라고 하여 넓힌 것이다.

〔功屨 次命屨 於孤卿大夫則白屨黑屨〕 살펴보건대 〈春官 司服〉에 의하면 孤는 希冕(絺冕)을 쓰고 卿·大夫는 玄冕을 쓰니 모두 赤舃으로 命舃을 삼으며, 이하에 韋弁의 白屨와 冠弁의 黑屨가 있다. 그러므로 〈정현이〉 "命屨의 다음이다."라고 한 것이다. '命屨'는 婦人에 의거하여 말한 것이니, 사실 孤·卿·大夫 그 자신의 경우 功屨는 命舃의 다음이다.

〔九嬪內子亦然〕 九嬪과 孤의 妻와 內子(경·대부의 처)는 이미 黃屨로 命屨를 삼았으

니, 功屨 가운데에는 襢衣의 白屨・褖衣의 黑屨가 있다. 그러므로 〈정현이〉 "또한 마찬가지이다."라고 한 것이다.

〔世婦以黑屨爲功屨〕 〈世婦는〉 모두 襢衣에 신는 白屨를 命屨로 삼기 때문에, 그 功屨에는 단지 褖衣의 黑屨가 있을 뿐이다.

〔女御士妻 命屨而已〕 두 경우는 단지 褖衣의 黑屨를 命屨로 삼을 뿐이다. 그러므로 〈鄭玄이〉 "命屨뿐이다."라고 한 것이다.

〔士及士妻 謂再命受服〕 살펴보건대, 〈春官 大宗伯(春-1-29)〉에서 "一命은 직무를 받고, 再命은 의복을 받는다."고 하였다. 단지 公・侯・伯의 士는 一命이고, 子・男의 士는 不命이니, 王의 下士에 이르기까지 모두 직무를 받지만 의복은 받지 못한다. 王의 中士는 再命이고, 上士는 三命 이상이니, 비로소 의복을 받는다. 의복을 받으면 아울러 이 屨를 받는다. 그러므로 〈정현이〉 "〈士 및 士의 妻는〉 再命으로서 의복을 하사받은 자이다."라고 한 것이다.

〔散屨 亦謂去飾〕 신하에 의거하여 '散'이라고 한 것이니, 곧 위의 '素'로서 모두 장식이 없는 신발이니, 서로 바꾸어서 말한 것이다. 그러므로 〈정현이〉 "장식을 제거한 신발을 말한다."고 한 것이다. ≪鄭志≫에서 趙商이 "〈春官 司服〉의 왕후 六服의 제도는 스스로 이해가 되지 않습니다. 청컨대 그림으로 그려주십시오."라고 하였다. 정현이 답하였다. "大裘・袞衣・鷩衣・毳衣・絺衣・玄衣 이 六服은 모두 纁裳(누런빛을 띤 진홍색의 치마)에 赤舃을 신는다. 韋弁服에는 적황색의 가죽〔韎〕으로 만든 웃옷을 입고, 皮弁服에는 베로 만든 웃옷을 입는데, 이 두 弁服에는 모두 素裳(흰색 치마)에 白舃을 신는다. 冠弁服에는 흑색의 웃옷과 치마를 입고 黑舃을 신는다. 冠弁服은 玄端(검은색 베로 만든 웃옷)이다. 褘衣에는 玄舃을 신으니, 머리에 副의 장식을 착용하고서 왕을 따라 先王에게 제사를 지낸다. 褕翟에는 青舃을 신으니, 머리에 副의 장식을 착용하고서 왕을 따라 先公에게 제사를 지낸다. 闕翟에는 赤舃을 신으니, 머리에 副의 장식을 착용하고서 왕을 따라 각종 小祀에 제사를 지낸다. 鞠衣에는 黃屨를 신으니, 머리에 編의 장식을 착용하고서 桑事를 고할 때 입는 복식이다. 襢衣에는 白屨를 신으니, 머리에 編의 장식을 착용하고서 禮로써 왕을 뵐 때 입는 복식이다. 褖衣에는 黑屨를 신으니, 머리에 次의 장식을 착용하고서 왕을 모실 때 입는 복식이다. 왕후의 服은 6가지이다. 3등급의 翟衣에는 세 가지 舃을 신으니 玄舃・青舃・赤舃이며, 鞠衣 이하에는 세 가지 屨를 신으니 黃屨・白屨・黑屨이다. 婦人은 질박하여 치마와 달리하지 않으니, 屨(홑바닥 신발)와 舃(겹바닥 신발) 모두 치마와 같은 색으로 한다."

天-62-3

凡四時之祭祀에 **以宜服之**니라

〈屨人은〉 무릇 四時의 祭祀에는 각자 신분에 마땅히 입어야 할 의복에 따라 신발을 신게 한다.

【注】 祭祀而有素屨・散屨者는 唯大祥時[1)]라

1) 祭祀而有素屨散屨者 唯大祥時 : ≪禮記≫ 〈檀弓 上〉 鄭玄의 注에 "≪禮≫에 '大祥의 제사를 마치면 白屨를 신는데, 신발의 코 장식〔絇〕이 없다.'고 하였다.〔禮 旣祥 白屨無絇〕"라고 하였다. 이는 戴德의 ≪喪服變除禮≫의 문장이다. '大祥'은 삼년상에서 2년 만에 지내는 제사이며, 期年喪의 경우에는 13개월 만에 지낸다. 大祥의 제사를 마친 후 상복을 벗고 평상복으로 갈아입는다.

제사를 지낼 때 素屨와 散屨를 신는 것은 오직 大祥의 제사를 지낼 때뿐이다.

【疏】 '凡四'至'服之' ○ 釋曰 : 言'以宜服之'者, 謂各以尊卑所宜之服服之.

經의 〔凡四〕에서 〔服之〕까지

○ 釋曰 : 〔以宜服之〕 각자 尊卑에 마땅히 입어야 할 의복에 따라 신발을 신게 하는 것을 말한다.

○ 注'祭祀'至'祥時' ○ 釋曰 : 鄭知此經四時祭祀含有素屨・散屨者, 以此經四時祭祀揔結上文諸屨, 故知有此二屨也. 云'唯大祥時'者, 此據外內命夫〔命婦〕[1)]爲王斬衰而言. 初死著菅屨[2)], 卒哭與齊衰初死同疏屨[3)], 旣練與大功初死同繩屨[4)], 大祥與小功初死同吉屨, 無絇(吉屨無)[5)]・繶・純, 是以上經注云 "非純吉", 故云"唯大祥時"也. 但上經據卑云散[6)], 散與素一也.

1) 〔命婦〕 : 저본에는 '命婦'가 없으나, '夫' 아래에 '命婦'가 빠졌다는 浦鏜의 설과 ≪周禮正義≫에도 '命婦'가 있는 것에 의거하여 보충하였다.(北京大 整理本과 上海古籍 整理本의 〈校勘記〉 참조)

2) 菅屨 : 억새풀로 만든 조악한 신발로, 참최 삼년으로 복을 할 때 신는다. '菅'은 줄기와 잎이 白茅와 비슷한데 그 줄기의 형태는 가는 갈대와 유사하다. 菅草의 끝머리가 모두 밖으로 향해 안으로 수습되지 않기 때문에 조악함을 보여준다. 이 풀을 물에 담가 적셔

서 참최의 복을 할 때 짚신으로 만들어 신는다. ≪儀禮≫ 〈喪服〉 '斬衰 三年章'에 "상복, 아랫단을 꿰매지 않은 상의와 하의를 입고, 검은빛의 암마로 만든 수질과 요질을 두르고, 검은빛의 대나무지팡이를 짚고, 검은빛의 암마를 꼬아서 만든 허리띠를 차고, 숫마로 만든 끈을 단 관을 쓰고, 菅屨를 신고 삼년의 복을 하는 경우는 다음과 같다.〔喪服 斬衰裳 苴絰 杖 絞帶 冠繩纓 菅屨者〕"라고 하였다.

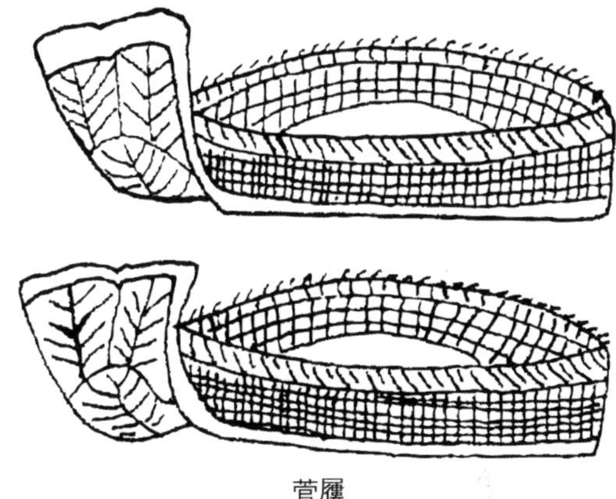

菅屨

3) 疏屨 : 물고랭이〔藨〕나 황모〔蒯〕를 엮어서 만든 거친 신발로, 齊衰 三年이나 齊衰 杖期의 복을 할 때 신는다. 참최 삼년의 복을 할 때 신는 菅屨에 비해 약간 세밀하다. ≪儀禮≫ 〈喪服〉 '齊衰 三年章'에 "아랫단을 꿰맨 거친 베로 만든 상의와 하의를 입고, 숫마로 만든 수질과 요질을 두르고, 베로 만든 끈을 단 관을 쓰고, 오동나무 지팡이를 짚고, 베로 만든 허리띠를 차고, 疏屨를 신고 삼년의 복을 하는 경우는 다음과 같다.〔疏衰裳齊 牡麻絰 冠布纓 削杖 布帶 疏屨 三年者〕"라고 하였다.

4) 繩屨 : 마의 끈을 엮어서 만든 짚신으로, 公·卿士(周 왕조의 집정자)·大夫의 衆臣이 자기의 군주를 위해 참최 삼년의 복을 할 때 신으며, 자최 삼월과 대공 구월의 복을 할 때도 이 繩屨를 신는다. ≪儀禮≫ 〈喪服〉 '斬衰 三年章'에 "공·경사·대부의 衆臣은 그들의 君(공·경사·대부)을 위해 참최 3년으로 복을 하는데, 베로 만든 허리띠를 차고, 繩屨를 신는다.〔公士大夫之衆臣爲其君 布帶 繩屨〕"라고 하였다. 또 ≪禮記≫ 〈喪服小記〉에는 "자최 삼월의 복과 대공의 복에서 똑같이 하는 것은 繩屨이다.〔齊衰三月 與大功同者 繩屨〕"라고 하였다.

5) (吉屨無) : 저본에는 '吉屨無'가 있으나, 이는 중복이므로 ≪周禮正義≫에 의거하여 衍文으로 처리하였다.(≪周禮正義≫ 16권, 633쪽 참조)

6) 但上經據卑云散 : 신분이 높은 왕후의 경우 '素屨'로 표현한 것(〈天官 屨人(天-62-1)〉)에 반해서 신분이 낮은 外命夫·內命夫와 外命婦·內命婦의 경우는 '散屨'로 표현했다는 뜻이다.

○ 注의 〔祭祀〕에서 〔祥時〕까지

○ 釋曰 : 鄭玄이 이곳 경문의 四時의 祭祀에 素屨와 散屨가 포함됨을 안 것은, 이곳 경문의 四時의 祭祀는 위 경문의 각종 신발을 총결하는 것이기 때문이다. 그러므로 이 두 가지 신발(소구와 산구)이 있음을 안 것이다.

〔唯大祥時〕 이는 外命夫·內命夫와 外命婦·內命婦가 왕을 위해 참최의 복을 하는 것에 의거하여 말한 것이다. 처음 죽었을 때는 菅屨를 신고, 卒哭 때는 齊衰의 상에서 처음

죽었을 때와 마찬가지로 疏屨를 신고, 練祭를 지낸 후에는 大功의 상에서 처음 죽었을 때와 마찬가지로 繩屨를 신고, 大祥의 제사를 지낼 때는 小功의 상에서 처음 죽었을 때와 마찬가지로 吉屨를 신는데, 신발의 코 장식〔絇〕·신발의 솔기 장식〔繶〕·가선 장식〔純〕이 없다. 이 때문에 위(〈天官 屨人(天-62-1)〉)의 경문에 대한 鄭玄의 注에서 "순수한 길함이 아니다."라고 했던 것이다. 그러므로 〈이곳의 정현 주에서〉 "오직 大祥의 제사 때이다."라고 하였다. 다만 위(〈천관 구인(天-62-2)〉)의 경문에서는 비천한 사람에 의거하여 '散'이라고 하였으니, '散'은 '素'와 같은 뜻이다.

63. 夏采(하채)

天-63-1

夏采는 **掌大喪**에 **以冕服復于大祖**하고 **以乘車建綏**하고 **復于四郊**니라

夏采는 大喪을 당했을 때 冕服을 가지고 大祖(태조)의 廟에 이르러 復을 하고, 乘車에 장식을 하지 않은 大常(태상)의 깃발을 세우고 四郊에 이르러 復을 하는 일을 관장한다.

【注】求之王平生常所有事之處[1)]라 乘車는 玉路[2)]라 於大廟以冕服은 不出宮也요 四郊以綏는 出國門이니 此行道也[3)]라 鄭司農云 復은 謂始死에 招魂復魄이라 士喪禮曰 士死于適室[4)]이어든 復者一人이 以爵弁服으로 升自東榮하여 中屋北面하고 招以衣 曰 皐某復 三하고 降衣于前이어든 受用篋하여 升自阼階하여 以衣尸라 喪大記曰 復은 男子稱名하고 婦人稱字라 唯哭先復이라하니 言死而哭하고 哭而復은 冀其復反이라 故檀弓曰 復은 盡愛之道也니 望反諸幽는 求諸鬼神之道也요 北面은 求諸幽之義也라 檀弓又曰 君은 復於小寢·大寢·小祖·大祖·庫門·四郊라 喪大記又曰 復者朝服이니 君以卷(곤)이요 夫人以屈狄이요 大夫以玄赬(정)[5)]이요 世婦以襢衣요 士以爵弁이요 士妻以稅衣라 雜記曰 諸侯行而死於館이면 則其復을 如於其國이요 如於道면 則升其乘車之左轂하여 以其綏復하고 大夫死於館이면 則其復을 如於家요 死於道면 則升其乘車之左轂하여 以其綏復이라 喪大記又曰 爲賓則公館復하고 私館不復이라 夏采는 天子之官이라 故以冕服復于大祖하고 以乘車建綏하고 復于四郊는 天子之禮也라 大祖는 始祖廟也라 故書에 綏爲襚(유)하니 杜子春云 當爲綏요 襚非是

也라 玄謂明堂位曰 凡四代之服器를 魯兼用之라 有虞氏之旂와 夏后氏之(綏)〔緌〕[6]라하니 則旌旂有是緌者니 當作緌(유)니 字之誤也[7]라 緌以旄牛尾爲之하여 綴於橦(강)[8]上이니 所謂注旄於干首[9]者라 王祀四郊에 乘玉路하고 建大常[10]이니 今以之復에 去其旒는 異之於生이요 亦因先王有徒緌者라 士冠禮及玉藻冠緌[11]之字를 故書[12]亦多作緌[13]者니 今禮家定作蕤(유)라

1) 求之王平生常所有事之處 : 孫詒讓에 의하면, 夏采는 大祖의 廟와 四郊에서 復을 하고, 祭僕은 小廟에서 復을 하고, 隸僕은 小寢과 大寢에서 復을 하는데, 이 다섯 곳은 모두 왕이 평소 항상 제사를 지내던 곳이므로 널리 비는 것이다.(≪周禮正義≫ 권16, 634쪽 참조)

2) 玉路 : 옥으로 장식한 수레로, 왕이 타는 玉路·金路·象路·木路·革路의 五路 가운데 하나다. 제사를 지낼 때 탄다.

3) 四郊以綏……此行道也 : 孫詒讓은 "四郊는 〈王城 밖으로〉 近郊 50리를 말하니, 國門의 밖에 있다. 왕은 살아 있을 때 행차할 일이 아니면 國門을 벗어나지 않는다. 그러므로 길을 행차하는 법에 따라 綏(緌)를 세우고 復을 하고, 冕服은 사용하지 않는다.〔四郊蓋謂近郊五十里 在國門之外 王生時非行不出國門 故用行道之法建綏以復 不用冕服也〕"라고 하였다.(≪周禮正義≫ 권16, 635쪽 참조)

4) 適室 : ≪儀禮≫ 〈士喪禮〉 鄭玄의 注에 "'適室'은 正寢의 室이다. 질병에 걸린 사람은 정침에서 재계를 하므로 정침에서 숨을 거두는 것이다.〔適室 正寢之室也 疾者齊 故于正寢焉〕"라고 하였다. 胡培翬에 따르면 天子부터 士에 이르기까지 모두 正寢과 燕寢이 있는데, 정침은 齋戒할 때나 질병에 걸렸을 때 거처하는 곳이고, 燕寢은 평상시에 거처하는 곳이다. 천자와 제후의 정침을 路寢이라고 부르고, 대부의 정침을 適寢이라고 부른다.(≪儀禮正義≫ 권26, 1641쪽 참조)

5) 玄赬(정) : 검은 웃옷에 붉은 치마를 입는 것을 말한다. ≪禮記≫ 〈喪大記〉 鄭玄의 注에 "'赬'은 붉은색이다. 검은 웃옷에 붉은 치마는 이른바 '경·대부가 입는 玄冕服 이하'의 의복이다.〔赬 赤也 玄衣赤裳 所謂卿大夫自玄冕而下之服也〕"라고 하였다. 大夫의 喪에서 復을 할 때 玄冕(검은 면관)·玄衣(검은 웃옷)·纁裳(누런빛을 띤 진홍색 치마)의 의복을 사용하기 때문에 '玄赬'이라 한 것이다.

6) (綏)〔緌〕 : 저본에는 '綏'로 되어 있으나, ≪禮記≫ 〈明堂位〉에 '緌'로 되어 있는데, 〈明堂位〉 鄭玄의 注에 '緌當爲綏(緌는 마땅히 綏가 되어야 한다.)'고 하였다. 따라서 이곳에서는 〈명당위〉의 경문에 따라 '緌'가 되어야 한다는 阮元의 설에 의거하여 바로잡았다.(北京大 整理本과 上海古籍 整理本의 〈校勘記〉 참조)

7) 則旌旂有是緌者……字之誤也 : 鄭玄은 ≪禮記≫ 〈明堂位〉의 '緌'에 의거하여 깃발 가운데 '緌'라고 칭하는 깃발이 있지만, 그 글자는 '綏'가 되어야 함을 밝힌 것이다. 段玉裁는 "綏는 아래로 드리운다는 뜻이다. 그러므로 관끈에 묶어서 장식으로 삼은 것을 '綏'라

고 하는데, 깃발의 깃대 끝에 드리운 장식을 또한 '緌(깃대 끝에 아래로 드리운 장식)'라고 한다. 정현은 ≪예기≫ 〈雜記 上〉의 注에서 '綏는 마땅히 緌가 되어야 한다. 蕤賓이라고 할 때의 蕤와 같은 뜻으로 읽으니, 글자가 잘못된 것이다. 緌는 깃발의 깃대 끝에 드리운 장식을 말한다. 旄(기폭의 귀에 붙인 긴 천 조각 장식)를 제거하고 〈復에〉 사용하는 것은 살아 있을 때와 달리하는 것이다.'라고 하였다.〔緌者 下垂之意 故系於冠纓爲飾者 謂之緌 旌旗之旄 亦謂之緌 鄭君雜記注云 綏當爲緌 讀如蕤賓之蕤 字之誤也 緌謂旌旗之旄也 去其旄而用之 異於生也〕"고 하였다. 汪文臺는 "'綏'는 본래 수레에 오를 때 잡는 끈이다. 정현은 ≪예기≫ 〈명당위〉를 인용하여 '綏'가 깃발의 綏로서 마땅히 '緌'가 되어야 함을 입증했으니, 수레의 손잡이 끈이 아니니다.〔綏本登車之索 鄭引明堂位 證是綏爲旌旗之綏 當爲緌 非車綏也〕"라고 하였다. 깃발의 緌와 관끈에 묶는 緌는 모두 아래로 드리운다는 뜻이 있다. 그래서 정현은 '綏'의 글자를 부정하고, '緌'의 글자를 따른 것이다.(≪周禮正義≫ 권16, 638쪽 참조)

8) 橦(강) : 陸德明은 '橦'의 음은 直과 江의 反切이라고 하였다.(≪經典釋文≫ 권8 〈周禮音義上 天官冢宰 下〉 '夏采')

9) 所謂注旄於干首 : ≪禮記≫ 〈明堂位〉 鄭玄의 注에는 "注旄牛尾於杠首"라고 하여 '干'이 '杠(깃대)'으로 되어 있다. '干'은 '竿'과 통하는 글자이다. ≪爾雅≫ 〈釋天〉에 "깃대 꼭대기에 牦牛의 꼬리를 매단 것을 '旌'이라 한다.〔注毛首曰旌〕"고 하였고, 郭璞의 注에 "〈旌은〉 깃대 끝머리에 모우의 꼬리를 매단 것인데, 오늘날의 幢과 같다.〔旌注載旄於竿頭 如今之幢〕"고 하였다.

10) 王祀四郊……建大常 : 〈春官 巾車(春-64-2)〉에 의거한 문장이다. 孫詒讓에 의하면 鄭玄이 이를 말한 것은 大喪을 당했을 때 세우는 깃발은 大常(태상)에서 그 旄(기폭의 귀에 붙인 긴 천 조각 장식)를 제거한 것임을 보이고자 한 것이다.(≪周禮正義≫ 권16, 639쪽 참조) 태상은 해와 달을 그려 넣은 깃발을 말한다. 九旗 가운데 하나이다. 기폭〔縿〕에 해와 달의 도상을 그려 넣은 깃발로, 황색이며, 12개의 斿(기폭의 귀에 붙이 긴 천 조각 장식)가 달려 있다. ≪儀禮≫ 〈覲禮〉에 "천자는 龍馬가 끄는 수레를 타는데, 大旂를 꽂으니, 해와 달・승천하는 용과 하강하는 용의 형상이 그려져 있다.〔天子

大常

乘龍 載大斾 象日月升龍降龍]"고 하였다. 정현의 注에는 "'大斾'는 태상을 가리킨다. 왕은 태상을 세우는데, 기폭[縿]의 윗부분에 해와 달을 그려 넣고, 그 아래와 기폭의 귀에 붙인 긴 천 조각 장식[旒]에는 승천하는 용과 하강하는 용을 교차하여 그려 넣는다.[大斾 大常也 王建大常 縿首畫日月 其下及旒交畫升龍降龍]"고 하였다.

11) 士冠禮及玉藻冠緌 : 《儀禮》 〈士冠禮〉 記文에 "緌에 대해서 孔子는 "나는 그런 것에 대해 들어 본 적이 없다.[其緌也 孔子曰 吾未之聞也]"고 하였는데, 鄭玄의 注에 "'緌'는 관끈[纓]의 장식이다. '들어 본 적이 없다'고 한 것은 태고시대에는 질박함을 숭상하였으므로, 아마도 장식이 없었을 것이라는 뜻이다.[緌 纓飾 未之聞 大古質 蓋亦無飾]"라고 하였다. 《禮記》 〈玉藻〉에 "大帛不緌 玄冠紫緌(흰 베로 만든 관에는 관끈을 하지 않는다. 검은색 관에 자줏빛 갓끈을 한다.)"고 하였는데, 정현의 주에 "'帛'은 '白'이 되어야 하는데, 성음으로 인한 잘못이다. '大帛'은 흰 베로 만든 관이다. 緌(관끈)를 하지 않는 것은 흉복에는 문식을 제거하기 때문이다. 緌에는 마땅히 그림을 그려 넣어야 한다.[帛 當爲白 聲之誤也 大帛 謂白布冠也 不緌 凶服去飾 緌當用繢]"고 하였다.

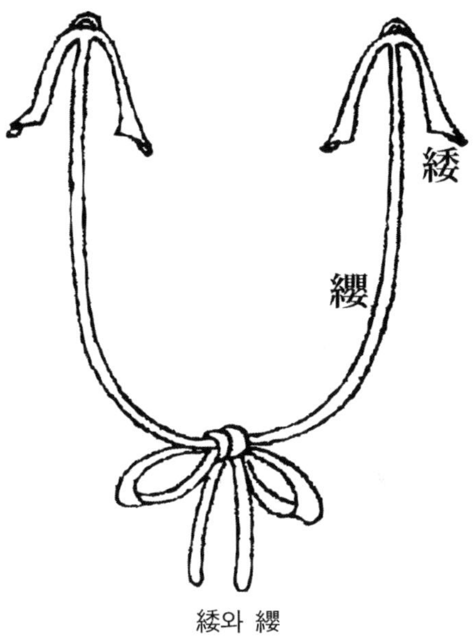

緌와 纓

12) 故書 : 孫詒讓에 의하면 이곳의 '故書'는 《儀禮》와 《禮記》의 舊本으로, 그 밖의 鄭玄의 注에서 말한 '故書'와는 다르다.(《周禮正義》 권16, 639쪽 참조)

13) 綏 : 閩本·監本·毛本에도 '綏'로 되어 있다. 宋本·岳本·嘉靖本에는 '緌'로 되어 있는데, 段玉裁의 《周禮漢讀考》에 '緌'로 되어 있는 것은 잘못이라고 하였고, 孫詒讓의 〈校勘記〉에서도 "賈公彦의 疏에서 이미 '緌'로 잘못 썼다."고 하였다.(北京大 整理本과 上海古籍 整理本의 〈校勘記〉 참조)

왕이 평소 항상 제사를 지내던 곳에서 비는 것이다. '乘車'는 玉路이다. 大廟(태묘)에서 冕服을 가지고 〈復을〉 하는 것은 宮을 벗어나지 않은 것이다. 四郊에서 깃발을 세우고 〈復을〉 하는 것은 왕성의 문[國門]을 벗어난 것이니, 이는 길을 행차하는 것이다.

鄭衆은 "復은 처음 죽었을 때 魂을 불러 魄으로 돌아오게 하는 것을 말한다. 《儀禮》 〈士喪禮〉에 '士는 適室에서 숨을 거둔다. 復을 할 한 사람이 爵弁服을 가지고 동쪽 처마를 통해 〈지붕 위로〉 올라가 지붕의 중앙에서 북쪽을 향해 옷을 흔들면서 〈魂을〉 부르는데, 「아아! 아무개여 돌아오소서.」라고 세 번 외친 다음 옷을 〈뜰〉 앞으로 던진다. 〈옷을 받는 사람은〉 상자〔篋〕를 사용하여 받고, 阼階를 통해서 〈堂 위로〉 올라가 옷으로 시신 위를 덮는다.'고 하였다. ≪禮記≫ 〈喪大記〉에 '復을 할 때, 남자에 대해서는 이름을 부르고, 부인에 대해서는 字를 부른다. 오직 哭만 復에 앞서 먼저 한다.'고 하였으니, 죽은 후 哭을 하고, 哭을 한 후에 復을 하여 〈혼이〉 되돌아오기를 바라는 것이다. 그러므로 ≪예기≫ 〈檀弓 下〉에 '復은 사랑하는 마음을 다하는 도리이다. 어두운 곳에서 〈혼이〉 돌아오기를 바라는 것은 귀신에게 비는 도리이다. 북쪽을 향하는 것은 어두운 곳에서 비는 의리이다.'라고 하였다. 또 ≪예기≫ 〈단궁 上〉에 '군주가 죽으면 小寢·大寢·小祖·大祖(태조)의 廟·庫門·四郊에서 復을 한다.'고 하였다. 또 ≪예기≫ 〈상대기〉에 '復을 할 사람은 朝服을 입는다. 군주가 죽었을 경우 〈復衣로〉 袞冕服을 사용하고, 夫人이 죽었을 경우 屈狄을 사용하며, 大夫가 죽었을 경우 玄赬(검은 웃옷에 옅은 진홍색 치마)을 사용하고, 世婦가 죽었을 경우 襢衣를 사용하고, 士가 죽었을 경우 爵弁服을 사용하고, 士의 妻가 죽었을 경우 稅衣를 사용한다.'고 하였다. ≪예기≫ 〈雜記 上〉에 '제후가 타국으로 출행했다가 타국의 관사에서 죽으면, 그 復을 하는 예는 자기의 나라에서처럼 한다. 만일 길에서 죽었다면 乘車의 왼쪽 바퀴통 위로 올라가 깃발을 세우고 復을 한다. 대부가 타국의 관사에서 죽었다면, 그 復을 하는 예는 자신의 집에서처럼 한다. 길에서 죽었다면 乘車의 왼쪽 바퀴통 위로 올라가 깃발을 세우고 復을 한다.'고 하였다. 또 ≪예기≫ 〈상대기〉에 '타국에 사자로 가서 빈객이 되었을 경우, 公館에서 죽었다면 복을 하고, 私館(경·대부의 집)에서 죽었다면 복을 하지 않는다.'고 하였다. 夏采는 天子의 관직이다. 그러므로 冕服을 가지고 태조의 廟에 이르러 復을 하고, 乘車에 깃발을 세우고 四郊에 이르러 復을 하는 것은 천자의 禮이다. '태조'는 始祖의 廟이다."라고 하였다.

古書(故書)에 '緌'는 '禮'로 되어 있다. 杜子春은 "마땅히 '緌'가 되어야 하니, '禮'는 옳지 않다."고 하였다. 나(鄭玄)는 생각건대, ≪예기≫ 〈明堂位〉에 "무릇 四代(有虞氏·夏侯氏·殷·周)의 의복과 기물을 魯나라에서 겸하여 사용했다."라 하고 "有虞氏의 깃발은 旂이고, 夏后氏의 깃발은 綏이다."라고 하였다. 그렇다면 깃발〔旌旂〕 가운데에 이 '綏'라는 명칭이 있는 것이다. 〈綏는〉 마땅히 '緌'가 되어야 하니, 글자가 잘못된 것이다. '緌'는 旄牛의 꼬리로 만들어 깃대 위에 묶는 것이니, 이른바 "깃대 꼭대기에 旄牛의 꼬리를 매단다."는 것이다. 왕이 四郊에서 제사를 지낼 때는 玉路를 타고 大常의 깃발을 세우는데, 이제 그것으로 復을 할 때는 그 旒(기폭의 귀에 붙인 긴 천 조각 장식)를 제거하여 살아 있을 때와 달리하니, 또한 先王(有虞氏)에게 徒緌(旒의 장식이 없는 緌)가 있었던 것을 계승한 것이다. ≪의례≫ 〈士冠禮〉 및 ≪예기≫ 〈玉藻〉의 冠의 '緌'라는 글자는 故書에 또한

'緌'로 되어 있는 것이 많은데, 오늘날 예학자들은 반드시 '蕤'로 쓴다.

【疏】 '夏采'至'四郊' ○ 釋曰：大喪謂王喪也. 云'以冕服復于大祖'者, 謂初死屬(촉)纊絶氣之後, 卽以冕服自衮冕以下六冕[1]及爵弁·皮弁之等復, 謂招魂. 復者, 各依命數, 天子則十二人[2], 各服朝服, 而復於大祖之廟, 當升自東霤, 北面履危西上[3], 云"皐天子復", 如是者三, 乃卷衣投於前, 有司以篋受之, 升自阼階, 入, 衣於尸. 復而不蘇, 乃行死事也. 故云"復於大祖也." 云'以乘車建緌, 復於四郊'者, 以冕服不出宮, 旌旗之緌又是行道之物, 故乘玉路之乘車, 建緌而復於四郊也. 必於大祖四郊者, 欲死者復蘇, 故於平生有事之處皆復也.

1) 六冕：孫詒讓에 의하면, 復을 할 때 천자의 冕服은 衮冕 이하 5冕을 사용하고 大裘冕은 사용하지 않는다. 대구면은 昊天上帝를 제사 지낼 때 입는 것으로, 廟享에서 입는 것이 아니기 때문이다.(≪周禮正義≫ 권16, 634쪽 참조)

2) 天子則十二人：孫詒讓은 夏采는 下士 4인으로 구성되므로(〈天官 序官(天-0-69)〉) 12인의 수를 채울 수 없어 祭僕·隷僕·小臣 등과 함께 復을 한다고 하였다.(≪周禮正義≫ 권16, 634쪽 참조)

3) 北面履危西上：'危'는 지붕의 용마루 위를 뜻한다. ≪禮記≫ 〈喪大記〉에 "모두 동쪽 처마를 통해 〈지붕 위로〉 올라가서 지붕 한 가운데에서 용마루를 밟고 북쪽을 향해 세 번 부른다.〔皆升自東榮 中屋履危 北面三號〕"고 하였는데, 鄭玄의 注에 "'危'는 용마루 위이다.〔危棟上也〕"라고 하였다. 孔穎達의 疏에는 "'履危'는 용마루 위의 높고 위태로운 곳을 밟고서 復을 하는 것을 말한다.〔履危者 踐履屋棟上高危之處而復也〕"고 하였다. 陳澔는 "〈復을 하는 사람이〉 북쪽을 향하면 서쪽이 왼쪽이 된다. 왼쪽은 양이 되므로 죽은 이가 다시 살아나기를 바라는 것이다. 그러므로 왼쪽을 높이는 것이다. 지위가 높은 사람이 왼쪽에 선다.〔北面則西在左 左爲陽 冀其復生 故尙左也 尊者立於左〕"고 하였다.(≪禮記集說≫ 〈雜記 上〉)

經의 〔夏采〕에서 〔四郊〕까지

○ 釋曰：'大喪'은 왕의 喪을 말한다.

〔以冕服復于大祖〕 처음 죽었을 때 솜을 병자의 코끝에 대어 숨이 끊어진 것을 확인한 후, 곧바로 衮冕 이하 六冕의 冕服 및 爵弁服·皮弁服 등으로 復을 하는 것을 말하니, 招魂을 말한다. 復을 하는 사람의 수는 각각 命數에 따르니, 天子의 경우 12인이 각각 朝服을 입고서 大祖의 廟에서 復을 하는데, 마땅히 동쪽 처마를 통해 〈지붕으로 올라가서〉 북쪽을 향해 용마루 위를 밟고서 서쪽을 윗자리로 삼아 "아아! 천자여 돌아오소서."라고 한다. 이와 같이 하기를 세 번 하고, 이어서 옷을 말아서 〈뜰의〉 앞으로 던지면, 有司가 상

자〔簽〕로 받아들고 阼階를 통해 〈堂 위로〉 올라가서, 〈室 안으로〉 들어가 시신의 몸 위에 덮는다. 復을 하였는데도 소생하지 않으면, 이어서 죽음을 처리하는 일을 진행한다. 그러므로 〈경문에서〉 "태조의 廟에 이르러 復을 한다."고 한 것이다.

〔以乘車建綏 復於四郊〕 冕服은 宮을 벗어나지 못하고, 旌旗의 綏(牦牛의 꼬리를 매단 깃발)는 또 길을 행차할 때의 물건이다. 그러므로 玉路의 乘車를 타고 綏를 세우고서 四郊에 이르러 復을 하는 것이다. 반드시 태조의 廟와 四郊에서 〈복을〉 하는 것은 죽은 이가 다시 살아나기를 바라는 것이다. 그러므로 평소 제사를 지내던 곳에서 모두 復을 하는 것이다.

○注'求之'至'作蕤' ○釋曰：云'求之王平生常所有事之處'者, 鄭欲廣解所復之處, 故云'平生'以揔之. 天子七廟, 此經直云'大祖', 大廟則后稷廟也. 餘六廟此不云'復', 案祭僕云"大喪復于小廟", 注云"小廟, 高祖以下", 是親廟四也. 其五寢[1]則隸僕復, 故隸僕職云"大喪復於小寢・大寢", 注"小寢, 高祖以下廟之寢也. 始祖曰大寢." 唯二祧[2]無復文者, 案祭法, 親廟四與大祖皆月祭, 二祧享嘗乃止, 無月祭則不復也. 禮記檀弓云"復於小祖・大祖・庫門・四郊." 周禮不言庫門者, 文不具. 云'乘車, 玉路'者, 案巾車云"玉路以祀", 祭天(地)[3]於郊用玉路, 明於四郊復乘玉路可知. 云'于四郊'者, (實)〔案〕[4]小宗伯云"兆五帝於四郊", 平生在四郊郊事神之處, 故復之也. 云'於大廟以冕服, 不出宮也'者, 鄭欲見於四郊不用冕服之意也. 云'四郊以綏, 出國門, 行道也'者, 案巾車云"一曰玉路, 建大常, 十有二斿, 以祀", 故云"以綏出國門." 此行道, 對在廟用冕也. '鄭司農云, 復謂始死招魂復魄'者, 精氣爲魂, 耳目聰明爲魄. 人死魂氣上去, 故招之而復之於魄也. 自'士喪'以下至'私館不復', 引此諸文者, 先鄭意禮記諸言復, 皆與此經復事同, 故皆引爲證也. 云'士死於適室'者, 適室則適寢也. 大夫・士謂之寢, 天子・諸侯謂之路寢也. 云'復者一人'者, 命士不命之士[5], 皆一人, 若大夫以上皆依命數也. 云'以爵弁'者, 凡復者, 皆用上服, 故用士助祭之服. 云'升自東榮'者, 升屋從東榮而上, 天子・諸侯言東霤. '皐'謂長聲而言. 又引喪大記"復, 男子稱名, 婦人稱字"者, 男子稱名, 據大夫・士. 若天子稱天子復, 諸侯稱某甫〔復〕[6], 臣不名君故也. 引喪大記云"君以卷, 夫人以屈狄"者, 彼注云"君以卷, 謂上公也. 夫人以屈狄, 謂子男夫人." 若上公夫人用褘衣, 子男則用毳, 互見之者, 欲揔五等諸侯及夫人也. 云'大夫以玄赬, 世婦以襢衣'者, 赬, 赤也, 謂纁裳則玄冕也. 世婦謂君之世婦. 不言命婦與姪娣, 亦互見爲義也. '玄謂', 引"明堂位凡四代之服器, 魯兼用之"者, 鄭欲推出綏是有虞氏旌故也. 云'有虞氏之旂, 夏后氏之綏'者, 彼注云"有虞氏當言緌, 夏后氏當言旂." 云'則旌旂有是綏, 當作緌, 字之誤也'者, 旌旂有是綏, 謂(系)〔糸〕[7]邊著妥, 此非字之體, 故破之云"當作緌", 爲(系)〔糸〕邊著委, 故云"字之誤也." 云'(綏)〔緌〕[8]以旄牛尾爲之, 綴於橦上, 所謂注旄於干首'者, 爾雅云"注旄於干首", 是也. 案鍾氏染鳥羽, 以爲王后之車飾, 亦爲旌旗之緌, 則旌旗亦有鳥羽. 獨云'旄牛尾', 擧一邊而言, 其實兼有也. 云'王祀四郊, 乘玉路, 建大常'者, 此巾車文. 云'今以之復去其旒, 異之於生'者, 生時有旗有緌有旒, 今死去旒, 是異有虞氏也. 徒, 空也, 有虞氏空緌, 未有在下旂旒, 故云"徒緌"也[9]. 云'士冠禮及玉藻冠緌之字'者, 欲見二冠緌之字與此旌旗之緌字同也. 云'故書亦多作緌[10]'者, 謂作(系)〔糸〕傍委也. 云'今禮家定作蕤'者, 謂今說禮之家定作蕤[11], 謂爲蕤賓之蕤. 必定緌作蕤者, 蕤賓在午月[12], 一陰(方)〔爻〕[13]生, 陰氣委蕤於下, 故旌旗之緌, 亦定作蕤也.

1) 五寢 : 宗廟의 正殿을 '廟'라 하고, 後殿을 '寢'이라 하는데, 廟에는 신위를 안치하고, 寢에는 제사 지낼 때 필요한 의관 등을 보관한다. 이는 살아 있을 때 宮의 '前朝後寢'을 상징한다. ≪禮記≫ 〈月令〉 孔穎達의 疏에 "廟는 신을 접하는 곳으로, 그곳이 존귀하므로 앞쪽에 있다. '寢'은 의관을 보관하는 곳으로 廟에 비해 비천하므로 뒤쪽에 있다.〔廟是接神之處 其處尊 故在前 寢 衣冠所藏之處 對廟爲卑 故在後〕"고 하였다. 周나라는 七廟를 세우는데 '五寢'인 이유에 대해서 〈夏官 隷僕(夏-34-5)〉 鄭玄의 注에는 "五寢은 五廟의 寢이다. 周나라 天子는 七廟이지만, 다만 祧(文王·武王)에는 寢이 없다.〔五寢 五廟之寢也 周天子七廟 惟祧無寢〕"고 설명한다.

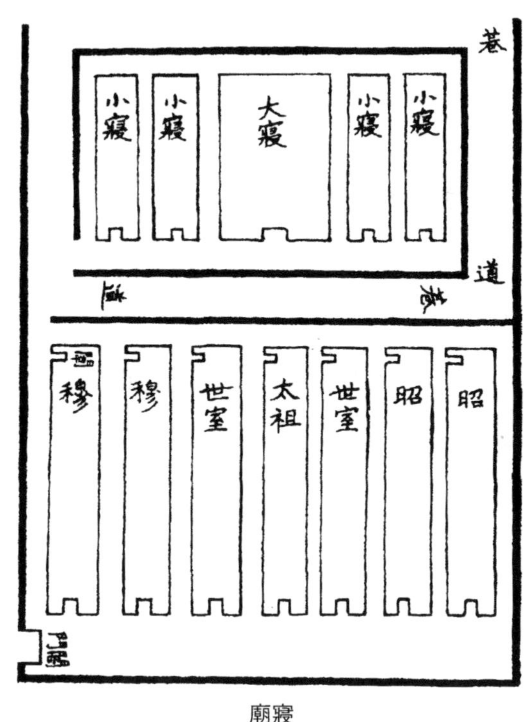

廟寢

2) 二祧 : '祧'는 遷主(체천한 신주)를 보관하는 廟를 말한다. 周나라의 경우, 始祖 后稷의 廟와 4개의 親廟에 武王과 文王의 廟를 더하여 7廟이다. 문왕이 죽은 후 그 신주를 후직의 묘에 보관하였고, 이후 親盡한 신주를 昭穆의 순서에 따라 文王과 武王의 廟에 나누어 보관하였는데, 이를 '二祧'라고 한다. 〈春官 守祧(春-14-1)〉 鄭玄의 注에 "廟는 大祖의 廟 및 3昭 3穆을 가리킨다. 遷主를 보관하는 廟를 '祧'라고 하니, 先公의 遷主는

后稷의 廟에 보관하고, 先王의 遷主는 文王・武王의 廟에 보관한다.〔廟 謂大祖之廟及三昭三穆 遷主所藏曰祧 先公之遷主藏于后稷之廟 先王之遷主藏于文武之廟〕"고 하였다.

3) (地) : 저본에는 '地'가 있으나, 浦鏜의 설에 의거하여 衍文으로 처리하였다.(北京大 整理本과 上海古籍 整理本의 〈校勘記〉 참조)

4) (實)〔案〕 : 저본에는 '實'로 되어 있으나, '實'은 마땅히 '案'의 잘못이라는 浦鏜의 설과 ≪周禮正義≫에 '案'으로 되어 있는 것에 의거하여 바로잡았다.(北京大 整理本과 上海古籍 整理本의 〈校勘記〉 참조)

5) 命士不命之士 : '命士'는 官爵이나 策命을 받은 士로서, 一命 및 一命 이상의 士를 命士라고 한다. ≪禮記≫ 〈內則〉에 "命士 이상의 신분은 부자가 모두 처소를 달리한다.〔由命士以上 父子皆異宮〕"고 하였다. 이에 반해 爵位가 없는 士를 '不命의 士'라고 한다. 예를 들면 子・男의 國에서 그 卿은 再命이고, 그 大夫는 一命인데, 士는 작위가 없다.

6) 〔復〕 : 저본에는 '復'이 없으나, ≪禮記≫ 〈喪服小記〉 鄭玄의 注에 "周之禮 天子崩 復曰皐天子復 諸侯薨 復曰皐某甫復"이라고 한 것에 의거하여 보충하였다.

7) (系)〔糸〕 : 저본에는 '系'로 되어 있으나, 惠校本에 '糸'로 되어 있는 것이 옳다는 阮元의 說에 의거하여 바로잡았다. 아래도 같다.(阮元의 〈校勘記〉 및 北京大 整理本의 〈校勘記〉 참조)

8) (緌)〔綏〕 : 저본에는 '緌'로 되어 있으나, 앞의 鄭玄 注와 阮元이 惠校本에는 '綏'로 되어 있다고 한 것에 의거하여 '綏'로 바로잡았다.(北京大 整理本 〈校勘記〉 참조)

9) 云今以之復去其旒……故云徒綏也 : 孫詒讓에 의하면 賈公彦이 말한 '斿旒'는 기폭〔縿〕을 의미한다. 〈春官 巾車(春-64-2)〉 鄭玄의 注에 旗의 제도를 설명하면서 "大常(태상)은 九旗 가운데 해와 달을 그려 넣은 것이다. 온폭으로 縿(기폭)을 만들고, 斿를 거기에 붙인다.〔大常 九旗之畫日月者 正幅爲縿 斿則屬焉〕"고 하였다. '旒(기폭의 귀에 붙인 긴 천 조각 장식)'는 곧 '斿'의 속자이다. 九旗의 일반 제도에서는 모두 '縿'과 '旒(斿)'가 있는데, 정현은 이곳 '綏'의 깃발에는 縿(기폭)과 旒(斿, 기폭의 귀에 붙이 긴 천 조각 장식)가 모두 없는 것으로 생각했다. 다만 注에서 '旒를 제거한다〔去旒〕'고 한 것은 문장을 생략한 것이다. 또 정현에 의하면 有虞氏의 '緌(綏)'는 旒의 장식이 없는 '徒綏'이다. 大喪을 당하여 四郊에서 復을 할 때 세우는 태상은 '旒(기폭의 귀에 붙인 긴 천 조각 장식)'를 제거하고 '綏(깃대에 牦牛의 꼬리를 매단 장식)'를 보존한 것으로 살아 있을 때 세우는 태상과 다른데, 실은 有虞氏의 徒綏의 제도를 계승하여 사용한 것이다.(≪周禮正義≫ 권16, 639쪽 참조)

10) 綏 : 앞의 鄭玄 注에는 '緌'로 되어 있는데, 이곳 賈公彦의 疏에서 정현의 주를 인용하면서 '綏'로 썼다. 孫詒讓의 〈校勘記〉에는 "賈公彦의 疏에서 이미 '綏'로 잘못 쓴 것이다.〔賈疏已誤作綏〕"라고 하였다.(北京大 整理本과 上海古籍 整理本의 〈校勘記〉 참조) 여기서는 일단 今本 가공언의 疏에 따라 번역하였다.

11) 今說禮之家定作蕤 : 段玉裁는 "漢나라 때 예학자들은 반드시 '蕤'의 글자를 따랐다. '蕤'는 초목의 꽃이 아래로 드리운 모습이다. ≪禮記≫ 〈玉藻〉의 '緇布冠繢緌(치포관에 채

색으로 관끈을 장식한다.)'와 같은데, 鄭玄의 注에 '緌는 어떤 본에는 蕤로 되어 있다.〔緌或作蕤〕'고 한 것이 그 증거이다. 陸德明의 ≪經典釋文≫ 〈禮記音義〉 '玉藻'에도 "緌가 어떤 본에는 蕤로 되어 있다.'고 하였다. 이는 唐나라 때의 ≪禮記≫에도 여전히 '蕤'로 되어 있는 것이 있었던 것이다."라고 하였다.(≪周禮正義≫ 권16, 639~640쪽 참조)

12) 蕤賓在午月 : 12律을 12개월의 위치에 서로 배합하여 氣가 이르면 律이 응하게 하는데, 이를 '律應'이라 한다. 蕤賓의 위치는 午이니, 午는 五月에 해당한다. ≪國語≫ 〈國語〉 韋昭의 注에 "五月은 蕤賓이다."라고 하였다. 午月(5월)은 卦로 말하면 天風姤卦(☰)로서 '陰爻'가 아래에서 생겨나는 달이다.

13) (方)〔爻〕: 저본에는 '方'으로 되어 있으나, 王應麟의 ≪漢制考≫에 '方'이 '爻'로 되어 있는 것에 의거하여 바로잡았다.(北京大 整理本의 〈校勘記〉 참조)

○ 注의 〔求之〕에서 〔作蕤〕까지

○ 釋曰 : 〔求之王平生常所有事之處〕 鄭玄은 復을 하는 곳을 넓게 해석하고자 하였다. 그러므로 '평소〔平生〕'라고 하여 총괄하였다.

天子는 七廟인데, 이곳 경문에서 단지 '大祖'라고만 하였으니, '大廟'는 后稷의 廟를 가리킨다. 나머지 六廟에 대해서 이곳에서는 "복을 한다.〔復〕"고 말하지 않았다. 살펴보건대 〈夏官 祭僕(夏-32-2)〉에 "大喪을 당했을 때, 〈祭僕은〉 小廟에서 復을 한다."고 하였는데, 鄭玄의 注에 "小廟는 高祖 이하이다."라고 하였으니, 4개의 親廟를 가리킨다. 그 5개의 寢에서는 隸僕이 復을 한다. 그러므로 〈夏官 隸僕(夏-34-5)〉에서 "大喪을 당했을 때, 〈예복은〉 小寢과 大寢에서 復을 한다."고 하였는데, 정현의 注에 "小寢은 高祖 이하의 廟의 寢이다. 始祖의 寢은 '大寢'이라 한다."고 하였다. 다만 二祧(문왕과 무왕)에서 復을 한다는 문장이 없는 것은, 살펴보건대 ≪禮記≫ 〈祭法〉에 의하면 4개의 親廟와 大祖의 廟에는 모두 달마다 제사를 지내지만 二祧에는 계절마다 제사 지낸 후 그친다고 하였으니, 달마다 지내는 제사〔月祭〕가 없으므로 復을 하지 않는 것이다. ≪예기≫ 〈檀弓 上〉에 "〈천자나 제후가 죽으면〉 小祖·大祖·庫門·四郊에서 復을 한다."고 하였으니, ≪周禮≫에서 '庫門'을 말하지 않은 것은 문장을 다 갖추어 쓰지 않은 것이다.

〔乘車 玉路〕 살펴보건대, 〈春官 巾車(春-64-2)〉에서 "玉路는 그것을 타고 제사를 지낸다."고 하였다. 郊에서 하늘을 제사 지낼 때 옥로를 사용하는 것이니, 四郊에서 復을 할 때도 옥로를 탄다는 것을 분명히 알 수 있다. 〈경문에서〉 "四郊에서 〈復을〉 한다.〔于四郊〕"고 한 것은, 살펴보건대, 〈春官 小宗伯(春-2-2)〉에서 "〈小宗伯은〉 四郊에 五帝를 제사 지낼 묘역을 정한다."고 하였으니, 평소 四郊에서 신을 제사 지내던 곳이다. 그러므로 〈그곳에서〉 復을 하는 것이다.

〔於大廟以冕服 不出宮也〕 정현이 四郊에서는 冕服을 사용하지 않는다는 뜻을 보이고자 한 것이다.

〔四郊以綏 出國門 行道也〕 살펴보건대, 〈春官 巾車(春-64-2)〉에서 "첫째는 玉路이다. 大常(태상)을 세우는데, 12개의 斿(기폭의 귀에 붙인 긴 천 조각)를 장식하고, 그것으로 제사를 지낸다."고 하였다. 그러므로 "깃발〔綏〕을 세우고 〈復을〉 하는 것은 왕성의 문〔國門〕을 벗어난 것이다."라고 한 것이다. 이곳에서 '길을 행차한다〔行道〕'고 한 것은 廟에서 冕服을 사용하는 것과 대비한 것이다.

〔鄭司農云 復謂始死招魂復魄〕 精氣는 魂이고, 귀와 눈으로 밝게 듣고 밝게 보는 것은 魄이다. 사람이 죽으면 魂氣가 위로 올라가므로 이를 불러서 魄으로 돌아오게 한다.

'士喪'에서 아래로 '私館不復'에 이르기까지, 이 여러 문장을 인용한 것은, 鄭衆이 ≪예기≫의 여러 곳에서 '復'에 대해 말한 것이 모두 이곳 경문의 '復'의 일과 같다고 생각했기 때문이다. 그러므로 모두 인용하여 증거로 삼은 것이다.

〔士死於適室〕 適室은 適寢이다. 大夫·士의 경우 '寢'이라 하고, 天子·諸侯의 경우 '路寢'이라 한다.

〔復者一人〕 命士와 不命의 士의 경우는 〈復을 하는 사람이〉 모두 한 사람이다. 만약 大夫 이상이라면 모두 命數에 의거한다.

〔以爵弁〕 무릇 復을 할 경우 모두 上服(최고 등급의 의복)을 사용한다. 그러므로 士가 助祭할 때의 服(작변복)을 사용하는 것이다.

〔升自東榮〕 지붕을 올라갈 때는 東榮(동쪽 처마)으로부터 올라간다. 天子·諸侯의 경우에는 '東霤(동쪽 처마)'라고 말한다.

'皐'는 소리를 길게 빼서 말하는 것을 가리킨다. 또 〈정현은〉 ≪예기≫ 〈喪大記〉의 "復을 할 때, 남자에 대해서는 이름을 부르고, 부인에 대해서는 字를 부른다."는 문장을 인용하였으니, 남자에 대해서 이름을 부른다는 것은 大夫·士에 의거한 것이다. 天子의 경우라면 '천자여 돌아오소서〔天子復〕'라고 칭하고, 諸侯의 경우에는 '아무개여 돌아오소서〔某甫復〕'라고 칭하니, 신하는 군주의 이름을 부를 수 없기 때문이다.

〈정현이〉 ≪예기≫ 〈상대기〉의 "군주가 죽었을 경우 〈復衣로〉 袞冕服을 사용하고, 夫人이 죽었을 경우 屈狄을 사용한다."는 문장을 인용하였으니, 그곳의 정현 주에서는 "'군주가 죽었을 경우 곤면복을 사용한다.'는 것은 上公의 경우를 가리킨다. '夫人이 죽었을 경우 屈狄을 사용한다.'는 것은 子·男의 夫人의 경우을 가리킨다."고 하였다. 만약 上公의 夫人의 경우라면 褘衣를 사용하고, 子·男의 경우에는 毳冕을 사용하니, 互見한 것은

5등급의 諸侯 및 夫人을 총괄하고자 한 것이다.

〔大夫以玄赬 世婦以襢衣〕 '赬'은 赤色이니, 옅은 진홍색 치마에 검은색 면관을 쓰는 것을 말한다. 世婦는 군주의 世婦를 말한다. 命婦와 姪娣를 말하지 않은 것은 또한 互見하여 의리로 삼은 것이다.

'玄謂(나는 생각건대)'라고 하여 ≪예기≫ 〈明堂位〉의 "무릇 四代의 의복과 기물을 魯나라에서 겸하여 사용했다."는 문장을 인용한 것은, 정현이 '緌'가 有虞氏의 깃발임을 추출해내고자 했기 때문이다.

〔有虞氏之旂 夏后氏之緌〕 정현은 ≪예기≫ 〈명당위〉에 주를 달면서 "有虞氏에는 마땅히 '緌'라 해야 하고, 夏后氏에는 '旂'라고 해야 한다."고 하였다.

〔則旌旂有是綏 當作緌 字之誤也〕 '깃발 가운데 이 綏가 있다.'는 것은 '糸'변에 '妥'가 붙은 것이니, 이는 글자의 형체〔體〕가 잘못되었다. 그러므로 〈정현이〉 이를 부정하고 "마땅히 '緌'가 되어야 한다."고 하였으니, '糸'변에 '委'를 붙여야 한다고 여겼기 때문에 "글자가 잘못된 것이다."라고 한 것이다.

〔緌以旄牛尾爲之 綴於橦上 所謂注旄於干首〕 ≪爾雅≫ 〈釋天〉에서 "깃대 꼭대기에 牦牛의 꼬리를 매단다."고 한 것이 이것이다. 살펴보건대, 鍾氏는 새의 깃털에 물을 들여 왕후의 수레 장식을 만드니, 또한 깃발의 緌를 만든다. 그렇다면 깃발에도 새의 깃털장식이 있는 것이다. 홀로 "모우의 꼬리〔旄牛尾〕"라고 한 것은 한쪽을 들어 말한 것이니, 사실은 〈새의 깃털 장식도〉 겸하여 있는 것이다.

〔王祀四郊 乘玉路 建大常〕 이는 〈春官 巾車(春-64-2)〉의 문장이다.

〔今以之復去其旒 異之於生〕 살아 있을 때는 旗가 있고, 緌(깃대에 牦牛의 꼬리를 매단 장식)가 있고, 旒(기폭의 귀에 붙인 긴 천 조각 장식)가 있는데, 이제 죽었으므로 〈緌와〉 旒를 제거하는 것이니, 이것이 有虞氏의 깃발과 다른 것이다. '徒'는 비운다〔空〕는 뜻이니, 有虞氏의 空緌에는 아래에 旂旒(기폭)가 없다. 그러므로 "徒緌"라고 한 것이다.

〔士冠禮及玉藻冠緌之字〕 두 곳(≪儀禮≫ 〈士冠禮〉와 ≪禮記≫ 〈玉藻〉)의 冠의 '緌'라는 글자가 이곳 깃발의 '緌'의 글자와 뜻이 같음을 보이고자 한 것이다.

〔故書亦多作緌〕 '糸'변에 '委'가 붙어 있는 글자로 되어 있음을 말한다.

〔今禮家定作蕤〕 오늘날 禮를 설명하는 학자들은 반드시 '蕤'로 쓴다는 뜻이니, '蕤賓'이라고 할 때의 '蕤'가 됨을 말한다. 반드시 '緌'를 '蕤'로 쓰는 것은 蕤賓은 午月에 있어 一陰의 爻가 생겨나니, 陰氣가 아래에서 온순하게 있는 것이다. 그러므로 깃발의 '緌'도 또한 반드시 '蕤'로 쓴다.

地官司徒 第二

【疏】鄭目錄[1)]云"象地所立之官. 司徒主衆徒. 地者載養萬物, 天子立司徒掌邦教, 亦所以安擾萬民." ○ 釋曰 : 既言'象地所立', 則此六十官[2)]皆法地, 與天官言'象天'[3)]義異矣.

1) 鄭目錄 : ≪隋書≫ 〈經籍志〉에 "≪三禮目錄≫ 1권, 鄭玄 撰."으로 저록되어 있다. 이 책은 ≪禮記≫ · ≪儀禮≫ · ≪周禮≫의 三禮書 각 편의 의미를 해석한 것으로, 삼례서의 經文 · 注文本과는 별도의 단행본으로 유통되었다. 賈公彦은 ≪周禮疏≫를 지을 때 ≪三禮目錄≫의 〈周禮目錄〉 6편을 六官의 편 앞머리에 수록하였고, ≪儀禮疏≫에서도 ≪三禮目錄≫을 인용하였으며, 孔穎達의 ≪禮記正義≫에서도 인용되었다. 따라서 唐代까지는 이 책이 존재했음을 알 수 있으나 이후 亡佚되었다. 淸人 王謨(≪漢魏遺書鈔≫), 袁鈞(≪鄭氏佚書≫), 孔廣森(≪通德遺書所見錄≫), 臧庸(≪拜經堂叢書≫), 黃奭(≪漢學堂叢書≫ 및 ≪黃氏逸書考≫) 등의 輯佚本 ≪三禮目錄≫이 있다.

2) 此六十官 : 이 60개의 관은 대체적으로 말한 것이고, 실제로 地官의 屬官 수는 78개이다.

3) 天官言象天 : 鄭玄의 ≪三禮目錄≫에서는 '天官冢宰'에 대해 "하늘을 본떠서 세운 관직이다. '冢'은 크다〔大〕는 뜻이다. '宰'는 관직〔官〕이다. 하늘은 만물을 총괄하여 다스리는데, 천자는 冢宰를 세워 왕국의 정무를 관장하도록 하니, 또한 뭇 관리들을 총괄하여 다스려서 직무를 잃지 않도록 하려는 것이다.〔象天所立之官 冢 大也 宰者 官也 天者 統理萬物 天子立冢宰 使掌邦治 亦所以摠御衆官 使不失職〕"라고 하였다.

鄭玄의 ≪三禮目錄≫에 "땅을 본떠서 세운 관직이다. 司徒는 무리들을 주관한다. 땅은 만물을 실어서 양육하는데, 天子는 司徒를 세워 왕국의 교육을 관장하도록 하니, 또한 백성들을 안정시켜 따르게 하기 위한 것이다."라고 하였다.

○ 釋曰 : 이미 '땅을 본떠서 세운 〈관직〉'이라고 말했으므로 이곳의 60개 관직은 모두 땅을 본받는 것이니, 〈天官〉에서 '하늘을 본떠서 〈세운 관직〉'이라고 말한 것과 의리가 다르다.

鄭氏 注　賈公彦 疏

地-0-1

序官[1] 惟王建國[2]이어든 辨方正位[3]하고 體國[4]經野하고 設官分職하여 以爲民極[5]이니라

1) 序官 : 여기서부터 본서 권9 끝까지는 地官의 序官에 해당된다. 서관이란 ≪周禮≫ 6편의 각 편 서두에 이 六官이 통솔하는 관속의 직무와 인원수를 서술한 것이다.
2) 國 : ≪說文解字≫ 囗部에 "國은 邦이다."라고 하였고, "큰 나라를 '邦'이라고 하고 작은 나라를 '國'이라고 하니, '邦'의 〈군주가〉 거처하는 곳을 또한 '國'이라고 한다.〔大曰邦 小曰國 邦之所居亦曰國〕"고 하였다. 따라서 이곳 '惟王建國'에서의 '建國'은 邦의 군주가 거처하는 곳, 즉 都(도읍)를 조영한다는 뜻이다.(≪周禮正義≫ 권1, 9쪽 참조)
3) 辨方正位 : 〈天官 序官(天-0-2)〉의 '辨方正位'에 대한 賈公彦의 疏에서 "'辨'은 변별한다〔別〕는 뜻이니, 먼저 해의 그림자를 관측하여 동서남북 사방을 구별하여 분별이 있도록 하는 것이다. '위치를 바로잡는다〔正位〕'는 것은 이미 사방을 분별하고 나서 또 궁실과 조정의 위치를 바로잡아서 올바름을 얻도록 하는 뜻이다.〔辨 別也 先須視日景以別東西南北四方 使有分別也 正位者 謂四方旣有分別 又於中正宮室朝廷之位 使得正也〕"라고 하였다.
4) 國 : 위의 경문 '惟王建國'에서의 '國'은 國中과 郊野를 포함하는 國都를 의미하고, 이곳 '體國經野'에서의 '國'은 國中 곧 '도읍 안의 성'을 의미하므로 國城, 都城이다. 여기서는 野에 대해 城中을 가리킨다.
5) 極 : 〈天官 序官(天-0-5)〉의 '以爲民極'에 대한 鄭玄의 注에서 "'極'은 中이다. 천하 사람들로 하여금 각자 그 中을 얻어서 제자리를 잃지 않도록 하는 것이다.〔極 中也 令天下之人各得其中 不失其所〕"라고 하였다.

왕은 도읍을 세우니, 〈동서남북의〉 방향을 변별하고 〈궁실과 종묘의〉 위치를 정하며, 도성과 교외의 경계를 구획하여 정한다. 관직을 설치하고 직무를 분담시켜, 백성들이 중정함을 얻어서 제자리를 잃지 않도록 한다.

【疏】釋曰 : 六官皆有此敍者[1], 欲見六官所主雖異, 以爲民極是同故也.

1) 六官皆有此敍者 : ≪周禮≫ 六官의 첫머리에는 "惟王建國 辨方正位 體國經野 設官分職 以爲民極"의 다섯 구절로 시작됨을 말한 것이다. 다만 〈考工記〉는 "國有六職 百工與居一焉"으로 시작된다.

釋曰 : 六官에 모두 이러한 序言이 있는 것은, 六官이 주관하는 대상은 비록 다르지만,

백성들이 중정함을 얻어서 제자리를 잃지 않도록 하는 것은 마찬가지임을 보이고자 했기 때문이다.

地-0-2

乃立地官司徒하니 **使帥**(솔)**其屬而掌邦教**하여 **以佐王**하고 **安擾邦國**[1]이니라

1) 邦國 : ≪周禮≫의 통례에서는 단지 '邦'이라 하거나 '國'이라고 하면 王國(천자)을 가리키고, '邦國'이라 할 경우에는 諸侯國을 지칭한다. 따라서 이곳에서 '邦國'으로 표현한 것은 제후국을 들어서 왕국까지를 포괄한 것이다.

이에 地官 司徒를 세우니, 그 속관들을 통솔하여 왕국의 교육을 관장함으로써 왕을 보좌하여 제후국을 안정시켜 따르게 한다.

【注】 教는 所以親百姓 訓五品[1]이니 有虞氏五[2]요 而周十有二[3]焉이라 擾는 亦安也니 言饒衍之라

1) 五品 : 五常(五倫)의 品秩, 즉 다섯 가지 綱常 윤리의 品位等級을 가리킨다. ≪尙書正義≫〈舜典〉孔穎達의 疏에서 "'品'은 品秩이니, 한 집안 내에서 존비의 차이를 말하니 곧 父·母·兄·弟·子이다. 義·慈·友·恭·孝의 덕을 가르쳐서 이 일을 항상 행할 수 있어야 五常이 되는 것이다.〔品謂品秩 一家之內尊卑之差 卽父母兄弟子是也 教之義慈友恭孝 此事可常行 乃爲五常耳〕"라고 하였다.
2) 有虞氏五 : ≪尙書正義≫〈舜典〉의 '五教(五倫)'이다. 孔安國에 따르면 '五常之教'이고, 孔穎達에 따르면 五品의 德인 父義·母慈·兄友·弟恭·子孝이다.
3) 周十有二 : 地官이 관장하는 '十二教'로, 大司徒가 5가지 地形과 생산물에 따라 형성된 백성들의 생활 습관에 근거하여, 그것에 맞게 시행하는 12가지 방면의 교육을 가리킨다. 자세한 것은 아래〈地官 序官(地-0-16)〉의 역주 1) 및〈地官 大司徒(地-1-5)〉참조.

교육은 백성들을 친목하게 하고 五品을 가르치기 위한 것이다. 有虞氏 때는 5가지였는데 周나라 때는 12가지였다. '擾'는 또한 안정시키는 것이니, 부유하게 하고 번성하게 해주는 것을 말한다.

【疏】 '乃立'至'邦國' ○釋曰 : 此經所云爲立官之意, 六官亦同有此語, 唯地官司徒與安擾之字不同,[1] 欲見所主雖曰有殊, 佐王之事是一故也.

1) 六官亦同有此語 唯地官司徒與安擾之字不同 : 〈天官冢宰〉에는 '乃立天官冢宰 使帥其屬

而掌邦治 以佐王 均邦國'으로 되어 있고, 〈春官宗伯〉에는 '乃立春官宗伯 使帥其屬而掌邦禮 以佐王 和邦國'으로 되어 있어, 6官의 직분에 따라 '以佐王' 아래 부분이 다르다.

經의 〔乃立〕에서 〔邦國〕까지

○ 釋曰 : 이곳의 경문에서 말한 것은 관직을 세운 의의이니, 六官에도 똑같이 이러한 말이 있는데, 다만 〈地官司徒〉의 경우 '安擾'의 글자에서 같지 않은 것은, 주관하는 대상에는 비록 다른 점이 있다고 하나 왕의 일을 보좌하는 점에서는 같다는 것을 보이고자 한 것이다.

○ 注'教所'至'衍之' ○ 釋曰 : 云'教所以親百姓'者, 案尙書舜典云 "帝曰 '契, 百姓不親, 五品不遜, 汝作司徒, 敬敷五教, 在寬.'" 彼舜欲使契布五教, 親百姓, 遜五品, 是鄭君所取義也. 但五教據所施而言, 五品據人品列有五, 所從言之異, 其義一也. 云'有虞氏五, 而周十有二焉'者, 有虞氏五, 即舜典所云"敬敷五教". 又文十八年云 "舜臣堯, 擧八元[1], 使敷五教于四方, 父義母慈兄友弟恭子孝" 是也. 而周十有二者, 據司徒之職云 "一曰以祀禮教敬"以下是也. 案成王周官云 "司徒敷五典[2], 擾兆民" 則周亦有五教. 而云至周十有二者, 鄭據此周禮之文, 言十二以對於虞, 其實五中雖不含十二, 〔十二中〕[3]亦含有五. 云'擾亦安也, 言饒衍之'者, 以言饒益衍長, 亦是安義. 以其民爲邦本, 不安則散, 特須安而復安, 故云"擾亦安也." 案天官教典, 鄭注擾爲馴者, 以其司徒主教, 教使馴順, 馴亦是安之義也.

1) 文十八年云……擧八元 : 이하는 ≪春秋左氏傳≫ 文公 18년 조에 季文子가 魯나라 宣公에게 간언한 내용이다. '八元'은 백성들이 高辛氏의 덕망 있는 8명의 아들을 일컬은 말이다.
2) 五典 : 孔安國의 傳에 의하면 '五常之教'를 가리킨다. 蔡沈은 "군신・부자・부부・장유・붕우 다섯 가지의 가르침〔君臣父子夫婦長幼朋友五者之教〕"이라고 하였다.(≪書經集傳≫ 〈周書 周官〉)
3) 〔十二中〕 : 저본에는 '十二中' 세 글자가 없으나, ≪周禮正義≫에 의거하여 보충하였다.

○ 注의 〔教所〕에서 〔衍之〕까지

○ 釋曰 : 〔教所以親百姓〕 살펴보건대, ≪尙書≫ 〈舜典〉에서 "帝舜이 말씀하였다. '契(설)아! 百姓이 친목하지 않고, 五品이 순하지 않으므로 너를 司徒로 삼으니, 공경히 五教를 펴되 너그러움에 있게 하라.'"라고 하였다. 저곳은 순임금이 설에게 五教를 펼쳐서 백성들을 친목하게 하고 五品을 따르게 하고자 한 것이니, 이것이 鄭玄이 취한 의리이다. 다

만 五教는 베푸는 것에 의거해서 말했고, 五品은 사람의 品位와 排列에 다섯 가지 〈등급〉이 있는 것에 의거해서 〈말했으니,〉 좇아서 말하는 바는 다르지만 그 의리는 동일하다.

〔有虞氏五 而周十有二焉〕 有虞氏 때의 5가지는 곧 《상서》 〈순전〉에서 말한 "공경히 五教를 베풀라.〔敬敷五教〕"는 것이다. 또 《春秋左氏傳》 文公 18년 조에서 "舜이 堯임금의 신하가 된 뒤에 八元(高辛氏의 여덟 아들)을 등용하여 사방에 五教를 베풀게 하니, 아비는 의롭고 어미는 자애로우며 형은 우애하고 아우는 공손하며 자식은 효도하였습니다."라고 한 것이다. 그리고 周나라 때의 12가지는 〈地官 大司徒(地-1-5)〉에서 "첫째는 제사의 예로써 백성들에게 공경함을 가르치는 것이다."라고 한 이하의 내용이다. 살펴보건대, 成王이 지은 《상서》 〈周官〉에서 "司徒는 五典을 펴서 백성을 편안하게 한다."고 하였으니, 周나라에도 五教가 있었던 것이다. 그런데 "周나라 때는 12가지이다."라고 말한 것은 정현이 이 《周禮》의 경문에 의거하여 12가지를 말함으로써 有虞氏 때와 대비한 것이니, 실제로는 5가지 안에 12가지가 포함되지 않지만, 12가지 안에는 또한 5가지가 포함되는 것이다.

〔擾亦安也 言饒衍之〕 부유하게 하고 번성하게 함을 말했으므로 또한 〈백성을〉 안정시키는 의리이다. 백성은 나라의 근본이 되는데, 안정되지 않으면 흩어지므로 다만 모름지기 안정되고 거듭 안정되어야 한다. 그러므로 "'擾'는 또한 안정시키는 것이다."라고 한 것이다. 살펴보건대, 〈天官 大宰(天-1-1)〉의 '教典'에서 정현이 '擾'를 '길들인다〔馴〕'의 뜻이 된다고 注를 단 것은, 司徒가 교육을 주관하여 〈백성들을〉 가르쳐서 길들이므로, 길들이는 것 또한 안정시키는 의리이기 때문이다.

地-0-3

教官[1]之屬은 大司徒는 卿一人[2]이요 小司徒[3]는 中大夫二人이요 鄉師[4]는 下大夫四人이니 上士八人이요 中士十有六人이요 旅下士三十有二人이요 府六人이요 史十有二人[5]이요 胥十有二人이요 徒百有二十人[6]이니라

1) 教官 : 왕국의 교육을 관장하는 관직을 말한다. 앞의 〈地官 序官(地-0-2)〉에서 "이에 地官 司徒를 세우니, 그 속관들을 통솔하여 왕국의 교육을 관장함으로써 왕을 보좌하여 제후국을 안정시켜 따르게 한다.〔乃立地官司徒 使帥其屬而掌邦教 以佐王安擾邦國〕"고 하였다. 이로 인해서 地官 계통의 관직을 '教官'이라 칭한다.

2) 大司徒 卿一人 : 地官(教官)의 長官으로, 왕국의 教育, 賦稅, 殖産을 관장함으로써 왕을

보좌하여 천하 각국을 다스린다. 序官의 통례는 官名, 爵位, 관원 數의 순서로 기술한다. 이곳에서 '大司徒'는 관명이고, '卿'은 그 작위이고, '一人'은 관원의 수이다.

3) 小司徒 : 大宰의 副職〔貳〕으로 大司徒를 보좌하여 教官의 정무를 처리하고, 교관의 教法을 관장한다.

4) 鄕師 : 地官의 考核官〔考〕으로, 大司徒와 小司徒를 보좌하여 鄕의 教育行政을 관장하고, 地官 계통의 관리에 대한 考核을 담당한다.

5) 府六人 史十有二人 : '府'는 문서나 기물의 보관을 책임지는 자이고, '史'는 문서의 작성을 관장하는 자이다. 무릇 府와 史는 모두 그 관부의 우두머리가 스스로 辟召하여 관직을 제수한 자들이다.(〈天官 序官(天-0-8)〉 鄭玄의 注 참조)

6) 胥十有二人 徒百有二十人 : 이들은 백성으로서 요역에 공급되는 자들이다. '胥'는 재능과 지식이 있어 什長이 된 자이다.(〈天官 序官(天-0-9)〉 鄭玄의 注 참조)

教官의 속관은 다음과 같다. 大司徒는 卿 1인이 담당하고, 小司徒는 中大夫 2인이 담당하고, 鄕師는 下大夫 4인이 담당하니, 〈휘하에〉 上士 8인 · 中士 16인 · 뭇 下士들 32인이 있으며, 府 6인, 史 12인이 있으며, 胥 12인, 徒 120인이 있다.

【注】 師는 長也라 司徒掌六鄕하고 鄕師分而治之니 二人者共三鄕之事하여 相左右也라

'師'는 '우두머리'의 뜻이다. 司徒는 六鄕을 관장하고 鄕師가 〈육향을〉 나누어서 다스리니, 두 사람이 〈한 조가 되어〉 3鄕의 일을 공동으로 주관하여 서로 돕는다.

【疏】 '教官'至'十人' ○釋曰 : 上經說立官之意, 此經說立官尊卑相副貳. 云'教官之屬'者, 自此以下至稾人, 六十官, 皆是教官之屬. 若然, 教官目於下也. 云大司徒卿一人, 六命, 小司徒中大夫二人, 四命, 鄕師下大夫四人, 與小司徒同四命, 分爲中下, 上士八人, 三命, 中士十有六人, 再命, 旅下士三十有二人, 一命. 自此已上皆得王命, 謂之王臣. 以卑佐尊, 尊少卑多, 各與上一倍. 云府六人, 主藏文書, 史十有二人, 主作文書, 胥十有二人, 爲什長, 徒百有二十人, 給傜役. 此四者皆不得王命, 官長所自辟除者也.

經의 〔教官〕에서 〔十人〕까지

○ 釋曰 : 앞의 경문에서는 관직을 세운 뜻을 설명하였고, 이곳의 경문에서는 관직을 세움에 높은 관직과 낮은 관직이 서로 보좌하는 것을 설명하였다.

〔教官之屬〕 이곳에서부터 아래 稾人까지는 총 60개의 관직인데, 모두 教官의 속관이다. 그렇다면 '教官'은 아래 관직들에 대한 총목이다.

大司徒를 담당하는 卿 1인은 六命이고, 小司徒를 담당하는 中大夫 2인은 四命이고, 鄕師를 담당하는 下大夫 4인은 小司徒와 마찬가지로 四命인데 中大夫와 下大夫로 구분한다. 上士 8인은 三命이고, 中士 16인은 再命이고, 뭇 下士들 32인은 一命이다. 여기서부터 위로는 모두 王命을 받았으므로 왕의 신하라고 칭한다. 낮은 관직으로 높은 관직을 보좌하니, 높은 관직은 적고 낮은 관직은 많아서 각각 상위 관직의 갑절이 된다.

府 6인은 문서를 보관하는 것을 주관하고, 史 12인은 문서를 작성하는 것을 주관하며, 胥 12인은 什長이 되고, 徒 120인은 徭役에 동원된다. 이 4가지 관직(府・史・胥・徒)은 모두 왕명을 받지 않고 관부의 우두머리가 스스로 辟召하여 관직을 제수한 자들이다.

○ 注'師長也'至'右也' ○ 釋曰：此鄕師, 司徒之(老)〔考〕[1], 謂之鄕師者, 謂佐司徒主六鄕. 亦與在下民臣爲長, 故云"師, 長也." 云'司徒掌六鄕'者, 案下云 "鄕老, 二鄕則公一人"已下是主六鄕之事. 云'鄕師分而治之'者, 以其鄕師佐司徒主六鄕, 故言"分而治之." 以鄕有六, 其人有四, 故二人共三鄕. 云'相左右'者, 左右, 助也. 以其二人共主三鄕, 不得各專其鄕事, 故相助而已.

1) (老)〔考〕: 저본에는 '老'로 되어 있으나, 盧文弨의 설에 의거하여 '考'로 바로잡았다.(阮元의 〈校勘記〉 및 北京大 整理本의 〈校勘記〉 참조)

○ 注의 〔師長也〕에서 〔右也〕까지

○ 釋曰：이곳의 鄕師는 司徒의 考核官인데, '鄕師'라고 일컫는 것은 사도를 보좌하여 六鄕을 주관함을 말하는 것이다. 또한 아래에서 백성과 신하들의 우두머리가 된다. 그러므로 "'師'는 '우두머리'의 뜻이다."라고 한 것이다.

〔司徒掌六鄕〕 살펴보건대, 아래(〈地官 序官(地-0-4)〉)에서 "鄕老는 2鄕마다 公 1인이 겸임한다."고 한 이하가 六鄕의 일을 주관하는 것이다.

〔鄕師分而治之〕 鄕師는 司徒를 보좌하여 六鄕을 주관한다. 그러므로 "나누어서 다스린다."고 한 것이다. 鄕은 6개가 있는데, 그 〈鄕을 담당할〉 사람은 4인이 있다. 그러므로 2인이 3鄕의 일을 함께 주관하는 것이다.

〔相左右〕 '左右'는 돕는다는 뜻이다. 2인이 3鄕의 일을 함께 주관하니, 그 鄕의 일을 각자가 독자적으로 처리할 수 없다. 그러므로 서로 도울 뿐이다.

地-0-4

鄕老는 **二鄕則公一人**이요 **鄕大夫**는 **每鄕**에 **卿一人**이요 **州長**은 **每州**에 **中大夫一人**이요 **黨正**은 **每黨**에 **下大夫一人**이요 **族師**는 **每族**에 **上士一人**이요 **閭胥**는 **每閭**에 **中士一人**이요 **比長**은 **五家**에 **下士一人**이니라

1) 鄕老 : 이곳에서는 三公을 가리킨다. 그러나 鄕老는 專職이 없으며, 단지 鄕大夫와 함께 그 관리들을 이끌고서 賢能한 사람들을 禮賓하여 그 결과를 왕에게 문서로 보고하고, 물러나서는 3년마다 大比를 시행할 때 賢能한 인재를 왕에게 천거한 후, 鄕射禮를 거행하여 5가지 일로 백성들에게 묻는 등의 일을 할 뿐이다. 이렇게 맡은 일이 많지 않으므로 三公이 겸임할 수 있는 것이다.(≪周禮正義≫ 권17, 644쪽 참조)

鄕老는 2鄕마다 公 1인이 겸임한다. 鄕大夫는 鄕마다 卿 1인이 담당한다. 州長은 州마다 中大夫 1인이 담당한다. 黨正은 黨마다 下大夫 1인이 담당한다. 族師는 族마다 上士 1인이 담당한다. 閭胥는 閭마다 中士 1인이 담당한다. 比長은 5家마다 下士 1인이 담당한다.

【注】**老**는 **尊稱也**라 **王置六鄕 則公有三人也**니 **三公者**는 **內與王論道**하고 **中參六官之事**하고 **外與六鄕之教**하니 **其要爲民**이라 **是以屬之鄕焉**이라 **州・黨・族・閭・比**는 **鄕之屬別**이요 **正・師・胥**는 **皆長也**라 **正之言**은 **政也**요 **師之言**은 **帥也**요 **胥**는 **有才知之稱**[1]이라 **載師職曰 以官田・牛田・賞田・牧田**으로 **任遠郊之地**라하고 **司勳職曰 掌六鄕之賞地**라하니 **六鄕地在遠郊之內 則居四同**[2]이라 **鄭司農云 百里內爲六鄕**이요 **外爲六遂**[3]라

1) 胥有才知之稱 : 鄭玄은 〈春官 序官(春-0-21)〉의 注에서도 "'胥'는 재능과 지혜를 가진 자의 칭호이다.〔胥有才知之稱〕"라고 하여 이곳의 정현 주와 똑같이 풀이하였다. 또 〈天官 序官(天-0-9)〉 정현의 주에서는 "'胥'는 諝(지혜)의 뜻으로 읽으니, 재능과 지혜가 있어 什長이 되었음을 가리킨다.〔胥讀如諝 謂其有才知 爲什長〕"고 하였다. ≪說文解字≫에서는 '胥讀如諝'에 대해서 "'胥'는 게젓〔蟹醢〕이다. 肉을 따르고 疋이 소리이다.〔胥 蟹醢也 从肉疋聲〕", "'諝'는 지혜〔知〕이다. 言을 따르고 胥가 소리이다.〔諝 知也 从言胥聲〕"라고 하였다. 楊天宇는 鄭玄이 '胥'를 '재능과 지혜가 있다.〔有才知〕"고 풀이한 것에 의거하여 '胥'는 通假字이고, '諝'가 本字라고 하였다.(楊天宇, ≪鄭玄三禮注硏究≫ 참조)

2) 六鄕地在遠郊之內 則居四同 : 王城으로부터 100里 사이의 遠郊 안에 六鄕을 설치하므로, 사방으로 거리가 200리씩이다. 사방 한 변의 길이 100리를 '同'이라 한다. 따라서

2×2=4同이 된다. 賈公彦의 이 말은 〈地官 載師(地-16-2)〉 鄭玄의 注에서 "遠郊의 안은, 땅〈의 면적〉이 4同에 상당하니, 36만 夫의 땅이다.〔遠郊之內 地居四同 三十六萬夫之地也〕"라고 한 것에 의거한 것이다.

3) 鄭司農云……外爲六遂 : 鄭玄에 따르면, 王城으로부터 50리에서 100리 사이의 '遠郊' 즉 사방 200리의 땅에 六鄕의 행정단위를 설치하는데 이곳에 75,000家가 거주하고, 100리에서 200리 사이의 '甸' 즉 사방 400리의 땅에 六遂의 행정단위를 설치하는데 이곳에 75,000家가 거주한다.(〈地官 載師〉 地-16-2 鄭玄의 注 및 賈公彦의 疏 참조)

'老'는 尊稱이다. 王은 六鄕을 설치하는데, 公은 3인이 있다. 三公은 안으로 왕과 더불어 道를 논하고, 가운데로 六官의 일에 참여하고, 밖으로 六鄕의 가르침에 참여하니, 그 요체는 백성을 위하는 것이다. 그러므로 그들을 鄕에 속하게 한다. 州・黨・族・閭・比는 鄕의 하부 조직체계〔屬別〕이다. 正・師・胥는 모두 우두머리〔長〕이다. '正'이라는 글자는 정교〔政〕의 뜻이다. '師'라는 글자는 통솔한다〔帥〕는 뜻이다. '胥'는 재능과 지혜를 가진 자의 칭호이다. 〈地官 載師(地-16-2)〉에서 "遠郊의 토지를 이용하여 官田・牛田・賞田・牧田을 조성한다."고 하였고, 〈夏官 司勳(夏-6-1)〉에서는 "육향의 賞地(賞으로 하사하는 田地)를 관장한다."고 하였다. 육향의 땅은 遠郊의 안에 있으니, 〈그 땅의 면적이〉 4同에 상당한다. 鄭衆은 "〈王城에서〉 100리 안을 육향이라 하고, 그 밖을 六遂라고 한다."고 하였다.

【疏】'鄕老'至'下士一人' ○釋曰：鄕老者, 謂三公. 案下曲禮, 三公於諸侯曰天子之老.[1] 此鄭注云"老, 尊稱", 未必是年老. '二鄕則公一人'者, 在朝三公八命, 卽典命云"三公八命", 是也. 分陝而治則九命, 則大宗伯云"九命作伯[2]", 是也. '鄕大夫每鄕卿一人'者, 六鄕則卿六人, 各主一鄕之事, 然揔屬司徒, 非六官典兼鄕大夫[3]. 知者, 以鄭注大司馬云"軍吏, 選於六官六鄕之吏爲之", 旣六官六鄕竝言, 故知別置. '州長, 每州中大夫一人'者, 每鄕有五州, 州長以中大夫爲之, 亦四命. '黨正, 每黨下大夫一人'者, 五黨爲州, 黨正使下大夫爲之, 亦四命. '族師, 每族上士一人'者, 五族爲黨, 族師使上士一人爲之, 亦三命. '閭胥, 每閭中士一人'者, 四閭爲族, 巷門爲閭.[4] 胥, 有才智之稱, 閭胥使中士一人爲之, 亦再命. '比長, 五家下士一人'者, 五比爲閭, 比長使下士一人爲之, 亦一命. 特言五家者, 明閭胥已上至鄕皆有家數, 故其職云"五家爲比, 五比爲閭, 四閭爲族, 五族爲黨, 五黨爲州, 五州爲鄕." 從少至多, 故於比言五家爲本也.

1) 案下曲禮 三公於諸侯曰天子之老 : ≪禮記≫ 〈曲禮 下〉에서 "五官의 우두머리를 '伯'이라고 부르는데, 다스리는 지역을 관할한다.……〈伯은〉 자신을 제후에게 '天子의 老'라고 칭하고, 자신의 채지 밖에서는 '公'이라고 칭하고, 자국에서는 '君'이라고 칭한다.〔五官之長曰伯 是職方……自稱於諸侯曰天子之老 於外曰公 於其國曰君〕"고 하였다.

2) 伯 : 方伯을 가리킨다. 陜(지금의 河南 陜縣) 지역을 東西로 나누어서 二伯이 양방 제후의 우두머리가 되어 다스렸다. 西周 초기에 周公과 召公이 二伯을 담당하였다.(〈春官 典命〉 春-1-37 賈公彦의 疏 참조)

3) 揔屬司徒 非六官典兼鄕大夫 : 沈彤에 의하면, '鄕老'는 專職이 없으며, 관장하는 일도 많지 않기 때문에 '三公'이 겸임할 수 있다. 이와 달리 鄕大夫는 직무를 전담하여 관장하는 일이 많기 때문에 별도로 관직을 설치하고 六卿으로 겸임하게 하지 않는다.〔鄕老無專職 唯及鄕大夫帥其吏而禮賓賢能 以獻其書于王……故三公可兼 若鄕大夫則職專而所掌多 故別置而不以六卿兼也〕 賈公彦도 같은 입장을 취한 것인데, 이는 六鄕大夫는 冢宰 이하 六官의 장관이 겸임한다는 賈逵의 설을 비판하는 것이다. 賈公彦의 〈序周禮廢興〉에서 인용한 馬融의 ≪周官傳≫에 "賈逵는 '六鄕大夫는 冢宰 이하〈의 六卿이 겸한다.〉'고 하였다.〔逵以爲六鄕大夫 則冢宰以下〕"고 하였다. '冢宰' 이하란 六官의 장관을 말한다.

4) 巷門爲閭 : 〈秋官 序官(秋-0-37)〉 鄭玄의 注에 "閭는 里門을 말한다.〔閭謂里門〕"고 하였고, 賈公彦의 疏에서는 "25家의 里門이다.〔二十五家之里門也〕"라고 하였다.

經의 〔鄕老〕에서 〔下士一人〕까지

○ 釋曰 : '鄕老'란 三公을 말한다. 살펴보건대, ≪禮記≫ 〈曲禮 下〉에 의하면 三公은 제후에게 〈자신을〉 '天子의 老'라고 칭한다. 이곳의 鄭玄 注에서 "'老'는 尊稱이다."라고 했지만, 반드시 연로해야 하는 것은 아니다.

〔二鄕則公一人〕 王朝에서 三公은 八命이니, 곧 〈春官 典命(春-11-3)〉에서 "三公은 八命이다."라고 한 것이 이것이다. 陜(지금의 河南 陜縣) 지역을 나누어서 다스리면 九命이니, 곧 〈春官 典命(春-1-37)〉에서 "九命은 方伯이 될 수 있다."고 한 것이 이것이다.

〔鄕大夫 每鄕卿一人〕 六鄕이라면 卿 6인이니, 각각 1鄕의 일을 주관한다. 그러나 총괄적으로 司徒에 예속되는 것이지, 六官〈의 장관〉이 鄕大夫를 맡아서 겸임하는 것은 아니다. 이를 알 수 있는 것은 〈夏官 序官(夏-0-3)〉 '大司馬' 조의 鄭玄 注에서 "軍吏는 六官과 六鄕의 관리 가운데에서 선발하여 임명한다."고 하였기 때문이다. 이미 六官과 六鄕을 나란히 언급했으므로 별도로 설치한다는 것을 알 수 있다.

〔州長 每州中大夫一人〕 鄕마다 5州를 두는데, 州長은 中大夫가 담당하게 하니, 또한 四命이다.

〔黨正 每黨下大夫一人〕 5黨으로 州를 편성하는데, 黨正은 下大夫가 담당하게 하니, 또한 四命이다.

〔族師 每族上士一人〕 5族으로 黨을 편성하는데, 族師는 上士 1人이 담당하게 하니, 또한 三命이다.

〔閭胥 每閭中士一人〕 4閭로 族을 편성하는데, 巷門이 閭가 된다. 胥는 재능과 지혜를 가진 자의 칭호이다. 閭胥는 中士 1인이 담당하게 하니, 또한 再命이다.

〔比長 五家下士一人〕 5比로 閭를 편성하는데, 比長은 下士 1인이 담당하게 하니, 또한 一命이다. 특별히 '五家'라고 말한 것은 閭胥에서부터 위로 鄉에 이르기까지 모두 家數가 있음을 밝힌 것이다. 그러므로 〈地官 大司徒(地-1-18)〉에서 "5家로 比를 편성하고, 5比로 閭를 편성하고, 4閭로 族을 편성하고, 5族으로 黨을 편성하고, 5黨으로 州를 편성하고, 5州로 鄉을 편성한다."라고 하였다. 〈家數가〉 적은 것에서부터 많은 것에 이르렀다. 그러므로 比에서 5家라고 말한 것이 근본이 되는 것이다.

○注老尊'至'六遂' ○釋曰：言'老, 尊稱也'者, 以其天子所父事(二)〔三〕老[1]者同名, 故云"老, 尊稱也". 云'王置六鄉, 則公有三人也'者, 於周禮不見公之人數, 六鄉之數, 周禮有其文, 此經云"二鄉則公一人", 明知公有三人. 案成王周官"立太師・太傅・大保, 玆惟三公", 亦是公有三人之事. 云'三公者, 內與王論道'者, 成王周官云"玆惟三公, 論道經邦." 考工記云"坐而論道謂之王公." 鄭雖言天子諸侯, 公中亦含三公, 是其內與王論道也. 云'中參六官之事'者, 案書傳云"天子三公, 一曰司徒公, 二曰司馬公, 三曰司空公." 彼注云"周禮, 天子六卿, 與大宰・司徒同職者則謂之司徒公, 與宗伯・司馬同職者則謂之司馬公, 與司寇・司空同職者則謂之司空公. 一公兼二卿, 擧下以爲稱." 是其中參六官之事. 云'外與六鄉之敎', 卽此經是也. 云'其要爲民, (所)〔是〕[2]以屬之鄉焉'者, 三公無正職, 是以三百六十官之中不見三公之任, 唯此六鄉之內而言三公, 故云"屬之鄉焉." 不言三孤者, 以其佐公論道, 三公有事之所亦有三孤, 故不言之. 云'州黨族閭比, 鄉之屬別'者, 五者皆屬於鄉而名號有別也. 云'正師胥, 皆長也'者, 自州已下至比長五官, 州・比自稱長矣. 唯有黨正・族師・閭胥不言長, 故鄭云"正師胥皆長也." 云'正之言政也'者, 取施政敎者先自正故也. 云'師之言帥也'者, 以其帥領百家, 故言帥也. 云'胥, 有才智之稱'者, 此釋閭胥, 以其有才智, 故爲中士, 以領一閭. 雖不稱長, 亦有長義. 引載師職云賞田任遠郊之地, 又引司勳職言掌六鄉之賞地者, 欲見賞地在六鄉之中, 同在遠郊之內. 云'六鄕地在遠郊之內則居四同'者, 案司馬法"王城百里爲遠郊", 於王城四面, 則方二百里開方之, 二二如四, 故云"居四同." 言此者, 破賈·馬六鄕之地在遠郊[3]五十里內, 五十里外置六遂. 鄭司農云"百里內爲六鄕, 外爲六遂"者, 司徒掌六鄕, 在百里內, 上(以)〔已〕[4]釋訖, 百里外爲六遂, 以其遂人掌六遂, 案遂人職云"掌邦之野", 郊外曰野, 故知百里外爲六遂.

1) (二)〔三〕老 : 저본에는 '二'로 되어 있으나, 阮元의 설에 의거하여 '三'으로 바로잡았다. (阮元의 〈校勘記〉 및 北京大 整理本의 〈校勘記〉 참조) 三老는 ≪禮記≫ 〈文王世子〉에서 "三老와 五更 그리고 群老의 자리를 설치한다.〔遂設三老五更 群老之席位焉〕"고 하였는데, 鄭玄의 注에 "삼로와 오경은 각각 한 명씩이다. 모두 연로하고 경륜이 많으며 벼슬에서 퇴직한 사람들이다. 천자는 그들을 父兄으로 봉양하여, 온 천하를 포괄하는 孝悌를 보인다.〔三老五更 各一人也 皆年老更事致仕者也 天子以父兄養之 示天下之孝弟也〕"라고 하였다.
2) (所)〔是〕 : 저본에는 '所'로 되어 있으나, 阮元의 교감과 賈公彦의 疏에서 '是以'라고 한 것에 의거하여 바로잡았다.(阮元의 〈校勘記〉 및 北京大 整理本의 〈校勘記〉 참조)
3) 遠郊 : 孫詒讓은 '遠郊'는 '近郊'의 잘못일 것으로 추측하였다.(北京大 整理本의 〈校勘記〉 참조)
4) (以)〔已〕 : 저본에는 '以'로 되어 있으나, '已'의 잘못이라는 浦鏜의 설에 의거하여 바로잡았다.(北京大 整理本의 〈校勘記〉 참조)

○ 注의 〔老尊〕에서 〔六遂〕까지

○ 釋曰 : 〔老 尊稱也〕 天子가 父의 예로 섬기는 三老와 명칭이 같으므로, "老는 尊稱이다."라고 한 것이다.

〔王置六鄕 則公有三人也〕 ≪周禮≫에 公의 인원수는 보이지 않고, 六鄕의 수는 ≪주례≫에 그 명문이 있는데, 이곳의 경문에서 "二鄕마다 公 1인이 겸임한다."고 하였으니 公은 3인이 있음을 분명히 알 수 있다. 살펴보건대, 成王이 지은 ≪尙書≫ 〈周官〉에서 "太師·太傅·大保를 세우니, 이들이 三公이다."라고 하였으니, 또한 公에 3인이 있는 경우이다.

〔三公者 內與王論道〕 성왕이 지은 ≪상서≫ 〈주관〉에서 "이들이 삼공이니, 도를 논하고 나라를 다스린다."라고 하였다. 〈考工記 總序(冬-0-4)〉에서는 "앉아서 도를 논하는 이를 王公이라고 한다."라고 했는데, 鄭玄이 〈그 注에서〉 비록 "천자와 제후를 가리킨다."고 했지만 公 가운데 또한 三公이 포함되니, 이것이 안으로 왕과 더불어 도를 논하는 것이다.

〔中參六官之事〕 살펴보건대, ≪尙書大傳≫ 〈泰誓傳〉에서 "천자는 삼공을 두니, 첫째 司

徒公이요, 둘째 司馬公이요, 셋째는 司空公이다."라고 하였다. 그곳의 정현 注에서 "≪주례≫에서 천자는 六卿을 두니, 大宰·司徒와 직무가 같은 것을 '司徒公'이라 하고, 宗伯·司馬와 직무가 같은 것을 '司馬公'이라 하고, 司寇·司空과 직무가 같은 것을 '司空公'이라 한다. 한 명의 公이 2卿을 겸임하니, 하위의 관직을 들어서 칭호로 삼은 것이다."라고 하였다. 이것이 '가운데로 六官의 일에 참여한다.'는 것이다.

〔外與六鄕之敎〕 곧 이곳 經文〈의 내용〉이 그것이다.

〔其要爲民 是以屬之鄕焉〕 三公은 정식의 직무가 없다. 이 때문에 360개 관직 안에 삼공의 職任이 보이지 않은 것이다. 오직 이곳의 六鄕 안에서만 삼공을 언급했다. 그러므로 "그들을 鄕에 속하게 한다."고 한 것이다. 三孤를 언급하지 않은 것은 그들이 공을 보좌하여 도를 논하기 때문이다. 삼공이 일이 있는 곳에는 또한 삼고가 있으므로 언급하지 않은 것이다.

〔州黨族閭比 鄕之屬別〕 〈州·黨·族·閭·比〉 다섯 가지는 모두 鄕에 속하는데, 名號에 구별이 있다.

〔正師胥 皆長也〕 州에서부터 아래로 比에 이르기까지 長(우두머리)이 5개 관직인데, 州와 比는 본래 '長'이라 칭한다. 오직 黨正·族師·閭胥의 경우에만 '長'이라고 하지 않았다. 그러므로 鄭玄이 "正·師·胥는 모두 長(우두머리)이다."라고 한 것이다.

〔正之言政也〕 政敎를 베푸는 자가 먼저 스스로 바르게 하는 〈뜻을〉 취하였기 때문이다.

〔師之言帥也〕 100家를 통솔하므로 '帥'라고 말한 것이다.

〔胥 有才智之稱〕 이는 閭胥의 뜻을 풀이한 것이니, 그에게 재능과 지혜가 있으므로 中士로 삼아서 1閭를 통솔하게 하는 것이다. 비록 '長(우두머리)'이라고 칭하지는 않으나 또한 '長'의 뜻이 있는 것이다.

〈地官 載師(地-16-2)〉에서 "遠郊의 토지를 이용하여 官田·牛田·賞田·牧田을 조성한다."고 한 문장을 인용하고, 또 〈夏官 司勳(夏-6-1)〉에서 "六鄕의 賞地(賞으로 하사하는 田地)를 관장한다."고 한 문장을 인용한 것은 賞地가 六鄕의 안에 있고, 마찬가지로 遠郊의 안에 있음을 보이고자 한 것이다.

〔六鄕地在遠郊之內則居四同〕 살펴보건대, ≪司馬法≫에서 "王城으로부터 100里 사이를 遠郊라 한다."고 하였다. 王城의 4면에 있어서는 사방 200리로서, 이를 제곱근으로 계산하면 2×2=4同(사방 100리 되는 것 4개)이 된다. 그러므로 "〈땅의 면적이〉 4同에 상당한다."고 한 것이다. 이를 말한 것은, 賈逵와 馬融이 六鄕의 땅은 遠郊 50리 안에 있고, 50리 밖에 六遂를 설치한다고 한 것을 부정한 것이다.

鄭衆이 "100리 안을 육향이라 하고, 그 밖을 육수라 한다."고 한 것에서 司徒가 육향을 관장하는 것이 100리 안에 있으니, 이는 앞에서 풀이하였고, 100리 밖이 육수라 한다면 遂人이 육수를 관장하니, 살펴보건대 〈地官 遂人(地-40-1)〉에서 "〈수인이〉 왕국의 野를 관장한다."라고 하였고, 郊外(遠郊(왕성에서 100리 사이 지역)의 밖)를 '野'라고 한다. 그러므로 100리 밖이 육수가 됨을 알 수 있다.

地-0-5

封人은 **中士四人**이요 **下士八人**이니 **府二人**이요 **史四人**이요 **胥六人**이요 **徒六十人**이니라

封人은 中士 4인이 담당하고, 下士 8인이 보좌하니, 〈휘하에〉 府 2인, 史 4인, 胥 6인, 徒 60인이 있다.

【注】聚土曰封이니 謂壝埒(랄)[1]及小封疆也라

1) 壝埒(랄) : 壝는 흙을 쌓아 만든 제단(壇・墠)과 그 주위를 두른 낮은 담장의 총칭이다. 〈地官 大司徒(地-1-3)〉에서 "社稷의 壝를 설치한다.〔設其社稷之壝〕"고 하였는데, 鄭玄의 注에 "壝는 제단과 담장이다.〔壝 壇與埒也〕"라고 하였다.

흙을 쌓는 것을 '封'이라 하니, 제단과 담장〔壝埒〕 및 작은 封疆을 말한다.

【疏】'封人'至'十人' ○釋曰 : 封人在此者, 以其掌設王之社壝及畿封. 又大司徒設社稷壝相左右, 故在地官而爲職首也. 胥徒多者, 以其畿封事廣故也.

經의 〔封人〕에서 〔十人〕까지

○ 釋曰 : 封人을 이곳에 서술한 것은, 〈봉인은〉 왕의 社稷의 제단과 담장〔壝〕 및 王畿의 경계를 설치하는 일을 관장하기 때문이다. 또한 大司徒가 사직의 제단과 담장을 설치하는 일을 서로 돕는다. 그러므로 地官에 서술하고 司徒의 속관 중에 앞에 둔 것이다. 胥와 徒의 인원이 많은 것은 王畿의 강계를 쌓는 일이 광범위하기 때문이다.

地-0-6

鼓人은 **中士六人**이니 **府二人**이요 **史二人**이요 **徒二十人**이라

鼓人은 中士 6인이 담당하니, 〈휘하에〉 府 2인, 史 2인, 徒 20인이 있다.

【疏】'鼓人' ○ 釋曰 : 鼓人在此者, 以其主教六鼓四金[1], 以是教官, 故在此也.

1) 六鼓四金 : 六鼓는 6종의 북으로 雷鼓・靈鼓・路鼓・鼖鼓・鼛鼓・晉鼓이고, 四金은 4종의 금속 악기로 錞・鐲・鐃・鐸이다. 軍旅와 田役 등을 행할 때 이것들을 연주하여 聲樂의 節奏를 삼는다.(〈地官 鼓人〉 地-11-1 참조)

經의 〔鼓人〕

○ 釋曰 : 鼓人을 이곳에 서술한 것은, 〈鼓人은〉 六鼓와 四金의 교육을 주관하니, 이는 教官이기 때문이다. 그러므로 이곳에 서술한 것이다.

地-0-7

舞師는 **下士二人**이니 **胥四人**이요 **舞徒四十人**이라

舞師는 下士 2인이 담당하니, 〈휘하에〉 胥 4인, 舞徒 40인이 있다.

【注】舞徒는 給繇役能舞者以爲之라

舞徒는 요역에 동원된 자로서, 舞(춤)에 능한 자를 시킨다.

【疏】'舞師'至'十人' ○ 釋曰 : 舞師在此者, 以其主教野人之舞, 亦是教官之類故也. 若然, 樂師亦教舞, 不在此者, 彼教國子學樂, 必須合於禮, 故入春官也.

經의 〔舞師〕에서 〔十人〕까지

○ 釋曰 : 舞師를 이곳에 서술한 것은, 〈무사는〉 野人에게 舞를 교육하는 일을 주관하니, 또한 教官의 부류이기 때문이다. 그렇다면 樂師도 舞를 교육하는데 이곳에 서술하지 않은 것은, 그는 國子가 樂을 학습하는 일을 교육하므로 반드시 禮에 부합해야 하기 때문이다. 그러므로 春官에 넣었다.

○ 注'舞徒'至'爲之' ○ 釋曰 : 餘官直言徒, 此官徒言舞者, 徒是給繇役之人, 今兼云舞, 即徒中使能舞者以充徒數也.

○ 注의 〔舞徒〕에서 〔爲之〕까지

○ 釋曰 : 나머지 관직에서는 단지 '徒'라고만 했는데, 이곳의 관직에서는 徒에 '舞'를 말한 것은, 徒는 요역에 동원된 사람인데 이제 '舞'를 함께 말했으니, 곧 徒 가운데에서 舞

에 능한 자를 徒의 인원 數에 채우게 하기 때문이다.

地-0-8

牧人은 下士六人이니 府一人이요 史二人이요 徒六十人이라

牧人은 下士 6인이 담당하니, 〈휘하에〉 府 1인, 史 2인, 徒 60인이 있다.

【注】牧人은 養牲於野田者라 詩云 爾牧來思하니 何蓑何笠이며 或負其(餱)〔糇〕[1]로소니 三十維物이라 爾牲則具로다

1) (餱)〔糇〕: 저본에는 '餱'로 되어 있으나, 아래 賈公彦의 疏에도 '糇'로 되어 있고 陸德明의 ≪經典釋文≫에도 '糇'로 되어 있다는 阮元의 교감에 의거하여 '糇'로 바로잡았다.(北京大 整理本의 〈校勘記〉 참조)

牧人은 野田에서 犧牲을 기르는 자이다. ≪詩經≫ 〈小雅 無羊〉에서 "그대 牧人이 오는 모습을 보니, 도롱이를 메고 삿갓을 썼으며, 혹은 그 말린 밥을 메고 왔으니, 희생의 털빛깔이 30가지나 되는지라, 그대 희생이 모두 갖추어졌도다."라고 하였다.

【疏】'牧人'至'十人' ○釋曰 : 牧人在此者, 以其掌牧六牲[1]以供祭祀, 亦是地事故也.

1) 六牲 : 제사 등에 공급하는 6종의 희생 동물로서 말·소·양·돼지·개·닭〔牛馬羊豕犬鷄〕을 가리킨다.(〈天官 庖人(天-7-1)〉 및 〈地官 牧人(地-13-1)〉 鄭玄의 注 참조)

經의 〔牧人〕에서 〔十人〕까지

○ 釋曰 : 牧人을 이곳에 서술한 것은, 〈牧人은〉 6가지 희생을 길러서 제사에 공급하는 일을 관장하니, 또한 땅에 관한 일이기 때문이다.

○注'牧人'至'則具' ○釋曰 : 鄭云 "養牲於野田者", 對充人養牲於國中. 又云"詩曰"者, 謂無羊詩, 美宣王之事也. 爾宣王牧人來之時, 荷揭蓑之與笠, 蓑所以禦雨, 笠所以禦暑. 或負其糇糧也. '三十唯物', 物, 色也. 異毛色者三十, 爾宣王牲則備矣. 引之者, 以證牧人牧六牲之事也.

○ 注의 〔牧人〕에서 〔則具〕까지

○ 釋曰 : 鄭玄이 "野田에서 犧牲을 기르는 자이다."라고 한 것은 充人이 國中에서 희생을 기르는 것과 대비한 것이다.

또 "詩曰"이라고 한 것은 ≪詩經≫ 〈小雅 無羊〉의 詩를 말하니, 宣王의 일을 찬미한 것이다. '그대 宣王의 牧人이 왔을 때, 도롱이를 메고 삿갓을 썼으니',라고 하였으니, 도롱이는 비를 막기 위한 것이고, 삿갓은 더위를 막기 위한 것이다. 혹은 그 말린 밥을 메고 온 것이다. '三十唯物'에서 '物'은 빛깔이다. 〈'三十維物 爾牲則具'는〉 '털 빛깔이 다른 것이 30가지나 되니 그대 宣王의 희생이 완비된 것이다.'라고 한 것이니, 이를 인용한 것은 牧人이 6가지 희생을 기르는 일을 입증한 것이다.

地-0-9

牛人은 **中士二人**이요 **下士四人**이니 **府二人**이요 **史四人**이요 **胥二十人**이요 **徒二百人**이니라

牛人은 中士 2인이 담당하고, 下士 4인이 보좌하니, 〈휘하에〉 府 2인, 史 4인, 胥 20인, 徒 200인이 있다.

【注】 主牧公家之牛者니 詩云 誰謂爾無牛요 九十其犉이라하니 犉者九十이면 其餘多矣라

公家의 소를 기르는 일을 주관하는 자이다. ≪詩經≫ 〈小雅 無羊〉에서 "누가 그대에게 소가 없다 하리오. 검은 입술의 누런 소가 90마리나 되도다."라고 하였다. 검은 입술의 누런 소〔犉〕가 90마리라면, 그 나머지 소는 더욱 많은 것이다.

【疏】 注'主牧'至'多矣' ○釋曰：主牧公家之牛者亦是地事, 又鄭下注云 "牛能任載地之類", 故在此也. '詩云'者, 亦無羊詩. 言誰謂爾宣王無牛, 九十其犉. 黃牛黑脣曰犉. 云'犉者九十, 其餘多矣'者, 證經牛多, 故徒有二百人牧之也.

注의 〔主牧〕에서 〔多矣〕까지

○釋曰 ：公家의 소를 기르는 일을 주관하는 것도 또한 땅에 관한 일이다. 또 아래 〈地官 大司徒(地-1-25)〉 鄭玄의 注에서 "소에는 짐을 실을 수 있으니, 땅과 비슷한 것이다."라고 하였다. 그러므로 이곳에 서술한 것이다. '詩云'이라고 한 것은 또한 ≪詩經≫ 〈小雅 無羊〉의 詩이다. 〈'九十其犉 犉者九十'은〉 "누가 그대 宣王에게 소가 없다 하리오. 검은 입술의 누런 소가 90마리나 되도다."라고 한 것이다. 누런 소가 검은 입술인 것을 '犉'이라고 한다.

'犉者九十 其餘多矣'라고 한 것은 經文에서 소가 많으므로 徒 200인을 두어서 그것을

기르게 한다는 뜻을 입증한 것이다.

地-0-10

充人은 **下士二人**이니 **史二人**이요 **胥四人**이요 **徒四十人**이라

充人은 下士 2인이 담당하니, 〈휘하에〉 史 2인, 胥 4인, 徒 40인이 있다.

【注】 充은 猶肥也니 養繫牲而肥之라

'充'은 肥(살지다)와 같으니, 희생을 〈희생 우리에〉 매어놓고 길러서 살지게 하는 것이다.

【疏】'充人'至'十人' ○釋曰:祭祀之牲, 本以諸官堪入祭祀者, 送付牧人, 至祭前三月, 選入充人芻之, 使之肥充. 故其職云"祀五帝則繫于牢, 芻之三月", 故與牧人連類在此也.

經의 〔充人〕에서 〔十人〕까지

○釋曰:제사에 쓸 희생은 본래 諸官들이 제사에 들일 수 있는 것을 牧人에게 송부하고, 제사 지내기 3개월 전에 선별하여 充人에 납입하여 꼴을 먹여서 살찌우게 한다. 그러므로 〈地官 充人(地-15-1)〉에서 "五帝에게 제사를 지낼 때는 희생 우리에 매어놓고 3개월 동안 꼴을 먹여 기른다."고 하였다. 그러므로 목인과 더불어 유사한 것끼리 연결하여 이곳에 서술한 것이다.

地-0-11

載師는 **上士二人**이요 **中士四人**이니 **府二人**이요 **史四人**이요 **胥六人**이요 **徒六十人**이라

載師는 上士 2인이 담당하고, 中士 4인이 보좌하니, 〈휘하에〉 府 2인, 史 4인, 胥 6인, 徒 60인이 있다.

【注】 載之言은 事也니 事民而稅之라 禹貢曰 冀州既載[1]라 載師者는 閭師·縣師·遺人·均人官之長이라

1) 冀州既載:≪尙書正義≫〈禹貢〉孔安國의 傳에는 "堯임금이 도읍한 곳이다. 먼저 貢·賦·役을 베풀어서 서적에 기재하였다.〔堯所都也 先施貢賦役 載於書〕"라고 하였다. 한편

陸德明의 ≪經典釋文≫ 권3 〈尙書音義〉 '禹貢' 조에서는 "'載'는 서적에 기재하는 것이니, 馬融도 같은 뜻으로 보았다. 鄭玄과 韋昭는 '載는 事(일)의 뜻이다.'라고 하였다.〔載 載於書也 馬同 鄭韋昭云 載 事也〕"라고 하였다.

'載'라는 글자는 일〔事〕의 뜻이니, 백성에게 일을 맡게 해서 稅를 내게 하는 것이다. ≪尙書≫ 〈禹貢〉에서 "冀州는 이미 일을 시작하여 다스렸다."라고 하였다. 載師는 閭師·縣師·遺人·均人의 관직의 우두머리이다.

【疏】'載師'至'十人' ○ 釋曰：案其職云"掌任土之法以物地事", 皆是土地之事, 故在此.

經의 〔載師〕에서 〔十人〕까지

○ 釋曰：살펴보건대, 〈地官 載師(地-16-1)〉에서 "토지를 사용하는 법을 관장하여, 토지를 살펴서 그에 종사할 산업을 변별한다."고 하였으니, 모두 토지에 관한 일이다. 그러므로 이곳에 서술한 것이다.

○ 注'載之'至'之長' ○ 釋曰：鄭知"事民而稅之"者, 案其職上云'任土之法', 下云'近郊什一'之等, 是其任民而稅之者也. 云'禹貢曰冀州旣載', 引之者, 彼是禹治洪水, 訖事而稅之, 引之證此事民之類也. 云'載師者, 閭師·縣師·遺人·均人官之長'者, 以其閭師·縣師徵斂之官, 所斂之賦有入遺人者, 均人主(當)〔掌〕[1]地守地職, 皆與載師事通, 故載師與之爲長.

1) (當)〔掌〕: 저본에는 '當'으로 되어 있으나, ≪周禮正義≫에 의거하여 '掌'으로 바로잡았다.(北京大 整理本의 〈校勘記〉 참조)

○ 注의 〔載之〕에서 〔之長〕까지

○ 釋曰 ：鄭玄이 "백성에게 일을 맡게 해서 稅를 내게 한다."는 것을 알았던 것은, 살펴보건대 〈地官 載師〉의 윗부분(〈지관 재사(地-16-1)〉)에서는 '토지를 사용하는 법〔任土之法〕'을 말하고, 뒷부분(〈지관 재사(地-16-3)〉)에서는 "近郊의 세율은 1/10을 취한다." 등을 말했기 때문이니, 이것은 백성에게 일을 맡게 해서 세를 내게 하는 것이다.

〔禹貢曰 冀州旣載〕 이를 인용한 것은, 그곳(≪尙書≫ 〈禹貢〉)에서 禹가 홍수를 다스리고 일을 마친 후에 세를 거두었기 때문이니, 이를 인용하여 이곳의 '백성에게 일을 맡게 하는 것'의 부류임을 입증한 것이다.

〔載師者 閭師縣師遺人均人官之長〕 閭師와 縣師는 賦貢의 세를 징수하고 저장하는 관

직이고, 저장한 부세는 遺人이 수납하는 것이 있으며, 均人은 山林, 山澤 등의 賦와 九職의 貢을 관장하므로 모두 재사의 일과 상통한다. 그러므로 재사가 그들의 우두머리가 되는 것이다.

地-0-12

閭師는 **中士二人**이니 **史二人**이요 **徒二十人**이라

閭師는 中士 2인이 담당하니, 〈휘하에〉 史 2인, 徒 20인이 있다.

【注】 主徵六鄕賦貢之稅者라 鄕官은 有州・黨・族・閭・比니 正言閭者는 徵民之稅에 宜督其親民者라 凡其賦貢入大府하고 穀入倉人이라

六鄕의 賦貢의 세를 징수하는 일을 주관하는 자이다. 鄕의 官에는 州・黨・族・閭・比가 있는데, 곧바로 '閭'라고 말한 것은, 백성들의 稅를 징수할 때는 마땅히 백성들을 가까이하는 자에게 감독하게 해야 하기 때문이다. 무릇 그 賦貢은 大府(태부)에 납입하고, 곡물은 倉人에 납입한다.

【疏】 注'主徵'至'倉人' ○釋曰：知主徵六鄕賦貢之稅者, 案其職云"任農以耕事, 貢九穀, 任圃以樹事, 貢草木." 六鄕之內有二十五家爲閭, 今以閭爲名, 故知閭師主徵六鄕賦貢者也. 云'鄕官有州黨族閭比, 正言閭者, 徵民之稅宜督其親民者', 鄕官有五者之名, 正取二十五家爲閭以爲徵斂之官號者, 徵民之稅, 恐不能細委其民, 故以近民之官爲號. 云'凡其賦貢'者, 此貢非是大宰九貢, 正是九職之貢, 卽其職云"任農以耕事, 貢九穀"之類是也. 此云賦, 謂大宰九賦之內(납), 則國中・四郊二者是也. 故其職云"掌國中及四郊之人民六畜之數", 又云"凡無職者出夫布". 是其九職之內, 故云"凡其賦貢入大府", 故大府職云"掌九賦・九貢・九功之貳[1], 以受其貨賄之入焉." 云'穀入倉人'者, 案倉人云"掌粟入之藏", 故知穀入倉人也.

1) 大府職云 掌九貢九賦九功之貳：大府는 財用을 관장하는 府藏官으로 大宰와 더불어 正副가 되어 서로 돕는다. 태재는 九職(백성들이 종사하는 9가지 직업)으로 백성들에게 일을 맡게 해서 생업을 확립시키고, 九賦(부세를 징수하는 9가지의 규정)에 의거하여 재화를 징수하고, 九貢(공물을 징수하는 9가지 규정)으로 제후국에게 재화를 바치게 하는데, 태부의 관직은 모두 그 法籍의 부본(貳)을 집행한다. 九貢은 제후국에서 천자에게

진헌하는 9가지 부세로 祀貢·嬪貢·器貢·幣貢·材貢·貨貢·服貢·斿貢·物貢이다. 九賦는 畿內의 田地나 關市 등에서 바치는 9가지 부세로, 邦中의 賦·四郊의 賦·邦甸의 賦·家削(가소)의 賦·邦縣의 賦·邦都의 賦·關市의 賦·山澤의 賦·弊餘의 賦이다. 九功은 九職의 民에게 징수하는 9가지 부세로 '九職'은 三農·園圃·虞衡·藪牧·百工·商賈·嬪婦·臣妾·閒民이고, 이 9가지 직업에 종사하는 백성들에게 각각 九穀·草木·山澤의 材·鳥獸·器物·貨賄·布帛·疏材를 부세의 형태로 바치게 하는데, 일정한 직업이 없는 閒民은 다른 사람에게 고용되어 일을 하게 한다.(이상은 〈天官 大宰(天-1-6~9)〉 참조)

注의 〔主徵〕에서 〔倉人〕까지

○ 釋曰：六鄕에서 바치는 賦貢의 세를 징수하는 일을 주관하는 자임을 알았던 것은, 살펴보건대 〈地官 閭師(地-17-2)〉에서 "농민에게 경작하는 일을 맡게 해서 각종 곡물〔九穀〕을 공납하게 하고, 圃人에게 나무 가꾸는 일을 맡게 해서 각종 야채와 과실을 공납하게 한다."라고 하였는데, 六鄕 안에서는 25家로 閭를 편성하니, 이제 '閭'로 관직의 명칭을 삼았기 때문이다. 그러므로 閭師가 육향의 賦貢을 징수하는 것을 주관하는 자임을 알았던 것이다.

〔鄕官有州黨族閭比 正言閭者 徵民之稅宜督其親民者〕 鄕의 관직에는 5개의 명칭이 있는데, 곧바로 25家로 閭를 편성하는 것을 취해서 세를 징수하고 보관하는 관직의 名號로 삼은 것은, 백성의 세를 징수할 때 그 백성들을 상세히 파악할 수 없을까 염려했기 때문이다. 그러므로 백성들을 가까이하는 관직으로 名號를 삼은 것이다.

〔凡其賦貢〕 이곳의 '貢'은 大宰의 九貢이 아니고, 바로 九職의 貢이니, 곧 〈地官 閭師(地-17-2)〉에서 "농민에게 경작하는 일을 맡게 해서 각종 곡물〔九穀〕을 공납하게 한다."의 부류이다. 이곳에서 '賦'라고 한 것은 태재의 九賦를 납부하는 것이니 國都 안과 四郊의 2가지 賦이다. 그러므로 〈지관 여사(地-17-1)〉에서 "國都 안과 四郊의 人民과 六畜의 數目을 관장한다."라고 하였고, 또 "무릇 고정된 직업이 없는 사람은 1인의 布(인두세)를 낸다."라고 하였다. 九職〈의 貢〉을 납부하는 것이므로 "무릇 그 賦貢은 大府(태부)에서 수납한다."고 한 것이다. 그러므로 〈天官 大府(天-34-1)〉에서 "〈태부는〉 九貢·九賦·九功의 副本을 관장해서, 징수한 부세의 재물을 수납한다."라고 하였다.

〔穀入倉人〕 살펴보건대, 〈地官 倉人(地-73-1)〉에서 "수납한 곡물의 저장을 관장한다."라고 하였다. 그러므로 곡물은 倉人에 납입함을 알 수 있다.

地-0-13

縣師는 **上士二人**이요 **中士四人**이니 **府二人**이요 **史四人**이요 **胥八人**이요 **徒八十人**이라

縣師는 上士 2인이 담당하고, 中士 4인이 보좌하니, 〈휘하에〉 府 2인, 史 4인, 胥 8인, 徒 80인이 있다.

【注】 主天下土地人民已下之數하여 徵野賦貢也라 名曰縣師者는 自六鄕以至邦國에 縣居中焉이라 鄭司農云 四百里曰縣이라

천하의 토지·인민 이하의 수를 주관하여 野地의 賦貢을 징수한다. '縣師'라고 명칭한 것은 六鄕에서 邦國에 이르기까지 縣이 그 가운데에 자리하기 때문이다. 鄭衆은 "〈王城에서〉 400리를 縣이라 한다."고 하였다.

【疏】 注'主天'至'曰縣' ○釋曰：'主天下土地人民已下之數'者, 案其職云 "掌邦國·都鄙·稍(소)[1]·甸·郊里之地域[2], 辨其夫家〔·人民·田萊之數, 及〕[3]六畜車輦", 是其主天下土地人民已下之數. 人民之外, 仍有六畜·車輦, 故言已下. 云'徵野賦貢也'者, 案其職云"以歲時徵野之賦貢". 郊外曰野, 以其二百里外至邦國, 以其地廣, 縣師徵之, 旅師斂之, 徵斂別官. 百里之內六鄕之中, 閭師徵之, 閭師斂之, 以其地狹, 徵斂同官. 又云'名曰縣師者, 自六鄕以至邦國, 縣居中焉', 自百里以至邦國分爲五等, 二百里曰甸, 三百里曰稍, 四百〔里〕[4]曰縣, 五百曰都, 畿外邦國, 是其縣居中焉. 以其徵外內之賦, 擧中爲名. 鄭雖言自六鄕, 六鄕仍舊郊內, 據六鄕已外而言. '鄭司農云四百里曰縣'者, 據載師職小都任縣地, 在四百里中, 故云"四百里曰縣." 此縣師與閭師竝在此者, 以其徵斂地稅, 故與載師連類在此.

1) 稍(소)：陸德明의 ≪經典釋文≫에 '稍'의 음은 所와 敎의 反切이라 하였고, 徐邈은 所와 召의 반절이라 하였다.(≪經典釋文≫ 권8, 〈周禮音義 上 天官冢宰〉 '大宰' 참조)

2) 掌邦國都鄙稍甸郊里之地域：〈夏官 職方氏(夏-58-2)〉에 의하면 사방 천 리가 '王畿'이다. '都鄙'는 畿內에 있는 公·卿·大夫의 采邑과 王의 親子와 同母弟의 食邑을 말한다.(〈天官 大宰(天-1-5)〉 鄭玄의 注 참조) '郊'는 王城으로부터 50리까지를 近郊, 51리에서 100리까지를 遠郊라고 하는데, 이 郊 지역을 나누어 六鄕으로 만든다. 왕성으로부터 100리에서 200리까지를 '甸'이라고 하는데, 이곳에 六鄕과 유사한 六遂를 설치한다. 왕

성으로부터 200리에서 300리 사이의 '稍'에 家邑의 田을 조성하는데, 大夫의 채읍이다. 왕성으로부터 300리에서 400리 사이의 縣에 小都의 田을 조성하는데, 六卿의 채읍이다. 왕성으로부터 400리에서 500리 사이의 畺地에 大都의 田을 조성하는데, 三公의 채읍이다. 이것이 3등급의 采地이다.(〈地官 載師(地-16-2)〉의 經文 및 鄭玄의 注 참조) 따라서 이 經文에 따르면, 縣師는 王畿 밖으로는 諸侯國까지, 畿內로는 郊里에서 시작하여 都鄙 내의 각종 采邑과 甸, 縣 지역의 公邑까지를 모두 관장하는 것이다.(≪周禮譯注≫, 194쪽 참조)

3)〔人民田萊之數及〕: 저본에는 '人民田萊之數及'이 없으나, 〈地官 縣師(地-18-1)〉의 經文에 의거하여 보충하였다.

4)〔里〕: 저본에는 '里'자가 없으나, 惠校本에 의거하여 보충하였다.(北京大 整理本의 〈校勘記〉 참조)

注의 〔主天〕에서 〔曰縣〕까지

○ 釋曰 : 〔主天下土地人民已下之數〕 살펴보건대, 〈地官 縣師(地-18-1)〉에서 "邦國(제후국), 都鄙·稍·甸·郊里의 지역을 관장하여 남녀와 인민, 경작지와 휴경지의 數 및 六畜과 車輦〈의 數目〉을 변별한다."고 하였으니, 이것이 천하의 토지·인민 이하의 수를 주관한다는 것이다. 인민 외에도 六畜과 車輦이 있으므로 '已下'라고 한 것이다.

〔徵野賦貢也〕 살펴보건대, 〈地官 縣師(地-18-4)〉에서 "매년 계절에 따라 野地의 賦貢을 징수한다."라고 하였다. 郊外를 野라고 하니, 200리 밖으로부터 邦國에 이르기까지 그 땅이 광대하므로 縣師가 세를 징수하고 旅師가 저장한다. 그러므로 징수하는 일과 저장하는 일에 관직을 따로 두는 것이다. 100리 이내의 六鄕 안에서는 閭師가 징수하고 여사가 저장한다. 그 땅이 협소하므로 징수하는 일과 저장하는 일에 관직이 동일한 것이다.

〔名曰縣師者 自六鄕以至邦國 縣居中焉〕 〈王城에서〉 100리로부터 邦國까지 5등급으로 나눈다. 200리까지를 甸이라 하고, 300리까지를 稍라 하고 400리까지를 縣이라 하고, 500리까지를 都라 하고, 畿外를 邦國이라 하는데, 縣이 그 가운데에 자리하는 것이다. 그 畿外와 畿內의 부세를 징수하므로 가운데를 들어서 官名으로 삼은 것이다. 鄭玄이 비록 六鄕에서부터 말했으나 육향은 예전대로 郊 안에 있는 것이니, 육향 이외〈의 지역들에〉 의거해서 말한 것이다.

〔鄭司農云 四百里曰縣〕 〈地官 載師〉에 의하면 縣地의 지세를 살펴서 小都의 田을 조성하므로 〈왕성에서〉 400리 안에 있다. 그러므로 "〈왕성에서〉 400리를 縣이라 한다."라고 한 것이다. 이곳의 현사를 여사와 함께 이곳에 서술한 것은, 地稅를 징수하고 저장하기 때문이다. 그러므로 載師와 더불어 유사한 것끼리 연결하여 이곳에 서술한 것이다.

地-0-14

遺人은 **中士二人**이요 **下士四人**이니 **府二人**이요 **史四人**이요 **胥四人**이요 **徒四十人**이라

遺人은 中士 2인이 담당하고, 下士 4인이 보좌하니, 〈휘하에〉 府 2인, 史 4인, 胥 4인, 徒 40인이 있다.

【注】 鄭司農云 遺讀如詩曰棄予如遺之遺라 玄謂以物有所饋遺라

鄭衆은 "'遺'는 ≪詩經≫ 〈小雅 谷風〉의 '棄予如遺(나를 버리고서 물건을 잊은 듯이 하네!)'라고 할 때의 '遺'와 같이 읽는다."라고 하였다. 나(鄭玄)는 생각건대, 물건을 가지고 보내주는 바가 있는 것이다.

【疏】 '遺人'至'十人' ○ 釋曰 : 在此者, 案其職云 "掌邦之委積[1]以待施惠", 故與徵斂之官連類在此.

1) 委積 : 〈天官 宰夫(天-3-7)〉 鄭玄의 注에 "'委積'은 희생과 곡물과 섶과 꼴을 빈객이 길을 갈 때 사용하도록 공급하는 것을 말한다.〔委積 謂牢米薪芻給賓客道用也〕"라고 하였다.

經의 〔遺人〕에서 〔十人〕까지

○ 釋曰 : 이곳에 서술한 것은, 살펴보건대 〈地官 遺人(地-19-1)〉에서 "왕국의 희생과 곡물과 섶과 꼴〔委積〕을 관장하여 왕의 은혜를 베푸는 일에 대비한다."고 하였기 때문이다. 그러므로 징수하고 저장하는 관직과 더불어 유사한 것끼리 연결하여 이곳에 서술한 것이다.

注'鄭(曰)〔司〕[1]'至'饋遺' ○ 釋曰 : 先鄭云 "遺讀如詩曰'棄予如遺'之遺"者, 此小雅谷風詩. 彼謂朋友道絶, 相棄如遺忘物. '玄謂以物有所饋遺'者, 此是將物與人, 非是遺忘之事, 故不從先鄭也.

1) (曰)〔司〕: 저본에는 '曰'로 되어 있으나, 北京大 整理本과 上海古籍 整理本에 의거하여 '司'로 바로잡았다.

注의 〔鄭司〕에서 〔饋遺〕까지

○ 釋曰 : 鄭衆이 "'遺'는 ≪詩經≫의 '棄予如遺(나를 버리고서 물건을 잊은 듯이 하네!)'라

고 할 때의 '遺'와 같이 읽는다."고 한 것은 〈小雅 谷風〉의 詩이다. 저곳에서는 朋友 사이의 道가 끊어져서 서로 버리기를 물건을 잊은 듯이 함을 말한 것이다.

〔玄謂以物有所饋遺〕 이는 물건을 가지고 다른 사람에게 주는 것이지 버리고서 잊어버리는 일이 아니다. 그러므로 〈鄭玄은〉 정중의 해석에 따르지 않았다.

地-0-15

均人은 **中士二人**이요 **下士四人**이니 **府二人**이요 **史四人**이요 **胥四人**이요 **徒四十人**이라

均人은 中士 2인이 관장하고, 下士 4인이 보좌하니, 〈휘하에〉 府 2인, 史 4인, 胥 4인, 徒 40인이 있다.

【注】 均은 猶平也니 主平土地之力政[1]者라

1) 政 : 〈地官 均人(地-20-1)〉 鄭玄의 注에 "政은 '征(징수)'의 뜻으로 읽는다.〔政讀爲征〕"고 하였다.

'均'은 平(균평하게 하다)과 같다. 土地의 力役과 징수를 균평하게 하는 일을 주관하는 자이다.

【疏】 '均人'至'十人' ○ 釋曰 : 均人在此者, 案其職云 "掌均地政, 均地守, 均地職", 皆是(均)〔土〕[1]地之事, 故在此.

1) (均)〔土〕: 저본에는 '均'으로 되어 있으나, 監本과 毛本에 의거하여 '土'로 바로잡았다. (北京大 整理本의 〈校勘記〉 참조)

經의 〔均人〕에서 〔十人〕까지

○ 釋曰 : 均人을 이곳에 서술한 것은, 살펴보건대 〈地官 均人(地-20-1)〉에서 "지세의 징수를 균평하게 하고, 山林·山澤의 賦稅를 균평하게 하고 九職의 貢賦를 균평하게 한다."고 하였으니, 모두 토지에 관한 일이기 때문이다. 그러므로 이곳에 서술한 것이다.

○ 注'均猶'至'政者' ○ 釋曰 : 知"平土地之力政"者, 案其職"均地職"已下更有"均人民·牛馬·車輦之力政", 是其平土地力政者也.

○ 注의 〔均猶〕에서 〔政者〕까지

○ 釋曰 : "土地의 力役과 징수를 균평하게 하는 일을 주관한다."는 것을 알았던 것은, 살펴보건대, 〈地官 均人(地-20-1)〉에서 "九職의 貢賦를 균평하게 한다."는 것 아래로 다시 "人民·牛馬·車輦의 力役과 징수를 균평하게 한다."는 것이 있는데, 이것이 토지의 力役과 징수를 균평하게 하는 것이기 때문이다.

地-0-16

師氏는 **中大夫一人**이요 **上士二人**이니 **府二人**이요 **史二人**이요 **胥十有二人**이요 **徒百有二十人**이라

師氏는 中大夫 1인이 담당하고, 上士 2인이 보좌하니, 〈휘하에〉 府 2인, 史 2인, 胥 12인, 徒 120인이 있다.

【注】 師는 教人以道者之稱也니 保氏·司諫·司救官之長이라 鄭司農云 詩云 楀(구)(維)〔惟〕[1] 師氏라

1) (維)〔惟〕: 저본에는 '維'로 되어 있으나, 賈公彦의 疏에서 인용한 鄭玄의 注에 '惟'로 되어 있는 것을 따르는 것이 마땅하다는 阮元의 교감에 의거하여 '惟'로 바로잡았다.(北京大 整理本의 〈校勘記〉 참조)

'師'는 道를 가지고 사람을 가르치는 자의 칭호이다. 保氏·司諫·司救 관직의 우두머리이다. 鄭衆은 "≪詩經≫ 〈小雅 十月之交〉에서 '楀氏가 師氏가 되었거늘'이라 하였다."고 말했다.

【疏】 '師氏'至'十人' ○ 釋曰 : 師氏在此者, 以其主教, 與地官掌十二教[1]同, 故亦在此. 以其教國子有道藝, 故使中大夫尊官爲之也. 其徒百有二十人者, 以其國子人多, 使役處衆, 故其徒多矣.

1) 地官掌十二教 : 地官이 관장하는 '十二教'는 大司徒가 5가지 地形과 생산물에 따라 형성된 백성들의 생활 습관에 근거하여, 그것에 맞게 시행하는 12가지 방면의 교육을 가리킨다. 상세한 것은 〈地官 大司徒(地-1-5)〉의 經文 및 鄭玄의 注·賈公彦의 疏 참조.

經의 〔師氏〕에서 〔十人〕까지

○ 釋曰 : 師氏를 이곳에 서술한 것은, 〈師氏는〉 교육을 주관하니, 地官이 十二教를 관장하는 것과 같기 때문이다. 그러므로 또한 이곳에 서술한 것이다. 師氏는 國子들이 道藝

를 갖추도록 가르친다. 그러므로 中大夫라는 높은 관직으로 하여금 담당하게 한다. 徒가 120인인 것은 國子의 인원이 많으므로 使役할 곳이 많기 때문이다. 그러므로 그 徒〈의 인원이〉 많은 것이다.

注'師教'至'師氏' ○釋曰：案其職云"以三德教國子, 一曰至德,[1] 以爲道本", 是其教人以道者(爲)〔之〕[2]稱也. 云'保氏・司諫・司救官之長'者, 以其保氏佐師氏教國子, 以其司諫諫萬民, 司救救萬民, 皆是教之義, 故師氏與爲長. '鄭司農云詩云楀惟師氏'者, 此詩小雅刺幽王之詩. 其臣氏曰楀者, 惟作師氏之官. 引之者, 證與此師氏同也.

1) 以三德教國子 一曰至德：師氏가 國子에게 교육하는 '三德'은 첫째가 '至德', 둘째 '敏德', 셋째 '孝德'이다. 鄭玄의 注에 따르면, '至德'은 中和의 德으로서 곧 中庸의 德이고, '敏德'은 때에 맞게 仁義를 행하는 것〔仁義順時〕이고, '孝德'은 조상을 높이고 어버이를 친애하는 것〔尊祖愛親〕이다. 상세한 것은 〈地官 師氏(地-21-2)〉의 經文 및 鄭玄의 注・賈公彦의 疏 참조.
2) (爲)〔之〕: 저본에는 '爲'로 되어 있으나, 浦鏜의 설에 의거하여 '之'로 바로잡았다.(北京大 整理本과 上海古籍 整理本의 〈校勘記〉 참조)

注의 〔師教〕에서 〔師氏〕까지

○ 釋曰：살펴보건대, 〈地官 師氏(地-21-2)〉에서 "三德으로 國子를 가르친다. 첫째는 至德(中庸의 德)이니 이것으로 도의 근본을 삼는다."라고 하였으니, 師氏는 도를 가지고 사람을 가르치는 자의 칭호이다.

〔保氏司諫司救官之長〕 保氏는 師氏를 보좌하여 國子를 가르치고, 司諫은 萬民〈의 품행〉을 바르게 하고, 司救는 萬民〈의 과실〉을 금하니, 모두가 교육의 의미이다. 그러므로 師氏가 그들의 우두머리〔長〕가 되는 것이다.

〔鄭司農云 詩云楀惟師氏〕 이 詩는 ≪詩經≫ 〈小雅〉의 幽王을 풍자한 詩(〈十月之交〉)이다. 그 臣氏를 '楀'라고 한 것은 師氏의 官이 되었다는 것이다. 이를 인용한 것은 이곳의 師氏와 같은 것임을 입증한 것이다.

地-0-17

保氏는 下大夫一人이요 中士二人이니 府二人이요 史二人이요 胥六人이요 徒六十人이라

保氏는 下大夫 1인이 담당하고, 中士 2인이 보좌하니, 〈휘하에〉 府 2인, 史 2인, 胥 6인, 徒 60인이 있다.

【注】 保는 安也니 以道安人者也라 書敍曰 周公爲師하고 召公爲保하여 相成王爲左右라하니 聖賢兼此官也라

'保'는 편안하다는 뜻이니, 道로써 사람을 편안하게 하는 자이다. ≪尙書≫ 〈君奭〉의 序에서 "周公이 師가 되고 召公이 保가 되어 成王을 도와 보좌를 하였다."라고 하였으니, 聖人과 賢人이 이 관직을 겸한 것이다.

【疏】 '保氏'至'十人' ○ 釋曰 : 保氏在此者, 以其佐師氏教國子, 亦是教官, 故在此. 旣與師氏同教國子官, 與府・史別者, 以其教國子雖同, 館舍別所, 故置官有異.

經의 〔保氏〕에서 〔十人〕까지

○ 釋曰 : 保氏를 이곳에 서술한 것은, 〈保氏는〉 師氏를 보좌하여 國子를 가르치니, 또한 教官이기 때문이다. 그러므로 이곳에 서술한 것이다. 이미 師氏와 더불어 똑같이 國子를 가르치는 관직인데 府와 史를 따로 둔 것은, 國子를 가르치는 것은 비록 똑같지만 館舍의 장소가 따로 있기 때문이다. 그러므로 속관을 설치하는 것에 차이가 있는 것이다.

○ 注'保安'至'官也' ○ 釋曰 : 云'以道安人者也'者, 人則是國子也. 案其職云 "掌(教)〔養〕[1] 國子以道", 人有道則安, 故云"以道安人者也." 此師氏・保氏皆稱氏者, 案鄭下注云 "官有世功則以官族"[2], 此二官父祖以來皆以道教國子, 世爲師氏・保氏之官, 則賜之以氏, 曰師氏・保氏. 自此已下官稱氏者皆此類也. 云'書敍曰, 周公爲師, 召公爲保, 相成王, 爲左右'者, 此是尙書君奭篇敍. 云'聖賢兼此官也'者, 召公爲賢, 周公爲聖, 此二人爲三公, 分陝. 以其周公〔爲〕[3]聖, 下兼此師氏官, 召公爲賢, 下兼此保氏官, 故云"聖賢兼此官." 此鄭君之意, 謂三公之號無師・保之名, 兼此二官得師保之稱. 鄭志趙商問 "案成王周官 '立大師・大傅・大保, 玆惟三公.' 卽三公之號, 自有師・保之名. 成王周官, 是周公攝政三年事, 此周禮是周公攝政六年時, 則三公自名師・保, 起之在前, 何也", 鄭答曰 "周公左, 召公右, 兼師・保, 初時然矣." 若如此解, 周公兼師在成王周官前, 故成王周官稱三公爲大師・大傅・大保. 若然, 大傅者, 畢公爲之,[4] 兼世子之官, 故稱大傅. 是以文王世子云 "大傅在前, 少傅在後."[5] 若孔君之義, 三公之號, 自名師・保, 不由兼師氏・保氏.

1) (教)〔養〕: 저본에는 '教'로 되어 있으나, 浦鏜은 '養'의 잘못이라고 하였고, ≪周禮正義≫에도 '養'으로 되어 있다. 이에 의거하여 '養'으로 바로잡았다.(北京大 整理本의 〈校勘記〉 참조)

2) 鄭下注云 官有世功則以官族則以官族 : 이는 본래 ≪春秋左氏傳≫ 隱公 8년 조의 문장으로 "관직을 맡아 대대로 공로가 있으면 그 후손들은 그 관직 명칭으로 族姓을 삼기도 하고, 선조의 封邑으로 족성을 삼기도 한다.〔官有世功 則有官族 邑亦如之〕"로 되어 있다. 鄭玄은 〈考工記 總序(冬-0-22)〉의 注에서는 이를 인용하여 "관직을 맡아 대대로 공을 세우거나 일족이 대대로 직업을 계승하면 氏로 관직의 명칭을 삼는 것이다.〔官有世功若族有世業 以氏名官者也〕"라고 하였다.

3) 〔爲〕: 저본에는 '爲'가 없으나, 탈오된 것이라는 阮元의 교감에 의거하여 보충하였다.(北京大 整理本의 〈校勘記〉 참조)

4) 大傅者 畢公爲之 : 周나라 때 大師·大傅·大保를 실제 역임한 인물에 관해서는 여러 가지의 기록들이 있다. ≪大戴禮記≫ 〈保傅〉와 ≪五經異義≫에는 어린 成王을 輔養하기 위해 召公이 太保가 되고 周公이 太傅가 되고 太師가 되어 三公이 되었다고 한다.(≪周禮正義≫ 17권, 659쪽 참조) 畢公은 周나라 文王의 아들이자 武王의 이복동생으로, 周公과 成王이 서거 후에 召公과 함께 康王을 보좌하여 이른바 '成康之治'를 이룬 주역이다. ≪尙書≫ 〈畢命〉에서는 康王은 필공에게 "아! 父師여!"라고 칭하며 문왕과 무왕의 덕을 찬탄하였는데, 孔安國의 傳에 "강왕이 그 일에 따라서 탄식하고 필공에게 고하기를 주공을 대신하여 大師가 되게 한다.〔王順其事 歎告畢公 代周公爲大師〕"고 하였다.

5) 文王世子云……少傅在後 : ≪禮記≫ 〈文王世子〉에 "太傅와 少傅를 세워 세자를 기르는데 父子와 君臣의 도리를 알게 하려는 것이다. 태부는 부자와 군신의 도리를 자세히 살펴서 보여주고, 소부는 세자를 받들어 태부의 덕행을 보게 하고 자세히 말해주어서 세자가 깨닫게 한다. 〈다닐 때〉 태부는 앞에 있고 소부는 뒤에 있다. 〈한가로이 지낼 때〉 집 안에 들어오면 保가 있고, 외출하면 師가 있다. 그러므로 가르쳐 깨우쳐줌이 있고 덕이 이루어진다. 師는 구체적 사안을 가지고 가르치면서 덕을 깨닫게 하는 사람이다. 保는 세자에게 자기 몸을 신중히 하게 함으로써 도와서 道에 돌아가게 하는 사람이다.〔立太傅少傅以養之 欲其知父子君臣之道也 太傅審父子君臣之道以示之 少傅奉世子以觀太傅之德行而審喩之 太傅在前 少傅在後 入則有保 出則有師 是以教喩而德成也 師也者 教之以事而喩諸德者也 保也者 愼其身以輔翼之而歸諸道者也〕"라고 하였다.

○ 注의 〔保安〕에서 〔官也〕까지

○ 釋曰 : 〔以道安人者也〕 '사람〔人〕'은 國子를 가리킨다. 살펴보건대, 〈地官 保氏(地-22-2)〉에서 "道로써 國子를 기르는 것을 관장한다."라고 하였으니, 사람에게 도가 있으면 편안하다. 그러므로 "道로써 사람을 편안하게 하는 것이다."라고 하였다. 이곳의 師氏와 保氏 모두 '氏'라고 칭한 것은, 살펴보건대 鄭玄이 아래의 注(〈考工記 總序(冬-0-22)〉에

서 "관직을 맡아 대대로 공을 세우면 〈그 후손들이〉 그 관명으로 族名을 삼는 경우가 있다."고 하였으니, 이곳의 두 관직은 先祖 이래로 모두 道로써 國子를 가르쳐서 대대로 師氏와 保氏의 관직을 담당했으므로 '氏'를 〈族名으로〉 하사하여 師氏·保氏라고 하게 된 것이다. 이곳에서부터 아래로 관직을 '氏'라고 칭한 것은 모두 이러한 부류이다.

〔書敍曰 周公爲師 召公爲保 相成王 爲左右〕 이는 ≪尙書≫ 〈君奭〉의 '序'이다.

〔聖賢兼此官也〕 召公이 賢人이 되고, 周公이 聖人이 되니, 이 두 사람은 三公을 담당하여 陝 지역의 제후국들을 東·西로 나누어 다스렸다. 주공이 성인이므로 아래로 이 師氏의 관직을 겸임했고, 소공이 현인이므로 아래로 이 保氏의 관직을 겸임했다. 그러므로 "聖人과 賢人이 이 관직을 겸한 것이다."라고 한 것이다. 여기서 鄭玄의 뜻은 三公의 호칭에 '師'와 '保'의 명칭은 없지만 이 두 관직을 겸임하여 '師'와 '保'의 칭호를 얻었음을 말한다. ≪鄭志≫에서 趙商이 "살펴보건대, 成王이 지은 ≪尙書≫ 〈周官〉에서 '大師·大傅·大保를 세우노니 이것이 三公이다.'라고 하였으니, 즉 삼공의 호칭에는 본래 師(大師)·保(大保)의 명칭이 있습니다. 성왕의 〈주관〉은 周公이 攝政한 지 3년째의 일이고, 이 ≪周禮≫는 주공이 섭정한 지 6년째의 일이니, 三公에 본래 師(太師)·保(太保)를 명명한 것이 〈≪주례≫에 師氏와 保氏를 겸임한 것에〉 앞서 시작된 것은 어째서입니까?"라고 물었다. 정현은 "주공이 左(陝의 동쪽 지역)를 맡고 소공이 右(陝의 서쪽 지역)를 맡아서 師·保를 겸임한 것은 처음부터 그러하였다."라고 답하였다. 이러한 해명과 같다면, 주공이 師를 겸임한 것이 성왕의 〈주관〉 이전에 있었기 때문에 성왕의 〈주관〉에서 三公을 大師·大傅·大保라고 칭한 것이다. 그렇다면 大傅란 畢公이 담당한 것이니, 世子〈를 輔導하는〉 관직을 겸임한 것이므로 大傅라 칭하였다. 이 때문에 ≪禮記≫ 〈文王世子〉에서 "〈세자가 다닐 때〉 大傅는 앞에 있고, 少傅는 뒤에 있다."라고 한 것이다. 〈≪尙書≫의〉 孔安國의 의미대로라면, 三公의 호칭은 본래 師·保를 명명한 것이지, 師氏·保氏를 겸임한 데에서 유래한 것이 아니다.

地-0-18

司諫은 中士二人이니 史二人이요 徒二十人이라

司諫은 中士 2인이 담당하니, 〈휘하에〉 史 2인, 徒 20인이 있다.

【注】 諫은 猶正也니 以道正人行이라

'諫'은 正(바르게 하다)과 같으니, 도를 가지고 사람의 품행을 바르게 하는 것이다.

【疏】'司諫'至'十人' ○ 釋曰 : 司諫在此者, 案其職云 "掌糾萬民之德, 勸之朋友[1), 正其行而强之道藝", 此官則主諫萬民, 亦是教之義. 此官徒二十人, 無胥者, 以得徒則了, 不假長帥. 上下文有徒無胥者, 皆此類, 故無胥也.

1) 勸之朋友 : 〈地官 司諫(地-23-1)〉 鄭玄의 注에서 "朋友는 善道로서 서로 연마한다.〔朋友相切磋以善道也〕"라고 하였다.

經의 〔司諫〕에서 〔十人〕까지

○ 釋曰 : 司諫을 이곳에 서술한 것은, 살펴보건대 〈地官 司諫(地-23-1)〉에서 "萬民의 덕행을 규찰하고 朋友끼리 善道로써 연마하도록 권면하며, 그 품행을 바르게 하고 道藝에 힘쓰게 함을 관장한다."고 하였으니, 이 관직은 萬民을 바르게 하는 것을 주관하므로, 또한 교육의 의리가 있기 때문이다. 이 관직에는 徒가 20인인데 胥가 없는 것은, 徒가 있으면 되는 것이지 우두머리가 통솔할 것까지는 없기 때문이다. 앞뒤의 經文에서 徒는 있고 胥가 없는 것은 모두 이러한 부류이다. 그러므로 胥가 없는 것이다.

○ 注'諫猶'至'行人' ○ 釋曰 : 鄭訓諫爲正, 言以道正人行者. 案其職云 正其行, 故鄭就而解之.

○ 注의 〔諫猶〕에서 〔行人〕까지

○ 釋曰 : 鄭玄이 '諫'을 '바르게 하다〔正〕'의 뜻으로 풀이한 것은, 도를 가지고 사람의 품행을 바르게 하는 것임을 말한 것이다. 살펴보건대, 〈地官 司諫(地-23-1)〉에서 "그 품행을 바르게 한다."고 하였다. 그러므로 정현이 그에 나아가 해석한 것이다.

地-0-19

司救는 中士二人이니 史二人이요 徒二十人이라

司救는 中士 2인이 담당하니, 〈휘하에〉 史 2인, 徒 20인이 있다.

【注】 救는 猶禁也니 以禮防禁人之過者也라

'救'는 '禁(금지하다)'과 같으니, 禮를 가지고 사람의 과실을 방비하고 금지하는 자이다.

【疏】 注'救猶禁也, 以禮防禁人之過者也' ○ 釋曰 : 案其職云 "掌萬民之衺惡過失而誅讓之, 以禮防禁而救之." 是其以禮防禁人之過者. 亦是教之類, 故在此.

注의 〔救猶禁也以禮防禁人之過者也〕

○ 釋曰 : 살펴보건대, 〈地官 司救(地-24-1)〉에서 "萬民의 사악함과 과실을 〈파악하는 일을〉 관장하여 책망하여 꾸짖고, 예를 가지고 방비하고 금지하여 〈죄에 빠지지 않도록〉 구제한다."라고 하였다. 이는 예를 가지고 사람의 잘못을 방비하고 금지하는 것이니, 또한 교육의 부류이다. 그러므로 〈司救를〉 이곳에 서술한 것이다.

地-0-20

調人은 下士二人이니 史二人이요 徒十人이라

調人은 下士 2인이 담당하니, 〈휘하에〉 史 2인, 徒 10인이 있다.

【注】 調는 猶和合也라

'調'는 '和合한다'의 뜻과 같다.

【疏】 '調人' ○ 釋曰 : 言調人者, 鄭云 "調猶和合也", 人相殺傷, 共其難者, 此調人和合之. 在此者, 會赦之後, 設教使之相避, 是教官之類, 故在此.

經의 〔調人〕

○ 釋曰 : '調人'이라고 말한 것은, 鄭玄이 "'調'는 '和合한다'의 뜻과 같다."고 하였는데, 사람이 서로 죽이고 상하게 하여 함께 원한을 가지고 있는 자를 이 調人이 화합시키기 때문이다. 〈調人을〉 이곳에 서술한 것은, 사면을 받은 후에도 가르침을 베풀어서 서로 피하도록 하니, 이는 教官의 부류이기 때문이다. 그러므로 이곳에 서술한 것이다.

地-0-21

媒氏는 下士二人이니 史二人이요 徒十人이라

媒氏는 下士 2인이 담당하니, 〈휘하에〉 史 2인, 徒 10인이 있다.

【注】 媒之言은 謀也니 謀合異類하여 使和成者라 今齊人名麴麱(얼)[1] 曰媒라

1) 麱(얼) : 孫詒讓은, '麱'자가 ≪說文解字≫나 ≪玉篇≫에 모두 없는데, ≪經典釋文≫에서의 音이 魚와 列의 反切, 또 五와 結의 반절이므로 이 두 音이 '糱'과 같다고 하고, 이곳의 '麴麱'은 '麴糱'의 別體라고 하였다.(≪周禮正義≫ 권17, 660~661쪽) 이에 따르면

鄭玄이 말한 것은, '麴麩'이 누룩〔麴櫱〕을 뜻하는 齊人들의 俗語라는 것이다.

'媒'라는 글자는 매개한다〔謀〕는 뜻이다. 異姓의 두 집안을 합치도록 매개해서 화합하여 혼인을 이루게 하는 것이다. 오늘날 齊人은 麴麩(누룩)을 이름하여 '媒'라고 한다.

【疏】'媒氏'至'十人' ○ 釋曰：媒氏在此者, 集(名)〔略〕[1]云"配儷男女, 取地道生息", 故在此也.

1) (名)〔略〕: 저본에는 '名'으로 되어 있으나, 惠校本의 '集略云'을 따른 阮元의 교감에 의거하여 '略'으로 바로잡았다.(北京大 整理本의 〈校勘記〉 참조)

經의 〔媒氏〕에서 〔十人〕까지

○ 釋曰：媒氏를 이곳에 서술한 것은, ≪集略≫에서 "남녀가 婚配하는 것은 地道가 생식 번성하는 〈의리를〉 취한 것이다."라고 하였기 때문이다. 그러므로 이곳에 서술한 것이다.

○ 注'媒之'至'曰媒' ○ 釋曰：言'謀合異類, 使和成者', 異類謂別姓, 三十之男, 二十之女, 和合使成婚姻. 云'今齊人名麴麩曰媒', 麴麩〔者〕[1], 和合得成酒(禮)〔醴〕[2], 名之曰媒. 言此者, 欲見謀合異姓得名爲媒之意.

1) 〔者〕: 저본에는 '者'가 없으나, 惠校本은 아래에 '者'가 있다는 阮元의 교감에 의거하여 보충하였다.(北京大 整理本의 〈校勘記〉 참조)

2) (禮)〔醴〕: 저본에는 '禮'로 되어 있으나, 孫詒讓의 교감에 의거하여 '醴'로 바로잡았다.(北京大 整理本의 〈校勘記〉 참조)

○ 注의 〔媒之〕에서 〔曰媒〕까지

○ 釋曰：〔謀合異類 使和成者〕 '異類'는 다른 姓을 말한다. 남자가 서른 살이 되고 여자가 스무 살이 되면 화합하여 혼인을 이루는 것이다.

〔今齊人名麴麩曰媒〕 '麴麩(누룩)'은 〈재료를〉 화합하여 醴酒를 이룰 수 있다. 그러므로 '媒'라고 이름한 것이다. 이를 말한 것은, 異姓을 화합하도록 매개하는 것이 '媒'라는 이름을 얻게 된 뜻임을 보이고자 한 것이다.

地-0-22

司市는 下大夫二人이요 上士四人이요 中士八人이요 下士十有六人이니 府四人이요 史八人이요 胥十有二人이요 徒百有二十人이라

司市는 下大夫 2인이 담당하고, 上士 4인이 보좌하고, 中士 8인과 下士 16인이 뭇 일들을 처리하니, 〈휘하에〉 府 4인, 史 8인, 胥 12인, 徒 120인이 있다.

【注】司市는 市官之長이라

司市는 시장을 관리하는 관직의 우두머리이다.

【疏】'司市'至'十人' ○釋曰：案其職云 "掌市之治·教·政·刑·量度·禁令", 以其事治教, 卽教官之類, 又市以聚人, 猶地之容衆, 故在此. 以其市官之長, 經紀事大, 故使下大夫尊官爲之也, 屬官及胥·徒又衆也.

經의 〔司市〕에서 〔十人〕까지

○ 釋曰：살펴보건대, 〈地官 司市(地-27-1)〉에서 "시장의 爭訟·經營 교육·政令·刑罰·度量의 단위와 禁令의 일을 관장한다."고 하였다. 그 일이 다스리고 교육하는 것이니 곧 教官의 부류이고, 또 시장이 사람을 모으는 것이 땅이 民衆을 수용하는 것과 같다. 그러므로 이곳에 서술한 것이다. 시장을 관리하는 관직의 우두머리는 법도를 다스려서 맡은 일이 방대하다. 그러므로 下大夫라는 높은 관직이 담당하게 하니, 屬官 및 胥·徒도 또한 인원이 많은 것이다.

○ 注'司市, 市官之長' ○釋曰：市官, 謂質人已下至泉府, 司市與之爲長也.

○ 注의 〔司市 市官之長〕

○ 釋曰：시장을 관리하는 관직은 質人부터 아래로 泉府까지를 말한다. 司市는 그들의 우두머리가 된다.

地-0-23

質人은 **中士二人**이요 **下士四人**이니 **府二人**이요 **史四人**이요 **胥二人**이요 **徒二十人**이라

質人은 中士 2인이 담당하고, 下士 4인이 보좌하니, 〈휘하에〉 府 2인, 史 4인, 胥 2인, 徒 20인이 있다.

【注】質는 平也니 主平定物賈(가)者라

質은 評定한다〔平〕는 뜻이니, 物價를 평가하여 확정하는 것을 주관한다.

【疏】'質人' ○釋曰：在此者, 案其職云 "掌成市之貨賄·人民·牛馬", 鄭彼注 "成, 平也", 此注 "質, 平也, 主平定物賈者", 故亦與司市連類在此.

經의〔質人〕

○ 釋曰：〈質人을〉 이곳에 서술한 것은, 살펴보건대 〈地官 質人(地-28-1)〉에서 "시장의 貨物·노비·牛馬의 가격을 評定하는 일을 관장한다."라고 하였는데, 그곳의 鄭玄 注에 "'成'은 '평정한다'는 뜻이다."라고 하였고, 이곳의 정현 주에서는 "'質'은 '평정한다'는 뜻이다. 物價를 평가하여 확정하는 것을 주관한다."라고 하였기 때문이다. 그러므로 또한 司市와 더불어 유사한 것끼리 연결하여 이곳에 서술한 것이다.

地-0-24

廛人은 中士二人이요 下士四人이니 府二人이요 史四人이요 胥二人이요 徒二十人이라

廛人은 中士 2인이 담당하고, 下士 4인이 보좌하니, 〈휘하에〉 府 2인, 史 4인, 胥 2인, 徒 20인이 있다.

【注】故書에 廛爲壇[1)]하니 杜子春讀壇爲廛이라 說云 市中空地[2)]라하고 玄謂廛은 民居區域之稱이라

1) 故書廛爲壇：惠棟은 "≪管子≫〈五輔〉에는 '辟田疇利壇宅'이라 하였고, ≪荀子≫〈王制〉에는 '定廛宅'이라 하였으니, 옛날에는 '廛'의 글자를 모두 '壇'으로 썼다."고 하였다. 阮元에 의하면 鄭玄은 '廛'을 古文의 假借字라고 하였으니, '壇'이 本字가 된다는 것이다.(≪周禮正義≫ 권17, 662쪽 및 北京大 整理本의 〈校勘記〉 참조)

2) 說云 市中空地：이는 鄭衆의 말이다. 〈地官 載師(地-16-2)〉 鄭玄의 注에 "鄭衆은 '壇은 廛의 뜻으로 읽으니, 廛은 시장 안의 빈 땅이다.'라고 하였다.〔鄭司農云 壇讀爲廛 廛市中空地〕"고 하였다.

古書(故書)에는 '廛'이 '壇'으로 되어 있다. 杜子春은 '壇'을 '廛'의 뜻으로 읽었으니, 鄭衆의 說에 "시장 안의 빈 땅이다."라고 하였다. 나(鄭玄)는 생각건대, '廛'은 백성들이 거주하는 구역의 칭호이다.

【疏】'廛人'至'十人' ○ 釋曰：在此者, 案其職云 "掌斂市之絘(차)布・總布・質布・罰布・廛布[1)]", 五種之泉, 入于泉府, 故與司市連類在此也.

1) 絘(차)布總布質布罰布廛布：絘布의 '絘'는 孫詒讓에 따르면 '次'이다. 絘布는 시장의 점포에 부과하는 세금이다. 總布는 상인들의 貨物에 부과하는 세금이다. 質布는 賣買者가 작성하는 質劑, 즉 계약문서에 부과하는 세금이다. 〈天官 小宰(天-2-8)〉 鄭玄의 注에서 "'質劑'는 하나의 木札에 두 개의 글을 써서 똑같은 글을 나누어 갖는 것이니, 긴 것을 '質'이라 하고 짧은 것을 '劑'라고 한다."라고 하였다. 罰布는 市令을 어긴 자에게 부과하는 벌금이다. 廛布는 시장 상인들이 거주하는 주택과 창고에 부과하는 세금이다.(〈天官 小宰(天-2-8)〉 鄭玄의 注・賈公彦의 疏 및 ≪周禮譯注≫, 214쪽 참조)

經의 〔廛人〕에서 〔十人〕까지

○ 釋曰：〈廛人을〉 이곳에 서술한 것은, 살펴보건대 〈地官 廛人(地-29-1)〉에서 "시장의 絘布(점포세)・總布(화물세)・質布(質劑稅)・罰布(벌금)・廛布(주택세・창고세)를 거두는 일을 관장한다."라고 하였으니, 5종의 화폐는 泉府에 수납하는 것이기 때문이다. 그러므로 司市와 더불어 유사한 것끼리 연결하여 이곳에 서술한 것이다.

○ 注'故書'至'之稱' ○ 釋曰：子春讀壇爲廛, 不從故書, 於義是也. 又說云 "市中空地" 以解廛, 則於義非也. 故後鄭不從. '玄謂廛, 民居區域之稱'者, 見遂人云 "夫一廛田百畝"及載師"廛里任國中之地", 皆是民之所居區域. 又其職有廛布, 謂貨賄停儲邸舍之稅, 卽市屋舍, 名之爲廛, 不得爲市中空地

○ 注의 〔故書〕에서 〔之稱〕까지

○ 釋曰：杜子春이 '壇'을 '廛'의 뜻으로 읽고 古書(故書)를 따르지 않았으니, 의미상으로 옳다. 또 〈鄭衆의〉 說에 "시장 가운데 빈 땅이다."라고 하여 '廛'을 해석했으니 의미상으로 그르다. 그러므로 鄭玄이 따르지 않았다.

〔玄謂廛 民居區域之稱〕〈地官 遂人(地-40-4)〉에서 "1명의 夫(가장)에게 하나의 廛(택지)과 100畝의 田을 준다."고 한 것과 〈지관 載師(地-16-2)〉에서 "國都 안의 땅을 이용하여 廛里(거주할 주택)를 짓는다."라고 한 것을 보면, 모두 백성들이 거주하는 구역이다. 또 그 廛人의 직무 가운데 '廛布(주택세・창고세)'가 있는데, 화물을 저장하는 창고의 세를 말하니, 곧 시장의 주택과 창고를 '廛'이라고 명명한 것이므로 '시장 안의 빈 땅'이 될 수 없는 것이다.

地-0-25

胥師는 **二十肆**[1]**則一人**이 **皆二史**요 **賈**(고)**師**는 **二十肆則一人**이 **皆二史**요 **司虣**(포)는 **十肆則一人**이요 **司稽**는 **五肆則一人**이요 **胥**는 **二肆則一人**이요 **肆長**은 **每肆則一人**이라

1) 肆 : 이곳의 '肆'는 시장에 일렬로 늘어선 점포의 행렬이다. 1肆(점포 1열)의 점포수는 정해진 것이 없다. 20肆마다 시장 관리들의 治事處(사무실)인 介次가 있고, 이곳의 우두머리가 胥師이다. 市官의 總治所(총사무실)는 思次라고 한다. 10肆마다 司虣(사포)가 있고, 5肆마다 司稽가 있고, 2肆마다 胥가 있고, 1肆마다 肆長이 있다. 肆의 행렬의 맨 앞〔行首〕에는 모두 巷門이 있고, 이 巷 앞에는 '敍'라는 治事處가 있다.(≪周禮譯注≫, 207쪽 참조)

胥師는 20肆(점포 20열)마다 1인이 담당하고, 모두 史 2인씩이 보좌한다. 賈師는 20肆마다 1인이 담당하고, 모두 史 2인씩이 보좌한다. 司虣는 10肆마다 1인이 담당하고, 司稽는 5肆마다 1인이 담당하고, 胥는 2肆마다 1인이 담당하고, 肆長은 1肆마다 1인이 담당한다.

【注】 自胥師以及司稽는 皆司市所自辟除也라 胥及肆長은 市中給繇役者요 胥師는 領群胥요 賈師는 定物賈요 司暴은 禁暴亂이요 司稽는 察留連不時去者라

胥師에서 司稽까지는 모두 司市가 스스로 辟召하여 관직을 제수한다. 胥와 肆長은 시장 안에서 요역에 동원된 자이다. 胥師는 뭇 胥들을 통솔하고, 賈師는 物賈를 정하고, 司暴는 포악하고 어지러운 자를 금지하고, 司稽는 체류하면서 때가 되어도 떠나지 않는 자를 규찰한다.

【疏】 '胥師二十肆則一人皆二史' ○ 釋曰 : 自胥師至司稽, 皆是府·史之類, 非是命士已上. 其職云 "平其貨賄". 胥者, 有才智之稱. 師, 長也. 肆, 謂行列. 胥師二十肆則一人, 皆有二史副之, 助作文書.

經의 〔胥師二十肆則一人皆二史〕

○ 釋曰 : 胥師에서 司稽까지는 모두 府·史의 부류이니, 命士 이상〈의 관리가〉 아니다. 〈地官 胥師(地-30-1)〉에서 "〈각 肆의〉 화물의 가격을 공평하게 한다."고 하였다. '胥'란 재능과 지혜가 있는 자의 칭호이다. '師'는 '우두머리'의 뜻이다. '肆'는 점포의 행렬을 말한

다. 胥師는 20肆(점포 20열)마다 1인이 담당하는데, 모두 史 2인씩이 있어서 그를 보좌하여 문서를 작성하는 것을 돕는다.

○'賈師'至'每肆則一人' ○釋曰：賈師, 知物賈者, 其職云 "凡國之賣價, 各帥(솔)其屬而嗣掌其月." 亦二十肆則一人, 亦二史副之. 司虣, 司猶主也. 主在市虣亂. 十肆則一人. 司稽, 司, 主也. 主在市稽留之人不時去者. 五肆則一人. '胥二肆則一人'者, 此謂市中給繇役少有才智者, 屬胥師. 肆長謂行頭, 每肆則一人, 亦是市中給繇役者.

○ 經의 〔賈師〕에서 〔每肆則一人〕까지

○ 釋曰：賈師는 物價를 잘 아는 자이니, 〈地官 賈師(地-31-4)〉에서 "무릇 국가가 물자를 내다 팔거나 구매할 때 각각 자기의 下屬을 통솔해서 번갈아 이어가며 매달 매매하는 일을 관장한다."라고 하였다. 또한 20肆(점포 20열)마다 1인이 담당하는데, 史 2인씩이 그를 보좌한다. 司虣에서의 '司'는 '主(주관한다)'와 같으니, 시장에서 포악하고 어지럽히는 자를 주관한다. 10肆(점포 10열)마다 1인이 담당한다. 司稽에서의 '司'는 주관한다〔主〕는 뜻이다. 시장에서 체류하는 사람 중에 때가 되어도 떠나지 않는 자를 조사하는 일을 주관한다. 5肆(점포 5열)마다 1인이 담당한다.

〔胥二肆則一人〕 이는 시장 안에서 요역에 동원된 자로서 젊고 재능과 지혜가 있는 자를 말하니, 胥師에게 속한다.

肆長은 행렬의 선두를 말하니, 肆(점포 1열)마다 1인이 담당하며 또한 시장 안에서 요역에 동원된 자이다.

○注'自胥'至'去者' ○釋曰：知胥師及司稽皆司市所自辟除者, 以其胥師越賈師等領群胥, 則知胥師等竝非官. 賈師與胥師同二十肆則一人二史, 賈師非官, 明胥師亦非官也, 故知皆司市所自辟除也. 又知胥及肆長是給繇役者, 以其司稽已上是府・史之類, 明此二者與胥・徒同是給繇役者也. 又知胥師領群胥者, 以其同名爲胥, 二肆則一人, 其數衆多, 明有所(所)[1]屬, 故(一)〔知〕[2]胥爲胥師所領也.

1) (所)：저본에는 '所'가 중복되어 있으나, 北京大 整理本 등에 의거하여 衍文으로 처리하였다.
2) (一)〔知〕：저본에는 '一'로 되어 있으나, 孫詒讓은 '十'의 잘못인지 의심스럽고 또 마땅히 '知'가 되어야 한다고 보았다. 이에 의거하여 '知'로 바로잡았다.(北京大 整理本의 〈校勘記〉 참조)

○ 注의 〔自胥〕에서 〔去者〕까지

○ 釋曰：〈鄭玄이〉 胥師에서 司稽까지 모두 司市가 스스로 辟召하여 관직을 제수한 자

임을 알았던 것은, 서사는 賈師 등을 넘어서 뭇 胥들을 통솔하니, 서사 등이 모두 〈命士 이상의〉 관리가 아님을 알았기 때문이다. 고사와 서사는 똑같이 20肆(점포 20열)마다 1인이 담당하고, 史 2인씩이 보좌하니, 고사가 〈명사 이상의〉 관리가 아니라면 서사 또한 〈명사 이상의〉 관리가 아님이 분명하다. 그러므로 모두 司市가 스스로 벽소하여 관직을 제수한 자임을 안 것이다. 또 胥와 肆長이 시장 안에서 요역에 동원된 자임을 안 것은, 司稽 이상은 府·史의 부류이므로 이 두 가지는 胥·徒와 마찬가지로 요역에 동원된 자임이 분명하기 때문이다. 또 서사가 뭇 胥들을 통솔함을 안 것은, 그들이 명칭을 똑같이 胥라고 하고 2肆(점포 2열)마다 1인이 담당하여 그 수가 많으니, 소속된 바가 있을 것이 분명하기 때문이다. 그러므로 胥가 서사에게 통솔된다는 것을 안 것이다.

地-0-26

泉府는 **上士四人**이요 **中士八人**이요 **下士十有六人**이니 **府四人**이니 **史八人**이요 **賈八人**이요 **徒八十人**이라

泉府는 上士 4인이 담당하고, 中士 8인이 보좌하고, 下士 16인이 뭇 일들을 처리하니, 〈휘하에〉 府 4인, 史 8인, 賈 8인, 徒 80인이 있다.

【注】 鄭司農云 故書에 泉或作錢이라

鄭衆은 "古書(故書)에는 '泉'이 더러 '錢'으로 되어 있다."고 하였다.

【疏】 '泉府'至'十人' ○ 釋曰 : 在此者, 案其職云 "掌以市之征布", 故與司市連類在此.

經의 〔泉府〕에서 〔十人〕까지

○ 釋曰 : 〈泉府를〉 이곳에 서술한 것은, 살펴보건대 〈地官 泉府(地-36-1)〉에서 "시장의 징수된 세금을 관장한다."라고 하였기 때문이다. 그러므로 司市와 더불어 유사한 것끼리 연결하여 이곳에 서술한 것이다.

○ 注'鄭司'至'作錢' ○ 釋曰 : 泉與錢, 今古異名[1], 故後鄭引之, 得通一義.

1) 泉與錢 今古異名 : ≪國語≫ 〈周語 下〉에 "景王 21년에, 大錢을 주조하려고 하였다.〔景王二十一年 將鑄大錢〕"고 하였는데, 韋昭의 注에 "옛날에는 '泉'이라 하였는데, 후세에 변하여 '錢'이라 하였다.〔古曰泉 後轉曰錢〕"고 하였다. 段玉裁는 "〈天官 外府(天-37-1)〉 鄭玄의 注에 '보관할 때는 泉이라 하고, 유통할 때는 布라고 하니, 하천〔水泉〕에서 이름

을 취한 것은 그 흘러 다니는 것이 두루 다니지 않는 곳이 없기 때문이다.'라고 하였다. ≪說文解字≫ 貝部에 '옛날에는 貝(조개)로 貨를 만들고, 龜(거북)로 寶를 만들었는데, 周나라 이후 泉이 있었으며, 秦나라에 이르러 貝를 폐지하고 錢을 유통시켰다.'고 하였다. 許愼의 말에 의거하면, 錢은 곧 泉이니, 秦나라 때에 錢으로 이름을 바꾼 것이다.……그렇다면 錢의 명칭은 漢나라 때에 시작된 것이 아니다.〔外府注云 其藏曰泉 其行曰布 取名於水泉 其流行無不徧 說文貝部曰 古者貨貝而寶龜 周而有泉 至秦而廢貝行錢 據許語錢卽泉 秦時易名錢也……然則錢之名不始於漢〕"라고 하였다.(≪周禮正義≫ 권17, 664쪽 참조)

○ 注의 〔鄭司〕에서 〔作錢〕까지

○ 釋曰 : '泉'과 '錢'은 고금의 異名이다. 그러므로 鄭玄이 이를 인용했으니, 동일한 의미로 통용할 수 있다.

地-0-27

司門은 下大夫二人이요 上士四人이요 中士八人이요 下士十有六人이니 府二人이요 史四人이요 胥四人이요 徒四十人이라 每門에 下士二人이요 府一人이요 史二人이요 徒四人이라

司門은 下大夫 2인이 담당하고, 上士 4인이 보좌하고, 中士 8인과 下士 16인이 뭇 일들을 처리하니, 〈휘하에〉 府 2인, 史 4인, 胥 4인, 徒 40인이 있다. 門마다 下士 2인, 府 1인, 史 2인, 徒 4인을 둔다.

【注】 司門은 若今城門校尉[1]니 主王城十二門이라

1) 城門校尉 : 前漢 武帝 초에 처음 설치한 관직 명칭으로, 京師 城門의 屯兵 및 문의 개폐를 관장한다. 後漢에서는 洛陽 12城門의 衛兵을 관장했는데, 봉록은 比二千石이며, 속관으로 司馬・城門候(문마다 1인으로 총 12인)가 있었다. 城門校尉는 執金吾와 더불어 후한 중앙 숙위 계통의 城衛軍을 형성했다. ≪後漢書≫ 권37 〈百官志 4〉 '城門校尉'條에 "성문교위 1인이니, 비이천석이다.〔城門校尉 一人 比二千石〕"라고 하였는데, 劉昭의 本注에 "洛陽의 성문 12곳을 관장한다.〔掌雒陽城門十二所〕"고 하였고, 李賢의 注에서는 "≪周禮≫ 〈地官 司門〉 干寶의 注에 '오늘날의 校尉와 같다.'고 하였다.〔周禮司門干寶注曰 如今校尉〕"고 하였다.

司門은 오늘날의 城門校尉와 같은 것이니, 王城의 12門을 주관한다.

【疏】'司門'至'徒四人' ○ 釋曰：司門在此者，案其職云"正其貨賄，凡物犯禁者擧之"，以其掌貨賄，與司市相連，故亦在此.

經의 〔司門〕에서 〔徒四人〕까지

○ 釋曰：司門을 이곳에 서술한 것은, 살펴보건대 〈地官 司門(地-37-2)〉에서 "貨物의 세를 징수하고, 무릇 금령을 위반한 재물을 몰수한다."라고 하였으니. 그가 화물을 관장하는 것이 司市와 더불어 서로 직무를 연계하기 때문이다. 그러므로 이곳에 서술한 것이다.

○ 注'司門'至'二門' ○ 釋曰：案經有每門下士二人，據在門開閉者. 此司門，鄭云"若今城門校尉"，則是都司揔監十二門官，故擧漢法況之. 知王城有十二門者，案匠人云"營國九里，旁三門"，四面各三門，是有十二門. 鄭注云"十二門以通十二子"，十二子則十二辰也.

○ 注의 〔司門〕에서 〔二門〕까지

○ 釋曰：살펴보건대, 경문에 '門마다 下士 2인을 둔다.'고 한 것은, 문에서 열고 닫는 자에 의거한 것이다. 이곳의 司門에 대해서 鄭玄이 "오늘날의 城門校尉와 같다."고 한 것은, 12門을 총괄하여 감찰하는 일을 주관하는 관직이므로, 漢나라의 法을 들어서 비유한 것이다. 〈정현이〉 王城에 12門이 있음을 알았던 것은, 살펴보건대 〈考工記 匠人(冬-28-6)〉에서 "도성을 조영하는데 사방 9리로 하니, 사방으로 문이 3개씩이다."라고 하였으니, 4면에 각각 3門씩이므로 12門이 있는 것이기 때문이다. 〈〈고공기 장인(冬-28-6)〉의〉 정현의 注에서 "〈천자의〉 12門은 12子에 통한다."라고 하였는데, 12子는 12辰(十二地支)이다.

地-0-28

司關은 上士二人이요 中士四人이니 府二人이요 史四人이요 胥八人이요 徒八十人이라 每關에 下士二人이요 府一人이요 史二人이요 徒四人이라

司關은 上士 2인이 담당하고, 中士 4인이 보좌하니, 〈휘하에〉 府 2인, 史 4인, 胥 8인, 徒 80인이 있다. 關마다 下士 2인, 府 1인, 史 2인, 徒 4인을 둔다.

【注】關은 界上之門이라

'關'은 國境에 있는 門이다.

【疏】'司關'至'徒四人' ○ 釋曰：在此者, 案其職云 "掌國貨之節, 以連門・市", 故同與市連類在此. 此司關亦是摠撿校十二關, 所司在國內. 下云 "每關下士二人"者, 自在關門(關)〔開〕[1]閉.

1) (關)〔開〕: 저본에는 '關'으로 되어 있으나, ≪周禮正義≫와 北京大 整理本에 의거하여 '開'로 바로잡았다.(≪周禮正義≫ 권17, 666쪽 및 北京大 整理本 참조)

經의 〔司關〕에서 〔徒四人〕까지

○ 釋曰 : 〈司關을〉 이곳에 서술한 것은, 살펴보건대 〈地官 司關(地-38-1)〉에서 "국경을 통과하는 화물의 璽節(印章)을 검사하는 일을 관장하여 司門・司市와 직무를 연계한다."고 하였기 때문이다. 그러므로 司市와 함께 유사한 것끼리 연결하여 이곳에 서술한 것이다. 이곳의 사관도 12개의 관문을 총괄하여 검사하니, 주관하는 바가 國內에 있다. 아래에서 "關마다 下士 2인을 둔다."고 한 것은 스스로 관문에서 열고 닫기 때문이다.

○ 注'關界上之門' ○ 釋曰：王畿千里, 王城在中, 面有五百里, 界首面置三關, 則亦十二關, 故云"關, 界上門"也.

○ 注의 〔關 界上之門〕

○ 釋曰 : 王畿는 1,000리인데, 王城이 가운데 있고 4면으로 500리씩 떨어져 있다. 都城의 경계(國境) 맨 앞에 3개의 관문이 설치되니 또한 12개의 관문이다. 그러므로 〈鄭玄이〉 "'關'은 國境에 있는 門이다."라고 한 것이다.

地-0-29

掌節은 **上士二人**이요 **中士四人**이니 **府二人**이요 **史四人**이요 **胥二人**이요 **徒二十人**이라

掌節은 上士 2인이 담당하고, 中士 4인이 보좌하니, 〈휘하에〉 府 2인, 史 4인, 胥 2인, 徒 20인이 있다.

【注】節은 猶信也니 行者所執之信이라

'節'은 '信'과 같은 뜻이니, 행인이 가지고 다니는 信物이다.

【疏】'掌節'至'十人' ○ 釋曰：案其職云 "掌守邦節, 辨其用", 在此者, 以其節連於門・

市, 故亦連類在此.

經의 〔掌節〕에서 〔十人〕까지

○ 釋曰 : 살펴보건대, 〈地官 掌節(地-39-1)〉에서 "왕국의 符節을 보관하고 그것들의 용도를 변별함을 관장한다."라고 하였다. 〈掌節을〉 이곳에 서술한 것은, 그 符節이 司門·司市에 연계되기 때문이다. 그러므로 유사한 것끼리 연결하여 이곳에 서술한 것이다.

○ 注'節猶'至'之信' ○ 釋曰 : 案其職云 "邦國之使節, 山國虎節." 凡節者皆行道所用, 無節者不達, 有節乃得行, 故云"行者所執之信".

○ 注의 〔節猶〕에서 〔之信〕까지

○ 釋曰 : 살펴보건대 〈地官 掌節(地-39-3)〉에서 "제후국의 사신이 사용하는 符節은, 山地의 나라〈의 사신은〉 호랑이 형상의 부절을 사용한다."고 하였다. 무릇 符節이란 모두 길에 다닐 때 사용하는 것이니, 부절이 없는 자는 通行할 수가 없고, 부절이 있어야 다닐 수 있다. 그러므로 "행인이 가지고 다니는 信物이다."라고 한 것이다.

地-0-30

遂人은 中大夫二人이요 遂師[1)]는 下大夫四人이요 上士八人이요 中士十有六人이요 旅下士三十有二人이니 府四人이요 史十有二人이요 胥十有二人이요 徒百有二十人이라

1) 遂師 : 遂는 甸地의 행정조직이다. 遂의 官長은 遂人이고, 遂師는 遂의 政令과 戒禁을 담당한다.(〈地官 遂師(地-41-1)〉 참조)

遂人은 中大夫 2인이 담당한다. 遂師는 下大夫 4인이 담당하고, 上士 8인이 보좌하고, 中士 16인과 뭇 下士 32인이 여러 일들을 처리하니, 〈휘하에〉 府 4인, 史 12인, 胥 12인, 徒 120인이 있다.

【注】遂人는 主六遂니 若司徒之於六鄕也라 六遂之地 自遠郊로 以達于畿에 中有公邑·家邑·小都·大都焉이라 鄭司農云 遂는 謂王國百里外라

遂人은 六遂를 주관하니, 司徒가 六鄕을 주관하는 것과 같다. 六遂의 땅은 遠郊에서부터 畿內 各地에 通達하니, 그 안에 公邑·家邑·小都·大都 등이 있다. 鄭衆은 "遂는 王

國의 100리 밖을 가리킨다."고 하였다.

【疏】'遂人'至'十人' ○ 釋曰 : 遂人主六遂, 但官卑校一節. 司徒六命卿一人, 小司徒中大夫二人, 鄕師下大夫四人. 此遂人中大夫二人, 當小司徒處, 遂師下大夫四人, 當鄕師處, 但無六命卿一人. 以其六鄕爲正, 六遂爲副, 故尊卑不同. 以主事相似, 故上士已下其數與司徒同. 自此已下至旅師, 皆是地事, 故在此.

經의 〔遂人〕에서 〔十人〕까지

○ 釋曰 : 遂人는 六遂를 주관하는데, 다만 〈司徒보다〉 관직이 낮아서 한 등급 차이가 난다. 司徒는 六命으로 卿 1인이 담당하고, 小司徒는 中大夫 2인이 담당하고, 鄕師는 下大夫 4인이 담당한다. 이곳의 遂人은 중대부 2인이 담당하니, 小司徒의 직위에 해당하고, 遂師는 하대부 4인이 담당하니, 향사의 직위에 해당한다. 다만 육명의 경 1인이 없으니, 六鄕이 正이 되고, 육수가 副가 된다. 그러므로 尊卑가 같지 않은 것이다. 주관하는 일이 서로 비슷하므로 上士 이하로 그 인원수는 사도와 동일하다. 이곳부터 아래로 旅師에 이르기까지 모두 땅에 관한 일이다. 그러므로 이곳에 서술한 것이다.

○ 注'遂人'至'里外' ○ 釋曰 : 鄭知遂人主六遂, 若司徒之於六鄕者, 旣名遂人, 下文承以遂大夫·遂官之等, 似若大司徒下卽有鄕大夫·鄕官之等, 故知遂人主六遂, 若司徒之於六鄕也. 云'六遂之地, 自遠郊以達于畿'者, 案其職云 "遂人掌邦之野", 下文 "以達于畿"是其義也. 云'中有公邑·家邑·小都·大都焉', 但六遂之地, 只在二百里內, 亦有公邑, 故載師職云 "公邑之田任甸地", 其公邑, 自二百里以出至五百里皆有焉. 家邑, 大夫采地, 在稍地三百里. 小都, 卿之采地, 在縣地四百里. 大都, 三公王子弟[1], 在畺地五百里, 故載師職云 "家邑任稍地, 小都任縣地, 大都任畺地." 遂人雖專六遂, 以其言掌野, 郊外曰野, 大摠之言, 以言"達于畿", 故知兼掌此等焉. 鄭司農云 "遂謂王國百里外", 者, 以其在(一)〔二〕[2]百里中, 故知百里外.

1) 大都 三公王子弟 : 〈天官 大宰(天-1-3)〉 鄭玄의 注에서 "都鄙는 公·卿·大夫의 采邑 및 왕의 親子와 同母弟들의 食邑을 뜻한다.〔都鄙 公卿大夫之采邑 王子弟所食邑〕"라고 하였는데, 賈公彦의 疏에서 "왕의 친자와 동모제는 公과 같은 곳에 거주하여 100리의 식읍을 받으며, 그다음으로 소원한 자는 六卿과 같은 곳에 거주하여 50리의 식읍을 받으며, 그다음으로 소원한 자는 대부와 같은 곳에 거주하여 25리의 식읍을 받는다.〔親王子母弟與公同處而百里 次疏者 與六卿同處而五十里 次疏者 與大夫同處二十五里〕"라고 하였다.

2) (一)〔二〕: 저본에는 '一'로 되어 있으나, '二'가 되어야 한다는 孫詒讓의 설에 의거하여 '二'로 바로잡았다.(北京大 整理本의 〈校勘記〉 참조)

○ 注의 〔遂人〕에서 〔里外〕까지

○ 釋曰 : 鄭玄이 '遂人은 六遂를 주관하니, 司徒가 六鄕을 주관하는 것과 같음'을 알았던 것은, 이미 遂人이라고 명명하였는데 아래 경문에서 遂大夫와 遂官 등으로 이어받은 것이 마치 大司徒 아래에 곧바로 鄕大夫와 鄕官 등이 있는 것과 같기 때문이다. 그러므로 '遂人은 六遂를 주관하니, 司徒가 六鄕을 주관하는 것과 같음'을 안 것이다.

〔六遂之地 自遠郊以達于畿〕 살펴보건대, 〈地官 遂人(地-40-1)〉에서 "수인은 왕국의 野를 관장한다."라고 하였고, 아래 문장(〈지관 수인(地-40-5)〉)에서 "畿內 各地에 通達한다."라고 한 것이 그 의미이다.

〔中有公邑家邑小都大都焉〕 다만 육수의 땅은 200리 안에 있을 뿐인데 또한 公邑이 있다. 그러므로 〈지관 載師(地-40-1)〉에서 "甸地의 지세를 살펴서 공읍의 田을 조성한다."라고 하였는데, 공읍은 200리에서 밖으로 500리에 이르기까지 모두 있는 것이다. 家邑은 大夫의 采地이니 稍地(소지) 300리에 있다. 小都는 卿의 采地이니 縣地 400리에 있다. 大都는 三公〈의 采地〉와 왕의 子弟〈의 食邑〉이니 畺地 500리에 있다. 그러므로 〈地官 載師(地-16-2)〉에서 "稍地의 지세를 살펴서 家邑의 田을 조성하고, 縣地의 지세를 살펴서 小都의 田을 조성하고, 畺地의 지세를 살펴서 大都의 田을 조성한다."고 하였다. 수인이 비록 육수를 전담하지만, 〈〈지관 수인(地-40-1)〉에서〉 "野를 관장한다."고 말한 것은 郊의 밖을 野라고 하니 크게 총괄해서 말한 것이고, 〈〈지관 수인(地-40-5)〉에서〉 "畿內의 各地에 통달한다."고 말했으므로 이러한 곳들을 함께 관장함을 안 것이다.

鄭衆이 "遂는 王國의 100里 밖을 가리킨다."고 한 것은, 〈遂가〉 200리 안에 있으므로 100리 밖임을 알았던 것이다.

地-0-31

遂大夫는 **每遂**에 **中大夫一人**이요 **縣正**은 **每縣**에 **下大夫一人**이요 **鄙師**는 **每鄙**에 **上士一人**이요 **酇**(찬)**長**은 **每酇**에 **中士一人**이요 **里宰**는 **每里**에 **下士一人**이요 **隣長**은 **五家則一人**이라

遂大夫는 遂마다 中大夫 1인이 담당한다. 縣正은 縣마다 下大夫 1인이 담당한다.

鄙師는 鄙마다 上士 1인이 담당한다. 酇長은 酇마다 中士 1인이 담당한다. 里宰는 里마다 下士 1인이 담당한다. 隣長은 五家마다 1인이 담당한다.

【注】縣·鄙·酇·里·隣[1)]은 遂之別屬也라

1) 縣鄙酇里隣 : 이것은 모두 郊 밖의 지방행정 구역의 단위이다. 〈地官 遂人(地-40-2)〉에 "5家로 1隣을 편성하고, 5隣으로 1里(25家)를 편성하고, 4里로 1酇(100家)을 편성하고, 5酇으로 1鄙(500家)를 편성하고, 5鄙로 1縣(2,500家)을 편성하고, 5縣으로 1遂를 편성한다.〔五家爲隣 五隣爲里 四里爲酇 五酇爲鄙 五鄙爲縣 五縣爲遂〕"고 하였다. 鄭玄의 注에는 "隣·里·酇·鄙·縣·遂는 郊 안의 比·閭·族·黨·州·鄕과 같다.〔隣里酇鄙縣遂 猶郊內比閭族黨州鄕也〕"고 하였다. 〈地官 大司徒(地-1-18)〉에 "5家로 1比를 편성하여 서로 담보하게 하고, 5比로 1閭를 편성하여 〈일이 있을 때〉 서로 의탁을 받게 하고, 4閭로 1族을 편성하여 喪事가 있을 때 서로 돕게 하고, 5族으로 1黨을 편성하여 〈재난을 당했을 때〉 서로 구제하게 하고, 5黨으로 1州를 편성하여 서로 진휼하게 하고, 5州로 1鄕을 편성하여 서로 〈鄕의 어진 사람을〉 빈객의 예로 서로 대접하게 한다.〔令五家爲比 使之相保 五比爲閭 使之相受 四閭爲族 使之相葬 五族爲黨 使之相救 五黨爲州 使之相賙 五州爲鄕 使之相賓〕"고 하였다.

縣·鄙·酇·里·隣은 遂의 하부조직체계이다.

【疏】'遂大'至'則一人' ○釋曰：此遂大夫於六遂各主一遂, (以)〔似〕[1)]鄕大夫各主一鄕, 但遂大夫已下, 其官皆卑於鄕官, 命數皆減一等. 是以遂大夫每遂中大夫一人, 不使(鄕)〔卿〕[2)]爲之. 差次至隣長, 五家則一人者, 是不命之士爲之. 其鄕內比長亦五家一人, 彼使下士爲之.

1) (以)〔似〕: 저본에는 '以'로 되어 있으나, 浦鏜은 '似'의 잘못이라고 하였고, ≪周禮正義≫에도 '似'로 되어 있다. 이에 의거하여 '似'로 바로잡았다.(北京大 整理本의 〈校勘記〉 참조)
2) (鄕)〔卿〕: 저본에는 '鄕'으로 되어 있으나, 浦鏜은 '卿'의 잘못이라고 하였고, ≪周禮正義≫에도 '卿'으로 되어 있다. 이에 의거하여 '卿'으로 바로잡았다.(北京大 整理本의 〈校勘記〉 참조)

經의 〔遂大〕에서 〔則一人〕까지

○ 釋曰 : 이곳의 遂大夫는 六遂에 대해서 각자 1개의 遂를 주관하니, 鄕大夫가 〈六鄕에 대해서〉 각자 1개의 鄕을 주관하는 것과 유사하다. 다만 遂大夫 이하는 그 관직이 모두 鄕官보다 비천하니, 命數가 모두 한 등급씩 낮다. 이 때문에 遂大夫는 遂마다 中大夫

1인이 담당하니, 卿이 담당하게 하지 않는 것이다. 등급의 분별 순서에 따라서 隣長에 이르면 五家마다 1인이 담당하는 것이니, 이는 不命의 士가 담당하는 것이다. 鄕內의 比長도 五家마다 1인이 담당하는데, 그곳은 下士가 담당하게 한다.

○ 注'縣鄙'至'別也' ○ 釋曰：以其隣長已上至縣正, 皆屬於遂大夫, 故言"遂之屬別", 與上文州・黨・族・閭・比鄕之屬別相似.

○ 注의 〔縣鄙〕에서 〔別也〕까지

○ 釋曰：隣長에서부터 위로 縣正에 이르기까지 모두 遂大夫에 속한다. 그러므로 "遂의 하부조직체계"라고 한 것이니, 위의 문장(〈地官 序官(地-0-4)〉)에서 州・黨・族・閭・比가 鄕의 하부조직체계〔屬別〕인 것과 서로 유사하다.

地-0-32

旅師는 中士四人이요 下士八人이니 府二人이요 史四人이요 胥八人이요 徒八十人이라

旅師는 中士 4인이 담당하고, 下士 8인이 보좌하니, 〈휘하에〉 府 2인, 史 4인, 胥 8인, 徒 80인이 있다.

【注】主斂縣師所徵野之賦穀者也라 旅는 猶處也라 六遂之官이요 里宰之師也니 正用里宰者는 亦斂民之稅에 宜督其親民이라

縣師가 징수한 野의 賦穀을 저장하는 일을 주관하는 자이다. '旅'는 處(거처하다)와 같다. 〈旅師는〉 六遂의 관리이고 里宰의 우두머리〔師〕이니, 〈여사에〉 바로 이재를 임용하는 것은, 또한 백성들의 세를 저장할 때도 마땅히 백성들과 친한 이에게 감독하게 해야 하기 때문이다.

【疏】'旅師'至'十人' ○ 釋曰：六鄕之內所有賦稅, 閭師徵之, 閭師斂之. 此二百里以外至五百里, 其地廣, 故縣師徵之, 旅師斂之. 徵斂別官, 故官屬與胥徒多也.

經의 〔旅師〕에서 〔十人〕까지

○ 釋曰：六鄕 안의 모든 賦稅는 閭師가 징수하고, 여사가 저장한다. 그러나 여기(野)는 200리에서 밖으로 500리까지 이르니, 그 땅이 광대하다. 그러므로 縣師가 징수하고,

旅師가 저장하는 것이다. 징수하는 일과 저장하는 일에 관직을 따로 두었다. 그러므로 官屬과 胥·徒의 인원이 많은 것이다.

○ 注'主斂'至'親民' ○ 釋曰：案其職云 "掌聚野之鋤粟·屋粟·間粟[1]", 言野, 故知主斂縣師所徵野之賦穀者也. 云'旅猶處也, 六遂之官, 里宰之師也'者, 里訓爲居, 旅者衆也, 衆之所處卽與里義同, 故鄭云 "里宰之師也." 遂官之內縣·鄙已下, 正用里宰爲徵斂之官名者, 亦是斂民之稅, 宜督其親民. 若似六鄕之中取閭名爲徵斂之官, 故鄭云'亦', 謂亦閭師也.

1) 鋤粟屋粟間粟：旅師가 관리하는 三粟으로, 縣師가 野에서 징수한 賦穀이다. '鋤粟'은 농민이 공동으로 경작하여 납부하는 것이고, '屋粟'은 農田을 경작하지 않은 만큼 납부해야 하는 것이고, '間粟'은 전업이 없는 자가 내야 하는 1夫의 徵粟이다.(≪周禮譯注≫, 234쪽 참조)

○ 注의 〔主斂〕에서 〔親民〕까지

○ 釋曰：살펴보건대, 〈地官 旅師(地-48-1)〉에서 "野地의 鋤粟·屋粟·間粟을 모아두는 일을 관장한다."라고 하여 '野'라고 말했다. 그러므로 〈鄭玄이〉 縣師가 징수한 野의 賦穀을 저장하는 일을 주관하는 자임을 알았던 것이다.

〔旅猶處也 六遂之官 里宰之師也〕 '里'는 '거주한다〔居〕'는 뜻으로 풀이된다. '旅'는 '대중〔衆〕'의 뜻이다. '대중이 거처하는 곳'은 곧 '里'와 뜻이 같다. 그러므로 鄭玄이 "里宰의 우두머리〔師〕이다."라고 한 것이다. 遂官 안에서 縣·鄙 이하에 바로 里宰를 임용해서 징수하고 저장하는 관직의 명칭(旅師)을 주는 것은, 또한 백성들의 세를 저장할 때도 마땅히 그 백성을 가까이하는 관리를 감독해야 하기 때문이다. 마치 六鄕 안에서 '閭'의 명칭을 취해서 징수하고 저장하는 관직(閭師)을 담당하게 하는 것과 유사한 것이다. 그러므로 鄭玄이 '또한〔亦〕'이라고 하였으니, '閭師도 그와 같이 함을 말한다.

地-0-33

稍(소)人은 下士四人이니 史二人이요 徒十有二人이라

稍人은 下士 4인이 담당하니, 〈휘하에〉 史 2인, 徒 12인이 있다.

【注】 主爲縣師令都鄙丘甸[1]之政也라 距王城三百里曰稍니 家邑·小都·大都는 自稍以出焉[2]이라

1) 都鄙丘甸 : 都鄙는 畿內에 있는 公·卿·大夫의 采邑과 왕의 親子·同母弟의 食邑을 가리킨다. 丘甸은 丘乘으로 아래 賈公彦 疏의 역주 1) 참조.
2) 家邑小都大都 自稍以出焉 : 〈地官 遂人(地-40-1)〉 鄭玄의 注에 "郊 밖을 '野'라고 한다. 이곳의 '野'는 甸·稍·縣·都를 가리킨다.〔郊外曰野 此野謂甸稍縣都〕"라고 하였다. '甸'은 王城 밖 100리에서 200리까지인데, 이곳에 六遂를 설치하고 公邑의 田을 조성한다. '稍'는 200리에서 300리까지인데, 이곳에 家邑의 田(大夫의 채지)을 조성한다. '縣'은 300리에서 400리까지인데, 이곳에 小都의 田(六卿의 채지)을 조성한다. '都(畺)'는 400리에서 500리까지인데, 이곳에 大都의 田(三公의 채지)을 조성한다.(〈地官 載師(地-16-2)〉 경문 및 정현의 주 참조) 따라서 '稍'는 大夫의 채지인 家邑, 六卿의 채지인 小都, 三公의 채지인 大都의 출발점이 된다.

縣師를 위해서 都鄙·丘甸의 政令을 명령하는 일을 주관한다. 王城에서 거리가 300리인 곳을 '稍'라고 한다. 家邑·小都·大都는 稍에서부터 출발한다.

【疏】'稍人'至'有二人' ○釋曰 : 其官在此者, 其職云 "掌令丘乘[1]之政令", 言丘乘, 卽三等采地[2]也, 故與縣師·遂人等連類在此.

1) 丘乘 : 〈地官 稍人(地-49-1)〉 鄭玄의 注에서 "丘乘은 '4丘가 甸이 된다.'는 뜻이다.〔丘乘四丘爲甸〕"라고 하였다. 井田의 제도에서는 4井을 邑으로 편성하고, 4邑을 丘로 편성하고, 4丘를 甸으로 편성한다. ≪司馬法≫에 따르면 丘는 戎馬 1필을 세금으로 내고, 甸은 兵車 1乘을 낸다. 孫詒讓은 "丘乘之政令"이 井田에서 車·徒를 세금으로 내는 법〔井田出車徒之法〕을 가리킨다고 하였다.(자세한 것은 〈地官 稍人(地-49-1)〉 鄭玄의 注·賈公彦의 疏 및 ≪周禮譯注≫, 236쪽 참조)
2) 三等采地 : 家邑·小都·大都 3등급의 채지로, 이곳에 사방 1리로 井을 만들어 井田의 법을 시행한다. 가읍은 大夫의 采邑이고, 소도는 六卿의 采邑이고, 대도는 三公의 채읍이다.(〈地官 載師(地-16-2)〉 鄭玄의 注 참조)

經의 〔稍人〕에서 〔有二人〕까지

○ 釋曰 : 稍人의 관직을 이곳에 서술한 것은, 〈地官 稍人(地-49-1)〉에서 "丘乘에 관한 政令을 명령하는 일을 관장한다."고 하였는데, '丘乘'이라고 말한 것은 곧 三等의 采地이기 때문이다. 그러므로 縣師·遂人 등과 더불어 유사한 것끼리 연결하여 이곳에 서술한 것이다.

○注'主爲'至'出焉' ○釋曰 : 云'主爲縣師令都鄙丘甸之政也'者, 案其職云 "若有會同·師田·行役之事, 則以縣師之法", 故云"主爲縣師令都鄙丘甸之政也." 云'距王城三百里曰稍'者, 案載師, 家邑任稍地在三百里內, 故知三百里曰稍. 云'家邑·小都·大都,自稍以出焉'者, 以其家邑在三百里, 小都在四百里, 大都在五百里, 從三百里向外, 故言"自稍以出."

○ 注의 〔主爲〕에서 〔出焉〕까지

○ 釋曰 : 〔主爲縣師令都鄙丘甸之政也〕 살펴보건대, 〈地官 稍人(地-49-2)〉에서 "만일 會同, 정벌〔師〕, 전렵〔田〕, 巡狩〔行〕, 勞役의 일이 있으면, 縣師의 지시에 따라 〈명령을 내린다〉."고 하였다. 그러므로 "현사를 위해서 都鄙・丘甸의 政令을 명령하는 일을 주관한다."고 한 것이다.

〔距王城三百里曰稍〕 살펴보건대, 〈地官 載師(地-16-2)〉에 의하면 300리 안의 稍地를 살펴서 家邑을 조성한다. 그러므로 〈王城에서 거리가〉 300리인 곳을 稍라고 함을 안 것이다.

〔家邑小都大都 自稍以出焉〕 家邑은 〈왕성에서〉 300리 안에 있고, 小都는 400리 안에 있고, 大都는 500리 안에 있으니, 300리에서부터 바깥쪽을 향한다. 그러므로 "稍에서부터 출발한다."고 한 것이다.

地-0-34

委人은 中士二人이요 下士四人이니 府二人이요 史四人이요 徒四十人이라

委人은 中士 2인이 담당하고, 下士 4인이 보좌하니, 〈휘하에〉 府 2인, 史 4인, 徒 40인이 있다.

【注】 主斂甸・稍芻薪之賦하여 以共委積者也라

甸・稍의 芻薪(꼴과 섶)의 賦稅를 저장하여, 이것으로 委積(빈객에게 공급하는 희생과 곡물과 섶과 꼴)을 공급하는 일을 주관하는 자이다.

【疏】 注'主斂'至'者也' ○ 釋曰 : 案其職云 "掌斂野之賦, 斂薪芻, 凡疏材・木材, 凡畜聚之物", 故鄭云 "主斂甸・稍薪芻之賦". 共與遺人, 在道以供賓客, 故云"以供委積者也." 亦與徵斂之官連類在此.

注의 〔主斂〕에서 〔者也〕까지

○ 釋曰 : 살펴보건대, 〈地官 委人(地-50-1)〉에서 "野地의 賦稅를 저장하는 일을 관장하니, 섶과 꼴, 초목의 과실과 목재, 거두어서 비축해둘 수 있는 물품들을 모아서 저장한다."라고 하였다. 그러므로 鄭玄이 "甸・稍의 芻薪(꼴과 섶)의 賦稅를 저장함을 주관한다."라고

한 것이다. 遺人과 더불어 길에서 빈객에게 공급하는 일을 공동으로 한다. 그러므로 "이것으로 委積(빈객에게 공급하는 희생과 곡물과 섶과 꼴)을 공급하는 자이다."라고 한 것이다. 또한 징수하고 저장하는 관직과 더불어 유사한 것끼리 연결하여 이곳에 서술한 것이다.

地-0-35

土均은 上士二人이요 中士四人이요 下士八人이니 府二人이요 史四人이요 胥四人이요 徒四十人이라

土均은 上士 2인이 담당하고, 中士 4인이 보좌하고, 下士 8인이 뭇 일들을 처리하니, 〈휘하에〉 府 2인, 史 4인, 胥 4인, 徒 40인이 있다.

【注】 均은 猶平也니 主平土地之政令[1]者也라

1) 土地之政令 : 〈地官 土均(地-51-1)〉 鄭玄의 注에서 "'政'은 '徵'의 뜻으로 읽는다.〔政讀爲徵〕"라고 하였고, 邦國(諸侯國)과 都鄙의 地稅를 균평하게 하는 것〔所平之稅 邦國都鄙也〕이라고 하였으므로 이곳에서 '土地에 관한 정령'이란 '地稅의 徵收'를 가리킨다.

'均'은 平(균평하다)과 같으니, 土地에 관한 政令(地稅의 징수)을 균평하게 하는 일을 주관하는 자이다.

【疏】 '土均'至'十人' ○ 釋曰 : 土均在此者, 案其職云 "掌平土地之政, 均地守, 均地事, 均地貢[1]", 竝是徵斂土地之事, 故在此宜也.

1) 貢 : 제후국에서 천자에게 진헌하는 9가지 부세를 말한다. 〈天官 大宰(天-1-6~9)〉에 따르면 九貢은 祀貢·嬪貢·器貢·幣貢·材貢·貨貢·服貢·斿貢·物貢이다. 이에 비해 九賦는 畿內의 田地나 關市 등에서 바치는 9가지 부세로 邦中의 賦·四郊의 賦·邦甸의 賦·家削의 賦·邦縣의 賦·邦都의 賦·關市의 賦·山澤의 賦·弊餘의 賦이다. 한편 九功은 從業稅로서, 九職의 民에게 징수하는 9가지 부세인데, 三農·園圃·虞衡·藪牧·百工·商賈·嬪婦·臣妾·閒民의 9가지 직업에 종사하는 백성들에게 각각 九穀·草木·山澤의 材·鳥獸·器物·貨賄·布帛·疏材를 부세의 형태로 바치게 하고, 閒民은 다른 사람에게 고용되어 일하게 해서 세금을 내게 한다.

經의 〔土均〕에서 〔十人〕까지

○ 釋曰 : 土均을 이곳에 서술한 것은, 살펴보건대 〈地官 土均(地-51-1)〉에서 "토지에 관한 政令(地稅의 징수)을 균평하게 하는 일을 관장하여, 地守(山林·山澤 등의 賦稅)를 균

평하게 하고, 地事(九職의 貢賦)를 균평하게 하고, 地貢(제후국의 貢物)을 균평하게 한다." 라고 하였으니, 모두 토지의 부세를 징수하고 저장하는 일이기 때문이다. 그러므로 이곳에 서술하는 것이 마땅하다.

○ 注'均猶'至'者也' ○ 釋曰：案其職云 "掌平土地以均地守", 故云"均猶平也", 是主平土地之政令也.

○ 注의 〔均猶〕에서 〔者也〕까지

○ 釋曰：살펴보건대, 〈地官 土均(地-51-1)〉에서 "토지(지세의 징수)를 '균평하게〔平〕' 하는 일을 관장하여 地守를 '균평하게〔均〕'한다."라고 하였다. 그러므로 "'均'은 '균평하다〔平〕'의 뜻과 같다."고 하였으니, 토지에 관한 政令(地稅의 징수)을 균평하게 하는 일을 주관하는 것이다.

地-0-36

草人은 下士四人이니 史二人이요 徒十有二人이라

草人은 下士 4인이 담당하니, 〈휘하에〉 史 2인, 徒 12인이 있다.

【注】草는 除草라

'草'는 풀을 제거한다는 뜻이다.

【疏】'草人' ○ 釋曰：在此者, 案其職云 "掌土化之法, 以物地, 相其宜而爲之種", 又云 "凡糞種, 騂剛用牛"之等, 皆是土地之事, 故在此宜也. 案其職唯有糞種之文, 無殺草之事, 鄭云"草, 除草"者, 無糞種者, 殺草然後種之. 職雖不言殺草, 名爲草人, 明知除草, 故鄭云除草也.

經의 〔草人〕

○ 釋曰：〈草人을〉 이곳에 서술한 것은, 살펴보건대 〈地官 草人(地-52-1)〉에서 "토질을 개량하는 법을 관장하여, 적합한 토지를 조사 선택하고 적절한 농작물을 관찰 예측해서 그것을 심는다."라고 하였고, 또 "무릇 씨앗을 배양〔糞種〕할 때, 붉고 딱딱한 땅〔騂剛〕에는 소의 뼈를 끓인 물을 사용한다."는 등을 말했으니, 모두 토지에 관한 일이기 때문이다. 그러므로 이곳에 서술하는 것이 마땅하다. 살펴보건대, 〈地官 草人〉에는 오직 '糞種(씨앗의

배양)'이라는 문장만 있고 풀을 제거하는 일에 관한 것은 없다. 鄭玄이 〈이곳의 注에서〉 "'草'는 '풀을 제거한다.'는 뜻이다."라고 한 것은 씨앗을 배양하는 일이 없기 때문이니, 풀을 제거한 이후에 씨를 뿌리는 것이다. 〈地官 草人〉에서 비록 풀을 제거하는 일을 언급하지 않았지만 官名을 '草人'이라 했으니, 풀을 제거한다는 것을 분명히 알 수 있다. 그러므로 정현이 "〈草는〉 풀을 제거한다는 뜻이다."라고 한 것이다.

地-0-37

稻人은 **上士二人**이요 **中士四人**이요 **下士八人**이니 **府二人**이요 **史四人**이요 **胥十人**이요 **徒百人**이라

稻人은 上士 2인이 담당하고, 中士 4인이 보좌하고, 下士 8인이 뭇 일을 처리하니, 〈휘하에〉 府 2인, 史 4인, 胥 10인, 徒 100인이 있다.

【疏】'稻人' ○釋曰：在此者, 案其職云"掌稼下地", 又云"澤草所生, 種之芒種", 是土地之事, 故在此. 胥·徒多者, 以其并遣營種稻田.

經의 〔稻人〕

○ 釋曰：〈稻人을〉 이곳에 서술한 것은, 살펴보건대 〈地官 稻人(地-53-1)〉에서 "澤地에 벼를 심는 일을 관장한다."라고 하였고, 또 〈지관 도인(地-53-4)〉에서 "택지의 풀이 자라는 곳에 벼나 보리 등을 심는다."라고 하였으니, 토지에 관한 일이기 때문이다. 그러므로 이곳에 서술한 것이다. 胥·徒가 많은 것은 그들을 벼 심는 논에 함께 보내서 씨를 뿌리고 기르게 하기 때문이다.

地-0-38

土訓은 **中士二人**이요 **下士四人**이니 **史二人**이요 **徒八人**이라

土訓은 中士 2인이 담당하고, 下士 4인이 보좌하니, 〈휘하에〉 史 2인, 徒 8인이 있다.

【注】鄭司農云 訓讀爲馴이니 謂以遠方土地所生異物을 告道王也라 爾雅云 訓은 道也라 玄謂能訓說土地善惡之勢라

鄭衆은 "'訓'은 '馴(가르치다)'의 뜻으로 읽으니, 먼 지방의 토지에서 나는 기이한 생산물들을 왕에게 보고하여 가르치는 것을 말한다. ≪爾雅≫ 〈釋詁〉에서 '訓은 가르친다〔道〕는 뜻이다.'라고 하였다."고 하였다. 나(鄭玄)는 생각건대, 토지의 좋고 나쁜 상태를 설명할 수 있다는 뜻이다.

【疏】'土訓'至'八人' ○釋曰：在此者, 案其職云"掌道地圖以詔地事", 亦是土地之事, 故在此.

經의 〔土訓〕에서 〔八人〕까지

○ 釋曰：〈土訓을〉 이곳에 서술한 것은, 살펴보건대 〈地官 土訓(地-54-1)〉에서 "地圖를 해설하여 각 지역에 맞게 시행할 일을 아뢰는 것을 관장한다."라고 하였으니, 또한 토지에 관한 일이기 때문이다. 그러므로 이곳에 서술한 것이다.

○ 注'鄭司'至'之勢' ○釋曰：司農云"訓讀爲馴", 又引爾雅 "訓, 道也", 玄謂能訓說土地善惡之勢, 不從先鄭者, 案其職云 "道地圖. 道地慝." 道自是道說, 不得更訓以爲道, 故後鄭以爲"訓說土地善惡."

○ 注의 〔鄭司〕에서 〔之勢〕까지

○ 釋曰：鄭衆이 "'訓'은 '馴'의 뜻으로 읽는다."라고 하고, 또 ≪爾雅≫ 〈釋詁〉의 "'訓'은 가르친다〔道〕는 뜻이다."라는 문장을 인용하였다. 鄭玄이 "토지의 좋고 나쁜 형세를 설명할 수 있다는 뜻이다."라고 하여 鄭衆의 해석을 따르지 않은 것은, 살펴보건대 〈地官 土訓(地-54-1)〉에서 "地圖를 설명한다〔道〕. 각지의 해로운 기운이나 독충 등을 설명한다〔道〕."라고 하였으니, '道'는 본래 설명한다〔道說〕는 뜻으로 다시 '訓(가르치다)'을 道의 뜻으로 삼을 수 없기 때문이다. 그러므로 정현은 "토지의 좋고 나쁜 상태를 설명할 수 있다는 뜻이다."라고 한 것이다.

地-0-39

誦訓은 中士二人이 下士四人이니 史二人이요 徒八人이라

誦訓은 中士 2인이 담당하고, 下士 4인이 보좌하니, 〈휘하에〉 史 2인, 徒 8인이 있다.

【注】能訓說四方所誦習及人所作爲久時事라

〈誦訓은〉 사방에서 외우고 익힌 일들과 사람들이 행한 오래전 일들을 해설할 수 있다.

【疏】'誦訓'至'八人' ○ 釋曰 : 在此者, 案其職云 "掌道方志, 以詔觀事, 以知地俗", 亦是土地之事, 故在此.

經의 〔誦訓〕에서 〔八人〕까지

○ 釋曰 : 〈誦訓을〉 이곳에 서술한 것은, 살펴보건대 〈地官 誦訓(地-55-1~2)〉에서 "사방의 풍속과 오래된 故事의 기록〔方志〕을 해설하고, 그것을 왕에게 아뢰어 옛일을 널리 살펴보도록 하고, 각 지방의 풍속을 이해하도록 하는 일을 관장한다."라고 하였으니, 또한 토지에 관한 일이기 때문이다. 그러므로 이곳에 서술한 것이다.

○ 注'能訓'至'時事' ○ 釋曰 : 知'能訓說四方所誦習事'者, 其職云 "掌道方志", 謂所識(지)四方久遠之事, 是其能訓說四方所誦習者也. 云'及人所作爲久時事'者, 案其職云 "以知地俗", 鄭注云 "博事也", 謂博知古事, 是其人所作爲久時事者也.

○ 注의 〔能訓〕에서 〔時事〕까지

○ 釋曰 : '사방에서 외우고 익힌 일들을 해설할 수 있다〔能訓說四方所誦習事〕'는 것을 안 것은, 〈地官 誦訓(地-55-1)〉에서 "사방의 풍속과 오래된 故事의 기록들을 해석하는 일을 관장한다.〔掌道方志〕"고 한 것에 대해 〈그곳에서 鄭玄이〉 '사방의 오래된 일들을 기록한 것'이라고 하였기 때문이다. 이것이 '사방에서 외우고 익힌 일들을 해설할 수 있다'는 것이다.

〔及人所作爲久時事〕 살펴보건대, 〈地官 誦訓(地-55-1)〉에서 "각 지방의 풍속을 이해하도록 한다.〔以知地俗〕"고 한 것에 대해 정현의 注에 "일을 널리 아는 것이다.〔博事也〕"라고 하였으니, 옛일을 널리 아는 것을 말한다. 이것이 '사람들이 행한 오래된 일들'이다.

地-0-40

山虞는 **每大山**에 **中士四人**이요 **下士八人**이니 **府二人**이요 **史四人**이요 **胥八人**이요 **徒八十人**이요 **中山**에 **下士六人**이니 **史二人**이요 **胥六人**이요 **徒六十人**이요 **小山**에 **下士二人**이니 **史一人**이요 **徒二十人**이라

山虞는 大山(큰 산)마다 中士 4인이 담당하고 下士 8인이 보좌하니, 〈휘하에〉 府 2인, 史 4인, 胥 8인, 徒 80인이 있다. 中山(중등의 산)마다 하사 6인이 담당하니, 〈휘하에〉 사 2인, 서 6인, 도 60인이 있다. 小山(작은 산)마다 하사 2인이 담당하니, 〈휘하에〉 사 1인, 도 20인이 있다.

【注】虞는 度(탁)也[1]니 度知山之大小及所生者[2]라

1) 虞 度(탁)也 : ≪爾雅≫ 〈釋言〉의 문장이다.
2) 度知山之大小及所生者 : 孫詒讓은 '大小'는 높고 낮음과 멀고 가까움에 의거하여 말한 것이고, '所生'은 迹人과 卝人(광인) 등의 관직이 관장하는 것이라고 하였다.〔大小據高卑遠近言之 所生卽下迹人卝人諸官所掌者是也〕(≪周禮正義≫ 권17, 674쪽 참조)

'虞'는 헤아린다〔度〕는 뜻이니, 〈山虞는〉 산 가운데 큰 산과 작은 산 및 그곳에서 생산되는 물건을 헤아려서 파악하는 자이다.

【疏】'山虞'至'十人' ○釋曰 : 山虞在此者, 案其職云 "掌山林之政令, 物爲之厲而爲之守禁", 山林亦是土地之事, 在此宜也.

經의 〔山虞〕에서 〔十人〕까지

○釋曰 : '山虞'를 이곳에 서술한 것은, 살펴보건대 〈地官 山虞(地-56-1)〉에서 "〈山虞는〉 山林에 관련한 政令을 관장하여 산림의 각종 물품 생산지에 울타리를 설치하고, 생산에 종사하는 사람들을 위해 각종 禁令을 내린다."고 하였으니, 山林 또한 土地의 일이기 때문이다. 그러므로 이곳에 서술하는 것이 마땅하다.

○注'虞度也'至'生者' ○釋曰 : 言'度知山之大小'者, 但山之大小里數, 雖曰無文, 據當時量度[1], 知其大小, 然後設官分職, 使掌之. 經文有中山, 鄭唯言大小者, 略言之耳. 云'及所生者', 山中所出金玉錫石禽獸草木, 或有或無是也.

1) 量度 : 용량과 길이를 재는 표준을 말한다. 〈地官 司市(地-27-1)〉 鄭玄의 注에 "量은 豆·區·斗·斛 따위이다. 度는 丈·尺이다.〔量 豆區斗斛之屬 度 丈尺也〕"라고 하였다. 前漢 말에 王莽이 斛·斗·升·合(홉)·龠의 5가지를 합해서 하나의 量器를 만들었는데, 양기의 상부가 斛, 하부가 斗, 왼쪽 귀가 升, 오른쪽 귀가 合과 龠에 해당한다. 고대의 표준 양기인 嘉量은 바로 龠·合·升·斗·斛을 하나의 양기로 만든 것이다. ≪漢書≫ 〈律曆志 上〉에 "'量'은 〈그 단위가〉 龠·合·升·斗·斛이니, 많고 적음을 헤아리는 기구이다. 본래 黃鍾의 龠(피리)에서 유래했는데, 度(길이)와 數(다과)를 가지고 그 용량을 살펴서 정하니, 검은 기장의 낟알 가운데 중간치 1,200개를 취해서 그 龠을 채우고, 우물물을 부어서 그 위를 수평이 되게 한다. 2龠이 1合, 10合이 1升, 10升이 1斗, 10斗가 1斛이 되어 5가지 量器가 갖추어진다. 그 법은 구리를 사용하여 제작하는데, 사방 1尺으로 만들어서 그 밖을 둥글게 하고, 옆쪽에는 나팔 모양의 귀가 있다. 그 위쪽이 '斛', 그 아래쪽이 '斗', 왼쪽 귀가 '升', 오른쪽 귀가 '合'과 '龠'이 된다. 그 모양은 술잔〔爵〕과 유사하며, 그것으로 작위과 봉록을

나눈다.〔量者 龠合升斗斛也 所以量多少也 本起于黃鍾之龠 用度數審其容 以子穀秬黍中者千有二百實其龠 以井水準其概 合龠爲合 十合爲升 十升爲斗 十斗爲斛 而五量嘉矣 其法用銅 方尺而圜其外 旁有庣焉 其上爲斛 其下爲斗 左耳爲升 右耳爲合龠 其狀似爵 以縻爵祿〕"고 하였다. '度'는 길이를 재는 기구이다. 《漢書》〈律曆志 上〉에 "度는 分·寸·尺·丈·引이니, 길이를 재는 도구이다. 본래 黃鍾管의 길이(9촌)에서 유래했으니, 검은 기장의 낟알 가운데 중간치를 취하여 길이를 재는 것이다. 기장 한 알의 너비로 재면, 90알의 기장이 황종관의 길이가 된다. 기장 한 알의 너비가 1分이니, 10分이 1寸이 되고, 10寸이 1尺이 되고, 10尺이 1丈이 되고, 1丈이 1引이 된다.〔度者 分寸尺丈引也 所以度長短也 本起黃鍾之長 以子穀秬黍中者 一黍之廣度之 九十分 黃鍾之長 一爲一分 十分爲寸 十寸爲尺 十尺爲丈 十丈爲引〕"고 하였다.

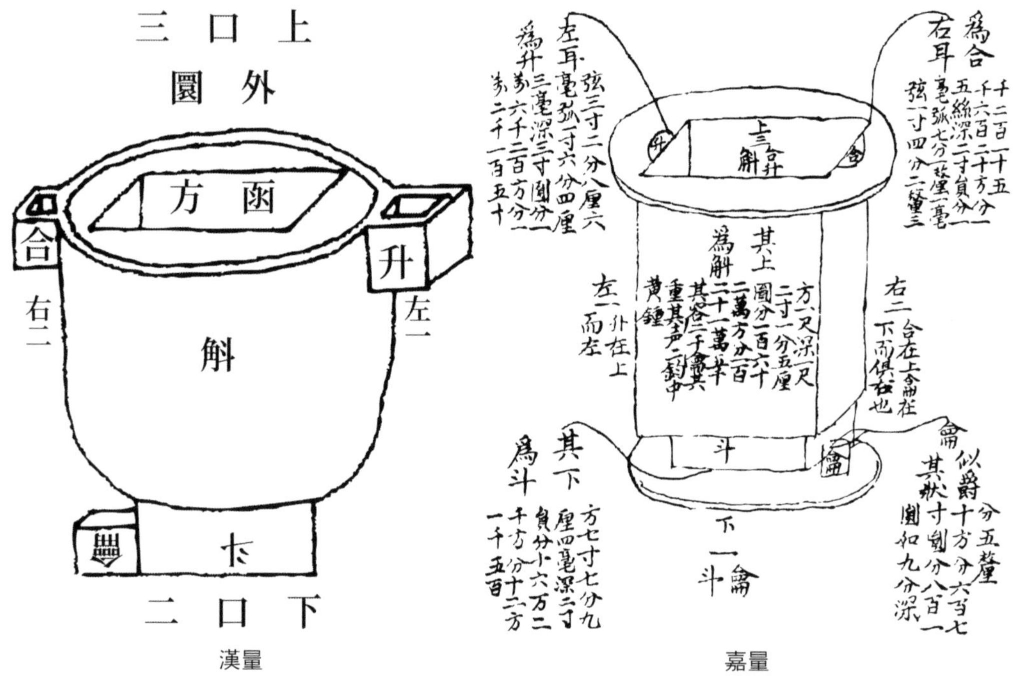

漢量　　嘉量

○ 注의 〔虞度也〕에서 〔生者〕까지

○ 釋曰 : 〔度知山之大小〕 다만 산의 크기와 거리 수치에 대해서는 명문규정이 없다고 하지만, 당시의 量·度에 의거하여 그 크기를 파악하고, 그러한 후에 관직을 설치하고 직무를 분담해주어 관장하게 하는 것이다. 經文에는 中山(중등의 산)이 있는데, 鄭玄이 단지 大山과 小山만을 말한 것은 간략히 하여 말한 것일 뿐이다.

〔及所生〕 산 안에서 산출되는 金·玉·錫·石·禽獸·草木은 혹 있기도 하고 없기도 한 것이 이것이다.

地-0-41

林衡은 每大林麓에 下士十有二人이니 史四人이요 胥十有二人이요 徒百有二十人이요 中林麓은 如中山之虞요 小林麓은 如小山之虞라

林衡은 大林麓(큰 산림)마다 下士 12인이 담당하니, 〈휘하에〉 史 4인, 胥 12인, 徒 120인이 있다. 中林麓(중등의 산림)을 담당하는 임형은 中山(중등의 산)을 담당하는 山虞의 편제와 같으며, 小林麓(작은 산림)을 담당하는 임형은 小山(작은 산)을 담당하는 산우의 편제와 같다.

【注】衡은 平也[1]니 平林麓之大小及所生者라 竹木生平地曰林[2]이요 山足曰麓이라

1) 衡 平也 : 孫詒讓에 의하면 이는 ≪國語≫ 〈齊語〉에 "산림에 3衡을 세운다.〔山立三衡〕"고 하였는데, 韋昭의 注에 "≪周禮≫에 山虞・林衡의 관직이 있다. '衡'은 공평히 한다는 뜻이니, 그 정령을 공평히 함을 관장하는 것이다.〔周禮有山虞林衡之官 衡 平也 掌平其政〕"라고 하였다.(≪周禮正義≫ 권17, 675쪽 참조)

2) 竹木生平地曰林 : ≪說文解字≫ 林部에 "평평한 땅에 떨기나무가 있는 것을 '林'이라 한다.〔平土有叢木曰林〕"고 하였고, ≪詩經≫ 〈小雅 車舝〉 毛亨의 傳에 "平林은 숲과 나무가 평지에 있는 것이다.〔平林 林木之在平地者也〕"라고 하였다. 孫詒讓은 鄭玄의 注에서 이를 말한 것은 林衡이 平林을 함께 관장하는 것임을 밝히기 위한 것이라고 하였다.〔此明林衡所掌兼有平林也〕(≪周禮正義≫ 권17, 675쪽 참조)

'衡'은 공평히 한다〔平〕는 뜻이다. 산림의 크기 및 생산되는 물건을 공평하게 다스리는 것이다. 대나무・나무가 평지에서 자라나는 곳을 '林'이라 한다. 산기슭을 '麓'이라 한다.

【疏】'林衡'至'小山之虞' ○釋曰：云'大林麓下士十有二人'者, 案上山虞, 中士四人, 下士八人, 相倂亦十二人. 但山虞尊, 使中士爲官首, 下士爲之佐, 此林衡卑, 故下士自爲官首. 胥・徒多於山虞者, 以其林麓在平地, 盜竊(林)〔材〕[1]木(多者)〔者多〕[2], 故須巡行者衆, 以是胥・徒特多也. 中林麓如中山之虞, 小林麓如小山之虞, 胥・徒不多者, 以其大林麓據特大者, 故胥・徒特多, 中小已下自如尋常法, 故如山虞. 自此已下至澤虞皆是地事, 故在地官.

1) (林)〔材〕: 저본에는 '林'으로 되어 있으나, 惠校本에 의거하여 '材'로 바로잡았다.(北京大 整理本과 上海古籍 整理本의 〈校勘記〉 참조)

2) (多者)〔者多〕: 저본에는 '多者'로 되어 있으나, 이 두 글자는 도치된 것이라는 浦鏜의 설에 의거하여 '者多'로 바로잡았다.(北京大 整理本과 上海古籍 整理本의 〈校勘記〉 참조)

經의 〔林衡〕에서 〔小山之虞〕까지

○ 釋曰: 〔大林麓下士十有二人〕 살펴보건대, 위의 山虞의 관직은 中士 4인이고 下士 8인으로 서로 합하면 또한 12인이다. 다만 산우의 관직은 존귀하여 중사를 관직의 우두머리로 삼고, 하사로 하여금 보좌하게 한다. 이 林衡의 관직은 비천하므로 하사가 스스로 관직의 우두머리가 된다. 胥와 徒의 인원이 산우의 관직보다 많은 것은 산림이 평지에 있어서 목재를 도적질하여 훔치는 자들이 많으므로 반드시 출행하여 순찰하는 사람이 많아야 하기 때문이다. 이 때문에 胥와 徒의 인원이 특별히 많은 것이다. 中林麓(중등의 산림)을 담당하는 임형은 中山(중등의 산)을 담당하는 산우의 편제와 같고, 小林麓(작은 산림)을 담당하는 임형은 小山(작은 산)을 담당하는 산우의 편제와 같은데, 〈산우의〉 胥·徒의 인원이 많지 않은 것은 大林麓은 특별히 큰 것에 의거했기 때문이다. 그러므로 〈林衡의〉 胥·徒의 인원이 특별히 많은 것이고, 중림록·소림록 이하의 경우는 본래 常法대로 한다. 그러므로 산우의 편제와 같은 것이다. 이 이하에서 澤虞에 이르기까지는 모두 땅에 관한 일이다. 그러므로 地官에 있는 것이다.

○ 注'衡平也'至'曰麓' ○ 釋曰: 云'衡, 平也. 平林麓之大小'者, 經有中林麓, 鄭不言者, 亦略言也. 云'竹木生平地曰林'者, 對山中之林, 自是山虞掌, 此別言林衡, 故知竹木生平地者. 云'山足曰麓'者, 爾雅文[1]. 山足亦有林木, 與山虞別官.

1) 山足曰麓者 爾雅文: ≪爾雅≫에는 '山足曰麓'이라는 문장이 없으며, 이는 ≪釋名≫ 〈釋山〉의 문장이다. ≪석명≫ 〈석산〉에 "산기슭을 '麓'이라 한다. '麓'은 陸(높은 평야)이다.〔山足曰麓 麓 陸也〕"라고 하였다. 그러나 〈地官 載師(地-16-2)〉 賈公彦의 疏에 " ≪석명≫ 〈석산〉에 '산기슭을 麓이라 한다.'고 하였다.〔爾雅釋 山山足曰麓〕"고 하였고, 〈地官 林衡(地-57-1)〉과 〈秋官 柞氏(秋-42-2)〉 가공언의 소에서도 모두 "'산기슭을 麓이라 한다.'는 것은 ≪이아≫의 문장이다.〔山足曰麓 爾雅文〕"라고 하였다. 孫詒讓은 이에 의거하여 "아마도 가공언이 의거한 ≪이아≫에는 이 문장이 있었을 것이다.〔蓋賈氏所據爾雅有之〕"라고 하였다.(北京大 整理本과 上海古籍 整理本의 〈校勘記〉 및 孫詒讓의 ≪周禮注疏校記≫ 참조)

○ 注의 〔衡平也〕에서 〔曰麓〕까지

○ 釋曰: 〔衡 平也 平林麓之大小〕 경문에는 '中林麓(중등의 산림)'이 있는데, 鄭玄이 말하지 않은 것은 또한 간략히 말했기 때문이다.

〔竹木生平地曰林〕 산속의 숲이 본래 山虞가 관장하는 것임과 대비한 것이다. 이곳에서 별도로 林衡을 말했으므로 대나무・나무가 평지에서 자라는 것임을 안 것이다.

〔山足曰麓〕 ≪爾雅≫의 문장이다. 산기슭에도 林木이 있으니, 산우와 관직을 별도로 두는 것이다.

地-0-42

川衡은 **每大川**에 **下士十有二人**이니 **史四人**이요 **胥十有二人**이요 **徒百有二十人**이라 **中川**에 **下士六人**이니 **史二人**이요 **胥六人**이요 **徒六十人**이라 **小川**에 **下士二人**이니 **史一人**이요 **徒二十人**이라

川衡은 大川(큰 하천)마다 下士 12인이 담당하니, 〈휘하에〉 史 4인, 胥 12인, 徒 120인이 있다. 中川(중등의 하천)마다 하사 6인이 담당하니, 〈휘하에〉 사 2인, 서 6인, 도 60인이 있다. 小川(작은 하천)마다 하사 2인이 담당하니, 〈휘하에〉 사 1인, 도 20인이 있다.

【注】 川은 流水也니 禹貢曰 九川滌(척)源[1]이라

1) 九川滌(척)源 : ≪尙書≫ 〈禹貢〉 孔安國의 傳에 "九州의 하천은 이미 샘의 근원을 깨끗이 없애어 막힌 곳이 없게 되었다는 뜻이다.〔九州之川 已滌除泉源 無壅塞矣〕"라고 하였다. 그러나 顧詰剛은 전통적인 설을 부인하고, '滌'을 '疏達'의 뜻으로 보아 '滌源'이란 그 水原(水源)을 소통시킨 것이라고 해석하였다.〔滌源者 謂疏達其水原也〕(≪尙書校釋譯論≫ 第2冊, 809쪽 참조) 고힐강의 해석이 보다 이치에 부합하지만, 여기서 賈公彦은 공안국의 傳을 따르고 있으므로, 鄭玄의 注도 가공언의 疏를 따라 해석하였다.

'川'은 흐르는 물이다. ≪尙書≫ 〈禹貢〉에서 "九州의 하천은 이미 샘의 근원을 깨끗이 없애어 막힌 곳이 없게 되었다."고 하였다.

【疏】 '川衡'至'十人' ○ 釋曰 : 川衡者, 平知川之遠近寬狹及物之所出. 官及胥・徒多者, 以其川路長遠, 巡行勞役故也. 中川・小川之等, 自若常法, 故差少.

經의 〔川衡〕에서 〔十人〕까지

○ 釋曰 : '川衡'은 하천의 원근과 너비 및 물산이 산출되는 바를 공평하게 파악한다. 관리 및 胥・徒의 인원이 많은 것은 하천의 길이 길고 멀어서 출행하여 순찰하는 것이 힘들

기 때문이다. 中川과 小川 등은 본래 常法대로 하므로 차등적으로 〈인원을〉 적게 한다.

○ 注'川流'至'滌源' ○ 釋曰：言'川, 流水也'者, 對澤爲停水. 又引禹貢 "九川滌源"者, 爲禹治洪水已訖, 九州之川已滌除泉源, 無擁塞矣. 引之者, 證川是流水.

○ 注의 〔川流〕에서 〔滌源〕까지

○ 釋曰："'川'은 흐르는 물이다.〔川 流水也〕"라고 말한 것은 '澤'이 고여 있는 물임과 대비한 것이다. 또 ≪尙書≫ 〈禹貢〉의 "九川滌源"을 인용한 것은, 禹가 홍수를 다스린 후 九州의 하천이 이미 샘의 근원이 깨끗이 제거되어 막힌 곳이 없게 되었다는 뜻이다. 이를 인용한 것은 '川'이 흐르는 물임을 입증한 것이다.

地-0-43

澤虞는 每大澤大藪에 中士四人이요 下士八人이니 府二人이요 史四人이요 胥八人이요 徒八十人이라 中澤中藪는 如中川之衡이요 小澤小藪는 如小川之衡이라

澤虞는 大澤(큰 못)과 大藪(큰 습지)마다 中士 4인이 담당하고 下士 8인이 보좌하니, 〈휘하에〉 府 2인, 史 4인, 胥 8인, 徒 80인이 있다. 中澤(중등의 못)과 中藪(중등의 습지)를 담당하는 택우는 中川을 담당하는 川衡의 편제와 같으며, 小澤(작은 못)과 小藪(작은 습지)를 담당하는 택우는 小川을 담당하는 천형의 편제와 같다.

【注】澤은 水所鍾也요 水希曰藪라 禹貢曰 九澤旣陂[1)]라 爾雅에 有八藪[2)]라

1) 九澤旣陂：≪尙書≫ 〈禹貢〉 孔安國의 傳에 "九州의 못은 이미 제방을 쌓아서 터지거나 넘치는 일이 없게 되었다는 뜻이다〔九州之澤 已陂障 無決溢矣〕"라고 하였다.

2) 爾雅有八藪：≪爾雅≫ 〈釋地〉에는 10개의 습지를 들고 있다. "魯나라에는 大野가 있다. 晉나라에는 大陸이 있다. 秦나라에는 楊陓가 있다. 宋나라에는 孟諸(맹저)가 있다. 楚나라에는 雲夢이 있다. 吳나라와 越나라 사이에는 具區가 있다. 齊나라에는 海隅가 있다. 燕나라에는 昭余祁가 있다. 鄭나라에는 圃田이 있다. 周나라에는 焦護가 있다.〔魯有大野 晉有大陸 秦有楊陓 宋有孟諸 楚有雲夢 吳越之間有具區 齊有海隅 燕有昭余祁 鄭有圃田 周有焦護〕"고 하였다. 邢昺의 疏에는 '魯有大野'에서 '周有焦護'까지는 10개의 습지 명칭을 풀이한 것이라고 하였다.〔此下至周有焦護 釋十藪之名也〕

'澤'은 물이 모여 있는 곳이다. 물이 적은 곳을 '藪(습지)'라고 한다. ≪尙書≫ 〈禹貢〉에

서 "九州의 못은 이미 제방을 쌓아서 터지거나 넘치는 일이 없게 되었다."라고 하였다. ≪爾雅≫에 八藪(8개의 습지)가 있다.

【疏】'澤虞'至'小川之衡' ○ 釋曰：虞, 亦度也. 度知澤之大小及物之所出. 用中士, 尊於川衡者, 以其澤之所出物衆多. 胥・徒少者, 以其巡行處近故也. 中澤小澤已下皆如川衡者, 自是常法.

經의 〔澤虞〕에서 〔小川之衡〕까지

○ 釋曰：'虞'는 또한 헤아린다〔度〕는 뜻이다. 못〔澤〕의 크기 및 물산이 산출되는 바를 헤아려 파악하는 것이다. 中士를 임용하여 川衡보다 존귀하게 한 것은 그 못에서 산출되는 물건이 많기 때문이다. 胥와 徒의 인원이 적은 것은 출행하여 순찰하는 곳이 가깝기 때문이다. 中澤과 小澤 이하 모두 川衡의 편제와 같게 하는 것은 이것이 본래 常法이기 때문이다.

○ 注'澤水'至'八藪' ○ 釋曰：'澤水所鍾'者, 鍾, 聚也, 謂聚水於其中, 更無所注入. 案周語虞大子晉[1]云 "山, 土之聚, 澤, 水之鍾." 纂要[2]亦云 "水所鍾曰澤", 故知澤水所鍾也. 云'水希曰藪'者, 希, 乾也. 案鄭詩云 "叔在藪, 火列具擧." 擧, 藪中田獵, 明知無水. 又案爾雅, 藪在釋地之篇, 不入釋水, 故知水希曰藪. 以其藪與澤(也)〔有〕[3], 有水無水爲異, 故於經別立官掌之. 案職方 "澤藪曰具區"之類, 及毛傳云 "藪澤皆同爲一"者, 以其有水則爲澤, 無水則爲藪, 元是一物, 故同解之. 引禹貢曰 "九澤既陂"者, 亦謂禹治洪水既訖, 九州之澤既已陂障, 無決溢矣. 引爾雅有八藪者, 禹貢九澤, 通畿內一州則有九, 爾雅云八藪, 除畿內一州而言. 引此二文者, 證藪澤有異. 案爾雅釋有十者, 以其周秦同在雍州, 秦有楊紆, 周有焦(穫)〔護〕[4], 一州有二, 故十. 又爾雅秦有楊陓, 職方冀州有楊紆, 蓋異所而同名也.

1) 虞大子晉：浦鏜은 '虞'는 衍字라고 하였고, 阮元도 惠校本에는 이 글자가 없다고 하였다. 孫詒讓은 "太子 晉에 대해서 '虞'라고 칭한다는 것은 그 설을 들어보지 못했다.〔大子晉稱虞 其說未聞〕"고 하였다. 인용한 문장은 太子 晉이 周나라 靈王에게 谷水 막는 일을 諫하면서 한 말이므로, 晉은 周나라의 太子인 듯하다.(北京大 整理本과 上海古籍 整理本의 〈校勘記〉 및 孫詒讓의 ≪周禮注疏校記≫ 참조)

2) 纂要：≪隋書≫ 〈經籍志〉 子部에 "纂要 一卷 戴安道 撰 亦云 顔延之 撰"으로 저록되어 있다. 또 ≪舊唐書≫ 〈經籍志 上〉에는 "纂要 六卷 顔延之 撰"으로, ≪新唐書≫ 〈藝

文志 1〉에는 "顔延之 纂要 六卷"으로 각각 저록되어 있다. 戴安道(?~395)는 이름이 逵이며, 安道는 그의 字이다. 東晉 시기의 隱士로서, 金城太守 戴綏의 아들이다. 孝武帝 司馬曜가 여러 차례 徵辟했지만 끝내 응하지 않고 평생 은거생활을 했다. 저서로 ≪戴逵集≫ 9권이 있으나, 오늘날 망실되어 전하지 않는다. 顔延之(384~456)는 劉宋의 文學家로, 字는 延年, 琅琊 臨沂 사람이다. 元嘉 三大家의 한 사람으로 護軍司馬 顔顯之의 아들이다. 南朝 劉宋이 세워지자 太常博士에 제수되었고, 尙書曹郎, 太子舍人이 되었다. 孝武帝 즉위 후 金紫光祿大夫가 되어 후세에 '顔光祿'으로 칭해졌다. 그는 山水 詩人 謝靈運과 함께 晉・宋 교체기의 대시인으로 '顔謝'라는 칭호가 생겨났다. 〈天官 幕人(天-32-1)〉 鄭玄의 注에 대한 賈公彦의 疏에는 "顔延之 纂要云……"이라 하여 ≪纂要≫를 顔延之의 撰으로 적시하였다.

3) (也)〔有〕: 저본에는 '也'로 되어 있으나, 阮元의 說에 의거하여 '有'로 바로잡았다.(阮元의 〈校勘記〉 및 北京大 整理本과 上海古籍 整理本의 〈校勘記〉 참조)

4) (穫)〔護〕: 저본에는 '穫'으로 되어 있으나, 惠校本에는 '穫'이 '護'로 되어 있어 ≪爾雅≫ 釋地〉의 문장과 부합하며, 今本에 '穫'으로 되어 있는 것은 잘못이라는 阮元의 설에 의거하여 '護'로 바로잡았다.(阮元의 〈校勘記〉 및 北京大 整理本의 〈校勘記〉 참조)

○ 注의 〔澤水〕에서 〔八藪〕까지

○ 釋曰 : 〔澤水所鍾〕 '鍾'은 모인다〔聚〕는 뜻이니, 그 안에 물을 모아놓고 다시 흘려 들이는 바가 없음을 말한다. 살펴보건대, ≪國語≫ 〈周語 下〉에서 太子 晉이 "'山'은 흙이 쌓여 있는 곳이고, '澤'은 물이 모여 있는 곳이다."라고 하였고, ≪纂要≫에서도 "물이 모여 있는 곳을 '澤'이라 한다."고 하였다. 그러므로 '澤'이 물이 모여 있는 곳임을 안 것이다.

〔水希曰藪〕 '希'는 마르다〔乾〕는 뜻이다. 살펴보건대, ≪詩經≫ 〈鄭風 大叔于田〉에서 "共叔段이 습지〔藪〕에 있으니, 행렬에 늘어선 사람들이 일제히 횃불을 들어 올리도다."라고 하였다. '횃불을 들어 올린다〔擧〕'는 것은 습지 안에서 사냥을 한다는 뜻이니, 물이 없는 곳임을 분명히 알 수 있다. 또 살펴보건대, ≪爾雅≫에서 '藪(습지)'는 〈釋地〉편 안에 들어 있고, 〈釋水〉편에 넣지 않았다. 그러므로 물이 적은 곳을 '藪'라고 함을 안 것이다. 藪와 澤이 있는 것은 물이 있고 물이 없는 것으로 차이를 삼는다. 그러므로 경문에서 별도로 관직을 세워서 관장하게 한 것이다. 살펴보건대, 〈夏官 職方氏(夏-58-3)〉에서 "澤藪(大澤)로는 具區(太湖)가 있다."고 한 따위 및 毛亨의 傳에서 "藪와 澤은 모두 똑같이 하나이다."라고 한 것은 물이 있으면 '澤'이 되고, 물이 없으면 '藪'가 되는 것으로 원래 한 가지이기 때문이다. 그러므로 똑같이 풀이하였다. ≪尙書≫ 〈禹貢〉에서 "九澤旣陂"라고 한 문장을 인용한 것은 또한 禹가 홍수를 다스린 후 九州의 못이 이미 제방을 쌓아서 터

지거나 넘치는 일이 없게 되었다는 뜻이다. ≪이아≫에서 '八藪'가 있다고 한 문장을 인용한 것은, ≪상서≫ 〈우공〉의 '九澤(九州의 못)'은 畿內의 1州까지 통산하면 9개가 있기 때문인데, ≪이아≫에서 '八藪'라고 한 것은 기내의 1주를 제외하고 말했기 때문이다. 이 두 문장을 인용한 것은 '藪'와 '澤'에 차이가 있음을 입증한 것이다. 살펴보건대, ≪이아≫에서 10곳의 〈藪를〉 풀이한 것은, 周나라와 秦나라가 똑같이 雍州에 있는데, 秦나라에는 楊紆이 있고, 周나라에는 焦護가 있어서 1州에 2곳이 있기 때문이다. 그러므로 10곳이 된 것이다. 또 ≪이아≫에는 秦나라에 楊陓가 있는데, 〈夏官 職方氏(夏-58-10)〉에는 冀州에 楊紆가 있으니, 대체로 다른 곳에 같은 이름의 〈澤藪가〉 있었던 것이다.

地-0-44

迹人은 中士四人이요 下士八人이니 史二人이요 徒四十人이라

迹人은 中士 4인이 담당하고 下士 8인이 보좌하니, 〈휘하에〉 史 2인, 徒 4인이 있다.

【注】 迹之言은 跡이니 知禽獸處[1]라

1) 迹之言跡 知禽獸處 : ≪漢書≫ 〈季布傳〉 顔師古의 注에 "'迹'은 발자취를 찾는 것을 말한다.〔迹謂尋其蹤迹也〕"라고 하였다. 孫詒讓은 "이곳의 迹人은 또한 짐승을 쫓는 일을 관장하니, 짐승들이 숨어 있는 곳을 안다. 跡과 迹은 같다.〔此狄人亦掌蹤迹禽獸 知其所藏之處 跡與迹同〕"고 하였다. ≪春秋左氏傳≫ 哀公 14년 조의 '迹人'에 대해서 杜預 注에 "짐승을 쫓는 일을 주관하는 자이다.〔主迹禽獸者〕"라고 하였다.(≪周禮正義≫ 권17, 677쪽 참조)

'迹'이라는 글자는 '쫓는다〔跡〕'는 뜻이니, 짐승들이 있는 곳을 아는 것이다.

【疏】 注'迹之'至'獸處' ○ 釋曰 : 案其職云 "掌邦田之政", 亦是地事, 故在此.

注의 〔迹之〕에서 〔獸處〕까지

○ 釋曰 : 살펴보건대, 〈地官 狄人(地-60-1)〉에서 "왕국의 사냥과 관련한 政令을 관장한다."고 하였으니, 또한 땅에 관한 일이다. 그러므로 이곳에 서술한 것이다.

地-0-45

卝(광)人은 中士二人이요 下士四人이니 府二人이요 史二人이요 胥四人이요 徒四

十人이라

卝人은 中士 2인이 담당하고 下士 4인이 보좌하니, 〈휘하에〉 府 2인, 史 2인, 胥 4인, 徒 4인이 있다.

【注】 卝之言은 礦也니 金玉未成器曰礦이라

'卝'이라는 글자는 쇳돌〔礦〕이라는 뜻이니, 金・玉이 아직 기물을 이루지 못한 것을 '礦(쇳돌)'이라 한다.

【疏】 注'卝之'至'曰礦' ○釋曰：經所云卝, 是摠角[1]之卝字. 此官取金玉, 於卝字無所用, 故轉從石邊廣, 以其金玉出於石, 左形右聲[2], 從礦字也. 云'金玉未成器曰礦', 以其此官不造器物, 直取金錫玉石, 以供冬官百工, 故言"金玉未成器曰礦." 金玉之等出於地, 故在此也.

1) 摠角：양쪽 귀 뒤로 한 개씩의 머리 다발을 묶고 끈〔總〕을 동여매어 장식한 머리로, 그 모습이 동물의 머리에 두 개의 뿔이 돋아나 있는 것처럼 보이기 때문에 '總角'이라고 한다.

2) 左形右聲：六書(한자가 만들어지는 6가지 이론) 중 形聲을 가리킨 것이다. 형성은 의미를 나타내는 形符와 소리를 나타내는 聲符를 조합해서 새로운 글자를 만드는 방법이다. 聲符는 글자의 상하좌우, 바깥과 안, 귀퉁이 등 아무 곳에 위치가 가능하다. 여기서는 왼쪽에 形符를 두고 오른쪽에 聲符를 둔 것이다.

注의 〔卝之〕에서 〔曰礦〕까지

○釋曰：경문에서 말한 '卝'은 摠角의 卝(북상투) 글자이다. 이 관직은 金・玉을 취하니, 卝의 글자를 쓸 곳이 없다. 그러므로 바꾸어서 '石'변의 '廣'을 따랐으니, 金・玉은 돌에서 나오므로 왼쪽이 形符(石)가 되고 오른쪽이 聲符(廣)가 되어 '礦'의 글자를 따른 것이다.

〔金玉未成器曰礦〕 이 관직은 기물을 제조하지 않고, 단지 金・錫・玉・石을 취해서 冬官의 百工에게 공급한다. 그러므로 "金・玉이 아직 기물을 이루지 못한 것을 '礦(쇳돌)'이라 한다."고 한 것이다. 金・玉 등은 땅에서 나온다. 그러므로 이곳에 서술한 것이다.

地-0-46

角人은 下士二人이요 府一人이요 徒八人이라

角人은 下士 2인이 담당하니, 〈휘하에〉 府 1인, 徒 8인이 있다.

【疏】'角人' ○ 釋曰 : 案其職云 "掌以時徵齒角凡骨物於山澤之農." 以其是徵斂之官. 故亦在此.

經의 〔角人〕

○ 釋曰 : 살펴보건대, 〈地官 角人(地-62-1)〉에서 "때에 맞추어 山澤 지역의 농민에게 짐승의 이빨·짐승의 뿔·짐승의 뼈 등의 물건을 징수하는 일을 관장한다."고 하였으니, 징수하고 저장하는 관직이다. 그러므로 또한 이곳에 서술한 것이다.

地-0-47

羽人은 下士二人이니 府一人이요 徒八人이라

羽人은 下士 2인이 담당하니, 〈휘하에〉 府 1인, 徒 8인이 있다.

【疏】'羽人' ○ 釋曰 : 案其職云 "掌以時徵羽翮之政于山澤之農", 亦是徵斂之官, 故在此.

經의 〔羽人〕

○ 釋曰 : 살펴보건대, 〈地官 羽人(地-63-1)〉에서 "때에 맞추어 山澤의 농민에게 깃털을 징수하는 일을 관장한다."고 하였으니, 또한 징수하고 저장하는 관직이다. 그러므로 이곳에 서술한 것이다.

地-0-48

掌葛은 下士二人이니 府一人이요 史一人이요 胥二人이요 徒二十人이라

掌葛은 下士 2인이 담당하니, 〈휘하에〉 府 1인, 史 1인, 胥 2인, 徒 20인이 있다.

【疏】'掌葛' ○ 釋曰 : 案其職云 "掌以時徵絺綌之(林)〔材〕[1] 于山農", 亦是徵斂之事, 故在此.

1) 絺綌之(林)〔材〕: 저본에는 '林'으로 되어 있으나, 〈地官 掌葛(地-64-1)〉과 閩本·監本·毛本·殿本에 의거하여 '材'로 바로잡았다.(上海古籍 整理本의 〈校勘記〉 참조) '絺'는 고운 갈포이고, '綌'은 거친 갈포이므로 그 재료는 곧 칡을 말한다.

經의 〔掌葛〕

○ 釋曰: 살펴보건대, 〈地官 掌葛(地-64-1)〉에서 "때에 맞추어 山林의 농민에게 고운 갈포와 거친 갈포의 재료를 징수하는 일을 관장한다."고 하였으니, 또한 징수하고 저장하는 일이다. 그러므로 이곳에 서술한 것이다.

地-0-49

掌染草는 **下士二人**이니 **府一人**이요 **史二人**이요 **徒八人**이라

掌染草는 下士 2인이 담당하니, 〈휘하에〉 府 1인, 史 2인, 徒 8인이 있다.

【注】 染草는 藍·蒨(천)·象斗之屬이라

'染草'는 쪽〔藍〕·꼭두서니〔蒨〕·상수리 껍질〔象斗〕 따위이다.

【疏】 注'染草至之屬' ○ 釋曰: 案其職"掌以春秋斂染草之物", 亦徵斂之官, 故在此. 藍以染青, 蒨以染赤, 象斗染黑. 案其職注云"染草, 茅蒐·橐蘆·豕首·紫茢(열)[1]之屬." 二注不同者, 染草旣多, 言不可盡, 故互見略言耳.

1) 茅蒐橐蘆豕首紫茢(열): '茅蒐'는 茜草(천초)라고도 하는데, 뿌리로 붉은색의 염료를 만들 수 있다. ≪爾雅≫〈釋草〉에 "茹藘는 茅蒐이다.〔茹藘 茅蒐〕"라고 하였는데, 郭璞의 注에 "오늘날의 蒨(꼭두서니)이니, 이것으로 붉게 물들일 수 있다.〔今之蒨也 可以染絳也〕"고 하였고, 邢昺의 疏에는 "오늘날 붉게 물들일 때 사용하는 蒨이다. 일명 茹藘라고도 하고, 일명 茅蒐라고도 한다.〔今染絳蒨也 一名茹藘 一名茅蒐〕"라고 하였다. '豕首'는 茢薽, 彘盧, 天名精, 蝦蟆藍, 蟾蜍蘭 등 다양한 명칭으로 불린다. 국화과의 다년생 草本으로, 뿌리·잎·열매 모두 약초로 쓸 수 있다. ≪이아≫〈석초〉 邢昺의 疏에 "남쪽 사람은 地菘이라 부르는데, 맛이 달고 시므로 생강이라 칭하는 곳도 있다. 형상이 쪽과 같으므로 蝦蟆藍이라 부른다. 향기가 난초와 비슷하므로 蟾蜍蘭이라 한다.〔南人名爲地菘 味甘辛 故有薑稱 狀如藍 故名蝦蟆藍 香似蘭 故名蟾蜍蘭〕"고 하였다. ≪本草綱目≫〈草四〉에는 "天名精은 곧 天蔓精의 잘못이다. 그 기운이 豕彘(돼지)와 같기 때문에 豕首·彘顱라는 명칭이 생겨났다.〔天名精乃天蔓精之訛也 其氣如豕彘 故有豕首彘顱之名〕"고 하였다. '紫茢'은

藐, 茈草 등으로도 칭한다. 紫草科의 다년생 초본 식물로, 고대의 유명한 자색 염료이다. 明礬(유황을 함유한 광물의 일종)과 섞으면 선명한 자홍색을 얻을 수 있는데 춘추시대 齊나라에서 유행한 색깔이다. ≪이아≫ 〈석초〉 곽박의 주에 "자주색으로 물들일 수 있다. 일명 茈莀(자려)라고도 한다.〔可以染紫 一名茈莀〕"고 하였고, 형병의 소에는 "藐은 일명 茈草라고도 하는데, 뿌리로 자주색을 물들일 수 있는 풀이다.〔藐 一名茈草 根可以染紫之草〕"고 하였다. '橐蘆'는 명확하지 않다.

注의 〔染草至之屬〕

○ 釋曰 : 살펴보건대, 〈地官 掌染草(地-65-1)〉에서 "봄과 가을에 染草(염료로 만드는 풀)의 물건을 징수하는 일을 관장한다."고 하였으니, 또한 징수하고 저장하는 관직이다. 그러므로 이곳에 서술한 것이다. 쪽〔藍〕으로 푸른색을 물들이고, 꼭두서니〔蒨〕로 붉은색을 물들이고, 상수리 껍질〔象斗〕로 검은색을 물들인다. 살펴보건대, 〈地官 掌染草(地-65-1)〉 鄭玄의 注에는 "染草(염료로 만드는 풀)는 茅蒐(꼭두서니)·橐蘆·豕首·紫茢 따위이다."라고 하였다. 두 곳의 注가 같지 않은 것은 染草가 이미 많으므로 다 말할 수 없기 때문이다. 그러므로 互見하여 간략히 말했을 뿐이다.

地-0-50

掌炭[1)]은 下士二人이니 史二人이요 徒二十人이라

1) 掌炭 : ≪說文解字≫ 火部에 "炭(숯)은 나무를 불에 태웠지만 아직 재가 되지 않은 것이다.〔炭燒木未灰也〕"라고 하였다. 孫詒讓은 "炭은 나무에서 나온다. 그러므로 掌炭을 초목을 징수하는 여러 관직과 함께 이곳에 배열한 것이다.〔炭出於木 故掌炭與諸徵斂草木之官同列於此〕"라고 하였다.(≪周禮正義≫ 권17, 679쪽 참조)

掌炭은 下士 2인이 담당하니, 〈휘하에〉 史 2인, 徒 20인이 있다.

【疏】'掌炭' ○ 釋曰 : 案其職"掌灰物炭物之徵令, 以時入之." 以其徵斂之官, 故亦在此.

經의 〔掌炭〕

○ 釋曰 : 살펴보건대, 〈地官 掌染草(地-66-1)〉에서 "木灰와 木炭 등의 물건을 징수하는 명령을 관장하여 때에 맞추어서 거두어들인다."고 하였으니, 징수하고 저장하는 관직이다. 그러므로 이곳에 서술한 것이다.

地-0-51

掌荼(도)는 下士二人이니 府一人이요 史一人이요 徒二十人이라

掌荼는 下士 2인이 담당하니, 〈휘하에〉 府 1인, 史 1인, 徒 20인이 있다.

【注】 荼는 茅莠(유)[1]라

1) 荼 茅莠(유) : ≪儀禮≫ 〈旣夕禮〉와 ≪詩經≫ 〈鄭風 出其東門〉 鄭玄의 注에는 모두 "荼 茅秀也"라고 하여 '莠'가 '秀'로 되어 있다. 孫詒讓에 의하면 '莠'는 '秀'의 借字이다. ≪爾雅≫ 〈釋草〉에 "꽃이 없이 열매를 맺는 것을 '秀'라고 한다.〔不榮而實者 謂之秀〕"고 하였고, ≪시경≫ 〈정풍 출기동문〉 孔穎達의 疏에서는 '荼'를 띠풀이 열매를 맺어 나온 이삭이라고 하였다.〔此言如荼 乃是茅草秀出之穗〕(≪周禮正義≫ 권17, 679쪽 참조)

'荼'는 띠풀의 이삭〔茅莠〕이다.

【疏】 注'荼茅莠' ○ 釋曰 : 案其職云 "掌以時聚荼, 以共喪事, 徵野疏材", 以其徵斂之官, 故亦在此.

注의 〔荼茅莠〕

○ 釋曰 : 살펴보건대, 〈地官 掌荼(地-67-1)〉에서 "때에 맞추어 띠풀의 이삭을 모아서 喪事에 공급하는 일을 관장한다. 야생의 초목 과실을 징수한다."고 하였으니, 징수하고 저장하는 관직이다. 그러므로 또한 이곳에 서술한 것이다.

地-0-52

掌蜃(신)은 下士二人이니 府一人이요 史一人이요 徒八人이라

掌蜃은 下士 1인이 담당하니, 〈휘하에〉 府 1인, 史 1인, 徒 8인이 있다.

【注】 蜃은 大蛤이라 月令 孟冬에 雉入大水爲蜃[1]이라

1) 雉入大水爲蜃 : ≪禮記≫ 〈月令〉 鄭玄의 注에서는 "大蛤을 蜃이라 한다.〔大蛤曰蜃〕"고 하였는데, 陳澔는 교룡의 일종 즉 이무기로 풀이하였다. "'蜃'은 교룡의 등속이다. 이는 또한 날짐승이 변화하여 물속에 사는 생물이 된 것이다. 晉나라 때 무기고 안에서 홀연히 꿩〔雉〕이 울고 있었다. 張華는 '이는 반드시 뱀이 변화하여 꿩이 된 것이다.'라고 말하고, 문을 열어 꿩 옆을 보았더니, 과연 뱀의 허물이 있었다. 類書에 꿩과 뱀이 교배하여

새끼를 낳으면, 새끼는 반드시 교달벌레〔蟜〕(4개의 다리가 있는 뱀과 유사한 水蟲으로 사람을 해친다.)가 된다고 하였지만, 모두 그렇게 되는 것은 아닐 것이다. 그렇다면 꿩이 이무기〔蜃〕가 되는 것은 이치상 있을 수도 있다.〔蜃 蛟屬 此亦飛物 化潛物也 晉武庫中 忽有雉雊 張華曰 此必蛇化爲雉也 開視雉側 果有蛇蛻 類書有言雉與蛇交而生子 子必爲蟜 不皆然也 然則雉之爲蜃 理或有之〕(≪禮記集說≫ 〈月令〉)

'蜃'은 대합조개이다. ≪禮記≫ 〈月令〉 '孟冬(夏曆 10월)' 조에 "꿩이 큰 물속으로 들어가 대합조개〔蜃〕가 된다."고 하였다.

【疏】 注'蜃大至爲蜃' ○釋曰：案其職云 "掌斂互物[1]·蜃物, 以共闉(인)壙之蜃[2]", 亦徵斂之官, 故在此. 言'蜃大蛤'者, 對雀入大水化爲蛤[3]者, 爲小蛤. 引月令 "雉入大水爲蜃"者, 案國語 "大水, 淮也."

1) 互物：거북·자라·대합조개 등 갑각류의 생물을 가리킨다. 鄭衆은 "'互物'은 등딱지가 붙어 있는 萮胡를 가리키니, 거북·자라 등속이다.〔互物은 謂有甲萮胡 龜鼈之屬〕"라고 하였다.(〈天官 鼈人(天-14-1)〉 鄭玄의 注) 〈地官 掌蜃(地-68-1)〉 鄭玄의 注에는 "互物은 민물조개·대합조개 등속이다.〔互物蚌蛤之屬〕"라고 하였다.

2) 闉(인)壙之蜃：〈地官 掌蜃(地-68-1)〉 鄭玄의 注에 "'闉'은 塞(막다)과 같다. 바깥 널〔槨〕을 井자 형태로 얽어놓을 때 먼저 대합조개로 아래쪽을 막아서 습기를 막는다.〔闉猶塞也 將井槨 先塞下以蜃禦濕也〕"고 하였다. 곧 바깥 널을 井자 형태로 얽어서 놓아두기 때문에 '井郭'이라 한다. ≪儀禮≫ 〈旣夕禮〉 鄭玄의 注에 "목수가 바깥 널을 만들 때 목재를 깎고 다듬어 殯宮의 문 밖에 井자 모양으로 얽어놓는다.〔匠人爲椁 刊治其材 以井構於殯門外也〕"고 하였다.

3) 雀入大水化爲蛤：≪禮記≫ 〈月令〉 '季秋' 조에 "참새가 큰 물속(바다)으로 들어가 蛤이 된다.〔爵入大水爲蛤〕"고 하였다. 陳澔는 "참새가 대합조개가 되는 것은 날짐승이 물속에 사는 생물이 되는 것이다.〔爵爲蛤 飛物化爲潛物也〕"라고 하였다.(≪禮記集說≫ 〈月令〉)

注의 〔蜃大至爲蜃〕

○釋曰：살펴보건대, 〈地官 掌蜃(地-68-1)〉에서 "互物과 蜃物을 징수하는 일을 관장하여 무덤의 바닥을 메워서 습기를 방지할 때 사용할 대합조개를 공급한다."고 하였으니, 또한 징수하고 저장하는 관직이다. 그러므로 이곳에 서술한 것이다. "'蜃'은 대합조개이다."라고 말한 것은 참새가 큰 물속으로 들어가 蛤으로 변하는 것과 대비한 것이니, 〈蛤은〉 소합조개가 되는 것이다. ≪禮記≫ 〈月令〉의 "꿩이 큰 물속으로 들어가 대합조개가 된다."는 문장을 인용했는데, 살펴보건대 ≪國語≫에서는 "大水는 淮水이다."라고 하였다.

地-0-53

囿人은 中士四人이요 下士八人이니 府二人이요 胥八人이요 徒八十人이라

囿人은 中士 4인이 담당하고 下士 8인이 보좌하니, 〈휘하에〉 府 2인, 胥 8인, 徒 80인이 있다.

【注】 囿는 今之苑이라

'囿'는 오늘날의 원림〔苑〕이다.

【疏】'囿人'至'十人' ○ 釋曰：案其職云"掌囿游[1]之獸禁[2]", 囿是地之用, 故在此.

1) 囿游：'囿'는 漢代에는 '苑'이라 칭했으니, 곧 園林을 말한다. '游'는 囿 안에 있는 離宮으로 작은 원림〔小苑〕 또는 관람하는 곳 등을 가리킨다.(〈天官 序官(天-0-53)〉 經文에 대한 역주 1) 및 鄭玄의 注 참조) 孫詒讓은 "城中의 왕이 거처하는 宮과 구별되기 때문에 '離宮'이라 한다. 그곳에서 노닐며 유람할 수 있기 때문에 '游'라고 한다.〔別於城中王所居之宮 故謂之離宮 以其可以游觀 故謂之游〕"고 하였다.(≪周禮正義≫ 권1, 47쪽 참조)

2) 囿游之獸禁：≪三輔黃圖≫ 〈園囿〉에서 인용한 ≪漢舊儀≫에 "上林苑은 사방 300리이니, 苑 안에서 들짐승 100마리를 키운다.〔上林苑方三百里 苑中養百獸〕"고 하였다.

經의 〔囿人〕에서 〔十人〕까지

○ 釋曰：살펴보건대, 〈地官 囿人(地-69-1)〉에서 "囿 안에 있는 離宮의 유람하는 곳에서 키우는 들짐승들의 울타리를 관장한다."고 하였으니, '囿'는 땅을 이용하는 것이다. 그러므로 이곳에 서술한 것이다.

○ 注'囿今之苑' ○ 釋曰：此據漢法以況古, 古謂之囿, 漢家謂之苑.

○ 注의 〔囿今之苑〕

○ 釋曰：이는 漢나라 법에 의거하여 옛날을 비유한 것이니, 옛날에는 '囿'라고 하였는데, 漢나라에서는 '苑'이라고 하였다.

地-0-54

場人은 每場에 下士二人이니 府一人이요 史一人이요 徒二十人이라

場人은 마당〔場〕마다 下士 2인이 담당하니, 〈휘하에〉 府 1인, 史 1인, 徒 20인이 있다.

【注】 場은 築地爲墠(선)이니 季秋에 除圃中爲之라 詩云 九月築場圃요 十月納禾稼라

'場'은 땅을 다져서 평평한 곳〔墠〕을 만든 것이니, 季秋(9월)에 채소밭〔圃〕 안을 다져서 만든다. ≪詩經≫ 〈豳風 七月〉에 "채소밭〔圃〕에 마당〔場〕을 다지고, 10월에 곡식을 거두어들인다."고 하였다.

【疏】 '場人'至'十人' ○ 釋曰：言'每場'者, 以其九穀別場, 故言'每'以殊之. 場亦地之用, 故在此.

經의 〔場人〕에서 〔十人〕까지

○ 釋曰：'場마다'라고 말한 것은 九穀은 마당〔場〕을 달리하기 때문이다. 그러므로 '每(마다)'라고 말하여 구별하였다. 마당〔場〕 또한 땅을 이용하는 것이다. 그러므로 이곳에 서술한 것이다.

○ 注'場築'至'禾稼' ○ 釋曰：除地曰墠, 築堅始得爲場, 故云"場, 築地爲墠"也. 云'季秋除圃中爲之'者, 以其春夏爲圃, 以種菜蔬, 至季秋始爲場. 引詩曰 "九月築場圃, 十月納禾稼"者, 此七月詩, 引之, 證圃中爲場之意.

○ 注의 〔場築〕에서 〔禾稼〕까지

○ 釋曰：땅을 다진 것을 '墠(평평한 땅)'이라 하니, 단단하게 다져야 비로소 마당〔場〕이 될 수 있다. 그러므로 "場은 땅을 다져서 평평한 곳〔墠〕을 만든 것이다."라고 한 것이다. 〔季秋除圃中爲之〕 봄과 여름에 채소밭〔圃〕을 만들어 채소를 심고, 季秋에 이르러 비로소 마당〔場〕을 만들기 때문이다. ≪詩經≫의 "9월에 채소밭에 마당을 다지고, 10월에 곡식을 거두어들인다."라는 문장을 인용한 것은, 이는 ≪시경≫ 〈豳風 七月〉의 詩이다. 이를 인용하여 채소밭 안에 마당을 만든다는 뜻을 입증하였다.

地-0-55

廩人은 下大夫二人이요 上士四人이요 中士八人이요 下士十有六人이니 府八人이요 史十有六人이요 胥三十人이요 徒三百人이라

稟人은 下大夫 2인이 담당하고, 上士 4인이 보좌하고, 中士 8인과 下士 16인이 뭇 일을 처리하니, 〈휘하에〉 府 8인, 史 16인, 胥 30인, 徒 300인이 있다.

【注】藏米曰稟이라 稟人은 舍人・倉人・司祿官之長이라

미곡을 저장하는 곳을 '稟(곳집)'이라 한다. 稟人은 舍人・倉人・司祿 관직의 우두머리이다.

【疏】'稟人'至'百人' ○ 釋曰：此官使下大夫爲官首, 徒三百人又多者, 以其米稟事重, 出納又多故也, 故其職云 "掌九穀[1]之數", 以其米穀, 地之所長成, 故在此.

1) 九穀 : 9가지 곡물을 말한다. 鄭衆은 찰기장〔黍〕・메기장〔稷〕・차조〔秫〕・쌀〔稻〕・미자〔麻〕・콩〔大豆〕・팥〔小豆〕・보리〔大麥〕・밀〔小麥〕의 9가지를 들었는데, 鄭玄은 여기서 차조〔秫〕와 보리〔大麥〕를 제외시키고 수수〔粱〕와 고미〔苽〕를 넣어 九穀이라 하였다.(〈天官 大宰(天-1-16)〉 鄭玄의 注 참조)

經의 〔稟人〕에서 〔百人〕까지

○ 釋曰 : 이 관직이 下大夫로 관직의 우두머리가 되게 하고, 徒가 300인으로 또 많은 것은, 미곡을 곳집에 저장하는 일이 중요하고, 출납하는 것이 또 많기 때문이다. 그러므로 이 〈地官 稟人(地-71-1)〉에서 "九穀의 수량을 관장한다."고 하였으니, 미곡은 땅이 길러서 완성시키는 것이다. 그러므로 이곳에 서술한 것이다.

○ 注'藏米'至'之長' ○ 釋曰 : '藏米曰稟'者, 對下倉人'藏穀曰倉.' 云'稟人, 舍人倉人司祿官之長'者, 以其舍人已下同掌米穀之事, 皆以士爲之, 故稟人下大夫與之爲長.

○ 注의 〔藏米〕에서 〔之長〕까지

○ 釋曰 : "미곡을 저장하는 곳을 '稟(곳집)'이라 한다."는 것은 아래 〈地官 倉人〉에서 "곡물을 저장하는 곳을 '倉'이라 한다."고 한 것과 대비한 것이다.

"稟人은 舍人・倉人・司祿 관직의 우두머리이다."라고 한 것은, 舍人 이하는 똑같이 미곡의 일을 관장하지만 모두 士로 하여금 담당하게 하기 때문이다. 그러므로 稟人은 下大夫로서 그들의 우두머리가 된다.

地-0-56

舍人은 上士二人이요 中士四人이니 府二人이요 史四人이요 胥四人이요 徒四十人이라

舍人은 上士 2인이 담당하고 中士 4인이 보좌하니, 〈휘하에〉 府 2인, 史 4인, 胥 4인, 徒 40인이 있다.

【注】 舍는 猶宮也니 主平宮中用穀者也라

'舍'는 宮과 같으니, 宮中의 곡물 사용을 공평하게 하는 일을 주관하는 자이다.

【疏】 '舍人'至'十人' ○釋曰：在此者, 案其職云 "掌平宮中之政, 分其財守[1], 以法掌其出入", 謂平宮中米穀多少, 故與廩人倉人連類在此.

1) 分其財守 : 〈地官 舍人(地-72-1)〉 鄭玄의 注에 "'分其財守'는 곡물 사용의 수량을 계산하여 宮正과 內宰에 나누어 보내주고, 그것을 보관하여 〈궁중의 관리들에게〉 나누어주게 하는 것이다.〔分其財守者 計其用穀之數 分送宮正內宰 使守而頒之也〕"라고 하였다. 賈公彦의 疏에서 "'財'는 곧 미곡이다.〔財卽米也〕"라고 하였다.

經의 〔舍人〕에서 〔十人〕까지

○ 釋曰 : 이곳에 서술한 것은, 살펴보건대 〈地官 舍人(地-72-1)〉에서 "宮中의 곡물 사용을 공평히 하는 정무를 관장하여 곡물을 宮正과 內宰에게 나누어주고, 그것을 보관하여 〈궁중의 관리들에게〉 나누어주게 하는데, 法에 의거하여 그 곡물의 지출과 환수를 관장한다."고 하였으니, 宮中의 미곡 수량을 공평히 하는 것을 말한다. 그러므로 廩人·倉人과 더불어 유사한 것끼리 연결하여 이곳에 서술한 것이다.

○注'舍猶'至'者也' ○釋曰：鄭訓舍爲宮者, 案其職云 "掌平宮中之政", 故就職內主平宮中用穀解之.

○ 注의 〔舍猶〕에서 〔者也〕까지

○ 釋曰 : 鄭玄이 '舍'를 宮의 뜻으로 해석한 것은, 살펴보건대 〈地官 舍人(地-72-1)〉에서 "宮中의 곡물 사용을 공평히 하는 정무를 관장한다."고 하였기 때문이다. 그러므로 〈舍人의〉 직무 가운데 宮中의 곡물 사용을 공평히 하는 일을 주관하는 것에 따라 〈'舍'를 '宮'으로〉 풀이하였다.

地-0-57

倉人은 中士四人이요 下士八人이니 府二人이요 史四人이요 胥四人이요 徒四十人이라

倉人은 中士 4인이 담당하고 下士 8인이 보좌하니, 〈휘하에〉 府 2인, 史 4인, 胥 4인, 徒 40인이 있다.

【疏】'倉人' ○ 釋曰 : 〔倉人在此者〕[1], 案其職云 "掌粟入之藏", 如廩人, 米粟, 地之所成故也.

1) 〔倉人在此者〕 : 저본에는 '倉人在此者'가 없으나, 殿本에 이 구절이 있는 것에 의거하여 보충하였다.(上海古籍 整理本의 〈校勘記〉 참조)

經의 〔倉人〕

○ 釋曰 : 倉人을 이곳에 서술한 것은, 살펴보건대 〈地官 倉人(地-73-1)〉에서 "납입한 조〔粟〕의 저장을 관장한다."고 하여 廩人의 직무와 같으니, 쌀〔米〕과 조〔粟〕는 땅이 성장시키는 것이기 때문이다.

地-0-58

司祿은 **中士四人**이요 **下士八人**이니 **府二人**이요 **史四人**이요 **徒四十人**이라

司祿은 中士 4인이 담당하고 下士 8인이 보좌하니, 〈휘하에〉 府 2인, 史 4인, 徒 4인이 있다.

【注】主班祿이라

봉록을 나누어주는 일을 주관한다.

【疏】注'主班祿' ○ 釋曰 : 在此者, 其職旣闕, 未知所掌云何. 但班祿者用粟與之, 司祿職次倉人, 明是班多少之官, 故鄭云 "主班祿", 故與倉人連類在此.

注의 〔主班祿〕

○ 釋曰 : 〈司祿을〉 이곳에 서술한 것은, 그 관직의 문장이 이미 망실되어서 관장하는 일이 무엇이라고 말했는지 알 수 없지만, 다만 봉록을 나누어줄 경우 곡식으로 주는데, 사록의 관직이 倉人에 이어지는 것은 수량을 나누어주는 관직임이 분명하기 때문이다. 그러므로 鄭玄이 "봉록을 나누어주는 일을 주관한다."고 한 것이다. 그러므로 창인과 더불어 유사한 것끼리 연결하여 이곳에 서술한 것이다.

地-0-59

司稼는 下士八人이니 史四人이요 徒四十人이라

司稼는 下士 8인이 담당하니, 〈휘하에〉 史 4인, 徒 40인이 있다.

【注】 種穀曰稼니 如(稼)〔嫁〕[1)]女以有所生[2)]이라

1) (稼)〔嫁〕: 저본에는 '稼'로 되어 있으나, 北京大 整理本과 上海古籍 整理本에 의거하여 '嫁'로 바로잡았다.

2) 如(稼)〔嫁〕女以有所生 : ≪論語注疏≫ 皇侃의 疏에 "곡식을 심는 것〔稼〕이 딸을 시집보내는 것과 같다는 것은, 곡식을 심어서 벼의 싹이 자라나기를 바라는 것이, 사람이 딸을 시집보내고 아내를 얻어서 자손을 낳는 것과 같음을 말하는 것이다.〔稼猶嫁也 言種穀欲其滋長田苗 如人嫁聚生於子孫也〕"라고 하였다.(≪周禮正義≫ 권17, 684쪽)

곡물을 심는 것을 '稼'라고 하니, 딸을 시집보내어 낳는 바가 있는 것과 같은 것이다.

【疏】 注'種穀'至'所生' ○釋曰 : 云'種穀曰稼'者, 對收斂曰穡也[1)]. 在此者, 其職云 "巡野觀稼, 出斂法", 亦是徵斂地事, 故連類在此.

1) 云種穀曰稼者 對收斂曰穡也 : ≪毛詩正義≫ 〈魏風 伐檀〉 毛亨의 傳에 "씨 뿌리는 것을 '稼'라고 하고, 거두는 것을 '穡'이라고 한다.〔種之曰稼 斂之曰穡〕"고 하였다. 孫詒讓은 이는 對文으로 구별한 것이지만, 散文인 경우에는 거두어들이는 것도 '稼'라고 한다고 하였다.〔此對文別也 散文則斂亦爲稼〕(≪周禮正義≫ 권17, 684쪽 참조) 대문과 산문은 훈고 용어로, 대문은 글 중의 뜻이 비슷하지만 차이가 있을 때 그 차이를 강조하는 것이고, 산문은 성격이 같은 부분만 주시하고 미세한 차이는 무시하는 것이다.

注의 〔種穀〕에서 〔所生〕까지

○釋曰 : "씨 뿌리는 것을 '稼'라고 한다."고 한 것은 거두어들이는 것을 '穡'이라고 하는 것과 대비한 것이다. 〈司稼를〉 이곳에 서술한 것은, 〈地官 司稼(地-75-1)〉에서 "田野를 순시하여 농작물의 상태를 관찰해서 부세의 징수 방법을 결정한다."고 하였으니, 또한 징수하고 저장하는 것은 땅에 관련한 일이다. 그러므로 유사한 것끼리 연결하여 이곳에 서술한 것이다.

地-0-60

舂(용)人은 奄[1)]二人이니 女舂抌(유)二人이요 奚[2)]五人이라

1) 奄 : 〈天官 序官(天-0-28)〉 鄭玄의 注에 "'奄'은 정기가 막히고 닫힌 자이니, 오늘날에는 宦人이라고 한다.〔奄 精氣閉藏者 今謂之宦人〕"고 하였다.

2) 奚 : 〈天官 序官(天-0-28)〉 鄭玄의 注에 "옛날에 연좌된 남녀는 관부에 몰수되어 노비가 되었는데, 그 가운데 나이가 어리고 재능이나 지모가 있는 자를 종〔奚〕으로 삼았으니, 오늘날의 侍史라는 官婢이다. 어떤 이는 '奚는 宦女를 가리킨다.'고 하였다.〔古者從坐男女 沒入縣官爲奴 其少才知 以爲奚 今之侍史官婢 或曰 奚 宦女〕"라고 하였다.

舂人은 奄 2인이 담당하니, 〈휘하에〉 女舂抌 2인, 奚 5인이 있다.

【注】女舂抌(유)는 女奴能舂與抌者니 抌는 抒(서)臼也[1]라 詩云 或舂或抌[2]라

1) 抌 抒(서)臼也 : 段玉裁는 "'抒'는 퍼내다〔挹〕의 뜻이다. 방아를 찧은 후 이어서 절구 안에서 퍼내는 것이다.〔抒 挹也 旣舂之 乃於臼中挹出之〕"라고 하였다. ≪毛詩正義≫ 〈大雅 生民〉 毛亨의 傳에도 "揄(抌)는 절구에서 퍼낸다는 뜻이다.〔揄 抒臼〕"라고 하였는데, 孫詒讓은 '揄'는 '抌'의 借字라고 하였다.(≪周禮正義≫ 권17, 684쪽 참조)

2) 或舂或抌 : '抌'의 글자는 문헌에 따라 각기 다르다. ≪毛詩≫에는 '揄'로 되어 있고, ≪說文解字≫에는 '舀'로 되어 있고, ≪儀禮≫ 〈有司徹〉 鄭玄의 注와 ≪韓詩≫에는 '抌'로 되어 있다. 北京大 整理本과 上海古籍 整理本 및 孫詒讓의 ≪周禮正義≫에서는 '抌'의 글자를 따랐다.(≪周禮正義≫ 권17, 684쪽 참조)

'女舂抌'는 여자 노비로서 방아를 찧고 절구질하는 데에 능한 자이다. '抌'는 절구에서 〈쌀을〉 퍼내는 것이다. ≪詩經≫ 〈大雅 生民〉에 "혹은 방아를 찧고, 혹은 절구에서 퍼낸다."고 하였다.

【疏】'舂人'至'五人' ○釋曰 : 有奄者, 以其與女奴同處故也. 在此者, 與倉人·廩人·饎人連事, 故亦連類在此. 其職云 "掌祭祀賓客牢禮之米", 所共多矣, 而舂人少者, 蓋擧其能者, 亦應兼有別奚於其中矣.

經의 〔舂人〕에서 〔五人〕까지

○ 釋曰 : 奄이 있는 것은 그가 女奴와 같은 곳에서 일을 하기 때문이다. 〈舂人을〉 이곳에 서술한 것은 倉人·廩人·饎人과 일을 연계하여 〈직무를 함께하기〉 때문이다. 그러므로 또한 유사한 것끼리 연결하여 이곳에 서술한 것이다. 〈地官 舂人(地-76-3)〉에서 "제사를 지내고 빈객을 접대할 때 牢禮(致饔餼의 禮)에 쓰일 곡물을 공급하는 일을 관장한다."고 하였으니, 공급하는 것이 많은데도 舂人의 인원이 적은 것은 대체로 그 능한 자를 임

용하기 때문이니, 또한 마땅히 그 가운데에는 별도의 奚를 겸하여 포함하고 있어야 할 것이다.

○ 注'女舂'至'或抌' ○ 釋曰 : 引詩"或舂或抌"者, 彼生民詩. 引之者, 證舂抌之事.

○ 注의 〔女舂〕에서 〔或抌〕까지

○ 釋曰 : ≪詩經≫에서 "혹은 방아를 찧고, 혹은 절구에서 퍼낸다."라고 한 문장을 인용한 것은, 저 〈大雅 生民〉의 詩이다. 이를 인용한 것은 방아를 찧고 절구에서 퍼내는 일임을 입증한 것이다.

地-0-61

饎人은 奄二人이니 女饎八人이요 奚四十人이라

饎人은 奄 2인이 담당하니, 〈휘하에〉 女饎 8인과, 奚 40인이 있다.

【注】 鄭司農云 饎人은 主炊官也라 特牲饋食禮曰 主婦視饎爨[1)]이라 故書에 饎作饎라

1) 主婦視饎爨 : ≪儀禮≫ 〈特牲饋食禮〉에 "主婦는 西堂 아래의 부뚜막에서 饎爨을 살펴본다.〔主婦視饎爨于西堂下〕"고 하였는데, 鄭玄의 注에 "찰기장 밥과 메기장 밥을 취사하는 것을 '饎'라고 하는데, 宗婦가 한다. '爨'은 부뚜막〔竈〕이다.〔炊黍稷曰饎 宗婦爲之 爨 竈也〕"라고 하였다.

鄭衆은 "饎人은 취사하는 일을 주관하는 관직이다."라고 하였다. ≪儀禮≫ 〈特牲饋食禮〉에 "主婦는 〈西堂 아래의〉 부뚜막에서 찰기장 밥〔黍〕과 메기장 밥〔稷〕을 취사하는 일을 살펴본다."고 하였다. 古書(故書)에는 '饎'가 '饎'로 되어 있다.

【疏】 '饎人'至'十人' ○ 釋曰 : 在此者, 其職云 "凡祭祀, 共盛, 共王及后之六食(사). 凡賓客. 共其簠簋[1)]." 不在天官而在此者, 以其因舂人, 又因地道之成, 故在此.

1) 簠簋 : '簠'는 기장밥을 담는 네모진 밥그릇이다. 바깥쪽은 네모지고 안쪽은 둥글며, 다리 높이는 2촌이고, 네 모서리를 각지게 꺾고 그 속은 붉은색으로 칠을 한다. '簋'는 기장밥을 담는 둥근 밥그릇이다. 바깥쪽은 둥글고 안쪽은 네모지며, 뚜껑이 있고, 4개의 짧은 다리가 있으며, 용량은 1斗 2升이다. 제사나 연회를 할 때 항상 짝수로 진설한다. 周나라의 제도에서 천자의 제사에는 8개를 진설하였다. 〈地官 舍人(地-72-2)〉 鄭玄의 注에 "네모진 것을 '簠'라 하고, 둥근 것을 '簋'라 하니, 찰기장밥・메기장밥・쌀밥・수수

밥을 담는 그릇이다.〔簋簠 方曰簠 圓曰簋 盛黍稷稻粱器〕"라고 하였다. 또 〈秋官 掌客(秋-58-4)〉 鄭玄의 注에는 "'簠'는 쌀밥과 수수밥을 담는 그릇이다. '簋'는 찰기장밥과 메기장밥을 담는 그릇이다.〔簠 稻粱器也 簋 黍稷器也〕"라고 하여 두 그릇의 용도가 다름을 말하였다.

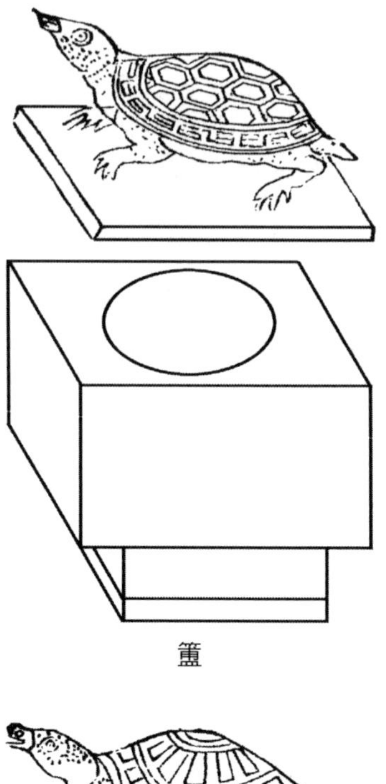
簠

經의 〔饎人〕에서 〔十人〕까지

○ 釋曰 : 〈饎人을〉 이곳에 서술한 것은, 〈地官 饎人(地-77-1・2)〉에서 "무릇 제사를 지낼 때 취사한 제사음식을 공급하는데, 왕 및 왕후에게는 여섯 가지 곡물로 만든 밥을 공급한다. 무릇 빈객을 접대할 때, 밥그릇〔簠簋〕에 담은 밥을 공급한다."고 하였으니, 天官에 서술하지 않고 이곳에 서술한 것은 舂人 때문이며, 또 땅의 도리가 완성되는 것이기 때문이다. 그러므로 이곳에 서술한 것이다.

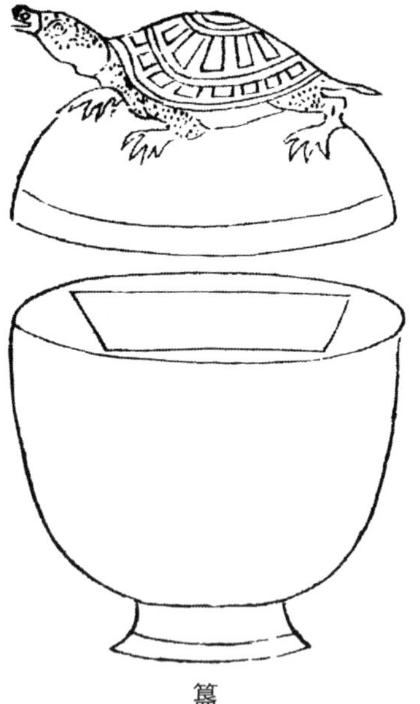
簋

地-0-62

槀(고)人은 奄八人이니 女槀는 每奄二人이요 奚五人[1]이라

1) 女槀每奄二人 奚五人 : '女槀'는 여자 노비로서 槀人의 심부름을 하는 자이다. 沈彤은 "女槀는 奄마다 2인이니, 奄 8인이므로 女槀는 16인이다. 奄마다 奚 5인이므로 奚는 40인이다.〔女槀每奄二人 八奄則女槀十六人 每奄奚五人 則四十人〕"라고 하였다.(≪周禮正義≫ 권17, 686쪽 참조)

槀人은 奄 8인이 담당하니, 〈휘하에〉 奄마다 女槀 2인과 奚 5인이 있다.

【注】 鄭司農云 槀讀爲犒師[1]之犒니 主冗食(사)者라 故謂之犒라

1) 犒師 : 음식을 보내어 군대를 위로하는 것을 말한다. ≪春秋左氏傳≫ 僖公 26년 조에 "公이 齊나라 군대를 犒饋하기 위해 展喜를 보낼 때 展禽에게 가서 命을 받아 가지고 가게 하였다.〔公使展喜犒師 使受命于展禽〕"라고 하였는데, 杜預의 注에 "齊나라 군대를 위로

하는 것이다.〔勞齊師〕"라고 하였다.

鄭衆은 "'稾'는 犒師라고 할 때의 '犒(음식을 보내어 위로하다)'의 뜻으로 읽는다. 〈稾人은〉 冗食를 주관하는 자이다. 그러므로 '犒'라고 한 것이다."라고 하였다.

【疏】'稾人'至'五人' ○釋曰：案其職云"掌其外內朝1)冗食者之食." 所共處多, 故有奄八人, 又女稾每奄二人, 奚五人也.

1) 外內朝：天子는 外朝・治朝・內朝의 '三朝'와 皐門, 庫門, 雉門, 應門, 路門의 '五門'을 둔다.(〈天官 閽人(天-47-1)〉 鄭玄의 注 참조) 치문 밖을 '外朝'라 하는데, 이곳에서 獄訟을 다스린다. 치문 안과 노문 밖 사이를 '治朝'라고 하는데, 이곳에서 천자가 매일 조회를 본다. 正朝라고도 한다. 노문 안쪽 路寢의 뜰을 內朝(燕朝)라 하는데, 이곳에서는 宗族에 관한 일들을 논의한다.

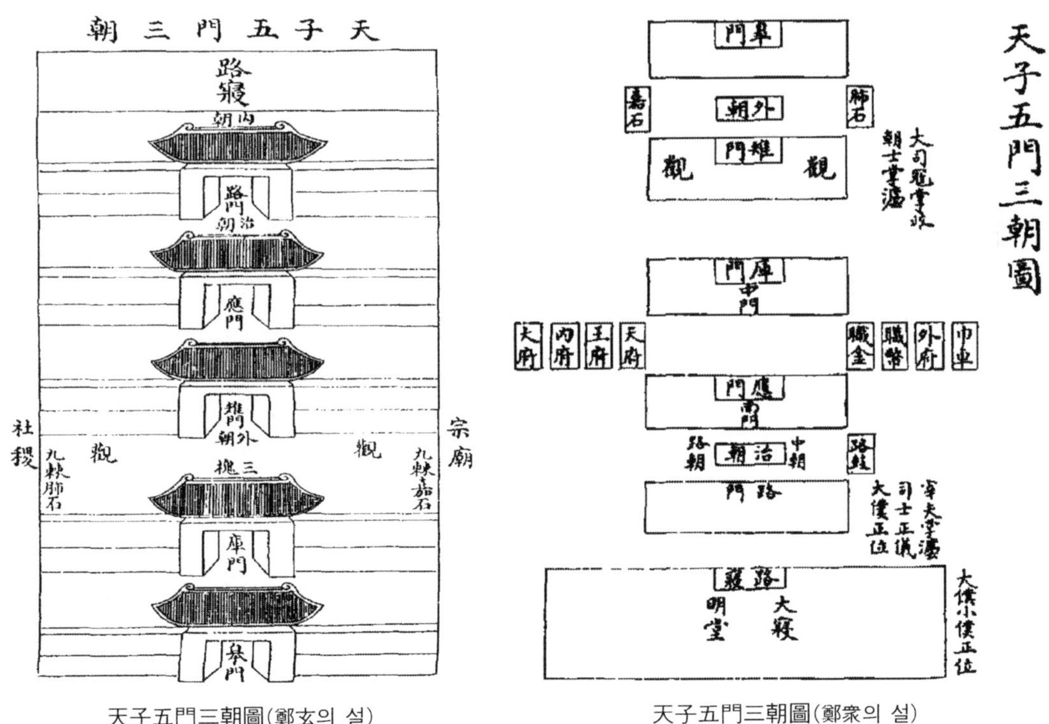

天子五門三朝圖(鄭玄의 설) 天子五門三朝圖(鄭衆의 설)

經의 〔稾人〕에서 〔五人〕까지

○ 釋曰：살펴보건대, 〈地官 稾人(地-78-1)〉에서 "外朝나 內朝에서 숙직하는 관리들에게 공급해야 할 밥을 관장한다."고 하였다. 공급해야 할 곳이 많으므로 奄 8인을 두고, 또 奄마다 女稾 2인과 奚 5인이 있는 것이다.

○ 注'鄭司'至'之犒' ○ 釋曰：案左氏春秋僖三十三年, 秦人將襲鄭. 鄭商人弦高將市於周, 遇之, 以乘韋先, 牛十二頭, 犒秦師, 遂詐之云"鄭使我犒勞軍師." 引之者, 以在朝之人不得歸家, 亦枯槁, 以須槁勞之, 故名其官爲(犒)〔槁〕[1]人, 亦同稾人連類在此.

1) (犒)〔槁〕: 저본에는 '犒'로 되어 있으나, 阮元의 설에 의거하여 '槁'로 바로잡았다. 완원은 "마땅히 閩本에 '槁人'으로 되어 있는 것에 따라야 한다. 監本·毛本에 '稿人'으로 되어 있는 것도 잘못이다."라고 하였다. '犒'는 '槁'의 通假字이다.

○ 注의 〔鄭司〕에서 〔之犒〕까지

○ 釋曰：살펴보건대, ≪春秋左氏傳≫ 僖公 33년(B.C. 627)에, 秦軍이 장차 鄭나라를 급습하려고 했다. 鄭나라 商人 弦高가 周나라로 장사하러 가다가 진군을 만나자, 먼저 4장의 가죽으로 진군에게 예를 표한 후 소 12마리를 주어 진군을 犒饋하였다. 이윽고 〈진군을〉 속이면서 "鄭나라에서 나로 하여금 음식을 보내어 軍師를 위로하게 하셨습니다."라고 하였다. 이를 인용한 것은 조정에 있는 사람이 〈숙직을 하느라〉 집에 돌아갈 수 없을 경우 또한 수척해지니 반드시 음식을 보내어 위로해야 하기 때문이다. 그러므로 그 관직을 '槁人'이라 이름하고, 또 稾人과 더불어 유사한 것끼리 연결하여 이곳에 서술한 것이다.

附錄

〔附錄 1〕

〔附錄 2〕 – 參考資料

〔附錄 1〕

天官의 체계와 직무

≪周禮≫의 〈天官 冢宰〉·〈地官 司徒〉·〈春官 司徒〉·〈夏官 司馬〉·〈秋官 司寇〉·〈冬官 考工記〉 6편은 天官 治官·地官 敎官·春官 禮官·夏官 政官·秋官 刑官·冬官 事官의 六官 관부 체계와 직무를 서술하고 있다. 육관의 명칭은 天·地와 春·夏·秋·冬 四時의 자연법칙을 본뜬 것이다. 총 360여 개(실제로는 378개)의 屬官과 함께 天地四時와 日月星辰의 度數를 나타냄으로써 天道가 갖추어져 있음을 상징한다. 육관의 장관〔正〕은 부관〔貳〕의 도움을 받아 휘하의 속관들을 지휘함으로써 왕을 보좌한다. 각 관은 왕국의 법전인 六典에 의거하여 고유한 업무 영역을 수행한다.

六官	天官(治官)	地官(敎官)	春官(禮官)	夏官(政官)	秋官(刑官)	冬官(事官)
官長	大宰	大司徒	大宗伯	大司馬	大司寇	(大司空)
職掌	治理	敎育	禮事	軍政	刑法	(百工)
六典	治典	敎典	禮典	政典	刑典	(事典)

육관의 첫 번째인 天官은 '治官'으로서, 천관의 장관〔正〕은 大宰이고 부관〔貳〕은 小宰이다. 천관은 총 63개의 속관으로 구성되었다. 천관의 장관인 태재는 육관의 首長으로서는 冢宰라고 불린다. 총재는 속관들을 거느리고 왕국의 정무를 관장함으로써 왕이 천하 각국을 균평하게 다스리는 것을 보좌한다. 천관은 육관의 하나이자 육관의 수장으로서, 각 관의 장관은 각각 자신의 속관을 거느리고 고유의 직무를 수행하는 데는 동등한 지위와 권한을 갖지만 모두 천관의 지휘를 받는다.

天官 屬官의 職類	官名
正(장관)	冢宰(大宰)
貳(부관)	小宰
治官	宰夫, 大府, 內府, 外府, 司會, 司書, 職內, 職歲, 職幣
掌飮食	膳夫, 庖人, 內饔, 外饔, 亨人, 腊人, 醢人 (조리 담당)
	獸人, 𩾲人, 鼈人 (포획 담당) 籩人, 醢人 (진헌 담당)
	酒正, 酒人, 漿人 (음료 담당) 食醫, 鹽人, 冪人, 凌人
掌服飾	司裘, 內司僕, 縫人, 追師, 屨人
醫官	醫師, 疾醫, 瘍醫, 獸醫
掌寢舍	宮人, 掌舍, 幕人, 掌次
宮官	宮正, 宮伯, 內宰, 內小臣, 閽人, 寺人, 內豎
婦官	九嬪, 世婦, 女御, 女祝, 女史
掌婦功	典婦功, 典絲, 典枲
(各一類)	甸師, 王府, 掌皮, 染人, 夏采

1. 大宰(태재)

冢宰를 말한다. 六卿의 하나로서, 治官의 장관이다. 태재는 왕국의 六典・八法・八則・八柄・八統・九職・九賦・九式・九貢을 관장함으로써 왕을 보좌하여 제후국을 다스린다. '六典'은 나라를 다스리기 위한 6가지 법전으로, 治典・教典・禮典・政典・刑典・事典을 말한다. '八法'은 관부의 관리들을 다스리는 8가지 통법으로, 官屬・官職・官聯・官常・官成・官法・官刑・官計를 말한다. '八則'은 畿內의 采邑을 관리하기 위한 8가지 통법으로, 祭祀・法則・廢置・祿位・賦貢・禮俗・刑賞・田役을 말한다. '八柄'은 신하들을 제어하는 8가지 권병으로, 爵・祿・予・置・生・奪・廢・誅를 말한다. '八統'은 백성들을 통합하는 8가지 총칙으로, 親親・敬故・進賢・使能・保庸・尊貴・達吏・禮賓을 말한다. '九職'은 백성들이 종사하는 9가지 직업으로, 三農・園圃・虞衡・藪牧・百工・商賈・嬪婦・臣妾・閒民을 말한다. '九賦'는 畿內의 田地나 關市 등에서 바치는 9가지 부세로, 邦中의 賦・四郊의 賦・邦甸의 賦・家削의 賦・邦縣의 賦・邦都의 賦・關市의 賦・山澤의 賦・弊餘의 賦를 말한다. 이 九賦는 왕국의 재정 수입의 주요한 내원으로, 각각의 부세는 모두 특정 경비에 충당할 목적으로 부과하는 목적세이다. '九式'은 징수한 九賦의 재화를 지출하는 9가지 규정으로, 祭祀의 式・賓客의 式・喪荒의 式・羞服의 式・工事의 式・幣帛의 式・芻秣의 式・匪頒의 式・好用의 式을 말한다. '九賦'와 '九貢'이 貢賦를 징수하는 규정으로서 재정 수입의 법이라면, '九式'은 재정 지출의 법이다. '九貢'은 제후국에서 천자에게 공물을 진헌하는 9가지 규정으로, 祀貢・嬪貢・器貢・幣貢・材貢・貨貢・服貢・斿貢・物貢을 말한다.

2. 小宰(소재)

大宰의 副職이다. 태재를 보좌하여 왕국의 刑法을 반포하여 宮中의 政令을 시행하고, 왕궁 안의 위법행위를 규찰하여 금지하는 일을 관장함으로써 태재를 보좌한다. 아울러 六典・八法・八則의 副本을 관장하여 邦國(畿外의 제후국)・都鄙(畿內의 채읍)・官府(朝廷의 각 관부)에 대한 치적심사를 진행하고, 九貢・九賦・九式의 副本을 집행하여 재화를 균등하게 징수하고 재정 지출을 절제한다. 소재는 中大夫 1인이 담당한다.

3. 宰夫(재부)

小宰의 副職이자 天官의 考劾官이다. 治朝에 관한 법령을 관장하여 王과 三公・六卿・大夫・뭇 관리들의 朝位를 바르게 하고, 禁令의 위반 여부를 규찰한다. 또 직급의 차서에 따라 관리들의 직무를 안배하고 빈객에 관한 일・신하들의 奏事・백성들의 上書를 처리한다. 아울러 治法(治典)을 관장하여 모든 官府와 都・縣・鄙의 치적을 심사하고, 그곳의 錢穀 및 財物의 지출과 수입 상황에 대한 회계감사를 진행한다. 재부는 下大夫 4인이 담당한다.

4. 宮正(궁정)

궁중의 사무를 주관하는 관직의 우두머리로, 王宮의 戒令(경계하도록 고하는 명령)과 糾禁(규찰과 금령)을 관장하고, 왕궁 안의 官府나 次舍(숙위 초소와 숙사)에 거처하는 관리들의 인원수를 점검한다. 아울러 궁중 안에서 숙위하는 관리들의 名籍을 만들고, 저녁에는 딱따기를 치면서 야간 숙위하는 관리들의 인원수를 점검한다. 월말에는 궁중에서 숙위하는 관리들의 녹봉을 評定하고, 연말에는 그들의 직무 실적을 심사한다. 궁정은 上士 2인이 담당하고, 中士 2인이 보좌하며, 下士 8인이 뭇 일들을 처리한다. 그 휘하에 府 2인, 史 4인, 胥 4인, 徒 40인이 있다.

5. 宮伯(궁백)

王宮 안에서 숙위하는 卿・大夫・士의 자제들의 秩祿과 재능의 등급을 정하고, 太子의 徒役에 이들을 공급하는 일을 관장한다. 이 자제들은 모두 名籍에 등록된 자들이다. 또 이 자제들에게 숙위할 때의 八次(8곳의 숙위 초소)와 휴식을 취하는 八舍(8곳의 휴식 숙사)의 직무를 안배해준다. 아울러 월말이 되면 작위에 따라 이들의 봉록을 균평하게 나누어주고, 연말이 되면 이들의 재능에 대한 등급심사를 한다. 궁백은 中士 2인이 담당하고, 下士 4인이 보좌한다. 그 휘하에 府 1인, 史 2인, 胥 2인, 徒 20인이 있다.

6. 膳夫(선부)

음식을 관장하는 관직의 우두머리로, 王・王后・世子의 음식을 관장한다. 왕에게 성찬을 진상할 때, 선부는 밥에는 6가지 곡물〔六穀〕을 사용하고, 희생고기에는 6가지 희생〔六牲〕을 사용하고, 음료에는 6가지 맑은 음료〔六淸〕를 사용하고, 맛난 음식에는 120가지 음식〔百二十品〕을 사용하고, 초장과 고기젓갈장에는 120개의 독〔甕〕을 사용한다. 또 선부는 왕이 식사를 시작할 때 음식물마다 일일이 맛을 보고, 왕이 식사를 마치면 음악을 연주하면서 식기를 거두어 본래 있던 곳에 놓는다. 선부는 上士 2인이 담당하고, 中士 4인이 보좌하고, 下士 8인이 뭇 일을 처리한다. 그 휘하에 府 2인, 史 4인, 胥 12인, 徒 120인이 있다.

7. 庖人(포인)

주방을 관장하는 관직의 우두머리이다. 포인은 六畜・六獸・六禽을 공급하여 그 희생의 명칭과 털빛을 변별하는 일을 관장하는데, 죽은 고기・생고기・갓 잡은 고기・말린 고기의 음식물의 수량을 총괄하여 왕의 희생고기와 각종 음식으로 공급하고, 왕후와 세자의 맛난 음식으로 공급한다. '六畜'은 六牲으로, 말〔馬〕・소〔牛〕・양(羊)・돼지〔豕〕・개〔犬〕・닭〔雞〕을 가리킨다. 鄭玄에 의하면, '六獸'는 큰사슴〔麋〕・사슴〔鹿〕・이리〔狼〕・노루〔麕〕・멧돼지〔野豕〕・토끼〔兎〕이고, '六禽'은 새끼 양〔羔〕・새끼 돼지〔豚〕・송아지〔犢〕・새끼 사슴〔麛〕・꿩〔雉〕・기러기〔鴈〕이다. 포인은 中士 4인이 담당하고, 下士 8인이 보좌한다. 그 휘하에 府 2인, 史 4인, 賈 8인, 胥 4인, 徒 40인이 있다.

8. 內饔(내옹)

왕 및 왕후・세자에게 공급할 희생 고기와 맛난 음식을 자르고 삶는 일을 관장한다. 왕이 성찬을 할 때 세발솥〔鼎〕과 희생제기〔俎〕를 진설하며, 여러 가지 맛난 음식〔百羞〕・초장과 육장〔醬物〕・진귀한 음식〔珍物〕을 선별하여 膳夫가 왕에게 진헌할 것에 대비한다. 또 종묘의 제사를 지낼 때 희생의 뼈를 바르고 삶는 일도 관장한다. '內饔'이 주관하는 일은 왕궁 안에 있다. 내옹은 中士 4인이 담당하고, 下士 8인이 보좌한다. 그 휘하에 府 2인, 史 4인, 胥 10인, 徒 100인이 있다.

9. 外饔(외옹)

外祭祀를 지낼 때 희생의 뼈를 자르고 삶는 일을 관장하여 소금을 넣어 말린 육포〔脯〕・

생강이나 계피를 넣어 찧고 두드려서 만든 육포〔脩〕· 나물을 넣어 조미한 고깃국〔刑〕· 생선의 뱃살로 요리한 큰 조각의 저민 고기〔膴〕를 공급하고, 鼎(세발솥)과 俎(희생제기)를 진설하며, 鼎과 俎 위에 희생의 뼈〔牲體〕· 선어〔魚〕· 말린 고기〔腊〕를 담는다. 天地 · 四望 · 山川 · 社稷 · 五祀의 神을 外神이라 하고, 이 외신에 대한 제사를 '외제사'라고 한다. 외옹이 주관하는 일은 왕궁 밖에 있다. 외옹은 中士 4인이 담당하고, 下士 8인이 보좌한다. 그 휘하에 府 2인, 史 4인, 胥 10인, 徒 100인이 있다.

10. 亨人(팽인)

희생고기를 鑊(가마솥)에 삶아서 鼎(세발솥)에 담는 일을 관장한다. 또 內饔과 外饔에서 보내온 고기를 부뚜막에서 삶는 일을 주관하며, 희생고기와 맛난 음식을 변별하여 만들어서 膳夫에 공급한다. 제사를 지낼 때는 나물을 넣지 않고 끓인 고깃국〔大羹〕과 나물을 넣어 조미한 고깃국〔鉶羹〕을 공급한다. 亨人은 下士 4인이 담당하는데, 그 휘하에 府 1인, 史 2인, 胥 5인, 徒 50인이 있다.

11. 甸師(전사)

野(郊外)의 생산물을 공급하는 일을 주관하는 관직의 우두머리이다. 王城으로부터 51리에서 100리까지를 遠郊라고 한다. 遠郊의 밖을 '野'라고 하는데, '野'는 甸 · 稍 · 縣 · 畺의 땅으로 이루어진다. '甸'은 王城으로부터 100리에서 200리까지의 땅이다. 전사는 왕의 藉田을 경작하고, 때에 맞추어 수확물을 地官의 神倉에 보내어 제사에 쓰일 곡물〔齍盛〕로 공급하는 일을 관장하고, 제사를 지낼 때는 향기로운 쑥과 띠풀을 공급한다. 전사는 下士 2인이 담당하는데, 그 휘하에 府 1인, 史 2인, 胥 30인, 徒 300인이 있다.

12. 獸人(수인)

그물로 들짐승을 포획하는 일을 관장한다. 겨울에는 왕에게 이리〔狼〕를 진헌하고, 여름에는 큰사슴〔麋〕을 진헌하고, 봄과 가을에는 각종 들짐승을 진헌한다. 제사를 거행하고 喪奠과 喪祭를 지내고 빈객을 접대할 때, 죽은 짐승과 살아 있는 짐승을 공급한다. 수인은 포획한 모든 짐승을 腊人에게 보내주고, 짐승의 가죽 · 털 · 근육 · 뿔은 玉府로 보내어 납입한다. 수인은 中士 4인이 담당하고, 下士 8인이 보좌한다. 그 휘하에 府 2인, 史

4인, 胥 4인, 徒 40인이 있다.

13. 𩺰人(어인)

물고기의 포획과 공급・어량〔梁〕의 설치・魚稅의 징수 등을 관장한다. 봄에 왕에게 큰 다랑어〔王鮪〕를 진헌하고, 어물을 변별하여 鮮魚(갓 잡은 신선한 물고기)와 乾魚(말린 물고기)로 만들어 왕의 음식으로 공급한다. 물고기를 잡을 때 물고기 잡는 시기나 장소와 관련한 政令을 관장하고, 물고기를 잡은 사람에게 조세를 징수하여 이를 王府에 납입한다. 어인은 中士 2인이 담당하고, 下士 4인이 보좌한다. 그 휘하에 府 2인, 史 4인, 胥 30인, 徒 300인이 있다.

14. 鼈人(별인)

거북・자라 등 갑각류의 생물을 채취하는 일을 관장한다. 봄에는 왕에게 자라와 대합조개를 진헌하고, 가을에는 거북과 물고기를 진헌한다. 제사를 지낼 때는 긴맛〔蠯〕・달팽이〔蠃〕・개미알〔蚳〕을 공급하여 醢人에게 보내준다. 별인은 下士 4인이 담당한다. 그 휘하에 府 2인, 史 2인, 徒 16인이 있다.

15. 腊人(석인)

말린 고기〔乾肉〕를 관장한다. 제사를 지낼 때, 가찬으로 진헌하는 말린 고기〔脯〕를 공급하고, 정찬으로 진헌하는 말린 고기・생선의 뱃살로 요리한 큰 조각의 저민 고기〔膴〕・말리지 않은 얇은 조각의 저민 고기〔胖〕 및 희생제기 위에 올려놓는 각종 말린 고기〔腊〕를 공급한다. 빈객을 접대하고 喪祭를 지낼 때는 얇게 잘라서 말린 고기와 통째로 말린 고기 및 각종 말린 고기를 공급한다. 석인은 下士 4인이 담당한다. 그 휘하에 府 2인, 史 2인, 徒 20인이 있다.

16. 醫師(의사)

의료를 주관하는 관직의 우두머리로, 의료와 관련한 政令을 관장한다. 약물을 수집해서 의료의 일을 담당하는 관부에 공급하고, 연말이 되면 의료 업무를 평가하여 다섯 등급으로 나누어서 그 봉록을 제정한다. 의사는 上士 2인이 담당하고, 下士 4인이 보좌한다. 그 휘하에 府 2인, 史 2인, 徒 20인이 있다.

17. 食醫(사의)

醫師의 下屬으로, 왕의 六食·六飮·六膳·百羞·百醬·八珍을 조미하는 일을 관장한다. '六食'은 찰기장〔黍〕·메기장〔稷〕·벼〔稻〕·수수〔粱〕·보리〔麥〕·고미〔苽〕의 6가지 곡물로 만든 6가지 밥을 말한다. '六飮'은 물〔水〕·신 음료〔漿〕·단술〔醴〕·찬 죽〔凉〕·탁한 단술〔醫〕·미음〔酏〕의 6가지 맑은 음료로 만든 6가지 음료를 말한다. '六膳'은 말〔馬〕·소〔牛〕·양(羊)·돼지〔豕〕·개〔犬〕·닭〔雞〕의 6가지 희생으로 요리한 6가지 희생고기를 말한다. '百羞'는 희생이나 날짐승·들짐승으로 만들어서 맛을 갖춘 음식인데, 이를 '庶羞'라고 한다. '百醬'은 고기젓갈장〔醢〕 등을 말하는데 醬에는 120개의 독을 사용한다. '八珍'은 젓갈을 얹고 기름을 뿌린 밭벼로 지은 밥〔淳熬〕·젓갈을 얹고 기름을 뿌린 기장밥〔淳毋〕·식초와 젓갈로 조미한 통돼지구이〔炮豚〕·식초와 젓갈로 조미한 암양구이〔炮牂〕·소·양·사슴·노루 등의 등심구이〔擣珍〕·소고기 육회〔漬〕·불에 구운 소고기와 양고기 등의 포〔熬〕·개의 간 구이〔肝膋〕의 8가지 진미를 말한다. 사의는 中士 2인이 담당한다.

18. 疾醫(질의)

醫師의 下屬으로, 백성들의 내과질병 치료를 관장한다. 五味(식초·술·엿이나 꿀·생강·소금)·五穀(마·찰기장·메기장·보리·콩)·五藥(풀·나무·곤충·돌·곡물)으로 병자의 질병을 치료한다. 백성들 가운데 질병에 걸린 사람이 있을 경우, 전공분야에 따라 나누어서 치료를 하고, 병자가 죽으면 각각 그 사망한 사정을 기록하여 의사에게 보고한다. 질의는 中士 8인이 담당한다.

19. 瘍醫(양의)

醫師의 下屬으로, 종양·궤양·금양·절양 등 외과질병 치료를 관장한다. 종기를 치료할 때는 5가지 독한 약〔五毒〕으로 다스리고, 5가지 곡물〔五穀〕로 보양을 하고, 5가지 약〔五藥〕으로 치료를 하고, 5가지 맛〔五味〕으로 약효를 조절한다. 종기가 있는 사람 가운데 직접 올 필요가 없는 자는 모두 瘍醫에게서 약을 받는다. 瘍醫는 下士 8인이 담당한다.

20. 獸醫(수의)

醫師의 下屬으로, 가축의 질병이나 종기 치료를 관장한다. 가축의 질병을 치료할 때는 먼저 약을 먹이고 속도를 조절하면서 걷게 하여 혈맥의 기운을 움직이게 하는데, 그 발동하는 혈맥의 기운을 관찰하면서 치료를 한다. 가축의 종기를 치료할 때는 약을 먹이고 피고름을 제거하여 그 썩은 살을 들어내고 그런 다음 약을 바르고 보양을 하고 사료를 먹인다. 수의는 下士 4인이 담당한다.

21. 酒正(주정)

酒人・漿人 등 술을 관장하는 관직의 우두머리로, 술에 관한 政令 및 술 제조의 법식을 관장한다. 술을 제조하는 법식에 의거하여 酒人에게 술 빚는 재료를 공급해주고, 五齊와 三酒와 四飮의 명칭과 종류를 변별하여 王・王后・世子에게 진헌한다. '五齊'는 아직 술의 찌꺼기를 걸러내지 않은 5가지의 탁주로서 제사를 지낼 때 공급하는데, 泛齊(숙성이 되면서 찌꺼기가 둥둥 떠 있는 술)・醴齊(숙성이 되면서 즙과 찌꺼기가 뒤섞여 있는 술)・盎齊(숙성이 되면서 파르스름하게 연한 남빛을 띠는 술)・緹齊(숙성이 되면서 홍적색을 띠는 술)・沈齊(숙성이 되면서 찌꺼기가 가라앉은 술)를 말한다. '三酒'는 찌꺼기를 걸러낸 음료용의 3가지 술로서, 事酒(일을 맡은 사람에게 따라주는 술)・昔酒(오랫동안 숙성시켜 빚은 白酒)・淸酒(겨울에 빚어서 여름이 올 무렵에 완성되는 술)를 말한다. '四飮'은 淸(맑은 단술)・醫(탁한 단술)・漿(신 음료)・酏(미음)의 4가지 음료를 말한다. 酒人은 술의 재료와 술의 수량을 기록하여 열흘마다 회계문서를 작성해서 酒正에게 보고하고, 酒正은 월말에 그 달의 회계문서를 작성하여 小宰에게 보고하고, 연말이 되면 한 해의 총 회계문서를 작성하여 大宰에게 보고한다. 주정은 中士 4인이 담당하고, 下士 8인이 보좌한다. 그 휘하에 府 2인, 史 8인, 胥 8인, 徒 80인이 있다.

22. 酒人(주인)

五齊와 三酒를 제조하여 王의 燕飮・祭祀・빈객접대에 필요한 술을 공급한다. 世婦의 지시에 따른다. 주인은 奄 10인이 담당하는데, 그 휘하에 女酒 30인, 奚 300인이 있다. '奄'은 정기가 막히고 닫힌 자로서, 宦人을 말한다. '女酒'는 여자 노비로서 술을 빚는 방법에 밝은 자이고, '奚'는 술 빚는 일을 담당하는 여자 노비를 말한다.

23. 漿人(장인)

왕이 마실 6가지 음료〔六飮〕의 공급을 관장한다. 漿人이 물〔水〕·신 음료〔漿〕·맑은 단술〔醴〕·찬 죽〔涼〕·탁한 단술〔醫〕·미음〔酏〕의 6가지 음료를 酒正이 속해 있는 官府에 보내면, 酒正이 이를 받들고 가서 왕에게 바친다. 이 밖에 빈객에게 稍食의 물품을 보내줄 때, 三夫人이 빈객에게 음료를 보내줄 때도 장인이 필요한 음료를 공급한다. 장인은 奄 5인이 담당하는데, 그 휘하에 女漿 15인, 奚 150인이 있다. '女漿'은 여자 노비로서 음료에 밝은 자이다.

24. 凌人(능인)

얼음의 저장과 공급에 관한 政令을 관장한다. 夏曆 12월에 얼음을 채취하도록 명하는데, 필요한 수량의 3배의 얼음을 채취하게 하여 氷室(얼음 저장고)에 저장한다. 봄(정월)에 얼음을 담는 항아리〔鑑〕를 검사하고, 여름에 왕이 신하들에게 얼음을 나누어줄 때 그에 관한 사무를 관장하고, 가을에는 氷室을 청소한다. 제사를 지낼 때는 얼음을 담은 항아리를 공급하고, 大喪(왕의 상)을 당하면 尸床 아래에 놓는 夷槃에 채우는 얼음을 공급한다. 능인은 下士 2인이 담당하는데, 그 휘하에 府 2인, 史 2인, 胥 8인, 徒 80인이 있다.

25. 籩人(변인)

각종 대나무제기〔籩〕에 담는 음식물을 관장한다. 종묘 제사를 지낼 때 변인은 朝事의 籩, 饋食(궤사)의 籩, 加籩, 羞籩의 순서로 四籩에 음식물을 담아 올린다. '朝事'는 천자나 제후의 종묘 제사에서 맨 처음에 희생의 피와 날고기를 올리는 의절을 말하는데, 볶은 보리〔麷〕·볶은 마씨〔蕡〕·볶은 쌀〔白〕·볶은 찰기장〔黑〕·호랑이 형상의 소금〔形鹽〕·큰 조각의 저민 생선〔膴〕·훈제 생선〔鮑魚〕·건어물〔鱐〕을 籩에 담아서 올린다. '饋食'는 천자나 제후의 종묘 제사에서 찰기장 밥·메기장 밥을 올리는 의절을 말하는데, 대추〔棗〕·밤〔㮚〕·복숭아〔桃〕·말린 매실〔乾橑〕·개암 열매〔榛實〕를 籩에 담아서 올린다. '加籩'은 종묘 제사에서 시동이 밥을 먹은 후 왕후가 시동에게 亞獻의 예를 행할 때 더하여 올리는 籩(대나무 제기)을 말하는데, 마름〔蔆〕·가시연〔芡〕·밤〔㮚〕·말린 고기〔脯〕의 4가지 음식을 8개의 籩에 담아서 올린다. '羞籩'은 鄭玄에 따르면 종묘 제사에서 正獻 이후 시동에게 예주를 따라주어 賓尸의 예를 행할 때 올리는 籩을 말하는데, 미숫가루 경단〔糗餌〕과 인절미〔粉餈〕를 籩에 담아서 올린다. 변인은 奄 1인 담당하는데, 그 휘하에 女籩 10인, 奚 20인이 있다. '女籩'은 여자 노비로서 籩(대나무제기)에 밝은 자이다.

26. 醢人(해인)

각종 나무제기〔豆〕에 담는 음식물을 관장한다. 종묘 제사를 지낼 때 醢人은 朝事의 豆, 饋食의 豆, 加豆, 羞豆의 순서로 四豆에 음식물을 담아 올린다. 朝事의 禮를 행할 때는 부추절임〔韭菹〕·고기젓갈〔醓醢〕·창포뿌리절임〔昌本〕·뼈 붙은 큰사슴고기젓갈〔麋臡〕·순무절임〔菁菹〕·사슴고기젓갈〔鹿臡〕·순채절임〔茆菹〕·노루고기젓갈〔麇臡〕을 豆에 담아서 올린다. 궤사의 禮를 행할 때는 아욱절임〔葵菹〕·달팽이젓갈〔蠃醢〕·소의 위〔脾析〕·긴맛젓갈〔蠯醢〕·대합조개〔蜃〕·개미알젓갈〔蚳醢〕·돼지갈비〔豚拍〕·생선젓갈〔魚醢〕을 豆에 담아서 올린다. 시동에게 加爵을 올릴 때 진헌하는 加豆에는 미나리절임〔芹菹〕·토끼고기젓갈〔兎醢〕·어린 부들잎절임〔深蒲〕·고기젓갈〔醓醢〕·연한 죽순절임〔箈菹〕·기러기고기젓갈〔鴈醢〕·죽순절임〔筍菹〕·생선젓갈〔魚醢〕을 담는다. 제사나 宴饗을 할 때 진헌하는 맛난 음식을 담는 羞豆에는 고기죽〔酏食〕과 나물죽〔糝食〕을 담는다. 해인은 奄 1인이 담당하는데, 그 휘하에 女醢 20인, 奚 40인이 있다. '女醢'는 노비로서 고기 젓갈에 밝은 자이다.

27. 醯人(혜인)

五齏(오자)와 七菹 등 초장〔醯〕으로 조미한 음식물을 관장하여 제사를 지내거나 빈객을 접대할 때 공급한다. 왕이 성찬을 하면, 醯人은 장으로 조미한 齏·菹 60개의 독을 공급하고, 王后 및 世子에게는 醬 및 초장으로 조미한 齏·菹를 공급하고, 빈객을 접대하여 饔(죽은 희생)과 餼(살아 있는 희생)를 보내줄 때는 초장으로 조미한 음식물 50개의 독을 공급한다. '五齏'는 창포뿌리〔昌本〕·소의 위〔脾析〕·대합〔蜃〕·돼지갈비〔豚拍〕·어린 부들 잎〔深蒲〕을 초장으로 조미하여 얇게 썰어서 만든 5가지의 절임을 말하고, '七菹'는 부추〔韭〕·순무〔菁〕·순채〔茆〕·아욱〔葵〕·미나리〔芹〕·연한 죽순〔箈〕·죽순〔筍〕을 초장으로 조미하여 전체를 저민 고기처럼 납작하게 조각을 내어 만든 7가지의 절임을 말한다. 혜인은 奄 2인이 담당하는데, 그 휘하에 女醯 20인, 奚 40인이 있다. '女醯'는 여자 노비로서 식초에 밝은 자이다.

28. 鹽人(염인)

소금에 관한 政令을 관장하여 각종 의례에 필요한 소금을 공급한다. 제사 지낼 때는 苦鹽(정제하지 않은 굵은 소금)과 散鹽(바닷물을 끓여서 만든 소금)을 공급하고, 빈객을 접대할 때는 形鹽(호랑이 모양으로 깎은 소금)과 散鹽을 공급하고, 왕을 위해 맛난 음식〔膳羞〕을 만들 때는 飴鹽(단맛을 띠는 소금)을 공급한다. 염인은 奄 2인이 담당하는데, 그 휘하에 女鹽 20인, 奚 40인이 있다. '女鹽'은 여자 노비로서 소금에 밝은 자이다.

29. 冪人(멱인)

기물을 덮는 데 필요한 수건 공급을 관장한다. 天地의 神에게 제사를 지낼 때는 疏布巾(거친 베로 만든 수건)으로 八尊(五齊와 三酒를 담는 8가지 술동이)을 덮고, 종묘 제사를 지낼 때는 畫布巾(문양을 그려 넣은 베로 만든 수건)으로 六彝(울창주를 담는 雞彝·鳥彝·斝彝·黃彝·虎彝·蜼彝의 6가지 술동이)를 덮는다. 멱인은 奄 1인이 담당하는데, 그 휘하에 女冪 10인, 奚 20인이 있다. '女冪'은 여자 노비로서 기물을 덮는 수건에 밝은 자이다.

30. 宮人(궁인)

왕의 六寢(1개의 路寢과 5개의 小寢)을 청소하고 정리하는 일을 관장하며, 수챗구멍〔漏井〕과 배수구〔匽豬〕를 설치하는데, 그곳의 오물을 청소하고 악취를 제거한다. 왕이 머리를 감고 몸을 씻을 때 필요한 기물들을 공급한다. 또 六寢 안에서 청소하고 횃불을 잡고 화로 숯불을 공급하는 등 힘들고 잡다한 일체의 일들을 관장한다. 궁인은 中士 4인이 담당하고 下士 8인이 보좌한다. 그 휘하에 府 2인, 史 4인, 胥 8인, 徒 88인이 있다.

31. 掌舍(장사)

왕이 출행했을 때 宮舍를 설치하는 일을 관장한다. 왕이 출행하여 제후와 회동할 때는 머무는 궁사에 이중으로 行馬(梐枑)를 설치하여 사람과 말의 통행을 금지하고, 산간의 험준한 곳에 머물 때는 車宮(수레를 배열하여 빙 둘러쳐서 만든 宮牆)과 轅門(수레의 끌채를 서로 마주하게 하여 궁문을 상징)을 설치하고, 평지에 머물 때는 壇壝宮(단을 쌓고 흙을 쌓아서 낮은 담장을 만들어 궁을 상징)을 만들고 棘門(2개의 戟을 세워 궁문을 상징)을 설치하고, 출행하여 잠시 휴식을 취할 때는 帷宮(휘장을 펼쳐서 만든 궁)을 만들고 旌門(깃발을 세워 궁문을 상징)을 설치한다. 장사는 下士 4인이 담당하는데, 그 휘하에 府 2인, 史 4인, 徒 40인이 있다.

32. 幕人(막인)

왕이 출궁할 때 帷・幕・幄・帟(역)・綬의 일을 관장한다. 사방으로 둘러친 것을 '帷'라 하는데 土壁을 상징하고, 위에 덮은 것을 '幕'이라 하는데 舍屋을 상징한다. '幄'은 사방으로 둘러쳐서 宮室을 상징하는데, 帷・幕의 안에 설치한다. '帟'은 帷・幕 내부의 먼지를 막아내는 작은 장막이다. '綬'는 끈〔組綬〕이니, 帷와 幕에 매달아 연결한다. 막인은 이 다섯 가지를 관장하는데, 왕이 출궁하면 掌次에게 보내주어 펼치게 한다. 막인은 下士 1인이 담당하는데, 그 휘하에 府 2인, 史 2인, 徒 40인이 있다.

33. 掌次(장차)

왕이 출궁하여 밖에 거처할 때 帷・幕 등의 次(임시장막)를 펼쳐놓는 일을 관장한다. 왕이 上帝에게 大旅의 제사를 지낼 경우, 毛氈을 씌워서 만든 상〔氈案〕을 진설하여 늘어놓고, 상의 뒤쪽 판에 봉황 깃털의 색깔로 물들여 장식을 한다. 왕이 朝日의 예를 행하거나 五帝를 제사 지낼 경우, 왕을 위해 大次(大幄)와 小次(小幄)를 펼쳐놓고, 大次와 小次 안에 두 겹의 帟을 설치하며, 상〔案〕 위에 두 겹의 자리를 깐다. 왕이 정벌을 하거나 사냥을 할 경우, 왕을 위해 帷와 幕을 펼쳐놓고, 두 겹의 帟을 설치하며, 상〔案〕 위에 두 겹의 자리를 깐다. 제후가 왕을 朝覲하거나 왕과 회동을 할 경우, 제후들을 위해 大次(大幄)와 小次(小幄)를 펼쳐놓는다. 장차는 下士 4인이 담당하는데, 그 휘하에 府 4인, 史 2인, 徒 80인이 있다.

34. 大府(태부)

문서나 재물을 보관하는 관직의 우두머리이다. 九貢・九賦・九職의 副本을 관장하여 징수한 부세의 재물을 수납하고, 이를 內府(受藏之府)와 職內(受用之府) 등에 교부한다. 징수한 재물을 교부할 때는 규정에 의거하여 용도에 맞게 공급해준다. 關市의 賦는 왕의 음식과 의복, 邦中의 賦는 빈객 접대, 四郊의 賦는 소나 말에게 먹일 곡물 사료, 家削의 賦는 신하들에게 나누어줄 정기적인 하사품, 邦甸의 賦는 각종 기물 제작, 邦縣의 賦는 빈객에게 보내줄 예물, 邦都의 賦는 祭祀, 山澤의 賦는 喪事나 凶年의 구제, 幣餘의 賦는 왕이 연회에서 은상으로 내려줄 하사품 마련 등의 비용으로 공급한다. 태부는 下大夫 2인이 담당하고, 上士 4인이 보좌하고, 下士 8인이 뭇 일들을 처리한다. 그 휘하에 府 4인, 史 8인, 賈 16인, 胥 8인, 徒 80인이 있다.

35. 玉府(옥부)

金玉・玩好(노리개)・兵器 등의 재물을 수장하여 보관하는 일을 관장한다. 왕의 冠을 장식하는 玉이나 혁대 위에 차는 佩玉・珠玉을 공급하고, 왕이 재계를 할 때는 왕이 먹을 玉의 가루를 공급하고, 大喪(王의 喪)을 당하면 含玉・復에 사용하는 衣裳・角枕・角柶 등을 공급한다. 옥부는 上士 2인이 담당하고, 中士 4인이 보좌한다. 그 휘하에 府 2인, 史 2인, 工 8인, 賈 8인, 胥 4인, 徒 48인이 있다. '工'은 옥을 다듬어서 기물을 만드는 사람이다.

36. 內府(내부)

진귀한 재화를 왕궁 안에 보관하는 일을 주관하는 관직이다. 大府에서 교부한 진귀한 재물을 內庫에 저장하여 왕국의 大事에 필요한 재용을 공급한다. 또 사방의 제후들이 진헌한 玉幣와 玉獻의 金玉, 짐승의 치아와 가죽, 兵器 및 수레와 예악의 기물 등 모든 진귀한 재화를 수납하여 보관한다. 내부는 中士 2인이 담당하는데, 그 휘하에 府 1인, 史 2인, 徒 10인이 있다.

37. 外府(외부)

왕국 화폐의 수입과 지출을 관장하여 각종 물품 구매 비용, 官府의 공적인 지출 비용을 공급한다. 王・王后・世子의 의복 비용을 공급하고, 祭祀・賓客 접대・喪紀・會同・出兵 등에 따른 예물과 사행의 비용 및 하사품에 필요한 비용을 공급한다. 연말이 되면 한 해의 총 회계 결산을 하는데, 왕과 왕후의 의복 비용에 대해서는 회계 결산을 하지 않는다. 외부는 中士 2인이 담당하는데, 그 휘하에 府 1인, 史 2인, 徒 10인이 있다

38. 司會(사회)

회계를 담당하는 관직의 우두머리이다. 왕국의 六典・八法・八則의 副本을 관장하여 이에 의거해서 邦國(기외의 제후국)・都鄙(기내의 채읍)・官府(조정의 각 관부)의 치적을 심사한다. 또 왕국의 官府・郊・野・縣・都의 書契(증빙문서)와 版圖(호적의 명부와 토지의 지도)의 副本을 관장하여 이에 의거해서 관리들의 치적을 심사하고 그들의 회계문서를 감사한다. 사회는 中大夫 2인이 담당하고, 下大夫 4인이 보좌하며, 上士 8인과 中士 16인이 뭇 일들을 처리한다. 그 휘하에 府 4인, 史 8인, 胥 5인, 徒 50인이 있다.

39. 司書(사서)

재물의 출납 장부・호적・지도 등을 관장한다. 왕국의 六典・八法・八則・九職・九正(九賦・九貢)・九事(九式)와 관련한 문서 및 王城 안의 호적과 토지의 지도를 관장하여 각종 재물의 수입과 지출 상황을 파악하고, 사용한 재물과 남아 있는 재물을 조사하여 簿書(출납장부)에 차례대로 기록하고, 각 관부의 남아 있는 재물을 수납하여 職幣에 납입한다. 사서는 上士 2인이 담당하고, 中士 4인이 보좌한다. 그 휘하에 府 2인, 史 4인, 徒 8인이 있다.

40. 職內(직납)

왕국의 부세 수입을 관장한다. 직납은 징수할 재물을 종류별로 분류하여 각 관부에 교부하는데, 明細帳과 總帳에 기록해둔다. 官府(조정의 관부)와 都鄙(家邑・小都・大都)에서 발급한 부세 수입 수치의 副本을 제출받아서 부세 징수와 지출 상황을 심사한다. 연말의 회계결산 때, 職歲 및 각 官府의 재물 지출 상황을 심사한다. 직납은 上士 2인이 담당하고, 中士 4인이 보좌한다. 그 휘하에 府 4인, 史 4인, 徒 20인이 있다.

41. 職歲(직세)

왕국의 부세 지출을 관장한다. 官府(조정의 관부)와 都鄙(家邑·小都·大都)에서 발급한 부세 지출 및 왕과 총재가 내려준 하사품의 수치의 副本을 제출받아서 연말의 회계결산 때 자료로 제공하여 심사한다. 官府·都鄙의 관리들이 재물을 지출할 때는 직세에게 관련된 지출 규정〔式法〕을 받아서 집행한다. 연말의 회계결산 때, 지출 규정에 의거하여 司會를 도와서 관리들의 회계문서를 심사한다. 직세는 上士 4인이 담당하고, 中士 8인이 보좌한다. 그 휘하에 府 4인, 史 8인, 徒 20인이 있다.

42. 職幣(직폐)

官府와 都鄙 및 왕명을 받들어 일하는 사람들이 사용하고 남은 재물을 거두어들이는 일을 주관하는 관직이다. 또 거두어들인 재물의 명칭·종류·수량·품질을 분별하여 簿籍에 기록하고, 이를 작은 木牌에 써서 표식을 해두어 왕과 총재에게 보고한다. 연말이 되면 거두어들인 재물의 지출에 대한 회계결산을 한다. 직폐는 上士 2인이 담당하고, 中士 4인이 보좌한다. 그 휘하에 府 2인, 史 4인, 賈 4인, 胥 2인, 徒 20인이 있다.

43. 司裘(사구)

왕이 하늘을 제사 지낼 때 착용하는 大裘와 大射禮를 거행할 때 사용하는 皮侯를 제작하여 공급하는 일을 관장한다. 사구는 中秋에 왕에게 良裘(좋은 갖옷)를 진헌하고, 季秋에 功裘(인공을 가한 것이 조금 거친 갖옷)를 진헌한다. 大喪(王의 喪)을 당하면, 사구는 살아 있을 때 사용하던 裘衣(갖옷)와 가죽으로 장식한 皮車를 본떠서 明器로 만들어 공급한다. 사구는 中士 2인이 담당하고, 下士 4인이 보좌한다. 그 휘하에 府 2인, 史 4인, 徒 40인이 있다.

44. 掌皮(장피)

피혁을 징수하여 공급하는 일을 관장한다. 가을에 털이 온전한 짐승의 가죽〔皮〕을 징수하고, 겨울에 털을 제거한 짐승의 가죽〔革〕을 징수해서 이듬해 봄에 왕에게 진헌한다. 왕에게 진헌하고 남은 피혁은 百工에게 나누어주어 가죽제품을 제작할 수 있게 한다. 연말이 되면 징수한 피혁・백공에게 나누어준 피혁・남아 있는 피혁의 수량을 회계 결산한다. 장피는 下士 4인이 담당하는데, 그 휘하에 府 2인, 史 4인, 徒 40인이 있다.

45. 內宰(내재)

왕궁 안의 사무를 처리하는 관직의 우두머리이다. 궁중 관리와 그들 자제의 名籍 및 궁중 관부의 형상을 그린 地圖의 법을 관장하여 王內(內宮) 관련한 政令을 시행한다. 또 婦人의 禮〔陰禮〕로 王后・三夫人・九嬪・世婦를 가르치고, 婦職의 法으로 九御를 가르쳐서 각각 九嬪에 분속시켜서 명주와 삼베 짜는 일에 종사하게 한다. 내재는 下大夫 2인이 담당하고, 上士 4인이 보좌하며, 中士 8인이 뭇 일들을 처리한다. 그 휘하에 府 4인, 史 8인, 胥 8인, 徒 80인이 있다.

46. 內小臣(내소신)

왕후의 심부름을 관장하여 왕후의 의복과 위치를 바르게 한다. 왕후가 궁을 출입할 때, 내소신은 앞쪽에서 수레를 몰아 길을 인도한다. 祭祀・賓客 접대・喪事가 있을 때는 왕후의 辭令을 전하고, 왕후에게 禮事를 고하고, 九嬪의 禮事를 돕고, 內人(女御)의 禮事를 바르게 하고, 왕후의 자리에 진설한 희생제기〔俎〕를 거둔다. 내소신은 奄上士 4인이 담당하는데, 그 휘하에 史 2인, 徒 8인이 있다.

47. 閽人(혼인)

王宮과 囿游의 문마다 4인을 배치하는데, 墨刑을 받은 刑人들로 하여금 문을 지키게 한다. 囿는 御苑이고, 游는 離宮이다. 王宮의 中門을 관장하여 출입하는 자들을 기찰하고, 시간에 맞추어 궁문을 여닫는다. 外命夫・內命夫 및 外命婦・內命婦가 宮門을 출입할 경우, 행인들의 통행을 금지시킨다. 宮門 앞의 뜰을 청소하고, 大祭祀나 大喪事 등의 일이 있을 경우 門燎(궁문 밖의 지면에 설치하는 횃불)를 설치하고 宮門과 廟門의 통행을 금지시킨다.

48. 寺人(시인)

왕의 內人 및 女宮과 관련한 戒令을 관장하여 그들이 궁중 출입을 인도하고 아울러 규찰을 한다. '內人'은 왕을 모시는 81인의 女御를 말하고, '女宮'은 죄를 짓거나 죄를 지은 가족에 연좌되어 궁중으로 잡혀가서 宮奴가 된 여자를 말한다. 喪事·빈객 접대·제사 등의 일이 있으면, 寺人은 女宮을 이끌고 가서 담당 관리〔有司〕에게 보내어 일을 시키게 한다. 또 內人(女御)에 관한 禁令을 관장하여 內人들이 궁 밖에서 조문을 할 경우, 그들을 이끌고 나아가 그들 앞에 서서 言辭와 威儀를 갖추도록 고하여 예를 돕는다.

49. 內豎(내수)

궁 안팎에 왕의 사소한 명령을 전달하는 일을 관장하는데, 관례를 치르지 않은 童豎(미성년의 환관)에게 시킨다. 제사·빈객 접대·喪事 등의 일이 있으면, 世婦를 수종하는 內人을 위해 행인들의 통행을 금지시키는 일도 한다. 왕후의 관과 널을 실은 상여를 祖廟 안으로 옮겨 朝廟의 예를 행할 때, 內豎는 상여 앞쪽에서 사람들의 통행을 금지시킨다. 장지로 출발할 때는 褻器를 잡고서 遣車의 뒤를 따른다.

50. 九嬪(구빈)

九嬪은 宮中의 女官이자 왕의 妾이다. 그 직위는 世婦의 卿에 상당한다. 왕후를 도와서 婦學(婦人에 관한 학습)의 法을 관장하여 九御(女御)에게 婦德·婦言·婦容·婦功을 가르치고, 구어들을 이끌고 가서 때에 맞추어 尊卑에 따라서 왕의 燕寢에서 모시게 한다. 제사를 지낼 때는 왕후가 옥으로 장식한 밥그릇〔玉齍〕에 기장밥을 담아 진헌하는 것을 돕고, 왕후가 나무제기〔豆〕와 대나무제기〔籩〕를 진헌하고 거두는 것을 돕는다. 賓客에게 饗禮와 燕禮를 베풀어주는 경우, 왕후를 隨從하여 일을 돕는다. 大喪(왕의 상)을 당하여 왕후가 內·外命婦를 이끌고 존비의 차서에 따라 哭位에 배열하여 곡을 할 때도 구빈이 왕후를 수종하여 돕는다.

51. 世婦(세부)

왕후가 거행하는 賓客 접대·祭祀·喪紀에 女宮(宮中의 女奴)들을 이끌고 가서 禮器를 씻고 닦으며 제사에 바칠 곡물을 세밀히 가려내는 일을 관장한다. 제사 지내는 날 세부는 女宮들이 祭器 및 모든 內羞의 음식물을 진열할 때 그곳에 임하여 살펴본다. 卿·大夫의 喪에 조문하는 일도 관장한다. 婦德을 갖춘 자가 있으면 충원하고, 없으면 비워둔다.

52. 女御(여어)

后妃들이 燕寢에서 순서에 따라 모시는 일을 관장한다. 해마다 일정한 시기에 맞추어 명주와 삼베를 짜서 布帛을 바친다. 제사를 지낼 때는 世婦의 일을 돕는다. 大喪이 있으면 왕과 왕후의 머리를 감기고 시신을 씻기는 일을 관장하고, 왕후의 喪에서는 翣을 들고서 널을 실은 상여〔柩車〕를 따라가고, 卿·大夫의 喪에 세부를 수종하여 조문을 한다.

53. 女祝(여축)

왕후가 거행하는 內祭祀 및 복을 빌거나 복에 보답하는 제사와 관련한 일을 관장한다. '내제사'는 六宮 안의 竈(부엌의 신)·門(대문의 신)·戶(문의 신)에 지내는 제사이다. 또 때때로 招(상서로움을 불러들이는 의식)·梗(아직 이르지 않은 일을 막는 의식)·禬(재해를 제거하는 의식)·禳(變異를 물리치는 의식)의 禮를 거행하여 질병과 재앙을 제거하는 일을 관장한다. 여축은 4인이 담당하는데, 그 휘하에 奚 8인이 있다. 여축은 여자 노비로서, 신에게 복을 기원하는 일에 밝은 자이다.

54. 女史(여사)

왕후의 禮에 관한 직무를 관장하고, 王內를 다스리는 政令의 副本을 관장하여 그에 따라 왕후에게 內政을 다스릴 것을 아뢴다. 또 內宮(六宮)의 회계를 심사하고, 왕후의 명령을 기록한다. 왕후가 禮를 거행하는 모든 일에 禮書를 가지고 수종을 한다. 여사는 8인이 담당하는데, 그 휘하에 奚 16인이 있다. 여사는 여자 노비로서, 글에 밝은 자이다.

55. 典婦功(전부공)

婦人들이 명주와 삼베를 짜는 일을 주관하는 관직(典絲·典枲)의 우두머리로, 부인들이 종사해야 할 일의 법식을 관장하여 九嬪·世婦 및 內人(女御)들이 길쌈할 때 필요한 재료(명주·삼베 등)를 공급해준다. 구빈과 세부에게 일의 실적물을 받아서 가을에 비단과 삼베의 조악함과 우량함을 판별하고, 그 가늘고 굵음을 비교하여 가치를 산정하고, 물품에 써 붙여서 표식을 해둔다. 우량한 비단과 삼베는 왕과 왕후가 필요할 때 공급하는데, 內府에 보내어 보관하게 한다. 전부공은 中士 2인이 담당하고 下士 4인이 보좌를 한다. 그 휘하에 府 2인, 史 4인, 工 4인, 賈 4인, 徒 20인이 있다.

56. 典絲(전사)

嬪婦가 공납한 비단을 관장하여 그 물품의 종류와 품질을 변별하고, 外工(外嬪婦)과 內工(女御)에게 명주를 나누어주는데, 모두 제작할 물건에 맞추어서 필요한 실을 공급해 준다. 가을에 조악한 비단 물품을 수납해서 보관하고, 그 물품의 종류를 분별해서 그 수량을 기록하여 有司의 政令과 왕의 賞賜가 있을 때 공급한다. 제사를 지낼 때는 祭服·冕旒 등의 제작에 필요한 비단 물품을 바친다. 연말이 되면, 수납하고 지출한 비단 물품을 분류하여 각각 회계결산을 한다. 전사는 下士 2인이 담당하는데, 그 휘하에 府 2인, 史 2인, 賈 4인, 徒 12인이 있다.

57. 典枲(전시)

삼베·시마·삼실·저마 등의 재료가 되는 麻(삼)·葛(칡)·蔶(마의 일종) 등을 관장한다. 가을에 女功들이 바친 마 제품을 접수해서 때에 맞추어 나누어줄 것에 대비한다. 연말이 되면, 수납하고 지출한 마 물품을 분류하여 각각 회계결산을 한다. 전시는 下士 2인이 담당하는데, 그 휘하에 府 2인, 史 2인, 徒 20인이 있다.

58. 內司服(내사복)

궁중에서 의복의 제작을 주관하는 관직의 우두머리이다. 褘衣(휘의)·揄狄(요적)·闕狄·鞠衣·展衣·褖衣 등 이른바 왕후의 '六服'을 관장하고, 外命婦·內命婦가 입어야 할 의복을 변별한다. 제사를 지내고 빈객을 접대할 때, 왕후·九嬪·世婦의 의복을 공급하고, 모든 命婦의 의복을 공급한다. 왕후의 喪을 당하면 필요한 의복과 부인들이 일상생활에서 갖추어야 할 잡물을 공급한다. 내사복은 奄 1인이 담당하고 女御 2인이 통솔하는데, 그 휘하에 奚 8인이 있다.

59. 縫人(봉인)

왕궁에서 바느질하는 일을 관장하는데, 女御의 지시를 받아 왕 및 왕후의 의복을 바느질한다. 왕・왕후・세자의 喪에 棺의 장식물을 꿰매어 만드는데, 翣(널을 가리는 부채 모양의 장식)과 柳衣(널을 실은 수레를 가리는 휘장)의 목재에 비단을 씌워 장식한다. 봉인은 奄 2인이 담당하고, 여어 8인이 통솔하는데, 그 휘하에 女工 80인, 奚 30인이 있다. '여공'은 여자 노비로서 바느질에 밝은 자이다.

60. 染人(염인)

실과 비단에 물들이는 일을 관장한다. 물들일 때는, 봄에 실과 비단을 햇볕에 쬐고 누여서 부드럽게 하고, 여름에 纁色과 玄色으로 물들이고, 가을에 다섯 가지 채색으로 물들이고, 겨울에 그 실적물을 바친다. 염인은 下士 2인이 담당하는데, 그 휘하에 府 2인, 史 2인, 徒 20인이 있다.

61. 追師(퇴사)

왕후의 머리 장식〔首服〕을 관장한다. 왕후의 副・編・次의 머리 장식을 제작하고 옥을 다듬어서 衡(머리 장식을 고정하는 비녀)과 笄(머리카락을 고정하는 비녀)를 만든다. 九嬪 및 外命婦・內命婦의 머리 장식을 제작하여 제사를 지내거나 빈객을 접대할 때에 대비한다. 퇴사는 下士 2인이 담당하는데, 그 휘하에 府 1인, 史 2인, 工 2인, 徒 4인이 있다.

62. 屨人(구인)

왕과 왕후의 각종 의복에 따른 신발을 관장한다. 赤舃(적색 겹바닥 신발)・黑舃(흑색 겹바닥 신발) 등을 제작하고, 赤繶(신발의 적색 솔기 장식)・黃繶(신발의 황색 솔기 장식)・靑句(신발의 청색 코 장식) 등의 신발 장식을 제작하고, 素屨(장식이 없는 홑 바닥 신발)와 葛屨(칡으로 만든 홑 바닥 신발)를 제작한다. 外命夫・內命夫와 外命婦・內命婦가 신어야 할 命屨・功屨・散屨를 변별한다. 구인은 下士 2인이 담당하는데, 그 휘하에 府 1인, 史 1인, 工 8인, 徒 4인이 있다.

63. 夏采(하채)

왕이 죽었을 때 招魂의 예를 관장한다. 왕의 喪을 당했을 때 冕服을 가지고 大祖(始祖)

의 廟에 이르러 復을 하고, 乘車(玉路)에 장식을 하지 않은 大常(해와 달을 그려 넣은 깃발)의 깃발을 세우고 四郊에 이르러 復(招魂)을 한다. '復'은 사람이 처음 죽어 氣가 끊겼을 때, 죽은 이의 옷을 들고 지붕 위의 중앙으로 올라가 서북쪽을 향해 옷을 흔들면서 죽은 이의 이름을 부르며 혼이 되돌아오기를 기원하는 의식을 말한다. 이 때문에 '招魂'이라고도 한다. 復을 할 때 사용하는 옷을 '復衣'라고 하는데, 복의는 죽은 이가 살아 있을 때의 祭服을 가지고 한다. 하채는 下士 4인이 담당하는데, 그 휘하에 史 1인, 徒 4인이 있다.

1. ≪周禮注疏 4≫ 參考書目

◇ 底本

- ≪周禮注疏≫, 阮元(淸) 校刻, 十三經注疏(淸 嘉慶刊本), 中華書局, 2009.

◇ 底本의 주요 참고도서

- ≪周禮注疏≫, 十三經注疏整理委員會, 北京大學出版社, 2000.
- ≪周禮注疏≫, 十三經注疏整理本編纂委員會, 上海古籍出版社, 2010.
- ≪十三經注疏校記≫, 孫詒讓全集編纂工作機構, 中華書局, 2009.

◇ 十三經注疏

- ≪周易正義≫, 阮元(淸) 校刻, 十三經注疏(淸 嘉慶刊本), 中華書局, 2009.
- ≪尙書正義≫, 阮元(淸) 校刻, 十三經注疏(淸 嘉慶刊本), 中華書局, 2009.
- ≪周禮注疏≫, 阮元(淸) 校刻, 十三經注疏(淸 嘉慶刊本), 中華書局, 2009.
- ≪儀禮注疏≫, 阮元(淸) 校刻, 十三經注疏(淸 嘉慶刊本), 中華書局, 2009.
- ≪禮記正義≫, 阮元(淸) 校刻, 十三經注疏(淸 嘉慶刊本), 中華書局, 2009.
- ≪春秋左傳正義≫, 阮元(淸) 校刻, 十三經注疏(淸 嘉慶刊本), 中華書局, 2009.
- ≪春秋穀梁傳注疏≫, 阮元(淸) 校刻, 十三經注疏(淸 嘉慶刊本), 中華書局, 2009.
- ≪春秋公羊傳注疏≫, 阮元(淸) 校刻, 十三經注疏(淸 嘉慶刊本), 中華書局, 2009.
- ≪論語注疏≫, 阮元(淸) 校刻, 十三經注疏(淸 嘉慶刊本), 中華書局, 2009.
- ≪爾雅注疏≫, 阮元(淸) 校刻, 十三經注疏(淸 嘉慶刊本), 中華書局, 2009.
- ≪孟子注疏≫, 阮元(淸) 校刻, 十三經注疏(淸 嘉慶刊本), 中華書局, 2009.
- ≪孝經注疏≫, 阮元(淸) 校刻, 十三經注疏(淸 嘉慶刊本), 中華書局, 2009.

◇ 原典 및 字典類

- ≪經典釋文≫, 陸德明(唐), 文淵閣四庫全書 182, 商務印書館, 1983.
- ≪古今注校箋≫, 牟華林 校箋, 綫裝書局, 2015.
- ≪古書虛詞通解≫, 解惠全・崔永琳・鄭天一, 中華書局, 2008.
- ≪管子校注≫, 黎翔鳳(淸), 中華書局, 2008.

- ≪大戴禮記集注≫, 黃悔信, 三秦出版社, 2004.
- ≪四庫全書總目提要≫, 紀昀(淸) 總纂, 孟蓬生 外 點校, 河北人民出版社, 2000.
- ≪四庫提要辨證≫, 余嘉錫, 雲南人民出版社, 2004.
- ≪三禮文化辭典≫, 白玉林·遲鐸, 商務印書館, 2019.
- ≪三禮辭典≫, 錢玄, 江蘇古籍出版社, 1998.
- ≪尙書今古文注疏≫, 孫星衍(淸), 中華書局, 1986.
- ≪釋名≫, 劉熙(後漢), 中華書局, 2016.
- ≪說文解字≫, 許愼(後漢), 文淵閣四庫全書 223, 商務印書館, 1983.
- ≪說文解字注≫, 段玉裁(淸), 上海古籍出版社, 2011.
- ≪水經注≫, 酈道元(北魏), 文淵閣四庫全書 573, 商務印書館, 1983.
- ≪詩經世本古義≫, 何楷(明), 鴻寶竺, 1893.
- ≪詩經通義≫, 朱鶴齡(淸), 文淵閣四庫全書 85, 商務印書館, 1983.
- ≪詩三家義集疏≫, 王先謙(淸), 續修四庫全書 77, 上海古籍出版社, 1995.
- ≪十三經注疏校記≫, 孫詒讓(淸), 中華書局, 2009.
- ≪呂氏春秋≫, 畢沅(淸) 校, 上海古籍出版社, 2014.
- ≪禮記集說≫, 陳澔(元), 鳳凰出版社, 2010.
- ≪禮記集解≫, 孫希旦(淸), 中華書局, 1989.
- ≪玉函山房輯佚書≫, 馬國翰(淸), 廣陵書社, 2006.
- ≪王力古漢語字典≫, 王力, 中華書局, 2005.
- ≪類篇≫, 司馬光(宋), 中華書局, 1984.
- ≪儀禮正義≫, 胡培翬(淸), 江蘇古籍出版社, 1993.
- ≪前漢書≫, 班固(後漢), 文淵閣四庫全書 249~250, 商務印書館, 1983.
- ≪鄭玄辭典≫, 唐文, 語文出版社, 2004.
- ≪周官祿田考≫, 沈彤(淸), 文淵閣四庫全書 100, 商務印書館, 1983.
- ≪周官集傳≫, 毛應龍(元), 文淵閣四庫全書 95, 商務印書館, 1983.
- ≪周官集注≫, 方苞(淸), 文淵閣四庫全書 100, 商務印書館, 1983.
- ≪周禮句解≫, 朱申(宋), 文淵閣四庫全書 89, 商務印書館, 1983.
- ≪周禮復古編≫, 兪庭椿(宋), 文淵閣四庫全書 92, 商務印書館, 1983.
- ≪周禮詳解≫, 王昭禹(宋), 文淵閣四庫全書 91, 商務印書館, 1983.
- ≪周禮述注≫, 李光坡(淸), 文淵閣四庫全書 100, 商務印書館, 1983.
- ≪周禮疑義擧要≫, 江永(淸), 文淵閣四庫全書 100~101, 商務印書館, 1983.
- ≪周禮翼傳≫, 王應電(明), 文淵閣四庫全書 92, 商務印書館, 1983.
- ≪周禮傳≫, 王應電(明), 文淵閣四庫全書 92, 商務印書館, 1983.
- ≪周禮全經釋原≫, 柯尙遷(明), 文淵閣四庫全書 96, 商務印書館, 1983.

- ≪周禮正義≫, 孫詒讓(淸), 中華書局, 2016.
- ≪周禮正義点校考訂≫, 顔春峰・汪少華, 中華書局, 2017.
- ≪周禮注疏刪翼≫, 王志長(明), 文淵閣四庫全書 97, 商務印書館, 1983.
- ≪周禮集說≫, 未詳(宋), 文淵閣四庫全書 95, 商務印書館, 1983.
- ≪周禮纂訓≫, 李鍾倫(淸), 文淵閣四庫全書 100, 商務印書館, 1983.
- ≪周禮漢讀考≫, 段玉裁(淸), 續修四庫全書 80, 上海古籍出版社, 1995.
- ≪中國官制大辭典≫, 兪鹿年, 黑龍江人民出版社, 1998.
- ≪中國古代服飾辭典≫, 孫震陽・張珂 編著, 中華書局, 2018.
- ≪中國歷史紀年表≫, 方時銘, 上海人民出版社, 2007.
- ≪中國歷史大事典≫, 張海鵬 主編, 山東大學出版部, 2000.
- ≪中國歷代人名大辭典≫, 張撝之外 主編, 上海古籍出版社, 1999.
- ≪証類本草≫, 唐愼微(宋),中國医藥科技出版社, 2011.
- ≪春秋傳服氏注≫, 服虔(後漢), 續修四庫全書 117, 上海古籍出版社, 1995.
- ≪通典≫, 杜佑(唐), 中華書局, 1988.
- ≪漢官六種≫, 孫星衍(淸), 中華書局, 2008.
- ≪漢舊儀≫, 衛宏(後漢), 文淵閣四庫全書 646, 商務印書館, 1983.
- ≪漢書補注≫, 王先謙(淸), 上海古籍出版社, 2008.
- ≪漢書藝文志講疏≫, 顧實, 上海古籍出版社, 1987.
- ≪韓醫學用語大辭典≫, 永林社編輯室, 永林社, 2015.
- ≪漢制考≫, 王應麟(宋), 商務印書館, 1977.

◇ 單行本類

- 耿天勤, ≪鄭玄志≫, 山東人民出版社, 2009.
- 郭偉川, ≪周禮制度淵源與成書年代新考≫, 國家圖書館出版社, 2016.
- 鄧瑞全, ≪中國緯書綜考≫, 黃山書社, 1998.
- 聞人軍, ≪〈考工記〉導讀圖譯≫, 明文書局, 1990.
- 聶崇義 撰・丁鼎 點校解說, ≪新定三禮圖≫, 淸華大學出版社, 2005.
- 顔春峰, ≪周禮正義點校考訂≫, 中華書局, 2017.
- 楊天宇, ≪鄭玄三禮注硏究≫, 天津人民出版社, 2007.
- 王力, ≪古代漢語≫, 中華書局, 2004.
- 王鍔, ≪三禮硏究論著提要≫, 甘肅教育出版社, 2007.
- 劉善澤, ≪三禮注漢制疏證≫, 嶽麓書社, 1997.
- 劉興均, ≪周禮名物詞語硏究≫, 巴蜀書社, 2001.
- 李學勤, ≪古文字學初階≫, 中華書局, 2006.

- 錢玄, ≪三禮名物通釋≫, 江蘇古籍出版社, 1987.
- ____, ≪三禮通論≫, 南京師範大學出版社, 1996.
- 陳大庚, ≪周禮序官考≫, 中華書局, 1991.
- 皮錫瑞(淸), ≪經學歷史≫, 河洛圖書出版社, 1974.
- 賀業鉅, ≪考工記營國制度硏究≫, 中國建築工業出版社, 1985.
- 夏傳才, ≪詩經硏究史槪要≫, 淸華大學出版社, 2007.
- 侯家駒, ≪周禮硏究≫, 聯經出版事業公司, 1987.

◇ 硏究論著 및 飜譯書

〔韓國〕

- 김용천, ≪전한후기 예제담론≫, 선인, 2007.
- 김용천・박례경・이봉규・이원택・장동우, ≪의례 역주≫ 1~9, 세창출판사, 2012~2016.
- 渡邊義浩 지음・김용천 옮김, ≪후한유교국가의 성립≫, 동과서, 2011.
- 박준호, 〈中國 古代 木簡의 署名 방식 연구〉, ≪古文書硏究≫ 41, 2012.
- 신동준, ≪관자≫ 상・하, 인간사랑, 2021.
- 윤재석, ≪수호지진묘죽간 역주≫, 소명출판, 2010.
- 이석명, ≪회남자≫ 1・2, 소명출판, 2012.
- 이충구 외, ≪이아주소≫ 1~6, 소명출판, 2004.
- 정하현, ≪여씨춘추≫, 소명출판, 2013.
- 최인영, 〈『周易』互體의 錯綜關〉, ≪동방문화와 사상≫ 4, 2018.
- 최재영, 〈周禮 考工記의 도시계획원리와 隋唐長安城의 구조〉, ≪역사문화연구≫ 35, 2010.
- 허호구・윤재환・정동화, ≪역주 춘추번로의증≫, 소명출판, 2016.

〔日本〕

- 金藤行雄, 〈 ≪周禮≫の命について〉, ≪待兼山論叢≫ 18, 1985.
- 南昌宏, 〈〈日本における≪周禮≫硏究論考〉略述〉, ≪中國硏究集刊≫ 10, 1991.
- 間嶋潤一, 〈鄭玄の祭天思想に就いて：≪周禮≫國家における圜丘祀天と郊天〉, ≪中國文化≫ 45, 1987.
- ________, 〈鄭玄に至る「周禮」解釋の變遷について〉, ≪中國文化≫ 38, 1980.
- ________, ≪鄭玄と≪周禮≫：周の太平國家の構想≫, 明治書院, 2010
- 本田二郎, ≪周禮通釋≫, 秀英出版, 1977.
- 井上了, 〈≪周禮≫の構成とその外族觀〉, ≪中國硏究集刊≫ 30, 2002.
- 池田秀三, 〈周禮疏序譯注〉, ≪東方學報≫ 53, 1981.

- 林巳奈夫,〈≪周禮≫の六尊六彝と考古學遺物〉, ≪東方學報≫ 52, 1980.
- 興膳宏・川合康三, ≪隋書經籍志詳攷≫, 汲古書院, 1996.

〔中國〕

- 郭璐・武廷海,〈辨方正位體國經野〉, ≪清華大學學報(哲學社會科學版)≫ 32, 2017.
- 聞人軍, ≪考工記譯注≫, 上海古籍出版社, 2008.
- 承載 譯注, ≪春秋穀梁傳譯注≫, 上海古籍出版社, 2016.
- 楊伯峻, ≪春秋左傳注≫, 中華書局, 2016.
- 楊天宇, ≪禮記譯注≫, 上海古籍出版社, 2004.
- ______, ≪儀禮譯注≫, 上海古籍出版社, 1994.
- ______, ≪周禮譯注≫, 上海古籍出版社, 2016.
- 呂友仁,〈≪周禮≫概說〉, ≪河南師範大學學報(哲學社會科學版)≫28卷 1期, 2001.
- 呂友仁・李正輝・孫新梅 注譯, ≪周禮≫, 中州古籍出版社, 2018.
- 王維堤・唐書文 譯注, ≪春秋公羊傳譯注≫, 上海古籍出版社, 2016.
- 劉豊,〈百年來≪周禮≫研究的回顧〉, ≪湖南科技學院學報≫ 27-2, 2016.
- 李玉平,〈試析鄭玄〈周禮注〉中的"古文"與"故書"〉, ≪古籍整理研究學刊≫ 5期, 2005.
- 張榮明,〈≪周禮≫國野・鄉遂組織模式探原〉, ≪史學月刊≫ 3期, 1998.
- 丁進・楊化坤,〈≪周禮≫學的奠基:杜子春的≪周禮≫學管窺〉, ≪阜陽師範大學學報(社會科學版)≫ 177期, 2017.
- 朱紅林,〈〈周禮〉大宰八法研究〉, ≪中國古代法律文獻研究≫ 10輯, 2016.
- 湯可敬, ≪說文解字今釋≫ 上・下, 岳麓書社, 2002.
- 黃永堂, ≪國語全譯≫, 貴州人民出版社, 1995.

〔英美〕

- Benjamin A. Elman, ed., *Statecraft and classical learning : the Rituals of Zhou in East Asian history,* Brill, 2010.
- Bol, Peter K, "Wang Anshi And The Zhouli", *Statecraft and classical learning,* Brill, 2010.
- Kang, Seo-Yeon, "The Principle of Capital Construction and the Location of the Palace Discovered through the Annotation of Zhouli(周禮)", ARCHITECTURAL RESEARCH, 2018, Vol.20(2).
- Kern, Martin, "Offices of writing and reading in the Rituals of Zhou", *Statecraft and classical learning,* Brill, 2010.

- McMullen, David, "The Role Of The Zhouli In Seventh- And Eighth-Century Civil Administrative Traditions", *Statecraft and classical learning,* Brill, 2010.
- Plaks, Andrew H, "Zheng Xuan's commentary on the Zhouli", *Statecraft and classical learning,* Brill, 2010.
- Puett, Michael, "Centering the realm : Wang Mang, the Zhouli, and early Chinese statecraft", *Statecraft and classical learning,* Brill, 2010.
- Schaberg, David, "The Zhouli As Constitutional Text", *Statecraft and classical learning,* Brill, 2010.
- Wagner, Rudolf G, "The Zhouli As The Late Qing Path To The Future", *Statecraft and classical learning,* Brill, 2010.

◇ 도판 자료

- 高宗(淸) 御纂, ≪欽定禮記義疏≫, 文淵閣四庫全書 124~126, 商務印書館, 1983.
- __________, ≪欽定儀禮義疏≫, 文淵閣四庫全書 106~107, 商務印書館, 1983.
- 孫機, ≪漢代物質文化資料圖說≫, 上海古籍出版社, 2008.
- 聶崇義(宋), ≪新定三禮圖≫, 康熙 12년(1673) 通知堂刊本.
- 楊甲(南宋) 撰, ≪六經圖≫, 文淵閣四庫全書 183, 商務印書館, 1983.
- 楊復(南宋), ≪儀禮旁通圖≫, 文淵閣四庫全書 104, 商務印書館, 1983.
- 永瑢(淸), ≪欽定周官義疏≫, 文淵閣四庫全書 98~99, 商務印書館, 1983.
- 王應電(明), ≪周禮圖說≫, 文淵閣四庫全書 96, 商務印書館, 1983.
- 朱熹(南宋), ≪釋奠儀≫, 文淵閣四庫全書 648, 商務印書館, 1983.
- 陳祥道(北宋), ≪禮書≫, 文淵閣四庫全書 130, 商務印書館, 1983.
- 黃以周(淸), ≪禮書通考≫, 中華書局, 2007.

◇ 電子文獻 및 Web DB

- 동양고전종합DB (http://db.cyberseodang.or.kr)
- 상우천고 (http://www.s-sangwoo.kr)
- 이체자정보검색 (http://db.itkc.or.kr/DCH/)
- 電子版 文淵閣四庫全書, 上海古籍出版社.
- 中國基本古籍庫, 黃山書社.
- 한국고전종합DB (http://db.itkc.or.kr)

2. ≪周禮注疏 4≫ 參考圖版 目錄 및 出處

3. ≪周禮注疏≫ 總目次

• QR코드를 스캔하면 ≪周禮注疏≫ 總目次를 볼 수 있습니다.

4. ≪周禮注疏≫ 解題

• QR코드를 스캔하면 ≪周禮注疏≫ 解題를 볼 수 있습니다.

譯註者 略歷

金容天

京畿 光明 출생
東國大學校 史學科 卒業 同 大學院 博士
瑞巖 金熙鎭 선생과 青溟 任昌淳 선생에게 修學
泰東古典研究所 卒業
大眞大學校 역사문화콘텐츠학과 교수(現)

論文 및 譯書

論文〈〈石渠禮論〉의 分析과 前漢시대 禮治理念〉, 〈≪荀子≫·≪禮記≫ 〈王制〉의 禮治構想〉, 〈兩晉시대 '爲人後者'의 服制 담론〉, 〈北魏 孝文帝 '三年喪'의 실체와 그 성격〉, 〈전국시대 禪讓論의 전개와 立賢共治〉, 〈'祔'의 해명을 위한 경학적 접근〉, 〈旣葬 '受服'의 규정과 예학적 논쟁〉, 〈前漢 元帝期 韋玄成의 宗廟制論〉 등 多數
著書≪전한후기 예제담론≫, ≪중국고대 상복의 제도와 이념≫
譯書≪중국 전근대 사상의 굴절과 전개≫, ≪유교와 예≫, ≪후한 유교국가의 성립≫, ≪삼국지의 정치와 사상≫, ≪과거와 관료제≫
共譯≪의례 역주≫, ≪譯註 中國 正史 禮樂志≫, ≪천지서상지-당 제국의 제사와 의례≫, ≪중국의 공과 사≫, ≪중국의 예치시스템≫, ≪중국사상문화사전≫

朴禮慶

서울 출생
延世大學校 哲學科 卒業 同 大學院 博士
涵齋 金在弘 선생에게 修學
民族文化推進會 國譯研修院 修了
서울대학교 奎章閣 한국학연구원 책임연구원
延世大學校, 韓國航空大學校 강사
延世大學校 國學研究院 동아시아고전연구소 전문연구원(現)

論文 및 譯書

論文〈유교 祭儀에 담긴 禮의 정신〉, 〈'禘'해석의 근거 읽기〉, 〈조선시대 國葬에서 朝祖儀 설행 논의와 결과〉, 〈조선시대 國家禮典에서 社稷祭 儀禮의 분류별 변화와 儀註의 특징〉, 〈규범의 근거로서 친친(親親) 존존(尊尊)의 정당화 문제〉, 〈≪朱子家禮≫ 속의 인간과 사회〉〈德治의 상징체계로서 유교국가의 卽位儀禮〉, 〈남녀유별(男女有別)의 해석〉, 〈鄭玄 禮學의 이론 구성적 성격〉 등
共著≪동양철학의 세계≫, ≪왕실의 천지제사≫, ≪왕실의 혼례식 풍경≫, ≪조선시대 왕실문화 도해 사전≫ 등
共譯≪의례 역주≫

懸吐監修

吳圭根

江原 平昌 大化 出生
南山 鄭鑽 先生, 祖父 鳳西 先生, 家親 硏靑 先生에게 受學
民族文化推進會 國譯硏修院 卒業
國譯硏修院 講師 歷任
傳統文化硏究會 古典硏修院 講師 歷任
理事(現)

譯書 및 校勘標點

譯書 朝鮮王朝實錄 ≪宣祖實錄≫, ≪光海君日記≫, ≪中宗實錄≫
≪白湖全書≫, ≪順庵集≫, ≪承政院日記≫(高宗祖) 등
校勘標點 ≪韓國文集叢刊≫

十三經注疏
譯註 周禮注疏 4 27,000원

2023년 10월 20일 초판 인쇄
2023년 10월 31일 초판 발행

注 鄭玄 疏 賈公彦

企劃編輯 東洋古典飜譯編輯委員會
飜譯硏究管理 南賢熙
譯 註 金容天 朴禮慶
懸吐監修 吳圭根
潤 文 朴勝珠 李孝宰
校 訂 李孝宰
編輯出版 白俊哲
裝 幀 김진디자인

發行人 郭成文

發行處 社團法人傳統文化硏究會
서울시 종로구 삼일대로 428 낙원빌딩 411호
전화 : (02)762-8401 전송 : (02)747-0083
전자우편 : juntong@juntong.or.kr
누리집 : www.juntong.or.kr
사이버書堂 : cyberseodang.or.kr
온라인서점 : book.cyberseodang.or.kr
등록 : 1989. 7. 3. 제1-936호

인쇄처 : 한국법령정보주식회사(02-462-3860)
총 판 : 한국출판협동조합(070-7119-1750)

ISBN 979-11-5794-563-4 94140
978-89-91720-93-0(세트)

※ 이 책은 2023년도 교육부 고전문헌 국역지원사업 지원비에 의해 출판되었음.

전통문화연구회 도서목록

범례 : 周易正義 1~4〔全15〕- 전체 15책 계획, 현재 1~4책만 간행된 경우

新編 基礎漢文教材

新編 四字小學·推句 고전교육연구실 編譯 11,000원
新編 啓蒙篇·童蒙先習 고전교육연구실 編譯 11,000원
新編 明心寶鑑 李祉坤·元周用 譯註 15,000원
新編 擊蒙要訣 咸賢贊 譯註 12,000원
新編 註解千字文 李忠九 譯註 13,000원
新編 原文으로 읽는 故事成語 元周用 編譯 15,000원
新編 唐音註解選 權卿相 譯註 22,000원

漢文讀解捷徑시리즈

漢文독해 기본패턴 고전교육연구실 著 15,000원
四書독해첩경 고전교육연구실 著 20,000원
한문독해첩경 -文學篇 朴相水·李和春 외 著 15,000원
한문독해첩경 -史學篇 朴相水·李和春 외 著 15,000원
한문독해첩경 -哲學篇 朴相水·李和春 외 著 15,000원

五書五經讀本

論語集註 上·下 鄭太鉉 譯註 合 50,000원
孟子集註 上·下 田炳秀·金東柱 譯註 合 60,000원
大學·中庸集註 李光虎·田炳秀 譯註 15,000원
小學集註 上·下 李忠九 外 譯註 合 50,000원
詩經集傳 上·中·下 朴小東 譯註 合 90,000원
書經集傳 上·中·下 金東柱 譯註 合 90,000원
周易傳義 元·亨·利·貞 崔英辰 外 譯註 合 120,000원
詳說 古文眞寶大全後集 上·下 李相夏 外 譯註 合 64,000원
春秋左氏傳 上·中·下 許鎬九 外 譯註 合 109,000원
禮記 上·中·下 成百曉 外 譯註 合 90,000원

東洋古典國譯叢書

大學·中庸集註 -개정증보판 成百曉 譯註 10,000원
論語集註 -개정증보판 成百曉 譯註 27,000원
孟子集註 -개정증보판 成百曉 譯註 30,000원
詩經集傳 上·下 成百曉 譯註 合 70,000원
書經集傳 上·下 成百曉 譯註 合 70,000원
周易傳義 上·下 成百曉 譯註 合 80,000원
小學集註 成百曉 譯註 30,000원
古文眞寶 後集 成百曉 譯註 32,000원

東洋古典譯註叢書

〈經部〉

〔十三經注疏〕
周易正義 1~4 成百曉·申相厚 譯註 合 139,000원
尙書正義 1~7 金東柱 譯註 合 228,000원
毛詩正義 1~8〔全15〕 朴小東 外 譯註 合 259,000원
禮記正義 1~2, 中庸·大學 李光虎 外 譯註 合 77,000원
論語注疏 1~3 鄭太鉉·李聖敏 譯註 合 107,000원
孟子注疏 1~4〔全5〕 崔彩基·梁基正 譯註 合 119,000원
孝經注疏 鄭太鉉·姜珉廷 譯註 30,000원
周禮注疏 1~4〔全15〕 金容天·朴禮慶 譯註 合 122,000원
春秋左傳正義 1~2〔全18〕 許鎬九 外 譯註 合 59,000원
春秋公羊傳注疏 1〔全7〕 許鎬九 外 譯註 37,000원

春秋左氏傳 1~8 鄭太鉉 譯註 合 244,000원
禮記集說大全 1~5〔全10〕 辛承云 外 譯註 合 160,000원
東萊博議 1~5 鄭太鉉·金炳愛 譯註 合 153,000원
韓詩外傳 1~2 許敬震 外 譯註 合 62,000원
說文解字注 1~4〔全20〕 李忠九 外 譯註 合 141,000원

〈史部〉

思政殿訓義 資治通鑑綱目 1~22〔全39〕 辛承云 外 譯註 合 671,000원
通鑑節要 1~9 成百曉 譯註 合 275,000원
唐陸宣公奏議 1~2 沈慶昊·金愚政 譯註 合 80,000원
貞觀政要集論 1~4 李忠九 外 譯註 合 102,000원
列女傳補注 1~2 崔秉準·孔勤植 譯註 合 68,000원
歷代君鑑 1~4 洪起殷·全百燦 譯註 合 135,000원

〈子部〉

孔子家語 1~2 許敬震 外 譯註 合 71,000원
管子 1~3〔全4〕 李錫明·金帝蘭 譯註 合 91,000원
近思錄集解 1~3 成百曉 譯註 合 96,000원
老子道德經注 金是天 譯註 30,000원
大學衍義 1~5〔全7〕 辛承云 外 譯註 合 144,000원
墨子閒詁 1~6〔全7〕 李相夏 外 譯註 合 212,000원
說苑 1~2 許鎬九 譯註 合 50,000원
世說新語補 1~5 金鎭玉 外 譯註 合 171,000원
荀子集解 1~7 宋基采 譯註 合 224,000원
心經附註 成百曉 譯註 35,000원
顔氏家訓 1~2 鄭在書·盧暻熙 譯註 合 47,000원
揚子法言 1〔全2〕 朴勝珠 譯註 24,000원

列子鬳齋口義 崔秉準·孔勤植·權憲俊 共譯 34,000원
二程全書 1~6〔全10〕 崔錫起·姜導顯 譯註 合 205,000원
莊子 1~4 安炳周·田好根 共譯 合 113,000원
政經·牧民心鑑 洪起殷·全百燦 譯註 27,000원
韓非子集解 1~5 許鎬九 外 譯註 合 174,000원

〔武經七書直解〕

孫武子直解·吳子直解 成百曉·李蘭洙 譯註 35,000원
六韜直解·三略直解 成百曉·李鍾德 譯註 26,000원
尉繚子直解·李衛公問對直解 成百曉·李蘭洙 譯註 26,000원
司馬法直解 成百曉·李蘭洙 譯註 26,000원

〈集部〉

古文眞寶 前集 成百曉 譯註 30,000원
唐詩三百首 1~3 宋載卲 外 譯註 各 25,000원~36,000원

唐宋八大家文抄

韓愈 1~3 鄭太鉉 譯註 合 78,000원
柳宗元 1~2 宋基采 譯註 合 44,000원
歐陽脩 1~7 李相夏 譯註 合 203,000원
蘇洵 李章佑 外 譯註 25,000원
蘇軾 1~5 成百曉 譯註 合 110,000원
蘇轍 1~3 金東柱 譯註 合 64,000원
王安石 1~2 申用浩·許鎬九 共譯 合 45,000원
曾鞏 宋基采 譯註 25,000원

明淸八大家文鈔

歸有光·方苞 李相夏 外 譯註 35,000원
劉大櫆·姚鼐 李相夏 外 譯註 35,000원
梅曾亮·曾國藩 李相夏 外 譯註 38,000원

東洋古典新譯

당시선 송재소·최경렬·김영죽 편역 22,000원
손자병법 성백효 역주 14,000원
장자 안병주·전호근·김형석 역주 13,000원
고문진보 후집 신용호 번역 28,000원
노자도덕경 김시천 역주 15,000원
고문진보 전집 上·下 신용호 번역 合 44,000원
신식 비문척독 박상수 번역 25,000원

동양문화총서

동양사상 해설과 원전 정규훈 外 저 22,000원
화합의 길 《중용》 읽기 금장태 저 20,000원
호설과 시장 신용호 저 20,000원
어느 노학자의 젊은 시절 심재기 저 22,000원

문화문고

경전으로 본 세계종교 그리스도교 이정배 편저 10,000원
〃 도교 이강수 편역 10,000원
〃 천도교 윤석산 외 편저 10,000원
〃 힌두교 길희성 편역 10,000원
〃 유교 이기동 편저 10,000원
〃 불교 김용표 편저 10,000원
〃 이슬람 김영경 편역 10,000원
논어·대학·중용 조수익·박승주 공역 10,000원
맹자 조수익·박승주 공역 10,000원
소학 박승주·조수익 공역 10,000원
십구사략 1~2 정광호 저 合 24,000원
무경칠서 손자병법·오자병법 성백효 역 10,000원
〃 육도·삼략 성백효 역 10,000원
〃 사마법·울료자·이위공문대 성백효 역 10,000원
당시선 송재소·최경렬·김영죽 편역 10,000원
한문문법 이상진 저 10,000원
한자한문전통교재 조수익·이성민 공역 10,000원
士小節 선비 집안의 작은 예절 이동희 편역 12,000원
儒學이란 무엇인가 이동희 저 10,000원
동아시아의 유교와 전통문화 이동희 저 13,000원
현대인, 동양고전에서 길을 찾다 이동희 저 10,000원
100자에 담긴 한자문화 이야기 김경수 저 12,000원
우리 설화 1~2 김동주 편역 合 20,000원
대한민국 국무총리 이재원 저 10,000원
백운거사 이규보의 문학인생 신용호 저 14,000원

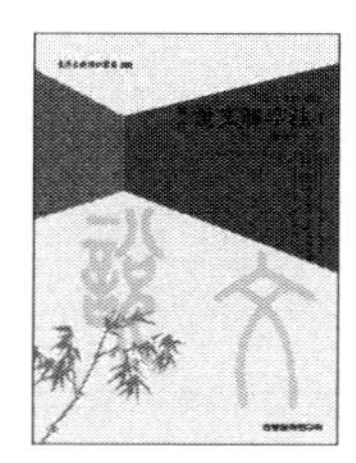